Nicomedes S

Obras Completas II
Investigación
(1958-1991)

Nicomedes Santa Cruz

Obras Completas II
Investigación
(1958-1991)

Compilado por
Pedro Santa Cruz Castillo

libros en red

www.librosenred.com

Dirección General: Marcelo Perazolo
Dirección de Contenidos: Ivana Basset
Diseño de Tapa: Patricio Olivera

Está prohibida la reproducción total o parcial de este libro, su tratamiento informático, la transmisión de cualquier forma o de cualquier medio, ya sea electrónico, mecánico, por fotocopia, registro u otros métodos, sin el permiso previo escrito de los titulares del Copyright.

Primera edición en español - Impresión bajo demanda

© LibrosEnRed, 2004
Una marca registrada de Amertown International S.A.

ISBN: 1-59754-014-5
Hecho el depósito que marca la ley 11.723

Para encargar más copias de este libro o conocer otros libros de esta colección visite www.librosenred.com

Los dos libros que componen estas Obras Completas están dedicados a Mercedes Castillo González, compañera de Nicomedes.

Introducción

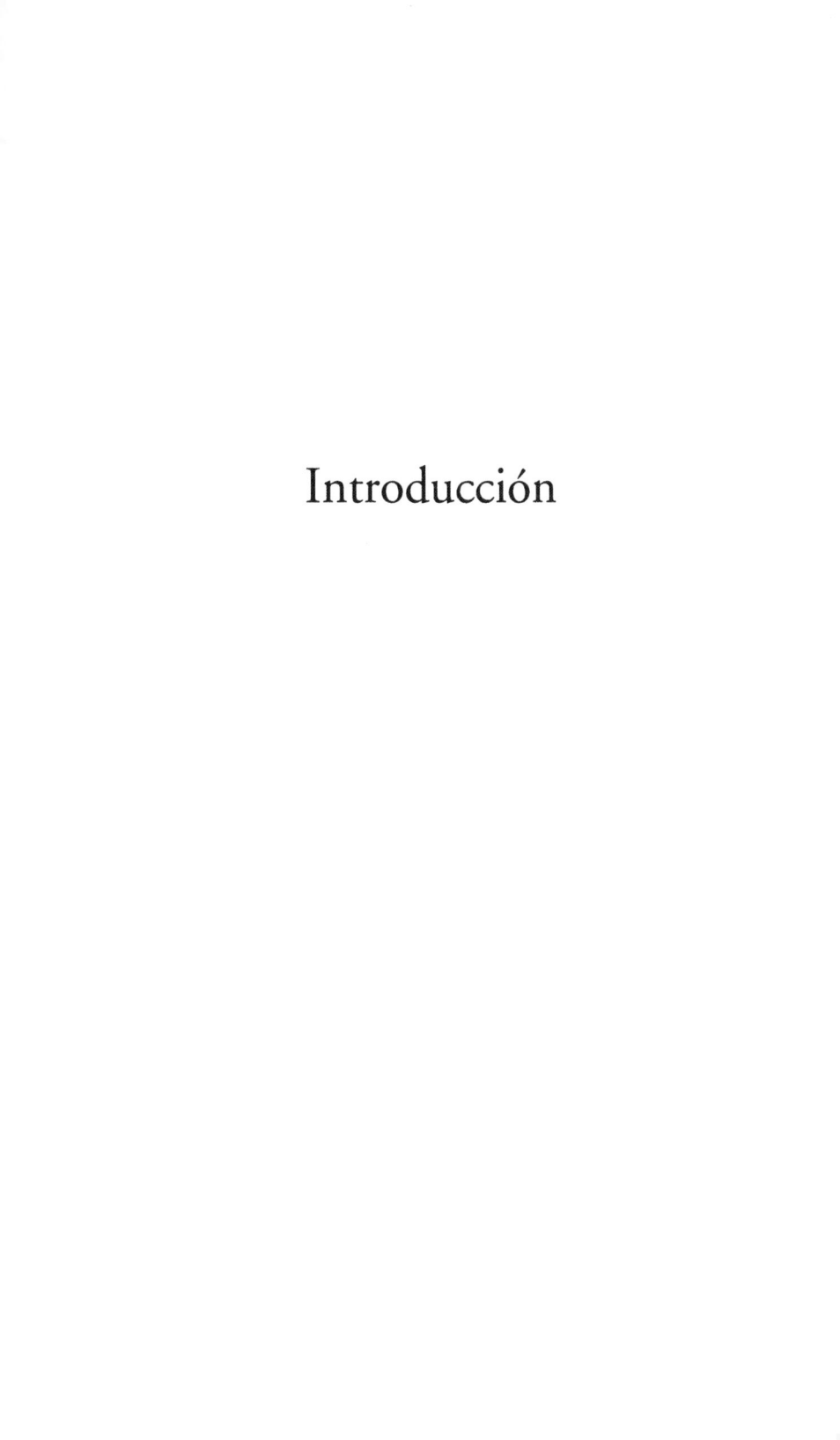

Si el primer libro o Libro 1, *Nicomedes Santa Cruz. Obras Completas: Poesía 1949-1989* recorría su trayectoria poética, este segundo libro, o Libro 2, abordará su labor investigadora a través de sus trabajos en este campo siguiendo la evolución cronológica de los mismos.

Si buscáramos una fecha 'oficial' de inicio en este proceso, esa sería sin duda el 1 de junio de 1958, fecha en la que publica su primer artículo periodístico *Ensayo sobre la Marinera*. Sin embargo todo empezó mucho antes. Hemos dividido todo el proceso en cuatro etapas:

Primera etapa (1925-1958)

No tendría una fecha definida de comienzo y finalizaría en 1958, justamente con la aparición del artículo arriba referido. Durante este período Nicomedes (un "omnívoro de sentimientos", como diría Neruda) sale a recorrer el Perú y parte del extranjero en "busca de su destino", como él mismo lo define. Recibirá abundante información que dará cuerpo a las décimas que improvisa, pero al mismo tiempo, gran parte de esa información se irá sedimentando en su interior a la espera de hallar su propio vehículo de expresión, es decir, un formato de mayor capacidad que el restringido espacio que permiten las estrofas de una décima.

Segunda etapa (1958-1975)

> En cuanto a la investigación, si en el año 1958 publico mi primer artículo, en los versos también hay una investigación, porque hay glosa para escribir el zapateo, el festejo, y la religión misma está inmersa en el folklore.

Al comienzo de este período Nicomedes aprenderá a establecer una metodología de trabajo. La investigación difiere notablemente de la espontaneidad de la poesía: aquí no podrá recurrir a un plano o una servilleta para atrapar luces fugaces de inspiración. Durante la década de los sesenta, etapa más conocida por el gran público, la Investigación encuentra su propia vía de expresión tanto en las charlas como en los artículos periodísticos: *Folklore Costeño. (Cap. I)*. Exceptuando algunos artículos a su regreso de Brasil (1963), en estos años la temática de sus trabajos será netamente peruana tomando breves referentes de otros países para matizar similitudes o diferencias en las manifestaciones musicales y danzarias estudiadas; y en todo ello, teniendo muy presente la raíz africana que late en el interior de las mismas. Sus trabajos de temática religiosa hasta 1975, se incluyen en *Religión (Cap. IV)*. Dos componentes importantes a estas alturas del proceso son: el compromiso *Mariátegui y su preconcepto del Negro (Cap. II)* y la creciente proyección continental.

> Mi acercamiento al folklore de la sierra, y al folklore continental, es una cosa que nunca se va definiendo como una actividad académicamente folklórica, no por mi empirismo, sino porque la incluyo dentro de una actividad cultural. Ya me ocurría que yo quería dar una charla sobre algún aspecto musical, y terminaba hablando políticamente de la discriminación de esa danza (...) quizás porque se está en una etapa en la que no podemos hacer el folklore por el folklore, ni la música por la música, sino ligarlo todo a elementos políticos

que esclarezcan nuestra identidad y que lleven a una liberación a través de la música.

Hemos elegido como cierre de este período el año 1975 porque en él se edita el disco *Socabón* que junto a *Cumanana* forman los dos pilares sobre los que se asienta su producción discográfica. Será en el libreto adjunto con el disco *Socabón*, el último trabajo en donde encontremos nuevas aportaciones publicadas sobre Folklore de la Costa Peruana.

TERCERA ETAPA (1976-1980)

Coincidiendo con el decrecimiento de su producción poética que señalábamos en el Libro 1, Nicomedes prepara la elaboración de nuevos trabajos. Es el momento de sentarse a escribir, de recoger lo sembrado. En el año 1978 da los "últimos toques" a *La Décima en el Perú: 1534-1954* y en 1979, entre febrero y marzo, entrega los originales a un posible editor. Asimismo tiene otros dos libros en proyecto: *Centenario de la Marinera: 1879-1979*, y *El Negro en el Perú* cuyas realizaciones tendrá que suspender debido a problemas de salud que aconsejarán reposo absoluto.

CUARTA ETAPA (1980-1992)

Uno de los objetivos más importantes de este libro es responder a una pregunta que muchos seguidores y estudiosos se han hecho: ¿cuál es la producción a partir de los años ochenta?

Nicomedes incrementa el número de Eventos y Encuentros nacionales e internacionales a los que asiste y si nos fijamos con detenimiento en la temática de los mismos, América (y su raíz africana) irá ganando mayor presencia. Aquí debemos señalar que si bien es cierto que América siempre estuvo presente en Nicomedes, ahora este "nuevo" protagonismo trasciende el sentimiento para hacerse tangible en el papel: *América y sus Juglares (Cap. VI); El Negro en Iberoamérica (Cap. VII); De la "Bellísima Peruana" a "La Borinqueña" (Cap. VIII); Africanía de la canción danzaria en nuestra América (Cap. IX).* Por supuesto es imposible abandonar al Perú como referente: *Religión (Cap. IV); Nueva Canción en el Perú (Cap. III)*, pero en esta década la autonomía de la temática afro-americana es total.

Durante estos años no hace televisión: su actividad profesional se centra en esporádicas actuaciones; puntuales colaboraciones en prensa; conferencias; y sobre todo, radio. La investigación tendrá un soporte fundamental (y a la vez inmejorable canal de expresión) en *Radio Exterior de España* donde desarrolla varias series temáticas al margen de sus programas habituales. La primera es *Juglares de nuestra América*, 1985 (18 programas de una hora de duración); *Cancionero de España y América*, 1987 (14 capítulos de media hora); *Proyección del Cancionero Español*, 1989 (12 capítulos de 50 minutos). Además, en 1989 impulsa las emisiones en quechua y guaraní siendo él, personalmente, quien se encarga de buscar en Madrid a los intérpretes de estas lenguas.

Para finalizar citaremos al profesor dominicano Pablo Maríñez:

> Con Nicomedes Santa Cruz nos encontramos ante un personaje fuera de serie, pues reúne en sí un conjunto de cualidades que sólo, excepcionalmente, se habían manifestado y desarrollado en figuras como Nicolás Guillén y Aimé Césaire, en la poesía; Louis Armstrong, en la música; Fernando Ortiz y Alejo Carpentier en la investigación. Todas estas cualidades están reunidas en un autodidacta, periodista, comunicólogo, y viajero incansable, que recorrió casi toda América Latina,

buena parte del Caribe, África, Asia y Europa, donde vivió sus últimos diez años.

Pedro Santa Cruz Castillo. 2004

Web de Nicomedes Santa Cruz:
http://es.geocities.com/nicomedessantacruz

Perú

En caso de una catástrofe, pánico general, revolución, etc. este contrato quedará liquidado.

16 de mayo de 1957

[Texto literal de la última cláusula del contrato firmado por Nicomedes en el que se incorporaba al espectáculo 'Ritmo Negro del Perú', que en Lima se había presentado como 'Pancho Fierro'].

I. Folklore costeño (1958-1975)

[Capítulo formado por anotaciones, artículos en prensa, charlas, ponencias y los libretos de los discos *Cumanana* y *Socabón*].

Introducción

La presencia de esclavos africanos en el Perú comenzó en el siglo XVI. En poco tiempo la colonia española vio sus principales centros de producción (mineros y azucareros) colmados de dicha mano de obra. Al igual que en otros países latinoamericanos, el número de esclavos africanos que llegó desde entonces se hace difícil de determinar. Una de las razones es el 'tráfico' ilegal que se practicó en toda Latinoamérica.

La mayor concentración de esclavos como es bien sabido, se dio en la costa, que es también donde han venido a conformarse los principales centros urbanos. La sierra prácticamente estuvo reservada al nativo habitante. Los esclavos se hicieron presentes allí en los centros mineros y en algunas haciendas...

Pablo A. Maríñez: "Los esclavos africanos en las haciendas azucareras del Perú (Siglo XVIII)". Ponencia del autor en "'Colloque Negritude et Amerique Latine". Dakar-Senegal, 1974.

Una "Introducción al Folklore Musical y Danzario de la Costa Peruana", tiene que ser necesariamente una apertura a la presencia negra y su decisivo aporte en la compleja estructura de nuestra peruanidad.

Porque la presencia negra se da desde el mismo momento histórico (1532) en que chocan las dos colosales culturas europea e incaica; pero su influencia tendrá lugar algo más tarde, cuando invasor y sojuzgado empiecen a mezclar sangres y culturas en un mestizaje cuya síntesis dialéctica se llama peruanidad.

Y a ese río de peruanidad confluye el afluente negro, convirtiéndose en riada que tramonta los Andes, desborda los valles hasta agotarse y desaparecer; o bien deteniéndose en aislados remansos costeros (Piura, Lambayeque, Lima, Ica...).

Quien haga indagaciones para reconstruir el itinerario de dicha africanía en su paso a la peruanidad, deberá desandar en el tiempo un camino de más de 400 años (en un largo proceso de asimilación y rechazo) y remitirse a las primeras *cofradías* que en el siglo XVII agruparan a los esclavos de zonas urbanas.

Cofradías de *negros de nación* o sea negros nacidos en África, también –y por hablar sólo en sus lenguas nativas– llamados *bozal*; a diferencia de los africanos ya castellanizados y cristianados, que eran *negros ladinos*. Cofradías de *congos, lucumis, minas, angolas, carabalís, congos -mondongos, mandingas, etc.*, diseminadas por los suburbios de la incipiente ciudad pero dentro de la jurisdicción de cada Parroquia y bajo la regencia del Cabildo virreinal, teniendo cierta autonomía para reunirse en *cabildos de nación* y funcionar como sociedades de auxilios mutuos, donde los negros horros (aguadores, dulceros, changadores, carreteros, artesanos y curanderos) erogaban para rescatar a sus reyes de la esclavitud, a la vez que reconstruían sus antiguas tradiciones ancestrales.

Los mismos *cofrades* levantaban las paredes de adobe del local de la cofradía en el terreno asignado por una pequeña suma, decorando las paredes interiores con imágenes de sus divinidades tutelares. Las *naciones* muy numerosas (como los *congos mondongos*) podían contar con tres o más cofradías; y en todas ellas, la máxima autoridad recaía en el *Caporal o capataz mayor*, habiendo luego el cargo de *hermano veinticuatro* (quizás de ahí el término *veinticuatrino* como sinónimo de "borrachín"), así como otros cargos inferiores: *capitán de ánimas*, etc. Como sobrevivencias del matriarcado africano, se elegía una *Reina* entre los congos, la que tenía una *Ayudante Mayor* con el honroso y disputado cargo de *porta estandarte*, siguiendo a esta *capitana* otras *ayudantas*. La actividad máxima de este femenino cortejo tenía lugar en los públicos desfiles de todas las cofradías, esto era el Domingo de la infraoctava de Corpus, y ahí desfilaban las *reinas congas*, bajo quita-sol y portando cetro en la diestra y bastón en la siniestra; mientras la *capitana* enarbolaba la bandera de la cofradía, precediendo la procesión.

De estas cofradías nació el culto a la venerada imagen del *Señor de los Milagros*, pintada en 1650 por un negro esclavo de casta angola, supuestamente llamado Pedro Falcón y miembro de la *Cofradía de Pachacamilla*.

Tardíamente, ya en tiempos republicanos inmediatos a la abolición de la esclavitud (1855) y cuando ya todas las *cofradías* estaban bajo la advocación de santos católicos (San Salvador de los *lucumí* Nuestra Señora de los Reyes para los *mandingas*; Nuestra Señora del Rosario para los *congos mondongos*), siendo escaso ya el número de *negros de nación* y predominando los negros criollos, fundadores de *hermandades* cristianas, don Manuel Atanasio Fuentes nos da una pormenorizada relación de las últimas *cofradías* en su libro *Estadísitica de Lima* (1858), la misma que transcribe parcialmente en su socorrida obra *Lima, apuntes históricos...* (París, 1867). En ella, los negros criollos elegían su *mayordomo* con intervención de las autoridades gubernamentales.

En el ámbito rural, los antecedentes de nuestro folklore costeño deberán buscarse en la llamada *casa de jarana*, especie de *tambo* ubicado en el corazón del pequeño pueblo rodeado de haciendas azucareras y algodoneras. Este recinto fue el club donde cada fin de semana, zambos cholos y negros se reunieron para jaranear.

El término *jarana*, de tan variadas acepciones en Latinoamérica, designa entre nosotros la fiesta alegre y bullanguera en la que predomina la música y el baile. Pero como dicha música danzaria era en base a los antiguos *bailes de tierra o bailes de cajón*, a esas mismas *zamacuecas* o *marineras* se les llamó —por metonimia— con el nombre de *jarana*, hoy sinónimo de *Marinera* y también de *parranda*.

Pues bien, la *casa'e jarana* fue escenario de famosos duelos de zapateo; allí se midieron los más consagrados decimistas locales con desafiantes forasteros; allí alcanzaron fama los cantores de marinera, al punto que jaranistas de Lima viajaron especialmente hasta esos pueblos para medirse con ellos y comprobar el prestigio de esos cantores, cuya fama trascendía los linderos de esa *casa'e jarana* rodeada de haciendas y parcelas de *panllevar*.

En la *casa'e jarana* siempre hubo respeto y confraternidad, siendo tanta su solvencia que las mujeres e hijas de los campesinos ingresaban a ella, participando en el canto y baile. Se expendía licor (aguardiente de caña) y viandas, armándose a veces el juego de naipes o las partidas de dados.

Una *casa'e jarana* fue la del pueblo de Aucallama, en el valle de Chancay; casa testigo de las hazañas cantoras y danzarias de los Vásquez, Boza, Muñoz, Aparicio, Casas... Escenario de 'matonadas' protagonizadas por guapos *curaos o trabajados* por famosos *brujos* que dotaron sus cuerpos de facultades extraordinarias, haciéndolos inmunes a las armas y a los golpes, confiriéndoles poderes de traslación instantánea en cuerpo y alma a través del tiempo y la distancia, o mutación voluntaria *(pase)* que los convertía en animales domésticos... De este calibre fueron los legendarios *Martín Champa y Buen pie*, cuyas andanzas de comienzo del siglo XX darían sobrado material para grandes novelas.

Finalmente, y ya en el presente siglo, encontramos un ambiente folklórico urbano en las *chinganas y pulperías*, regentadas por chinos e italianos, respectivamente. La chingana fue una tienda modesta, situada a mitad de cuadra, a cuya puerta estaba el brasero en que se freía el pescado y en su interior el mostrador y las mesitas para beber, comer y hacer música. La misma gente *de armas tomar*, avecindada en solares y callejones aledaños era habitual de aquellas chinganas. Algunas tenían trastienda y ahí se armaba la mar y morena por un quítame estas pajas.

Las pulperías fueron punto de reunión de los bohemios *serenateros* que hacían hora entre pisco y pisco, esperando se acercaran las doce de la noche para enrumbar al callejón amigo y comenzar con la clásica serenata, empalmar unos *valsecitos* de entrada y terminar con *la marinera*, que duraba... 'hasta que las velas no ardan', pues la jarana era de santo, *corcova y recorcova*, cuando menos...

1. Instrumentos

1.1. El cajón

Al igual que en Cuba, donde, por lo que leemos de Ortiz, parece que el cajón tiene auge a comienzos de este siglo –y cuando más desde fines del pasado–, yo opino que entre nosotros, la utilización del cajón como instrumento folklórico escasamente data de un siglo atrás.

Los octogenarios morenos de Chancay me contaban que antaño, para dar ritmo a la zamacueca se utilizaban dos botijas de barro desfondadas, cubierta la boca con un cuero de panza de burro a manera de parche. La botija de mayor tamaño era nombrada llamador y llevaba el ritmo de base. La más pequeña se llamaba *repicador* y floreaba sobre el ritmo de la primera. Para darles temple de afinación se hacía una pequeña fogata con boñiga o corontas de maíz, el fuego se aplicaba por el cono desfondado de la botija, mientras el tocador iba pulsando el parche hasta conseguir la afinación deseada: grave para el llamador y aguda para el repicador. Estos tambores de cerámica, se percutían directamente con las manos sobre el parche.

Otro instrumento rítmico usado entre nosotros antes que el cajón fue el ya desaparecido *tamborete*. Consistente en una simple hoja de madera cepillada de unos 25 por 35 centímetros, colocada sobre cuatro patas, como una mesita. Otro tipo de tamborete era aquel que en vez de la tabla o tablero llevaba una caja de resonancia sobre la que se clavaban tapas de botella –'chapas'–, las mismas que eran cubiertas por finas varillas de madera. Sobre ellas repicaban los dedos ágiles del tocador. El tamborete dio ritmo de fondo a nuestra zamacueca.

Nuestra zamacueca fue llevada a Chile en 1824 por los negros del Batallón 4 –según nos dice Don Fernando Romero–, dando origen a la *cueca* chilena: Pero parece que también fue con ella nuestro tamborete, pues en Chile, hasta ahora es instrumento de percusión para acompañar la cueca una copla fiel de nuestra mesita 'enchapada' que los chilenos llaman tormento. La descripción del tormento se ajusta en todo a la del tamborete.

1.1.1. Aparición del cajón

Los cronistas que, hasta mediados del siglo XIX vieran danzar a los bozales en festividades religiosas – Corpus– o en sus mismas cofradías limeñas, sólo mencionan como único tipo de orquesta el ritmo de tambores membranófonos abiertos. (El cajón para el festejo es cosa relativamente nueva. En cuanto a su coreografía, todas las versiones actuales son creaciones arbitrarias, paridas en las llamadas 'academias folklóricas').

Pancho Fierro (1803-1879), que en sus famosas y descriptivas acuarelas también nos dejara algunas versiones de la zamacueca, no pinta el cajón ni al cajonero. De haber existido no hubiese soslayado su agudo pincel tan importante detalle.

El gran pintor piurano, Ignacio Merino, pinta dos versiones zamacueca o baúles de la tierra: 'La Jarana' y 'Una jarana en Amancaes', tales obras datan de la década 1840-50 (apogeo de la zamacueca) pero en ninguna se advierte el clásico paralelepípedo. Sí figura, junto al mestizo guitarrista, un negro percutiendo una enorme botija colocada entre sus piernas, con la mano derecha bate sobre la boca del recipiente mientras su izquierda golpea el vientre.

A comienzos de este siglo ya figura el cajón en la marinera, pero Montes y Manrique no llevan cajón ni cajonero a sus grabaciones fonográficas en los Estados Unidos. Quizá no se le daba aún la debida importancia, pero buena falta que les hizo.

Con el 'canto del cisne' de la Pampa de Amancaes durante la 'leguiísta' década de los años veinte, con Sáenz, 'Canario', Ballesteros, Bartola, los Ascues, Márquez, Covarrubias, Villalobos, Acevedo, Sancho-Dávila y Cobián; los cajones de Monserrate, Arciniega, Ramírez, 'Magallanes', Mendoza y Goyeneche, alcanzan renombre y categoría instrumental. Ya no se trata de la improvisada gaveta ni del rotulado envase comercial. Ahora y hasta ahora es todo un prefabricado instrumento.

Pese a las caprichosas confecciones reinantes, creemos que las dimensiones del cajón ideal deberían ser, aproximadamente las siguientes: un paralelepípedo de 0.50 x 0.30 centímetros de frente por 0.25 de fondo. La madera de los cuatro costados deberá tener un espesor de ½ pulgada cepillada; siendo el frente o cara –donde percuten las manos– un fino 'triplay' de tres láminas que hagan cuatro milímetros de espesor en total. La placa interior, opuesta a la cara, deberá tener un espesor de 3/8 de pulgada, cepillado. Dicha cara interna, o 'espalda' del cajón, lleva al centro una abertura para salida del sonido. Si esta abertura es circular tendrá un diámetro de 0.11 centímetros; si triangular, 0.15 centímetros por lado. La ensambladura de las seis láminas de madera que forman el cajón se practica con clavos. Siendo el acabado una mano de charol en color natural.

Actualmente son los mismos fabricantes de guitarras quienes construyen los mejores cajones; pero, al igual que el encordado instrumento, empleando la misma técnica y materiales salen cajones sonoros y 'sordos'. Cuestión de suerte.

Cada cajonero o cajoneador tiene su modo sui géneris de acomodarse sobre o tras el cajón. Unos –los antiguos, y sobre todo, los pocos jaranistas que a un tiempo cantan y cajonean–, sentados en una silla aprisionan el cajón entre las rodillas, asentándolo en el suelo pero inclinando hacia afuera la parte inferior, quedando en un plano perpendicular y con la cara paralela a las palmas de las manos. La izquierda saca los tonos altos sobre el extremo superior izquierdo del cajón, mientras la mano derecha golpea de plano y al centro, sacando tonos graves. Combinando golpes, a veces ambas manos percuten arriba o al centro de la caja.

Una variante de esta posición es eliminando la silla y sentándose directamente sobre el vertical asentado a plomo sobre el suelo. Otra, colocando el cajón en posición horizontal y sobre el suelo, el tocador deberá sentarse sobre el instrumento con la pierna izquierda a la cabeza de la caja y la derecha delante del frente. Luego, la mano izquierda juega por entre las abiertas piernas mientras la otra mano pasa bajo la pierna derecha, ésta casi oculta las manos del cajonero.

1.1.2. El cajón: Rey de la Jarana

Estamos, pues, asistiendo al reinado de un instrumento de origen humilde, tan humilde que hasta hace unas décadas –y a casi un siglo de su incorporación folklórica– ni siquiera merecía el título de instrumento musical. Hoy, el cajón es Rey de la Jarana, altar de la marinera, sabor del tondero, cintura del festejo y quimba del valsesito criollo bien 'picao'...
Pero su reinado quizá sea más cuantitativo que cualitativo. Aplicado desde hace unos diez años a dar ritmo de fondo al vals criollo, resulta casi infaltable –al lado de las redivivas castañuelas en las grabaciones fonomecánicas de este género. Súmese a ello la proliferación de 'restaurantes criollos' con 'show' de jarana y orquesta criolla, donde el cajón martillea por igual valses, poleas, festejos, tonderos, alcatraces y marineras, y llegaremos a la convicción de que, a la jerarquía del instrumento en su confección artesanal y a la profusión de nuevos instrumentistas (cajoneros o cajoneadores) asoman, peligrosamente, la saturación, el abuso y el 'snobismo'.

En cuanto a la confección artesanal del actual cajón, los hay de muy variados estilos y dimensiones: achatados y con asa, tipo maletín 'James Bond'; grandes y toscos como ataúd de pueblo; pequeños como alcancía de santo; barnizados, charolados, pintados en blanco, verde, negro o rojo y blanco como la bandera peruana; con el monograma del Centro Musical o las iniciales de su dueño; claveteados con tachuelas doradas; en fin, no hay dos cajones iguales, aunque en la novísima hornada no hay dos cajoneros que toquen diferente.

1.1.3. El cajón en América

Contrariando la presunción de algunos aficionados, empecemos por declarar que el cajón como instrumento no es –o no ha sido– exclusividad de nuestra costa peruana ni de nuestro Perú mestizo de inga y mandinga. Don Fernando Romero

—ese casi solitario investigador de la influencia negra en nuestra patria— nos dice:

> Nuestro cajón tiene en Cuba un hermano gemelo que es percutido con las manos o con pequeñas baquetas de madera y en los Estados Unidos otro que tocan con huesos o baquetas, según Krahbiel. Esa primera forma de sacar ruido ha desaparecido entre nosotros, pero fue bastante usada. (Afroamérica. Vol. 1, p. 51. Méx. 1945)

Pero ha sido don Fernando Ortiz, etnólogo cubano, quien realizara el estudio más completo sobre el cajón. Usando ese vocablo de su creación, transculturación, hoy tan socorrido, nos habla de "Una transculturación que da rango de instrumento de música a un pequeño y modesto envase de madera, de los que utiliza el comercio para transporte manual y conservación de ciertas mercaderías".

Ortiz consolida la categoría instrumental del cajón catalogándolo como TAMBOR XILOFÓNICO. Ello, contra la opinión de algunos musicólogos que lo discriminaban pese a ser —y quizá por ello mismo— entre la gente pobre y presidiarios de Cuba "el más socorrido y generalizado sucedáneo del tambor".

Luego don Fernando nos habla de la *rumba de cajón, el baile de cajón y de la timba o baile de cajón pelao*. Describe un conjunto de percusión compuesto por tres cajones: Uno grande llamado *caja* y que se toca sentándose sobre él y percutiéndolo con una mano sobre el frente y otra al costado. Otro mediano, llamado *cajón segundo*, que se bate sobre las dos cabezas de derecha e izquierda, también con el músico sentado sobre él. Y, finalmente, uno pequeño o *cajón tercero*, que el músico, sentado en silla, coloca sobre sus rodillas y percute en la cabeza con la mano derecha, alternando con golpes en el frente con la izquierda. Este trío de cajones suplió en ciertos casos a los tres sagrados tambores *batá*, de la liturgia *lucumí*. Los tambores *batá* son *bimembranófonos y ambipercusivos* porque son percutidos con sendas manos en ambos parches. Su forma es *clepsídrica* y sus nombres son: *Okónkolo (u Omelé)* el más pequeño, *Itótele* el mediano e *Iyá* el de mayor tamaño, que es 'la madre'. El tambor *iyá* es tañido por el jefe del trío, cuyo título es *olubatá akpuatakí* ("tamborero principal").

El *cajón,* agrega don Fernando Ortiz, está doquiera haya música de negros en proximidad de blancos, en trance de ocultación o de traspaso y mestizaje de bailes y carnes.

El cajón, el despreciable cajón, arrojado por el blanco y acariciado por el negro, ha sido un encubridor de la música africana. El primer instrumento mulato.

Sorprendente. Pareciera que el cubano profesor se refiere al cajón peruano. Si hasta nos viene a la mente esta popular copla norteña:

> Dale golpe a ese cajón,
> que se acabe de quebrar
> que en la casa del patrón
> cajones no han de falta...

1.1.4. Al pie del arpa y cajeando

El tambor para el negro africano es uno de los medios de comunicación con sus dioses. Donde el negro conservó el tambor, ya en Brasil, Haití o Cuba, preservó su religión ancestral.

Donde se lo arrancó el esclavismo, donde lo perdió por el mestizaje de *"carnes y bailes",* o donde le fue imposible conseguir los elementos (troncos para ahuecar, tablas para duelas, cuero para parches) indispensables en su fabricación, nació el sucedáneo. Se perdió la 'lengua' natal, la función ritual de la coreografía, la fonética percusiva del 'toque'. Pero quedó el RITMO. Ritmo afroperuano, en nuestro caso. Y para ello sólo bastan unas gotas de sangre negra, el resto lo hace al atavismo. Hace ya dos siglos, en Lima y en nuestra costa se recurrió a las *botijas* de cerámica ('llamador' y 'repicador') para ritmar *zamaecueca y tondero*. A la mesita llamada tamborete, al parecer, originada en el africano *kuá-kuá*, especie de banco o taburete cuadrado que los negros *mpongüé* (Congo Brazzaville) tañen con dos palos y de donde D. Fernando Romero supone se derive el nombre de nuestra zamacueca, o sea *samba-kuákua*, de *samba* 'Baile', y *kuá-kuá*. Desde esa lejana época data también la costumbre de dar ritmo al tondero y zamacueca repiqueteando sobre la caja de resonancia del arpa, instrumento éste –a la par que la vihuela– muy común en la orquesta de los bailes de tierra. De ahí el dicho popular:

Al pie del arpa y cajeando.

Que servía también como refrán para indicar tareas múltiples o recargadas.

En Chile, aún se estila ritmar la *cueca* repicando al pie del arpa, pero hace mucho que arpa, arpista y repicador desaparecieron de nuestra costa.

No se crea, sin embargo, que nuestro cajón deviene del tamborileo al pie del arpa. Si bien anotamos líneas arriba que el tambor es el medio de comunicación entre el africano y sus dioses, en África también hay tambores xilofónicos o de madera. Ocurre que entre los congos es sacromágico el toque de palos (de ahí la afrocubana *Regla de Palo* en sus cabildos congos). En Congo existe un tambor de tronco ahuecado que se coloca horizontalmente sobre su base y se tañe con dos palos, su nombre es *katá*. Pero Vissea, en su *Dictionnaire Fiot*, nos dice que en lenguaje fiote o del Congo, katá es nombre que se da a una 'caja' de las que sirven para envase de objetos, mercancías o equipaje. *"Este vocablo aplicado a un tambor tanto querría decir en el Congo como caja o cajón"*. Y este significado bien pudo provenir de los congoleños, cuando –ya sojuzgados por los colonialistas– aprendieran en su tierra a usar tales envases de los blancos como instrumentos de música. Tal como más tarde ocurriera en Haití, Cuba y Perú.

1.1.5. Monserrate y Arciniega

Allá por 1945 –quizá coincidiendo con el neonacionalismo que en los países 'subdesarrollados' despertara el fin de la Segunda Guerra Mundial–, resurge en Lima nuestra Marinera. Tres años antes, comenzaron a llegarnos los primeros discos de música peruana prensados en Chile y Argentina. Poco después se implantaría en el país la industria del disco fonográfico.

Por esos años, los mejores cajoneadores eran don Francisco Monserrate, alto espigado y muy elegante negro a quien sus íntimos motejaban 'Máquina'; y don Víctor Arciniega, más conocido por el 'Gancho' (de la germania o replana ganchurime, que quiere decir 'amigo'), Monserrate era nacido en Chincha y su apelativo quizá provino de antigua labor ferroviaria. Arciniega es –porque aún vive– limeño de pura cepa y 'cantujador de replana'. Pese a la natural rivalidad, ambos fueron muy amigos. Monserrate falleció en 1957.

Don Francisco Monserrate, fue, para muchos de los entendidos del cajón, superior al 'Gancho'. Era larguísima su gama de sonidos e infinita su combinación de golpes. Seguro en el ritmo y sobrio en el floreo cuando se trataba de tocar derecho, su síncopa y contragolpe podían sacar de ritmo al mejor cantante o al más cuajado guitarrista si éstos no se andaban con cuidado. Por supuesto que profesionalmente don Francisco se cuidaba que ello no sucediera, les tocaba *derecho,* como llevándolos de la mano. Sus 'faenas' las reservaba para después del 'show' en la 'boite' de lujo, donde trabajaba acompañando a Yolanda Vigil 'La Peruana', o para después de la audición radial como cajonero de 'Los Morochucos'. Luego de ello, y cogiendo por la 'boca' de resonancia su blanquirrojo instrumento, se encaminaba Abajo el Puente, Barrios Altos o Breña, para jaranear entre los suyos, con los Ascues, Cirio, los Vásquez, 'Canario' o Alejandro Reyes... ¡Ahí había que escuchar su toque...!

Como Francisco Monserrate
no ha habido negro ni habrá:
Bajo su piel de chocolate
un ritmo atávico late:
tucutum-pá, cum pá-pá

Palma y cajón para Bartola,
Manuel Quintana cantará,
quizá la copla sea española
pero el cajón me habla de Angola:
tucutum-pá, tucutum-pá.

Baila Bartola Sancho-Dávila,
ya tiene el diablo puesto atrás.
Mi gente suda y huele a zábila
con este ritmo, ancestro de África:
Tucutum-pá, tucutum-pá.

Nicomedes Santa Cruz

1.1.6. Cajón vs. tumba

Al finalizar la década del cuarenta, se hallaba en Lima una Sonora Cubana dirigida por Benny Bustillos. El *bongocero*, llamado Guillermo Regueira, nacido en la Guinea Portuguesa (África), criado en Cuba y apodado 'El Niño' intimó con don Pancho Monserrate y a poco hicieron un singular pacto: 'El Niño' enseñaría a Monserrate a tocar *tumba y bongó,* mientras éste enseñaría al 'Niño' los secretos de nuestro jaranero *cajón.* Trabajaron mucho durante algunos años en estas recíprocas lecciones, pero al fin parece que la cosa no prosperó. Don

Pancho Monserrate, como hemos dicho, falleció en 1957. 'El Niño' se radicó definitivamente entre nosotros e hizo familia; hoy es un criollazo que 'las sabe todas', no tiene rival en los cueros, pero, que yo sepa, no se le arrima al cajón... O sea, que a lo mejor no las sabe todas.

1.1.7. Cajoneros cantores

El 'Gaucho' Arciniega pertenece al Conjunto Tradicional 'Ricardo Palma' y es el único cajonero de la vieja guardia que aún vive (*1970*).

No es común que los cajoneros canten jarana, aunque es obvio que deban conocerla al derecho y al revés. Pero cuando se da el caso de un cajonero que cante, ya no puede hacerlo si al mismo tiempo no repica el cajón que aprisiona entre las piernas. Tal fue el caso del desaparecido Goyeneche, a quien sus amigos apodaban 'Chancaca', bravísimo cantando Marinera de desafío; temible cuando lo dejaban cantar acompañándose de cajón.

1.1.8. Blancos limeños y el cajón

A la par con los morenos cajoneadores, entre los llamados blancos limeños —gente de sociedad aficionada a la tradición— destacó la figura del Dr. Francisco Graña, 'Don Pancho', como se le llamaba cariñosamente, felicitado muchas veces por el propio Monserrate. Del Dr. José Durand Flores, diremos que era rapidísimo de manos pero su misma pasión por el cajón más su temperamento nervioso lo hacían 'correlón' y 'descuadrado', pero valga la sinceridad de su entusiasmo. Como dato anecdótico agregamos que, a poco de morir Monserrate cayó en manos del Dr. Durand su original instrumento, original porque no era un paralelepípedo perfecto pues la cara posterior tenía un lado curvo, hasta unirse con la cara además de estar pintado en rojo y blanco, como la bandera peruana. Tal reliquia aún existe, pero, totalmente apolillado; el famoso

cajón de Monserrate, animador de mil y unas jaranas de las 'de verdad', ya no 'habla' más. Ponerle un dedo encima sería sacrilegio...
Quizás algún día contemos con un Instituto de Etnología y Folklore donde hallen reposo a su fatiga las castañuelas de Pedrito Torres, el pañuelo de Bartola, la guitarra del 'Canario'¡... y el blanquirrojo cajón de don Pancho Monserrate!
[Ver Libro 1. Décima "Cajón" (1962)]

1.2. La cajita

La cajita es un pequeño tambor de marcha. A diferencia del cajón –que es un instrumento estacionario y se percute a mano pelada–, la cajita se lleva colgada del cuello o la cintura, y se bate de manera compleja: con la mano derecha el tocador esgrime un pequeño mazo de madera, con el que pega sobre el lado derecho de la cajita; mientras con la mano izquierda abre y cierra la embisagrada tapa, cogiéndola de una perilla que lleva encima. Ambos golpes, agudo el del mazo y grave el de la tapa, se combinan alternativamente, floreando el ritmo que marca la quijada, pues cajita y quijada son infaltables en la orquesta del *Son de los Diablos*.

1.3. La quijada

Instrumento del folklore negroperuano, la quijada, más conocida por quijada de burro, reúne en sí los sonidos de la maraca y el güiro, combinados, y en su mecánica instrumentista podría quizá agregarse el del tamborín. Así pues, como ya lo anotara el sabio cubano don Fernando Ortiz:

> La quijada es un instrumento percusivo, sacuditivo y frotativo, según la manera como sea tañido; y no es raro que en un mismo toque se suene sucesivamente de todos esos modos.

En Cuba, Haití y otros puntos de América se conoció la quijada, pero es sólo en el Perú donde aún sobrevive y quizás fuera el Perú su lugar de origen ya que este instrumento óseo no procede como tal de África y porque las más antiguas crónicas peruanas dan cuenta de su temprana presencia en manos de negros esclavos en Trujillo, cofrades mandinga, de San Lázaro, etc. Al respecto, el estudioso peruano, don Fernando Romero, en un breve estudio sobre *Instrumentos musicales de posible origen africano en la costa del Perú*, cita tres documentos del siglo XVIII que hablan sobre el uso de las quijadas como instrumento musical entre los negros, además de dos del siglo XIX: *El lazarillo de ciegos caminantes*, Concolorcorvo, 1773. *Mercurio Peruano*, 1791. *Trujillo del Perú a fines del siglo XVIII*, Obispo D. Baltasar Jaime Martínez Compañón.

1.3.1. Pancho Fierro

A parte de la documentación gráfica encomendada por Martínez Compañón, tenemos en las inimitables acuarelas del pintor mulato Pancho Fierro (1803-1879) un claro testimonio del uso de la quijada en la orquesta del *Son de los Diablos*. Son dos las versiones dejadas por Fierro, gracias a ellas —y a las reminiscencias coreográficas del danzarín chinchano don Pedro Guzmán 'Chumbeque'— pudo el Dr. José Durand Flores presentar en el Teatro Municipal de Lima (junio de 1956) como apertura de su revista 'Pancho Fierro' un Son de los Diablos con grandes visos de autenticidad, premiado con cerrado aplauso cuyo eco aun no se extingue. Con la viril y diabólica coreografía, fue tal el éxito alcanzado por la orquesta (guitarras, cajita y quijadas) que a la segunda temporada en el Municipal (enero de 1957) Durand inició el espectáculo con un número titulado 'Ritmo de quijadas' precediendo al 'Son de los Diablos'. Para esta innovación, el escenógrafo de la Compañía, Alberto Terry, pintó las quijadas con un compuesto color verde que reaccionaba fosforescente al efecto de la 'luz negra', técnica que se estrenaba en Lima y que actualmente los checos han llevado al límite en su teatro de títeres. Pues bien, con la sala apagada y los negros tocadores vestidos de oscuro, al levantarse el telón de boca el público veía –y oía– ocho quijadas fosforescentes flotando en escena. El efecto era maravilloso pero la autenticidad folklórica quedaba al margen.

Muchos años antes de esta interesante experiencia, ya había un solitario luchador por la sobrevivencia de la llamada cultura 'negroide': con su potente voz y su quijada de burro compañera, lo aplaudimos en radios y teatros. Era el 'Arquero-Cantor' Juanito Criado. Por eso, al morir prematuramente la Compañía 'Pancho Fierro', él, que en la misma fue primera figura, continúo en su lucha, y aún prosigue (1975), mas ya no solitario.

1.3.2. La quijada actual

Tendríamos que empezar por convenir en que en Lima ya no hay burros (salvo que algún estudiante nos demuestre lo contrario). Pero será bueno aclarar que la famosa, nuestra famosa *quijada de burro*, no siempre es de burro. Para su uso como instrumento también se emplea la quijada de mula y aun la de caballo. Se da preferencia a la de burro –y aún a la de pollino– por su menor tamaño y menor peso.

Ahora bien, si al fin tenemos la suerte de conseguir una quijada, lo más probable es que no suenen sus molares por conservar adheridos, entre las piezas y alveolos, restos momificados de carne. Conviene entonces rociar ron de quemar sobre las muelas y prenderle fuego por unos instantes. Repetir esta operación varias veces y, y finalmente, remojarla bien en ron de quemar y dejarla en el techo o azotea para que se seque al sol. Al cabo de varios días de repetir esta última operación se advertirá que las muelas empiezan a aflojar y al menor golpe sueltan su peculiar sonido –carraquiento–, de donde le vino a la quijada el onomatopéyico nombre de *carachacha*, hoy en desuso.

1.3.3. Ritmos con quijada

A parte del Son de los Diablos, la quijada también interviene como ritmo en el festejo. Es básica en el panalivio y... creo allí termina todo su campo de acción. Aunque ahora, los 'innovadores' son capaces de incluirla en el valse criollo, la polca y ¡horror! La Marinera.

La forma típica de tocar la quijada es cogiéndola con la mano izquierda por el espacio limpio que queda entre los caninos y molares, lo que viene a ser la barbilla. Luego, con la mano derecha empuñando un trozo de costilla de carnero se golpea con el puño sobre la pala de la quijada –lo que produce el sonido vibratorio de las muelas– y se frota sobre los molares el trozo de costilla. Lógicamente, la combinación de estos golpes percusivos y frotativos deben ser a ritmo, sincopados en el Son de los Diablos y en el *festejo*; en los tiempos fuertes para el *panalivio*.

Al golpear la quijada con el puño se deberá tener en cuenta que un golpe demasiado fuerte puede romperla en la unión de la barbilla quedando inservible. Así también, al aflojar las muelas no deberá excederse el trabajo, pues las muelas muy sueltas se salen de sus alveolos y se pierden fácilmente. Hay casos en que la osamenta de un burro ha permanecido tanto tiempo a la intemperie que el sol y los años se encargaron de dejarla a punto, y es así que sólo hay que retirarla del esqueleto y empezar a tocar, con licencia del difunto jumento. Una quijada así, con prolongada vibración y riquísimo sonido, resulta una joya.

En Cuba hubo excentricidades como la de unir dos quijadas con bisagras por el lado de sus articulaciones para entrechocar los incisivos; fabricarle un asidero de soga para tañirla como sacuditiva; agregarle cascabeles; frotar las muelas con varillas metálicas, etc.

En nuestra costa peruana, lo único que he visto son quijadas decoradas con vivos pintarrajeos y tocadores que portan sus instrumentos en adecuado y elegante estuche.

Para finalizar, opino que, así como las músicos tiene por Patrona a Santa Cecilia, los negros tocadores de la bíblica quijada debieran estar bajo la advocación de Caín, primer quijadero del mundo... ¿A que sí...?

1.4. EL GÜIRO

En su obra *Afro-American Folksongs* (Nueva York, 1914), H.E. Krehbiel escribe:

> En África, frotar una madera rayada unida a una calabaza hueca es un método común de producir sonidos.

Estos tipos de güiro, de indudable origen congo, hace mucho que desaparecieron de entre nosotros. El güiro actual es el simple calabazo alargado, que se toca pasando a compás una varilla de metal sobre las estrías o canales paralelos, labrados transversalmente en el lado opuesto al orificio que le sirve de resonancia y agarradera para la mano izquierda.

1.5. LA CARRASCA

La carrasca es un instrumento musical de tipo dentado o ranurado, cuyo origen se puede atribuir tanto a la América precolombina como a África. "Construida en los más diversos materiales (huesos humanos, cañas de bambú, maderas duras, etc.), la carrasca es instrumento precursor del güiro y el guayo" (F. Ortiz).

1.6. LA GUITARRA

La guitarra peruana es el mismo instrumento español, que nos llega con todos los elementos culturales que desde los primeros instantes se fusionan con la cultura nativa. Aceptando que fue el músico y poeta español, Vicente Martínez Espinel (1550-1624) quien, además de inventar la décima espinela, "añadió la quinta cuerda a la guitarra" –como lo consignan muchas enciclopedias–; tenemos que convenir entonces que la guitarra que llegó al Perú en la tercera o cuarta década del siglo XVI, tenía sólo cuatro cuerdas y estaba más cerca de la antigua vihuela, hija de la guitarra arábigoandaluza, que del instrumento que actualmente conocemos. Incluso, los veteranos la llaman indistintamente vihuela o guitarra. Ya en la Costa Peruana, la guitarra ha destronado al arpa e impera tras la desaparición de ésta, teniendo entre el virtuosismo de los negros un bordoneo en las cuerdas entorchadas, unos rasguidos que más parecen percusión y unas síncopas, que le dan características especiales. Su afinación natural es *'mi - si - sol - re - la - mi'*, de aguda a grave; pero hay afinaciones especiales, como el ya casi perdido *maulío*, que se consigue 'transportando' la quinta o sexta cuerda a tonos más bajos. Los *aires costeños* en que participa la guitarra, son: Marinera, Tondero, Vals Criollo, Festejo, Triste, Yaraví, Socabón, Cumanana, Danza, Zapateo, Agüenieve, Panalivio, Alcatraz y Son de los Diablos.

1.6.1. Del 'tundete' al disonante

Un dato interesante podría arrojar algunas luces sobre el asunto de 'la cuerda que Espinel añadió a la guitarra': En la hermana República de Panamá acompañan las décimas cantadas con dos tipos de guitarra rural, de fabricación casera: La llamada *'mejorana'* y el *'socabón'* (también llamado *'bocona'*).

Ambas guitarritas no exceden de los cincuenta o sesenta centímetros de largo total. Se fabrican de una sola pieza, en madera especial y muy liviana que después de darle la forma exterior se socava por la cara para formar la caja de resonancia y luego se tapa con una lámina muy delgada.

Los trastes se fabrican de hilo trenzado y encolado y las cuerdas son de tripa. La 'mejorana' es algo más grande, tiene cinco trastes y cinco cuerdas. El 'socabón' o 'bocona' tiene sólo cuatro trastes y cuatro cuerdas.

Ahora bien, muchos campesinos de Ocú, Guararé, Aguadulce, etc., afirman que estas guitarras datan del tiempo en que llegaron los españoles al Istmo.

No tengo noticia de que en época alguna el pueblo peruano haya adoptado alguno de esos instrumentos en transición. Venezuela, Colombia y Cuba tienen y tocan con folklórica propiedad el 'cuatro', (guitarra de cuatro cuerdas). En cambio sí proliferaron durante el siglo pasado y aún en el presente, las famosas *Estudiantinas*, en las que se daba toda una familia de instrumentos de cuerda: Laúd, bandurria, mandolina, guitarra, etc. Estas Estudiantinas peruanas alcanzaron una perfección en disciplina, afiatamiento, arreglos musicales, técnica y repertorio, que no tuvieron nada que envidiar a las formadas en otras latitudes de América e, incluso, a las formadas en la Madre Patria. Su repertorio, por lo general, lo conformaban pasodobles, valses vieneses, trozos de zarzuelas —y hasta de óperas— y música de la tierra, pero ésta en menor cantidad.

La guitarra en nuestra canción popular, como instrumento de acompañamiento, viene a tomar su trayectoria ascendente cuando a comienzos de siglo nace en la voz del pueblo, nuestro Valse Criollo. Ya para esa época, y desde mucho antes, los mejores guitarristas de América Latina eran los argentinos y uruguayos.

Pero si acompañando un valse criollo, nuestra guitarra no salía del elemental 'tundete', en la música de *medio pelo* la cosa andaba mejor: Desde el pasado siglo, y con mayor razón al comenzar el presente, ya existía quien, en Arequipa, pudiera hacer llorar la guitarra en un sentido Yaraví de Melgar. Y en el Norte no faltó nunca quien en un Tondero pusiera más sabor que en todos los secos de cabrito hechos y por hacer.

Y en Lima nadie ha podido olvidar los inimitables rasguidos que en la Marinera singularizaban el toque y estilo de cada jaranista. Pero como ya hemos dicho en otras ocasiones: la Costa Peruana se está desfolklorizando (perdónese el término) hace considerable tiempo, desde 1930, más o menos. Precisamente, en esa fecha, los compositores advierten que se ha progresado notablemente en la concepción musical del valse criollo, es decir, se ha enriquecido la línea melódica, pero el acompañamiento en las guitarras conserva su monótono y elemental 'TUNDETE'.

Al promediar la década de los años cuarenta, aparece en el firmamento artístico la figura de Oscar Avilés. Es precisamente a él a quien corresponde dar a la guitarra la evolución que imperiosamente necesitaba. Su estilo propio y creador en el 'punteo' fue imitado por todo guitarrista y la opinión general lo consagró "La Primera Guitarra del Perú". Adjetivo que nunca le vino ancho y llevó con toda dignidad. Podemos decir que el aporte de Avilés culmina con Rafael Amaranto. Rafael, con una técnica muy superada, no llega a redondear el éxito por la frialdad de su estilo, contrario al sabor y pulsación de Oscar Avilés.

El nuevo ciclo de vanguardia, lo abre un virtuoso de la guitarra: Carlos Hayre Ramírez. La labor de Hayre se puede decir que es silenciosa. El público lo conoce como 'contrabajista', arreglista y compositor; pero desde hace diez años, en jaranas, en particulares sesiones de criollismo, y en su propio hogar, va sembrando un estilo modernista que ya plasma buenos discípulos, de los que quizás, el más aprovechado hasta ahora es Carlos Montañez.

1.7. LAS PALMAS

En el primer volumen de su monumental obra *Los instrumentos de la música afrocubana* (Habana, 1952) y en el Capítulo

II. (*Los batientes anatómicos superiores*), dice el profesor Fernando Ortiz:

> La música a mano fue la primera. Batiendo las palmas de las manos se produjo, según Combarieu, la primera manifestación instrumental de la música (...) Parece que el golpeteo de una mano contra la otra ha debido de irse prefiriendo y fijando por su mejor sentido musical, al advertirse cómo ahuecando las manos podía obtenerse una mayor y más variada sonoridad, capaz de incorporarse más eficazmente a la ritmación de las danzas colectivas.

Casi toda la música danzaria de nuestro folklore lleva ritmo de palmas o pasajes palmoteados, pero es en la Marinera limeña donde estas palmas son imprescindibles desde los primeros compases de introducción. Y es así como los cantores de jarana o los mismos bailarines, ya 'cuadrados' para iniciar el baile, piden palmas a los circunstantes, al grito de: "¡Palmas, ociosos...!" o bien "¡A ver, esas palmas...!".

1.8. Las tablitas

Aparte de la cajita del *Son de los Diablos*, no ha llegado hasta nosotros –entre los instrumentos del folklore costeño– ningún otro tipo de palos entrechocantes, sacuditivos o percusivos; salvo una especie de matraca (o carraca) que hasta hace poco enarbolaba el borrachito que acompañaba con sus bufonadas los *Hatajos de Negritos* que salen para la Navidad en Chincha e Ica; y las castañuelas españolas, que aparecieron en los años veinte para alegrar el vals criollo y las revivió a partir de 1957 el negrito Pedro Torres "Verijas", ya fallecido.

Sin embargo, la lámina LV de la famosa colección encargada por el Obispo Martínez Compañón, muestra a una mujer que lleva 'algo' en las manos que unos describen como "dos piedras", otros suponen sean "castañuelas" y a don Fernando Romero se le antojan tejoletas, tablitas o palillos.

Las tabletas, abuela de los crótalos griegos y bisabuela de las castañuelas, nacieron en el Egipto de hace 7.000 años. Las tablitas africanas, de origen congo, tienen un efecto sacromágico dentro de su religión xilolátrica o de palo. Las tablitas sudanesas refuerzan las palmas anatómicas en los bailes de rueda. Es indudable que unas u otras hayan existido en el Perú colonial. Las más gruesas son embisagradas y se toman con ambas manos, para entrechocarlas; mientras que las delgadas son cóncavas y claveteadas en un extremo, para tomarse con la mano derecha y sacudirlas sobre la palma de la izquierda.

2. Zapateo y Agüenieve

2.1. El zapateo criollo

El 'zapateo' o 'pasada' es un baile de desafío entre dos rivales. No lleva más instrumentación que la melodía rítmica de una sola guitarra. Pese a existir una gran variedad de 'toques', todas estas variantes tienen un solo patrón, cuya melodía es derivada del 'festejo'.

Los dos zapateadores, antes de iniciar su competencia, eligen al guitarrista que los acompañará; así también al juez que decidirá el valor de cada pasada que acumulará puntaje decidiendo al triunfador del desafío. Son los rivales quienes acuerdan la duración de su competencia que, por lo general, es *'de cinco-tres' o 'de siete-cuatro'*.

- 'De cinco-tres' significa que, sobre un máximo de cinco pasadas por rival, será declarado triunfador quien primero acumule tres victorias (consecutivas o alternadas).

- 'De siete-cuatro' es una ampliación de lo expuesto a siete pasadas por rival con un triunfador que logre acumular cuatro victorias, (consecutivas o alternadas).

Colocados los contendores frente a frente y a una distancia aproximada de tres metros, se sitúan, a un lado (sentado) el guitarrista, y frente a éste (en cuclillas) el juez; formando cruz la posición de éstos con relación a la de los zapateadores.

El juez sortea la salida y el albur de una moneda decide cual de ellos iniciará el baile con la primera 'pasada', –previo saludo–. El saludo es la figura inicial y obligatoria en toda competencia de esta índole, y aún en las demostraciones amigables. Consiste en avanzar caminando a ritmo y con gracia hasta el rival, regresar –retrocediendo– hasta su posición inicial y esperar que el rival retribuya en igual forma esta cortesía. Como el saludo no da puntaje, basta con realizarlo en la forma descrita.

Las pasadas más importantes y conocidas son:
REDOBLE, ESCOBILLADO, REPIQUE, PASADA DE MANOS Y PASADAS ACROBATICAS.

De las expuestas nacen variantes por combinaciones de:
REDOBLE Y PASADA DE MANOS; REDOBLE Y REPIQUE, ESCOBILLADO Y REPIQUE; REDOBLE Y PASADA DE MANOS; REPIQUE Y PASADAS ACROBATICAS.

El guitarrista, desde que se inicia el desafío, debe mantener un ritmo y pulsación uniformes. Sucede frecuentemente, que por realizar una pasada difícil, digamos acrobática, el bailarín pierde el compás o se atraviesa en el ritmo que le marca la guitarra. Esto, además de deslucirlo, le hace perder la pasada; pero si el guitarrista se cuadra rápidamente con el ritmo del bailarín –ilegalidad ésta a la que denominan 'llevarlo', 'llevarlo de la mano' o 'llevar al zapateador'–, este termina felizmente en pasada. Otros zapateadores tienen la tendencia de ir acelerando el ritmo medida que evolucionan en sus pasadas, pero el guitarrista deberá permanecer en su ritmo isócrono.

Teniendo en cuenta que el valor de las pasadas está sujeto no sólo a la plasticidad y alegría del ejecutante, sino a normas técnicas, como la evolución y regresión progresivas de las pasadas, –lo que se llama 'amarrar'–, es juez la autoridad única que emite fallo inapelable.

De la competencia e imparcialidad de juez y guitarrista depende el normal desarrollo en el desafío de 'zapateo criollo'.

Algunos aficionados llaman a este baile 'agua´e nieve' pero dicho baile se diferencia del 'zapateo criollo' en que la melodía de la guitarra y la coreografía de los bailarines son diferentes. En el llamado 'agua´e nieve', todas las pasadas se ejecutan a base y variantes del 'escobillado', bailando todo el tiempo sobre las plantas de los pies, sin apoyar el talón. Aparte de lo expuesto, toda la mecánica del desafío es igual para el 'zapateo criollo' y para el 'agua´e nieve'.

[Ver Libro 1. Décimas "Cantando acuricanduca" (20 de enero de 1959) y "Apuesto hasta mi pellejo" (11 de mayo de 1957)]

2.1.1. Zapateo en mayor

El toque del zapateo se ejecuta en una sola guitarra, y su fórmula musical, en base a frases de cuatro compases (6/8), completa períodos de dos o cuatro frases que se repiten con algunas variantes.

El zapateo en modo Mayor es el preferido por los guitarristas y el más solicitado por zapateadores, dada su alegría y variedad melódica.

El zapateo (en Mayor o Menor) lleva el ritmo derivado o emparentado con el festejo. Pero téngase en cuenta siempre que tales toques deben ser muy rítmicos para cumplir su cometido, pues quien lleva la 'voz cantante' es el zapateado, ya 'dialogando' con la guitarra, sincopando su ritmo y aprovechando los silencios que esta le conceda.

2.1.2. Zapateo en menor

El toque de zapateo en el modo Menor, se ajusta a la misma fórmula musical del zapateo en Mayor, pero habiendo menos variedad melódica en sus frases resulta algo monótono y no es muy del agrado de los zapateadores, salvo demostraciones fuera de competencia. A la fecha (1975), podríamos asegurar que el profesor Vicente Vásquez Díaz es el único guitarrista peruano que conoce algunos toques de zapateo en Menor, ricos toques en los que predominan los bordoneos.

2.2. AGÜENIEVE

El *agüenieve o agua'e nieve* ha sido confundido con el zapateo criollo o pasada, pero hay notables diferencias entre uno y otro baile. Empezando porque el toque del agüenieve sólo es en modo mayor y su fórmula musical liga períodos de dos frases en compases de amalgama que recuerdan el andaluz toque por soleares.

2.2.1. Pasada de agüenieve

El *agüenieve*, al igual que el zapateo, también es un baile masculino, para solista en contrapunteo con uno o más rivales. La única y sustancial diferencia que hay en su coreografía, estriba en la técnica empleada: mientras para el zapateo se *pediogolpea* con la punta, planta y tacos del zapato, en el agüenieve todas las pasadas se ejecutan exclusivamente con la punta, planta y costados de la planta del pie; perdiendo la pasada quien asiente el talón aunque sea por casualidad. Así pues, las figuras del agüenieve son a base de escobillado combinado con golpes de planta y punta de pies.

Es posible que este tipo de baile haya sido muy anterior al zapateo, pues parece que la obligatoriedad del escobilleo no es simple capricho sino limitaciones del pie descalzo, con el que no se puede taconear y en cambio es más rico el sonido de la desnuda planta escobillando sobre la tierra dura.

2.2.2. Melopea de agüenieve

En la larga agonía que vive la décima desde hace cerca de medio siglo a la fecha, una de las primeras cosas que empieza a desaparecer es el socabón. No sabemos si por falta de guitarristas o por falta de cantores, lo cierto es que ya en la década del veinte hasta los 'desafíos' son a 'décima rezada'.

La décima rezada es la misma glosa recitada, empleándose para ello una entonación salmódica, sin más inflexión que un forzado hemistiquio en cada décima verso, acentuando la palabra del 'amarre', y sin acompañamiento instrumental alguno.

Con décimas rezadas nos iniciamos en la afición, allá por los años cuarenta. Pero a partir de 1956, cuando llevamos la décima a las tablas y a la radio, nos pareció algo pobre y monótona esta modalidad. Claro que en muchas ocasiones las cantábamos en socabón pero siempre hemos pensado que una sola melodía (y bastante lánguida) no se adecuaba a la gran diversidad temática de la décima. Fue en 1958 cuando recordando el toque del agüenieve que ya no se utilizaba para nada pues su baile se había perdido, resolvimos tomarlo como fondo guitarrístico de las décimas rezadas; y para ello bajamos su cadencia al ritmo pausado de nuestra voz, resultando entonces una bella melopea en agüenieve, cuyos registros increíbles nos traen cercanas reminiscencias del andaluz toque por soleares que utilizaban los recitadores españoles para fondo de sus romances. Todo esto fue posible gracias al virtuosismo del maestro don Vicente Vásquez Díaz, único tocador de agüenieve y quizás el último tocador de socabón.

3. BAILES

3.1. Hatajo de negritos

> El veinticinco´e diciembre
> Jesú ha nacio en Belén,
> Vayamo pue too nosotro
> Pa cantujarle también...

Es el 'hatajo' de 'Los Negritos' de El Carmen, distrito de la Provincia de Chincha, en el Departamento de Ica. Esta Nochebuena (1973), siguiendo una tradición que se remonta a los tiempos coloniales sin haber sido nunca interrumpida, una comparsa de 'pastores' se apresta ya a recorrer las calles del pequeño poblado, visitar los fundos aledaños y desafiar en contrapunto al 'hatajo' que se les ponga al frente. Sin descuidar que su finalidad prioritaria es cantar y bailarle al Niño Jesús que acaba de nacer.

Desde el mes de noviembre comienzan los preparativos coreográficos del 'hatajo' navideño. El 'Primer Caporal' se encarga de ensayar su 'partida', compuesta por diez o doce negritos cuya edad promedio es de doce años. Los ensayos se realizan por lo general en casa del Maestro, 'violinista', único instrumentista de la cuadrilla; empiezan al terminar las faenas del campo, o sea, a la puesta del sol, y duran cuatro horas o más, ello diariamente y sin darse tregua. Tal la rigurosidad con que se toman las cosas. Como medida disciplinaria, el 'Primer Caporal' esgrime multicolor 'chicotillo' con que azota a los negritos díscolos o lerdos, teniendo como asesor un 'Caporal Segundo'.

Ya hemos dicho que como único instrumento para el 'hatajo' está el 'violinista', pero a ello se suma el ritmo que dan las 'campanitas' que todos 'los negritos' blanden en siniestra mano, además de los cascabeles que penden de sus ligaduras atadas en las pantorrillas y antebrazos.

El 'negrito' viste negros zapatos, pantalón y camisa blancos, sobre la camisa, otra, llamada 'camisulín' (camisolín) y sobre ésta, cruzadas sobre el pecho, banda y contrabanda sobre hombros izquierdo y derecho, respectivamente. Cubren la cabeza con turbante de variados colores o un gorrito emplumado. La banda tiene profusión de espejuelos y lentejuelas como adorno. Tan rica vestimenta es proporcionada por los 'padrinos' del 'negrito', mecenas que habrá designado previamente entre los notables del pueblo. Personajes complementarios del 'hatajo' son el 'barbudo y rugoso' –además de enmascarado– personaje que hace de 'viejo', siendo el bufón de la comparsa. En la ceremonia del 'bautizo' de cada 'negrito' se representa un 'cura' y un 'sacristán'.

Durante los ensayos se ejecutan las cuarenta o cincuenta danzas que componen la variada coreografía del 'hatajo de negritos' cada una lleva su nombres específico y su toque en violín; tales pasos van intercalados con canciones y recitados (villancicos y relaciones) pero en la práctica sólo fragmentos de esta representación se interpretan brevemente en cada casa solicitante del 'hatajo'. Toda la coreografía es a base de 'zapateo', que los negritos dominan a la perfección y practican desde que aprenden a caminar.

El paso de marcha con que se desplazan inicialmente se llama 'pasacalle', y dice así:

> En nombre de Dios comienzo
> porque es bueno comenzar
> en el nombre de María
> sin Pecado Original...

Luego siguen 16 compases de violín para anunciar otra copla u otra pasada; esta copla pertenece al 'arrullo':

Dulce Jesús mío
mi Niño adorado
venga a nuestras almas
y no tardes tanto.

La cuna de mi Niño
ya se mece sola
como el campo verde
de las amapolas.

Se detiene la danza y un 'negrito' espontáneo echa su 'relación':

Yo me voy para 'El Ingenio'
a aprender a jinetear,
Señor Mayordomo Luis
écheme su gente encima
para pasar el portillo
que el novillo lo ha rompido.

Panalivio malivio san...

Señor Mayordomo Luis
qué cosa pasa a la gente
que no sale a trabajar
ni a rigor de agua caliente

Panalivio malivio san...

Y otra pasada vistosa, ligada al 'panalivio' es la del 'zancudito':

Señora, por vida suya
préstome su cuarto oscuro
pa ver si por medio de eso
no me pica este zancudo

> Zancudito me picó
> Salamanqueja me mordió.
> Malhaya sea este zancudo
> que me picó que me picó...

Luego siguen las 'serranitas':

> Huatila la la la la
> Huatila la la la la
>
> Ella no comía
> ni trigo ni arroz
> sólo se mantenía
> con mi dulce amor
>
> Huatila la la la la...

Otra copla de clara influencia andina en música y letra es la que dice:

> Sin naranja, con naranja
> dulce naranjita challay
> tú me dices que no me quieres
> dulce naranjita challay...

Para despedirse de la casa que dio aguinaldo cantando la 'despedida':

> Adiós, adió, Niño lindo,
> Vámonos que vengan otros
> que les hagan el cariño
> que nos han hecho a nosotros...
>
> Adiós, adió, Niño lindo,
> Vámonos que vengan otros
> que les hagan el cariño
> que nos han hecho a nosotros...

Este año, el 24 de diciembre , a las doce de la noche, vale la pena ir al distrito de El Carmen, en Chincha. Allí veréis el 'hatajo' del 'Primer Caporal' don Amador Vallehumbrosio con su 'violinista' don José Lurita. Vale la pena, palabra de honor, palabra de 'negrito'...

3.2. Navidad negra en el 'Sur Chico' de Lima y Norte de Ica

De cómo se celebra, hasta hoy (1969), la Nochebuena en las poblaciones negras de San Luis de Cañete, Imperial, Chincha Baja, El Carmen, San José, San Regis, Guayabo y demás pueblos y haciendas del 'Sur Chico' de Lima y Norte de Ica.

> Caracúnde caracundé.
> Qué lindo, qué lindo
> Señó Sa Cusé.
> Caracúnde caracundé.
> Qué lindo lo Niño,
> Señó Sa Causé... (San José)
>
> (Villancico de 'Los Negritos')

Desde los últimos días de noviembre, comienzan en los citados lugares los preparativos para la celebración de la Navidad. El 'Caporal Primero' se encarga de ensayar su 'cuadrilla' –o 'partida'– de 'Negritos', la misma que está conformada por doce danzarines. Un 'Caporal' puede preparar hasta tres cuadrillas, pero asesorado de un Caporal Segundo' y otro 'Caporal Tercero'.

La vestimenta de los Negritos de San Luis de Cañete, Imperial y otros pueblos del 'Sur Chico' consiste en zapatillas de soga, pantalones blancos, camisa floreada de mangas bombachas y cascabeles. La indumentaria de los Negritos de Chincha Baja, El Carmen y demás distritos aledaños es mucho más original y vistosa: siempre con pantalones blancos y camisa de colores; en vez de zapatillas calzan botines negros. Y como atuendo llevan terciada sobre la camisa una banda, a la que van cosidos muchos soles de plata agujereados así como espejitos, lentejuelas y cascabeles. Se cubren la cabeza con una especie de gorrita tipo 'jockey' que, al igual que la banda, lleva monedas y espejuelos. Otras cuadrillas llevan, en vez del gorrito, un penacho de plumas coloreadas, teñidas en rojo, azul, verde, etc.

3.2.1. Los padrinos

Con mucha anticipación a la Navidad, cada 'negrito' busca su 'padrino', persona relativamente solvente, que se encargará de proporcionar el 'ahijado' el traje y complementos con que desfilará en su cuadrilla. Los 'padrinos', durante la fiesta, se limitan a aplaudir regocijados a sus impecables ahijaditos y obsequiar con monedas a las negritas 'pallas'.

3.2.2. Las pallas

Mientras los varones se han dedicado a preparar las 'Cuadrillas de Negritos', por su parte las mujeres organizan 'Las Pallas'.

Como ya el lector habrá advertido, esta manifestación folklórica es de origen quechua: 'Palla' quiere decir 'Princesa o dama noble'. No es extraño en el folklore andino ver estampas en que los danzarines se cubran el rostro con máscaras negras. Son muchas las regiones serranas donde se practica alguna danza de 'Los Negritos' (Huamachuco, Huanuco, Junín, Puno: 'Morenada', etc.). Sin embargo, hace mucho más de un siglo que el último habitante negro desapareció de dicha región. Estas son sobrevivencias folklóricas. A la recíproca, no parezca insólito que en algunas poblaciones negras de la costa peruana hayan sobrevivencias andinas (la 'yunsa', por ejemplo).

Cada cuadrilla de 'pallas' –o 'pallitas'– está integrada por doce niñas en edad escolar. El atuendo que llevan las del 'Sur

Chico' es parecido al de las gitanas. Otras, con falda recogida con guardillas de color mantillita sobre la cabeza. La 'palla' de Chincha viste exactamente igual a la mujer huanca, pero como las negritas tienen cabellos cortos y ensortijados, sus madres le fabrican tupidas trenzas que afloran bajo el sombrerito de pastora, utilizando para ello cercas de cola de caballo.

Cada pallita tiene colocados en la cintura gran cantidad de pañuelos de variados colores, y, durante la representación saca uno y lo cuelga sobre el hombro de un espectador, al que le canta, baila o recita. Después recobra su prenda que, infaliblemente, ya tiene algunas monedas atadas a una de sus puntas.

3.2.3. La ronda navideña

Es tradicional en todos los pueblos de Latinoamérica, aprovechar de las fiestas –sagradas o profanas– para incluir, solapadamente, en las letrillas de sus cantares denuncias de problemas laborales, sociales y políticos que, de otra suerte, les sería imposible hacer públicos. Esta sería la prehistoria de la 'Canción Protesta'.

Aquí un ejemplo relacionado con nuestros consabidos fraudes electorales:

> Andá uté, nego Francico,
> andá uté lo tabladillo,
> andá uté, voto llevá
> que uté no irá de varde.
>
> Allá tá er capitulero,
> le dará a uté cuatro riale.
> Luego que empuñe la prata
> y er paperito afrojá,
> uté irá derechito
> a otra Parroquia a votá...

> ¡Ah, Francico,
> que güeno, tiempo
> lo tiempo´e la libertá!

> Lo branco a tirá calesa,
> Lo branco azada cargá;
> Que ya lo nego no sirve,
> que ya tienen libertá.

> Nego será Presidente,
> nego Minitro será.
> Y nego será Intendente
> Y nego será Abogá...

> ¡Ah, Francico,
> que güeno, tiempo
> lo tiempo´e la libertá!

> "Gritá uté:
> ¡Viva valiente
> junto con la Pacua´e Navidá...!".

3.2.4. La Nochebuena

Ya en las calles del pueblo, por proceder de diferentes barrios y haciendas, los doce 'negritos' de cada cuadrilla llevan la banda del mismo color, así, hay cuadrillas de banda rosada, otras de banda celeste, verde, rojo, etc. Cada 'negrito' lleva una sonora campanita en cada mano, pero en la diestra lleva además un chicote. El 'caporal' no lleva campanitas sino un chicote más grande que los demás. Todos los chicotes muestran vistosos pompones y cascabeles.

'Las Partidas de Negritos', cantan y bailan acompañados por sólo dos instrumentos: un violín que por lo general toca el maestro músico del pueblo; y una armónica, que sopla virtuoso jovenzuelo.

El ritmo lo marcan los mismos cascabeles, monedas y campanitas que portan los danzarines, reforzado por las sonajas –marquito de madera entre cuyos alambres interiores corren unas chapas que suenan al agitarse con la mano rítmicamente–. En las cuadrillas de Chincha, el sonajero es el mismo bailarín humorístico que se disfraza de La Vieja y reparte pastas, chicha y refrescos entre los niños, a la vez que recolecta plata de los espectadores donantes. En Cañete, estas mismas funciones las desempeña 'El Borrachito'.

Durante este nocturno desfile, los 'caporales' conservan el orden entre sus cuadrillas azotando reciamente a los 'negritos' indisciplinados.

En el hogar donde haya 'Nacimiento' se da 'posada' a una cuadrilla y 'El Borrachito' despide el homenaje al Niño, cantando:

> Adió, chocorrito lindo,
> mi querido compañero.
> Vámono ya pa la ardea
> y dejémono de cuento.
>
> ¡Ungaá...!¡Ajoó...!
> ¡Ungaá...!¡Ajoó...!
>
> Yo te ajijo, yo te adoro.
> No llores, mi compañero
> que aquí traigo diez cabrita,
> die borrega, die borrego
> pa que tú brinques y sartes
> y te diviertas con ellos...

Seguidamente, 'El Borrachito', que es un consumado zapateador, evoluciona ante el Niño al compás del violín, brindándole sus mejores 'pasadas'.

3.2.5. 'Negritos' negritos

Aparte de las cuadrillas de adultos, hay también cuadrillas conformadas por niños cuyas edades fluctúan entre los cinco y once años. Van ataviados igual que sus mayores, desfilan precediendo a éstos y muchas veces han superado a los adultos en agilidad, gracia y picardía, cosechando muy buenas monedas de los espectadores.

3.2.6. 'Pallas' y 'negritos' en la Misa del Gallo

Cercanas ya las doce de la noche del 24 de diciembre, 'Pallas' y 'Negritos' se aproximan a la Iglesia del Pueblo por diferentes calles de la ciudad.

Venir, pastorcillos
venid a adorar
al Rey de los Cielos
que ha nacido ya.

Un rústico techo
abrigo le da.
Por cuna un pesebre,
por Templo un portal.

(Fuga de huayno por las pallas).

Vamos, pastores
vamos a ver
al Niño lindo
que está en Belén...

Luego de estos villancicos, se ponen en ruedo y bailan por parejas entre 'pallas' y 'negritos'. Al centro del ruedo han colocado en equilibrio dos sonajas y quien las tumbe al danzar es eliminado de la ronda.

Vuelven los villancicos y tras ellos otra rueda de pastas, refrescos y libaciones de chicha, que le llama 'los orines del Niño'. Ahora los negritos interpretan la danza folklórica del 'Torito Pinto', eso es en San Luis de Cañete:

> Adió, torito pinto
> hijo de la vaca mora,
> ven pa sacarte una suerte
> delante de tu señora.
>
> Muchachito, quítate de'ahi,
> Cuidao que'l toro ta va a matá.

En Chincha, cada estrofa del villancico obliga a la cuadrilla del 'negritos' a un cambio de coreografía, a cual mejor:
El paso del 'gallinacito' es por parejas en cuclillas:

> Un gallinacito
> volando pasó
> en busca de su burrita
> y muerta la encontró...

El de los 'zancuditos' es rascándose las costillas:

> Zancudito me picó,
> salamanqueja me mordió...

El del 'caporal' es zapateado:

> Señó caporá por Dios,
> achíquenos la tarea,
> Si no la quiere achicá
> ahí se queda, ahí se queda...

A las doce en punto vuelan las campanas al viento anunciando el nacimiento del Redentor, revientan cohetes y castillos y el cura del pueblo ofrece al Niño para su adoración:

> Dame licencia, Niñito
> para dentrar a tu Templo
> en compaña´e lo pastore
> pa adorá tu Nacimiento...

Ya en el Templo, cantan 'pallas' y 'negritos':

> En nombre de Dios comienzo,
> es muy bueno comenzá
> en er nombre´e María
> sin Pecao Originá...

Con los primeros albores de la madrugada pascuense, se van retirando –a pie, a bestia o en camiones– las cuadrillas de 'pallas' y 'negritos'. Pero volverán más tarde a oír misa y divertirse en la feria.

A pesar de la lejanía, el viento nos trae sus últimos fervorosos cánticos:

> Esta noche no más canto
> y mañana todo er día.
> Pasao mañana se acaba
> De mi pecho la alegría...

3.3. Festejo

> No me casara con negra
> ni aunque el diablo me llevara,
> porque tienen los ojos blancos
> y la bemba colorada:

> Como aquella que está sentada,
> Como aquella que está parada
> Como aquella que está sentada,
> Como aquella que está parada...

El *Festejo* —cuya coreografía original se desconoce—, fue la danza representativa del elemento negro en la Costa Peruana. Nació en la Lima colonial del siglo XVII. Posiblemente en los conglomerados negros de Malambo, o quizá en el Cercado. Los versos del Festejo siempre fueron de tema festivo. De su perdida coreografía sólo queda el paso básico, que es el mismo que utilizó en sus desplazamientos callejeros la comparsa del Son de los Diablos.

Musicalmente su ritmo es vivo y alegre, en compás de 6/8, con cierres opcionales cada cuatro compases en sus primeras estrofas, siendo característica en la fuga (o parte final) la antifonía de solista y coro. La orquesta del Festejo la integran guitarras, cajón, quijada de burro y palmas.

Las danzas y cantares, en cuya creación e interpretación participó, en mayor o menor grado, el elemento negro, constituyeron lo mejor del folklore costeño. Mientras que el negro fue porcentaje apreciable y conservó sus características ancestrales, su influencia fue notable: predominó en el mestizaje dando un producto más positivo aún. Desde 1900, paulatinamente, va siendo absorbido por el mismo mestizaje que otrora elevó su capacidad creadora. Se diluye. Se descasta. Y, aunque por su pigmentación figura como ingrediente étnico, su espíritu inquieto y rítmico desaparece finalmente. Con él desaparece una tónica determinante del folklore costeño. Con él desaparece una valiosa característica de nuestra peruanidad, porque su obra no fue defendida, fomentada ni perpetuada. Siendo tan fuerte la personalidad andina, al primer contacto con las poblaciones de color, que nunca fueron muy abundantes, se diluyó la ya debilitada influencia negra. Ya lo lamentan algunos. Ya lo lamentaremos todos. Ahora se pretende sustentar toda nuestra espiritualidad a base de valses criollos, complementados con ese híbrido llamado 'marinera norteña' –que no es lo mismo que tondero– o con el flamante 'tondero limeño' –que no es lo mismo que marinera–. Se pretende implantar el huayno en toda la Costa, pero como los que tal cosa propician y auspician, no quieren que el folklore andino sea distorsionado por los intérpretes del litoral, imponen que sean sólo auténticos conjuntos serranos los que difundan el huayno de Tumbes a Tacna, limitando el sentir de cinco millones de costeños a la pasiva labor de escuchar y aplaudir.

Ojalá sea yo un pesimista y este proceso de integración peruana a través del folklore, tenga un desenlace feliz. Lo deseamos fervientemente. Suceda lo que suceda, el próximo paso será elaborar nuestra música y danza para presentar el folklore peruano en todo el mundo. Entonces, más que nunca, será extrañada la pincelada negra que tanto colorido dio a nuestro mosaico.

Hace más de cincuenta años que el mundo baila con la música negra de América: primero fue el jazz, creado por los negros de Nueva York y Chicago, descendientes de dahomeyanos. Luego, desde 1918, cuando termina la Primera Guerra Mundial, el tango triunfa en Europa. Sí, el tango, que deviene de la milonga y ésta del candombe: danza negra que durante la colonia llevaron a las orillas del Río de la Plata los bantos del Congo. Más tarde, desde 1925, todo nuestro planeta se contorsiona al son de la rumba, quizás la más negra de todas las danzas afroamericanas; rumba negra de negros yorubanos. Y desde 1935, el samba brasileño se impone en el mundo entero al son del agogó, la cuica y el tamborín. El samba –o batuque– lo heredó el brasileño de sus abuelos de Angola.

El porcentaje de negros en los países citados es, actualmente, el siguiente: Estados Unidos, con una población total de 187.000.000 de habitantes, tiene 18.000.000 de población negra. Brasil con 78.000.000 de habitantes, tiene 20.000.000. Perú, con 12.000.000 de habitantes, tiene 50.000. Y Argentina, con 21.000.000 de habitantes no acusa porcentaje negro. Sólo un 3% de mulatos.

Hace medio siglo que el mundo baila al son que le impone el negro americano, y a ese son seguirá bailando por muchos siglos más... ¿No sería maravilloso que el mundo bailara al son del festejo?

Algún día nuestro música triunfará sobre el planeta, pero, siendo la expresión musical una consecuencia de la realidad político-socio-económica de un pueblo, para lograr éxito tendremos que superar nuestras deficiencias: analfabetismo, regionalismo y etnocentrismo.

> Quiérome casá
> yo no sé con quién.
>
> –¡Cásate con negro mandinga
> que eso a ti sí te cumbén!
> –¡Ese negro cafre
> a mí no me cumbén:
> Lo mandinga mancha la gente
> puede mancharme a mí también!

En el primer semestre del año 1949, algunos grupos familiares de negros herederos de sobrevivencias folklóricas negroperuanas (limeños, chancayanos y –más tarde– cañetanos y chinchanos) fueron incorporados, por vez primera, como profesores de música y danzas 'afroperuanas' –también llamadas negroides– en las flamantes "Academias Folklóricas".

Ellos, los improvisados profesores, obligados por las circunstancias, tuvieron que inventarle una coreografía al 'Festejo', que aún se cantaba con acompañamiento de guitarra, cajón y quijada de burro o carraca o carachacha, pero hacía mucho que los pasos de su danza se habían perdido. Presumiéndose su origen congo, su función de divertimento colectivo, dentro de los caracteres generales de la música africana; y su coreografía libre y para solista o solistas con participación de los circunstantes. Para ello, nuestros profesores tomaron pasos del Son de los Diablos, contoneos del alcatraz figuras del agua´e nieve y hasta del zapateo criollo; los aplicaron a pareja mixta en baile abierto y les marcaron emplazamientos y desplazamientos ligeramente copiados a la resbalosa. ¡Y de tan suculenta mixtura nació el festejo actual!

A la fecha se puede decir que hay una coreografía base, definida. Que las profesoras egresadas de tales 'Academias' la enseñan semanalmente a miles de niños escolares. Que este generalizado 'festejo' no guarda características negras –se ha blanqueado, como diría don Fernando Ortiz–. Y que, aparte de los espectáculos revisteriles, 'especiales' de televisión, 'shows' de restaurantes criollos, funciones escolares y desfiles 'folklóricos', esta coreografía del festejo no se ha hecho popular, es decir, no la baila el pueblo espontáneamente ni en reuniones sociales. Ello pese a los esfuerzos de los músicos profesionales que, con arreglos para orquesta de jazz, tratan de hacer bailable nuestro festejo e internacionalizarlo como el porro colombiano o la cumbia panameña.

3.4. Son de los diablos

El 'Son de los Diablos', aunque practicado por negros exclusivamente, no tiene que ver con los ritos africanos ni con las diversiones de éstos. Tampoco debe confundirse con la danza de 'Los Negritos', que bailan, con marcadas variantes, muchos pueblos de nuestra serranía, en las que los intérpretes folklóricos se cubren el cobrizo rostro con máscaras negras, recordando o imitando a los primeros negros que vieran por estas tierras; los mismos que no resistieran el duro trabajo en las minas bajo el cruel trato de los colonizadores españoles.

Quizás nuestro 'Son de los Diablos' tenga ligerísima similitud con las 'diabladas' de Oruro (Bolivia).

Aún siguieron saliendo las cuadrillas del 'Son', ahora vistiendo disfraz afranelado completamente rojo y muy ceñido al cuerpo, máscara sencilla, con cuernos y cola de diablo. Por todo acompañamiento tuvieron solamente cajita y quijadas de burro.

Hasta en los años veinte del siglo XX, fue posible ver por el centro de Lima y distrito de La Victoria las pintorescas Cuadrillas del Son de los Diablos, alegrando las calles en días de Carnaval. La última de estas comparsas que vi fue allá por 1931, en el barrio de Nuestra Señora de Las Victorias. Veinticinco años más tarde el inquieto aficionado Durand Flores, cuando en 1956 formara la revista negroide "Estampas de Pancho Fierro" que presentara en el Teatro Municipal de Lima, incluyó como número fuerte, una nueva versión del 'Son de los Diablos'.

Una Cuadrilla estaba integrada por ocho o diez diablos, comandados por un Diablo Mayor. Vestían casaca y pantalón rojos, máscara, cuernos, rabo y zapatillas de soga; completando el atuendo pequeña capa y profusión de cascabeles. La orquesta se componía de guitarra (o arpa), cajita y quijada de burro (carachacha). Algunas acuarelas del pintor mulato Pancho Fierro (1803-1879) muestran épocas anteriores del 'Son', quizás cuando su aparición coincidía con la Epifanía, Cuasimodo o bien precediendo la Procesión en la Infraoctava del Domingo de Hábeas. En tal época se llamaban diablitos y Fernando Ortiz, en minucioso estudio nos dice que fueron los *ñañigos* del culto *abakuá* quienes en La Habana representaron tales mojigangas (vocablo africano). Más de un siglo antes del Descubrimiento, ya en la península Ibérica, árabes y judíos –como más tarde aquí en el Nuevo Mundo los negros esclavos– fueron encomendados por los cristianos para representar al 'Mal', pero tal parece que los africanos, enterados del espíritu religioso de estas fiestas, efectuaban ritos equivalentes de su propia religión.

El mejor bailarín 'Diablo Mayor' en las comparsas de esa época, fue un moreno fornido y malencarado, de oficio cochero y de nombre Francisco Andrade, más conocido por los apelativos de 'Churrasco' e 'Ño Bisté'. Los diablos de la comparsa recorrían las calles se detenían en las esquinas, formaban ruedo y, alternativamente, bailaban al centro, ejecutando pasadas de 'zapateo criollo' y de 'agua'e nieve'. 'Ño Bisté', pese a su elevada estatura y corpulencia era agilísimo zapateando. Murió trágicamente: Su mujer –conocida como 'La Bisteca'– era una morena escuálida y algo demente. Un día, don Francisco Andrade llegó de trabajar muy afiebrado, recostóse en su humilde lecho, pasaron los días y como no se repusiera, ahí mismo, en pleno lecho, 'La Bisteca' le arrojó un balde de agua fría, recriminándole por "flojo y holgazán". La pulmonía fulminante se llevó a 'Ño Bisté' a la otra vida. Pasaron los días y aún seguía la trastornada mujer recriminándolo por "dormilón". Hasta que el hedor alarmó a la vecindad de la calle Luna Pizarro (La Victoria). Llegaron las autoridades y fue necesario sacar un grupo de presos de la cárcel para trasladar los restos en descomposición de quien fuera el más grande bailarín del 'Son de los Diablos', don Francisco Andrade "Ño Bisté", el último Diablo Mayor que viera Lima, zapateando en la puerta de pulperías y comandando su cuadrilla al estentóreo grito de:

¡Diablo!... ¡huuuh!
¡Diablo!... ¡huuuh!

3.5. INGÁ: DANZA DEL MUÑECO

Danza erótico festiva, del folklore urbano. Su ritmo es derivado del festejo, su coreografía es de rueda con un danzarín al

centro, que baila arrullando un hato de trapos, una almohada o cualquier cosa que dé la apariencia de un bebe de pecho, se lo pega al cuerpo arrullándolo –de ahí su onomatopéyico nombre de "ingá", como el llanto de un recién nacido o se menea pícaramente con la 'criatura'. Luego lanza el monigote a uno de los circunstantes, trocando posiciones, es decir, quien recibe el 'inga' pasa al centro del ruedo. Así van turnándose hasta que todos han danzado con el muñeco.
[Ver Libro 1. Décima "Al grito de 'Ingá, Ingá' " (07 de septiembre de 1959)]

3.6. El alcatraz

El alcatraz (al igual que el ingá) es una danza erótico-festiva, cuya música deriva del festejo. Las diferencias que guarda el alcatraz con las dos danzas mencionadas estriba en su letrilla (que alude a la coreografía) y en su coreografía, cuyo juego consiste en que el hombre, enarbolando una vela encendida, baile graciosamente tratando de quemar a su pareja mujer un cucurucho de papel que ésta lleva atado a la baja espalda; mientras ella esquiva la quema con hábiles y rítmicos movimientos de cadera.

La orquesta del alcatraz la conforman guitarra, cajón, güiro y palmas; dando marco al canto (antifonal) de las coplas que entona el solista en diálogo con el coro.

4. Canto

4.1. La copla

La *copla* (cuarteta de versos octosílabos en la que sólo riman asonantados los versos segundo y cuarto), española en su origen, es médula de nuestro cancionero costeño: en *coplas* se canta el mestizo *Triste* y el arequipeño *Yaraví*; una *copla* es la primera estrofa ('dulce') de la *Zaña*, del norteño *Tondero* ('canto') o de la limeña *Marinera*. La *copla*, en su estructura de *seguidilla* (cuatro versos en los que primero y tercero son heptasílabos y segundo y cuarto pentasílabos, blancos los primeros y asonantados éstos) figura como primera estrofa en no pocos *Tonderos* y como S*egunda de Jarana* en toda Marinera bien estructurada.

En cuartetas hexasílabas se cantan los *villancicos* navideños en los poblados negros de Cañete y Chincha baja, donde piden aguinaldo las pintorescas cuadrillas de Los *Negritos*.

El romance medieval revivió en la media lengua de los negros aguadores cuando en las fiestas carnavalescas representaban una parodia de los 'Moros y Cristianos' iniciando su discurso el 'Rey Moro' con unos versos que decían:

> Sarga ese Ponce de León...

4.2. El triste

> Hasta cuándo seré yo
> el sostén de mi tormento,
> que desde mi tierna infancia
> con pesares me alimento...

Desgarrador como el mismo llanto, el TRISTE brota de lo más profundo de la negra noche andina, se eleva sobre las cumbres heladas y cae dulce y consoladoramente sobre las cálidas plantaciones costeñas de húmedos arrozales, alta zafra y secos algodonales.

> No se lo digo a mi madre
> por no aumentarle su llanto,
> por no aumentarle su llanto.

> Por eso lloro a mi padre,
> él, que me ha querido tanto...
> ¡Tú bien lo sabes...!

En el TRISTE se da el proceso culminado de lo que, venido de España, se peruanizó, conjugando el sentir de nuestro mestizaje en su más amplia y completa gama. La estructura de su letrilla es igual a las coplas del CANTE GRANDE español. El papel que desempeña la guitarra, ya canta la melodía, como en sus notas sigue al cantante atomizando en segunda voz, o bien llena los silencios y pasajes entre copla y copla con trémolos, arpegios y rasgueado; identifica la influencia española del TRISTE en su devenir de la antiquísima CAÑA, o quizá del CANTE por SOLEARES.

> El amor es una mancha
> que por el cuerpo salpica,
> que por el cuerpo salpica.
> Y en llegando al corazón
> el corazón lo publica.
> ¡Tú lo sabes!
> ¡Tú lo sabes...!

El cantor, con la cabeza inclinada y la vista clavada en tierra, inicia su hondo lamento olvidándose del mundo y musitando, casi, las palabras. Toda la desesperanza del alma peruana se plasma en estos instantes de evasión a través de tan sentido canto que más parece un lloro.

> Reír, si acaso en la vida
> has tenido una ilusión
> la vida es un desencanto:
> Risa mezclada con llanto,
> infierno con desengaño...

Sus lágrimas ruedan sobre el hombro del guitarrista, y los aguados ojos de los circunstantes contemplan el cuadro con un nudo en la garganta. De pronto el cantante se yergue, y, como en el Cante por Alegrías (de España) su voz se eleva en agudo registro para una segunda parte viril y esperanzada.

> ¿Acaso miente quien ama
> cuando un pecado le asiste?
> ¿Acaso miente...?
> El alma nunca te olvida:
> Ríe, ríe corazón.
> Corazón,
> vuelve a reír...

Y termina el Triste, mas no la tristeza del campesino peruano. Y sépanlo nuestros jóvenes aficionados: El Triste no remata en 'Fuga de Tondero' como antojadizamente proceden los artistas de radio y televisión. En los costeños departamentos de Piura, Lambayeque, La Libertad, Lima e Ica, el Triste es pañuelo lagrimal del pobre, bastón del caminante y flechazo del enamorado:

> Ábreme la puerta
> verbenita,
> que no soy ladrón.
> Vengo por la llave
> verbenita,
> de tu corazón.

II

> A qué has venido.
> Quién te ha llamado.
> Cuando mil veces te he dicho
> que no
> que no.

> Contigo ya no.
> Con otro sí,
> ¡Cómo no...!

Quien haya visto en Lima a una matrona morena dejar su vida sobre la diaria batea de ropa ajena y llorar sobre el jaboncillo en un desgarrador Triste. Quien haya escuchado un cañero llorando su perdida tierra (por la rapiña sistemática de la Hacienda Cayaltí) y cantar su furia impotente en las coplas de un Triste que pide pronta JUSTICIA AGRARIA. Quien haya visto un negro norteño cantar con profundidad serena su amor en un Triste. Quien haya soltado una lágrima, una sola lágrima arrancada por tan sentidas coplas; no podrá olvidar nunca el sufrimiento de los pobres del Perú.

> Paloma blanca,
> alas de plata,
> piquito de oro:
> No te remontes
> por esos montes
> porque yo lloro.
> Si porque tienes
> otros amores
> ya no me amas.
> Yo también tengo
> quien por mí llore,
> Chongoyapana...

Arequipa tiene en el Yaraví su equivalente del Triste y, sin lugar a dudas, creo que este cantar arequipeño es superior en hondura.

Una variante norteña del Triste son las Verseadas: Interminables coplas improvisadas en las que el cantor relata hechos sucedidos. Nunca ficticios. Rematamos el presente artículo cantando como los buenos:

Grillos y cadenas,
verbenita,
me has hecho romper.
Vengo de muy lejos,
verbenita,
por volverte a ver.

II

A qué has venido
quién te ha llamado.
Cuando mil veces te he dicho
que no,
que no.
Contigo ya no.
Con otro sí,
¡Cómo no...!

4.3. Las verseadas

Existe en la Costa Norte del Perú una manifestación folklórica que lleva el nombre de Verseadas. Cercanamente emparentadas con El Triste, hay, sin embargo, dos puntos que permiten diferenciarlos:

El Triste, como ya lo hemos demostrado, es un género exclusivamente lírico, canta cuitas de amor: adioses, infidelidades, recuerdos gratos e ingratos, despechos, rencores, etc.

Las Verseadas pertenecen al género narrativo, cantan hazañas de legendarios bandoleros, luchas campesinas, crímenes pasionales y hechos notables ocurridos en el propio pueblo o lugares vecinos.

Aparte del género, el otro punto de diferencia es el musical. Mientras para el Triste hay buen repertorio de melodías, las Verseadas están reducidas a pocas variantes del mismo carácter que el Triste, pero sin esa modulación característica que en el Triste rompe la monotonía y grita una esperanza en medio de tanto infortunio. Y es que en las Verseadas la melodía es mera entonación del verso que repite sus estrofas iguales sobre una frase de ocho compases que se repite indefinidamente, mientras la guitarra cumple su secundaria misión de melopea.

Podríamos agregar hasta un tercer punto de diferenciación si acotamos que un Triste, a lo más tiene seis u ocho estrofas de cuatro líneas. Mientras en las Verseadas las estrofas pueden pasar fácilmente de veinte.

Echando una mirada panorámica sobre las manifestaciones lírico-musicales de Latinoamérica, el más cercano equivalente que le encontramos a nuestras norteñas Verseadas quizás sea el 'Corrido Mexicano' género épico-lírico-narrativo cuyas estrofas de rima asonantada repiten una frase musical de dieciséis compases por lo general.

Al igual que el Corrido, las Verseadas han cumplido, en su mejor época, una función informativa a nivel periodístico en pueblos donde se desconocían los diarios, la radio y la televisión. Si el Triste fue emotiva descarga, monólogo doliente, íntimo soliloquio; las Verseadas se difundieron desde la plaza pública, el mercado de abastos, la multitudinaria feria; y, al igual que los juglares medievales, el cantor fue de pueblo en pueblo llevando la buena o mala nueva.

Hace más de una década, estando de paso por lo que antaño fuera ubérrima Villa de Santiago de Miraflores de Zaña, a 51 kilómetros al sureste de Chiclayo (756 kilómetros al Norte de Lima) tuve oportunidad de escuchar muchas Verseadas al vecino zañero don Abel Colchado. Trataban sobre la sistemática rapiña que la hacienda de Cayaltí ejercía sobre las tierras de los campesinos limítrofes.

4.4. El yaraví

El norteño triste y el mestizo y arequipeño yaraví quizás tengan algo que ver con el andino harawi. Pero José Mejía Baca en su ponencia al "XXVII Congreso Americanista" realizado en Lima en 1939, partiendo de las motivaciones que engendran estos lirismos musicalizados, encuentra que en el triste la raíz única es el amor, y a él va dirigida su 'persistente temática' como 'sentido esencial y único'. Agrega J.M.B que el harawi :

> ...es llanto por la tierra que se abandona; es desgarramiento del paisaje que se ha impreso en el alma indígena. No es protesta ni ruego ni súplica ni intento de reconquista. Es desolación que no busca curarse en el llanto sino perpetuarse en él.

Y, refiriéndose al yaraví, añade a renglón seguido:

> Por ello Melgar tomó la tristeza del hombre andino para refugiar en ella su lacerante dolor romántico que lo concibió eterno, aumentando su lirismo el amor que se llevó a Silvia. Nunca encontraremos en el yaraví o en el harawi aquella mueca de dolor que, en el Triste, sabe trocarse en gesto de insolencia liberadora.

Muy poco es lo que se ha escrito sobre el yaraví. Y lo poco que conocemos analiza epidérmicamente su romanticismo o el paisaje arequipeño que lo alberga. Por otra parte, hay estudios tan disparatados que lo atribuyen a que Arequipa sea "laboratorio doliente del más puro mestizaje en el país" (?)

> Con acertado criterio alguien ha dicho que el yaraví es "una pena con música".

Yaraví y Melgar son sinónimos. Y por feliz coincidencia, un día como hoy, 12 de agosto (1970), hace 180 años nació en Arequipa Mariano Melgar, fruto del segundo matrimonio de su padre, don Juan de Dios Melgar y Sanabria, con doña Andrea, Valdivieso y Gallegos. Se dice que Melgar no creó el yaraví, que éste existía mucho antes. Pero Melgar, estimulado por el imposible amor a su prima María Santos Corrales, la 'Silvia' de sus poemas, compuso las más bellas páginas del yaraví hasta identificarse con él. La poesía romántica de esa época, comienzos del siglo XIX, encuentra en Melgar a un fiel exponente, prueba de ello son sus octavas reales en 'Carta a Silvia'.

> Famosa ha sido, Silvia, tu constancia;
> Todo mi amor ha poco te decía.
> Y copiaba mi mano ya con ansia
> Cuanto en mi amante carta te ponía.
> Pero acabaste tú mi vigilancia
> Antes que yo las líneas que escribía.
> Quédese, pues, la copia así empezada,
> Ya que tu amor falaz se volvió nada.

Un 12 de marzo de 1815, después de la batalla de Humachiri, abatido por las balas realistas su suicida terquedad, callaba para siempre la lira del poeta y amante mistiano. A partir de ese instante, el pueblo hizo suyos los íntimos versos a la mujer amada, como suyos la gloria de su muerte y su canto, lágrima musicalizada, pena que canta, dolor en Sol Menor: El Yaraví...

4.5. El panalivio

Durante la colonia –y aún en la era republicana– el negro esclavo de la Costa peruana, durante sus larguísimas noches, hacinado en el galpón del ingenio azucarero, o durante las rudas faenas del campo en las plantaciones de caña de azúcar, lloró su infortunio en una sentida y originalísima canción lamento que tuvo el significativo y poético nombre de PANA-LIVIO. Dicha canción ha llegado hasta nosotros como una de las pocas manifestaciones folklóricas que ha conservado intactas su riqueza melódica y su lograda poesía. Sus versos, por lo general cuartetas, las entona un solista que alterna con un estribillo que ejecuta una masa coral. Su acompañamiento en la vihuela va secundado por un ritmo a base de quijada de burro y cajón.

Infelizmente, algunos intérpretes le han dado una sincopa al ritmo de nuestro PANALIVIO y entonces le llaman *cumbia*, pero bien sabemos que esta expresión pertenece al folklore colombiano y panameño. Además la *cumbia* es bailable, no así nuestro peruanísimo PANALIVIO, que cumple ampliamente su función de muy sentido lamento.

El hermoso panalivio titulado A LA MOLINA, es recopilación de dos patricarcas del folklore costeño: don Francisco Ballesteros y don Samuel Márquez (ambos pasan ya los 80 años de edad, '1975'). Márquez y Ballesteros integraron por muchos años el famoso conjunto Tradicional Ricardo Palma, de muy grato recuerdo.

Las palabras en lengua africana que figuran en este panalivio, nos cuenta don Samuel Márquez que las escuchó hace muchos años a los negros campesinos de la Hacienda LA MOLINA cuando iban a jaranear los fines de semana a un chongo que quedaba en las inmediaciones de la bicentenaria Plaza de Toros de Acho (Rímac), que era exclusivo para negros y que regentaba uno llamado Manuel Caravelí. Ahora bien, porque el 'apellido' Caravelí nos parece estigma de la esclavitud, formado por corruptela del patronímico Carabalí, como en Afroamérica se llamó a los negros procedentes del Calabar (Nigeria). Porque en tales palabras figuran vocablos como 'Barió', 'Alafia', 'salá', 'salé', 'batata', etc., que pertenecen a la lengua ñáñigo que hablan los miembros de la sociedad secreta abakuá. Y porque el tema de este panalivio es toda una protesta contra la esclavitud recién abolida por don Ramón Castilla (1855). Por todas estas razones pensamos que A LA MOLINA merece un profundo estudio, que bien nos podría llevar al hecho de que en el Perú se haya practicado el ñañaguismo en algún 'fambá bajopontino' o en la misma Hacienda LA MOLINA, que quedaba situada a unos cuántos kilómetros al sudoeste de Lima y hoy (1975) se ha convertido en una lujosa zona residencial.

Recordemos también que los negros del departamento de Ica llaman macamaca a las tierras dedicadas al cultivo de sandías (cucurbitácea de origen africano) y mákamáka es también un elemento abakuá:

> Eribo mákamáka, Ebomí,
> Eribo máka tébere. Barió.

Todo esto nos es muy importante, porque se supone que el único punto de América donde se reorganizaron los ñáñigos ha sido Cuba, y bien pudiera ser que en Lima, al menos nuestro Son de los Diablos, tuviera que ver con los diablitos (íremens) de la sociedad secreta Abakuá

Ahí viene mi caporal

> Ahí viene mi caporal
> con su caballo jovero.
> Se parece al mal ladrón,
> capitán de bandoleros.
>
> Panalivio
> Zambe.
> Panalivio m´alivio
> Zambe.
>
> Panalivio m´alivio
> Panalivio.
> Zambe,
> Zambe,
> Zambe...
>
> Ya rayó la luz del día
> compañeros, y a la carga:

El uno agarre su joz
propiamente con su lampa.

Panalivio
Zambe.

Panalivio m´alivio
Zambe.

Panalivio m´alivio
Panalivio.
Zambe,
Zambe,
Zambe...

El cañaveral

Qué amarga es la caña dulce
la que tengo que cortar
metido la vida entera
dentro del cañaveral.

Pobres los negros esclavos
que para ganarse el pan
trabajan día tras día
allá en el cañaveral.

Anda, camina, negrita
camina al cañaveral
a coger la caña dulce
que luego azúcar será.
Camina negra, camina,
que tienes que trabajar.
Anda y recoge la caña
que tu negro va a cortar.

Desde que el Sol amanece
hasta que se va a ocultar
los negros cortan la caña
y trabajan sin cesar.

Con el machete en la mano
tenemos que trabajar,
así lo manda nuestro amo
si no, nos manda a azotar.

Anda, camina, negrita
camina al cañaveral
a coger la caña dulce
que luego azúcar será.
Camina negra, camina
que tienes que trabajar.
Anda y recoge la caña
que tu negro va a cortar.

A La Molina

Yuca de San borja.
Camurengue za.

Aríra zafra
Ay qué rico está.

A La Molina no voy más
porque echan azotes sin cesar.

La comay Tomasa
y el compae Pascual
tuvieron treinta hijos.
¡Qué barbaridá!

> Que fueron esclavos
> sin su voluntad,
> por temor que el amo
> los fuera a azotar.
>
> A La Molina no voy más
> porque echan azote sin cesar.
>
> Y sufrieron tanto
> los pobres negritos
> con el poco come
> mucho trabajá.
>
> Hasta que del Cielo
> llegó por toitos
> Do Ramón Castilla,
> ¡Santa Libertá...!
>
> A La Molina no voy más
> porque echan azote sin cesar.
>
> A La Molina no voy más
> porque echan azote sin cesar.
>
> A La Molina no voy más
> porque echan azote sin cesar...

4.6. La danza o habanera

Durante la Colonia, y aún entrada la República, los buques cargueros que atracaron en el Callao y demás puertos del litoral peruano, nos trajeron, además de valiosos y vitales cargamentos en sus bodegas, aires y cantares de otras latitudes en las rajadas voces de sus curtidos tripulantes.

De Panamá –cuando todavía pertenecía a Colombia– nos llegó la 'cumbia', que aquí gustó y se cantó, mas nunca se bailó al estilo de los cumbiamberos de Ocú, Guararé o Las Tablas. De las Antillas Mayores, barcos que llegaron a nuestras costas por el Cabo de Hornos porque aún no se había abierto el Canal, nos trajeron la DANZA, llamada también HABANERA. Canción de origen cubano que se acompaña con guitarra y flauta; cuyo tema es por lo general de un lírico romanticismo, canta cuitas amorosas. Canción mulata que, a veces, se da en temas por demás picarescos, como éstos, en que la musa festiva cubana se burla de sus hermanos borinqueños:

I

Los negros de Puerto Rico
todos usan calcetines,
y algunos, más elegantes,
usan botines.
Y los más castigadores
usan ligas y corsé
y usan unos trajesitos
como la miel...
Y en los cafetales,
allá en la espesura
usan todos los negros
dos platanitos en la cintura.
Y no crean que es cuento,
pero he visto yo
que más de un negrito
su trajesito
se merendó.

II

Estaba doña Francica
sentadita en su bohío,
de pronto sonó la puerta

¡uy...! ¿pues quién llamaba?
—¿Quién va? —preguntó la negra—
¿y qué quiere su mercé...?
—¡Le traigo unos regalitos, ¡uy!
¡como la miel...!
—¿Qué me trai ahora
amigo Francico...?
—Le traigo, morena,
muchas guayabas
y un platanito.

—¡Pues lo siento mucho,
hoy no puede ser
pues hace un ratito
de platanito
ya yo me harté...!

Estas danzas que transcribo las escuché en la voz de mi madre, que las aprendió de sus progenitores. Indudablemente que —por lo menos sus versos— ha sido obra de morenos peruanos:

Negrito

—¡Negrito!
—¡Mi amito!
—¿Qué'stás comiendo negrito...?
—¡Ay, mi amito, un plato de huevo frito!
—¡Salgamos!
—¿Pa dónde?
—¡Un poquito para afuera, ay, negrito, a refrescar la mollera!
—¡Saca la carimba fuera, demonio de ingrato
¿qué va usté a matar...?
Y el negrito, como era Francisco
—"Cari caracuera, cari caracuá".

Otro ejemplo de DANZA, cuya letrilla la conforman antiquísimas coplas de origen hispano:

Por ti

De todos los colores
me gusta el verde
porque las esperanzas
nunca se pierden.
Por ti me olvidé de Dios.
Por ti la gloria perdí.
Y al fin me voy a quedar
sin Dios, sin gloria y sin ti.
Árbol de la esperanza
mantente firme,
no hagas llorar mis ojos
al despedirme.
Por ti me olvidé de Dios.
Por ti la gloria perdí.
Y al fin me voy a quedar
sin Dios, sin gloria y sin ti.

La música y versos de esta DANZA los he adaptado como fuga de marinera, con tan buena fortuna que ya se han incorporado, así, a nuestro folklore:

El lorito

Un lorito de la Veracruz
un día se enamoró
de una linda cotorrita
¡la pobre, se desmayó!
Tenía las plumas verdes,
el pico de otro color
y los ojos más lucientes
que el mismo rayo del sol.

¡Ay, cotorrita del alma!
—le decía el lorito—
si me das un besito
ya lo verás
ya lo verás...

La versión actual de la DANZA ha sido desvirtuada por los intérpretes profesionales de radio y televisión que le dan una lentitud adormecedora que dista mucho del aire vivo y ritmo uniforme de la versión original.

Falsia

Tanto querer me fingía,
tan buena fe demostraba
que a su querer cedí un día
sin pensar que me engañaba.
Y al pasar por la vidriera
esperaba que saliera
en las tardes del taller.
Y así, sucesivamente,
a sus clases él volvía
y volvía yo al taller...
¡Mi vida
ha quedado destruida!
Mi signo
es seguir el mal camino.
El mismo
poda a mi fama dará,
y al hablar con sus amigos,
y al hablar con sus amigos
dirá siempre: "¡Una más..."

Pese a que ni la 'cumbia' ni la 'danza' pertenecen al folklore del Perú en la segunda mitad del siglo pasado y durante las primeras décadas del presente se cantaron con tanta propiedad

–sobre todo la danza– que bien merecen tomarse en cuenta, si no como estudio, al menos como dato.

5. Cancionero peruano

En el campo que tratamos específicamente, la Costa, deberíamos tener en cuenta que, a la llegada de Pizarro a Tumbes (1532) hacía menos de un siglo, apenas 70 años, que las huestes incaicas del glorioso reinado de Pachacútec, con sus generales Cápac Yupanqui e Inca Yupanqui, tío y sobrino respectivamente, habían dominado este vasto territorio costanero de los *nanascas, chinchas, Señorío de Cuismancu y Chuquismancu* y la extensa zona del Gran Chimú. En esas 500 leguas de litoral, las culturas pre-incas adoraban al mar (Mamacocha) aunque entonces se impone el culto al Sol (Apu Inti). Por su parte, la misma España que nos conquista acaba de salir de casi ocho siglos de dominio musulmán.

La España mozárabe, recibe con la influencia africana, el romance, los cuentos de la narrativa oral, la lidia de toros, los instrumentos de cuerda. No es muy exacto, refiriéndose a nuestra Costa, hablar de fusión quechua-hispana. Menos aún si agregamos el factor etnoafricano, que, desde la Capitulación de Toledo, el 26 de julio de 1529, en cuyo décimo-nono otrosí la Reina Juana autorizaba al Conquistador traer a este territorio "cincuenta esclavos negros, entre los cuales debía haber, a lo menos, un tercio de jembras", hasta 1793, supresión de la trata, o enero de 1855 en que don Ramón Castilla abole la esclavitud, tendremos que el mestizaje de nuestra Costa recibe corrientes peninsulares y africanas dando a lo nativo singulares características.

Con su lengua castellana el conquistador español lega al Nuevo Mundo su poesía y sus cantares. 'El Siglo de Oro' de las letras españolas, coincidente con la consolidación del Virreynato, pone al Perú cultural a la par de la Metrópoli. El pueblo, nuestro pueblo, primero se limita a repetir los romances moriscos y de caballería, pero a poco, en proceso folklórico, va amoldando a su sentir el verso erudito.

Soldados, sacerdotes, comerciantes y aventureros, vuelcan en América sus cantos populares, el pueblo los hace suyos, los recrea y musicaliza a su propio sentir. Es el folklore que irrumpe en estas tierras.

Pero la Copla es viajera. De Lima vuela a otras latitudes, como bien lo anota José Alonso Carrizo en su *Cancionero de Salta*:

> De Lima, como he dicho, vinieron a Salta desde los primeros días de la colonia, juntamente con las mercaderías generales, gran parte de los cantos españoles que hallé en esta ciudad y en el valle de Lerma; en cambio, la corriente hispánica venida del puerto de Buenos Aires a Salta, fue posterior a la peruana.

5.1. La décima en el Perú

[Texto leído en la conferencia pronunciada por Nicomedes en la Universidad Mayor de San Marcos el 1 de octubre de 1961.]

Es lamentable que en el Perú, donde por más de tres siglos y con tanta propiedad florecieran los versos en boca del pueblo los estudiosos vean con indiferencia cómo se pierde en el olvido lo más granado del repertorio que la musa popular costeña inspirara en sus dilectos hijos a través de formas tradicionales como la copla, el romance, la seguidilla y la décima. Esa reticencia a todo estímulo, divulgación y perpetuación de las manifestaciones literarias del pueblo, tendría explicación durante la colonia, entre otras causas en un prejuicio de orden político: el español no debía estimular el más humilde pensamiento del pueblo sojuzgado. Mi aseveración se confirma en las palabras del doctor José Durand, quien, prologando la edición popular de la obra de Garcilaso de la Vega "Comentarios Reales de los Incas", dice:

> Antes de que comprobaciones históricas o arqueológicas corroborasen la veracidad de Garcilaso, los Comentarios sufrieron persecuciones de las autoridades virreynales, que los veían como peligrosa exaltación de la historia del pueblo conquistado. (Tomo 1, pág. 50).

Además, era desconocida aquella ciencia donde la poesía popular alcaza su mayor mérito y que el londinense William J. Thoms bautizara con el vocablo FOLKLORE, un 22 de agosto de 1846. Folk- Lore: Pueblo-Saber; es decir, "Saber del pueblo, lo que sabe el pueblo". ¡Acierto etimológico y acierto de incorporación científica...! Ciencia cuyo nacimiento coincide con el diáfano claror –tras turbulento amanecer– de nuestra era republicana. Y ciencia a la que todas las autoridades gubernamentales y todos los pueblos de todas las naciones prestan su más caro apoyo y muestran con legítimo orgullo... En mi concepto, descuidar la tradición es un hecho tan grave como el de que, sin razón alguna adoptáramos un apellido diferente al de nuestro padre y a la vez permitiéramos que, antojadizamente nuestros hijos firmaran y entendieran un apellido diferente al que por ley de sanguínea paternidad les hemos legado. En conceptos más amplios y positivos válgame citar al intelectual panameño Francisco Cornejo, quien comentando el libro de décimas de su paisano Carlos González Bazán, "Canto y Saloma", dice:

> porque un pueblo que tan fácilmente olvida lo suyo, su historia, su leyenda, sus hábitos y costumbres, su condición y su carácter, olvida la razón misma de su existencia como algo preciso y definido. Un pueblo que se olvida de perpetuar sus cualidades, sus peculiaridades y características, es un pueblo llamado a desaparecer diluido o disuelto en otros pueblos que sí han sabido mantenerlas. Hombres e instituciones pueden seguir viviendo: la nacionalidad desaparece. Mantener lo

nuestro, conocer lo nuestro, tratar de mejorarlo y superarlo, dentro de sus propias peculiaridades, es el mejor medio para estructurar la nacionalidad. Y nada como la literatura para llegar al conocimiento y exaltación de nuestros valores morales y estéticos.

Resultados de un amplio estudio literario retrospectivo realizado por folkloristas españoles y americanos, es la considerable bibliografía existente sobre la poesía popular en América Latina al decurso de cuatro siglos. Puedo citar entre los trabajos más completos –y dentro de mis conocimientos– la "Historia de la poesía Hispanoamericana", de don Marcelino Menéndez y Pelayo; "Los romances de América y otros estudios", del muy ilustre maestro don Ramón Menéndez Pidal; "La Poesía del Pueblo", de don Luis Santullano; "La poesía popular en la América Española", de C. Vega López, etc. Es considerable asimismo, la obra producto de la atención que a los antologistas merece específicamente la Décima en sus diferentes creaciones, variantes y versiones interpretativas en el Continente. Obra que, exceptuando al Perú, comprende desde Nuevo México hasta lo más meridional de Chile y Argentina, pasando por las Antillas Mayores. Formidables recopilaciones poéticas demográficamente ordenadas. Tratados que siguen la génesis de la Décima: de España a América y su peregrinaje por estas tierras. He aquí algunos títulos: "Spanish Folk-Poetry in New México" de A&L Campa; "La Décima en México" de Vicente Mendoza, antología que recoge 2.500 décimas de los mejores aficionados mexicanos; "La décima y la copla en Panamá", del eminente folklorista doctor Manuel Fernando Zárate –admirable antología– en la que su autor recoge cerca de 400 décimas y 280 coplas de autores panameños; "La poesía popular en Puerto Rico", por Cadillac de Martínez; "La poesía folklórica en Santo Domingo", por Flérida de Nolasco; "Antología de Poetas Chilenos" de Raúl Silva Castro; "Cancionero Popular Cuyano", de Draghi Lucero, etc.

Los trabajos que al respecto se han realizado en el Perú son minúsculos, incompletos e inexactos. No dan ni una remota idea de lo que significó la Décima para nuestros antepasados, ni del alto nivel poético que alcanzaron. Por esta razón el Perú casi no figura en las antologías de poesía popular americana.

En Piura, Lambayeque, Lima e Ica, aún quedan modestas familias que conservan como cara herencia el "famoso cuaderno" de algún abuelo decimista ya fallecido:

> ¡Me voy con mi guitarrita
> y mi famoso cuaderno
> para ver si en los infiernos
> hallo un diablo decimista!

Al haber revivido, con mis composiciones, la afición por las décimas y tras el éxito editorial de mi libro "Décimas" –en sólo diez meses se han agotado los 10.000 ejemplares de esta primera edición–, descarto el éxito económico de la antología de poetas populares peruanos que aquí reclamo. Tienen la palabra los egresados de nuestra Universidad que hayan cursado estudios antropológicos además de poseer verdadera vocación por la técnica de la ciencia de Thoms en sus tres aspectos esenciales: recolección, clasificación y análisis del material folklórico. De otra suerte y por otros medios sólo se logrará una burda, negativa e intrascendente recopilación impresa. No pretendo revivir épocas pretéritas, admito que los 'inventores de cantos', los 'improvisadores', así como 'los que hablaban en verso', pertenecen irremediablemente al pasado. Muy claro lo dice don Luis Santullano en "La poesía del pueblo":

> el progreso fue arrinconando la tradición en sus varias formas y manifestaciones, quedando la riqueza llamada folklórica en manos de los que no sabían leer; mas conservaban despierta la sensibilidad para las llamadas de la belleza. Gracias a estos

iletrados pudo la imprenta recoger más tarde abundantes poemas que son hoy nuestra delicia.

El mero deleite justifica la exhaustiva tarea de un florilegio. Pero la poesía popular, a mayor abundamiento, tiene participación directa en los profundos rasgos que determinan la nacionalidad de toda obra literaria. Así lo escribe la autorizada pluma de Menéndez Pidal:

> Lo indígena popular está siempre como base de toda la producción literaria de un país, como el terreno donde toda raíz se nutre, y del cual se alimentan las más exóticas semillas que a él se lleven. La sutileza de un estudio penetrante hallará lo popular casi siempre, aún en el fondo de las obras de arte más personal y refinado.

Y yo pienso que ese estudio penetrante de la poesía popular, realizado indudablemente por un antropólogo, llevaría a este a las mismas conclusiones a que llegó el eminente historiador y arqueólogo suizo Jacobo Burckardt cuando en sus *Reflexiones sobre la historia del mundo*, dijo:

> La poesía suministra a la historia una imagen de lo que es eterno en cada pueblo, le presenta los aspectos más diversos y muy a menudo es aún el único testigo o el vestigio mejor conservado de un período fenecido.

Habiendo analizado líneas arriba uno de los motivos que tuvieron los españoles durante el virreynato para no estimular la literatura popular en nuestra tierra, y justificados los estudiosos del siglo pasado con lo –relativamente– novísimo de la ciencia folklórica; busco la causa en el presente siglo y sólo me queda por pensar que al intelectual 'snob', ganado para el vanguardismo, no le interesan sus raíces ancestrales, que llama despectivamente 'populacheras'. Otro grupo –quizás el más numeroso– se pierde en la primera etapa o 'recolección' de material folklórico por culpa del mismo pueblo que al desorientarlo atenta contra su propia causa. Y por último, la minoría servil, los únicos que con justicia podría acusarse de antipatriotas; intuyen y temen la línea a seguir por el cantor popular, sabedores de que a su menor fomento o a su mayor descuido se repetirá la historia que ya se ha dado en otros tiempos y en otras americanas latitudes: ¡El paso de la inocente copla festiva al poema que reclama Igualdad, Libertad y Justicia! Tomemos como claro ejemplo de este caso a Nicolás Guillén, poeta cubano que en los primeros versos de su primer libro *Motivos del Son*, decía:

> ¿Por qué te pones tan bravo
> cuando te dicen negro bembón,
> negro bembón?

El mismo Guillén, años más tarde y ya consagrado poeta, en su libro "El Son Entero", dice:

> ¡Un marino americano
> en el restaurant del puerto
> me quiso dar con la mano
> pero allí se quedó muerto...!

Salvando la distancia poética y perdonándoseme la inmodestia, hago otro ejemplo de similar evolución temática con mis propios versos. Compárense estos, que me fueran muy festejados años atrás:

> ¡Cómo has cambiado, pelona,
> cisco de carbonería.
> Te has vuelto una negra mona
> con tanta huachafería!.

Con estos, que pertenecen a esa etapa en que el negro –llámese Nicolás o Nicomedes– abandona definitivamente el hilarante decir que le inspiran la configuración y excentricidades de su raza, para interesarse en los problemas de la humanidad doliente:

> Talara, no digas "yes",
> mira al mundo cara a cara,
> soporta tu desnudez
> ... y no digas "yes" Talara.

La Décima en el campo de la política –que dicho sea de paso, no es el mío–, por su forma directa de mensaje oral, ha sido utilizada en distintas épocas y países de América, incluso Perú, con óptimos resultados. Citaré como ejemplo cumbre de la influencia que la poesía popular puede alcanzar a los intereses ciudadanos en la voz de sus favorecidos, el caso del más grande payador argentino de todos los tiempos: don Gabino Ezeiza.

En el momento actual y en todas las oportunidades, circunstancias y latitudes en que los dirigentes políticos tratan –para bien o para mal– de acercarse al pueblo haciéndose entender mediante el uso de la palabra, emplean el lenguaje sencillo, profundo y humano que practican los hombres del pueblo en sus sinceras manifestaciones cotidianas. La mayor o menor fortuna que el orador logre ante las masas, deriva del mayor o menor conocimiento que aquel tenga de los poetas populares preferidos por su auditorio. De los numerosos casos en que un partido político ha utilizado a un cantor popular como colaborador de su causa, el más positivo y que alcanza históricos relieves es sin duda alguna el de don Gabino Ezeiza, poeta negro, nacido en el barrio de San Telmo (Buenos Aires), en febrero de 1858. En 1880, el doctor Leandro N. Alem "lo hechiza con su prestancia y arrestos" convirtiéndolo en "el apóstol de una causa nueva, y Gabino sigue sus banderas y su prédica". Alem lo lleva en todas sus giras a lo largo y a lo ancho de la república presentándolo como 'El Clarín Radical'. Entre los payadores se le conocía como 'El Negrito de San Telmo".

Su cruzada, por lo grandiosa, agotadora, culmina cuando el 12 de octubre de 1916 ocupa la presidencia de la República Argentina don Hipólito Irigoyen, su amigo desde la revolución del Partido Radical en 1893. Ese mismo día fallece el 'payador invencible'. Cabe anotar que antes de ser incorporado al Partido por el doctor Alem, ya don Gabino Ezeiza estaba consagrado como 'el más grande payador de todos los tiempos', título que, a 103 años de su nacimiento y a 45 de su muerte, sigue y seguirá conservando. Más ahora, que el pueblo argentino gestiona erigir un monumento en Buenos Aires que perpetúe la memoria de 'El Trovador Inmortal'. Invicto en su patria y vencedor en Uruguay con su famoso 'Canto a Paysandú'.

La Décima es cultivada por el pueblo americano como 'poesía de ingenio' a la tradicional e Hispánica manera de una redondilla o cuarteta de 'base' a desarrollarse sobre cuatro estrofas en décimas o 'pies' cuyo décimo verso coincida escalonadamente con uno de la 'base'. Es decir, las llamadas 'Décimas de Pie Forzado', tuvieron en el Perú una historia similar a la de otros países de América. Idéntica temática, igual agrupación genérica, clasificadas por los mismos aficionados, que no por los estudiosos: 'Décimas a lo Divino' (Antiguo y Nuevo Testamento) y 'Décimas a lo Humano' (de saludo, de desafío, de 'ponderancia', ofensivas, festivas, 'de saber', de ciencia, de política, patrióticas, amorosas y décimas 'profundas' o líricas).

Si en Argentina se le apareció el diablo al 'afamado payador' José Domingo Díaz, y es fama entre la gente tucumana que:

> Domingo Díaz, cantando,
> por el Credo comenzó,
> no cantó cuatro palabras
> ¡que el maldito reventó!

En el pueblo de Aucallama (Chancay) es bien sabido que:

> ¡Dando terribles chillidos
> sufre el demonio de ataques,
> pues llevarse no ha podido
> al terrible Carlos Vásquez!

Y si en el Chile del siglo XIX fue famoso el desafío entre don Javier de la Rosa y el indio Taguá, que al ser derrotado este último, retiróse de aquella fiesta que tuvo lugar en un pueblo sureño llamado San Juan y en presencia de sus amigos se clavó un puñal en el corazón "no pudiendo sufrir el deshonor del fracaso". Nosotros tenemos la historia que nos ha legado el novelista y poeta peruano doctor Enrique López Albújar en su inmortal novela *Matalaché* y el trágico desafío con 'Mano de Plata', en que éste dice:

> ... Si pierdo juro, y no en vano,
> que no volveré a tocar,
> pues me cortaré la mano
> y te la daré a guardar;
> y de mi vigüela haré
> astillas pa la candela.
> ¿Pa qué quiero yo vigüela
> si vences, Matalché?

A estas 'cumananas' de Nicanor de los Santos 'Mano de Plata', responde triunfante 'Matalaché' sus rotundas décimas:

> No pretendas pues meterme
> con lo de la mano miedo.
> Si sé que contigo puedo
> ¿qué voy con tu mano a hacerme?
> ¿Piensas que con ella al verme
> orgulloso me pondría?
> ¡Vano eres en demasía!

> Lo que a mí me da embeleso
> y amo, es la gloria, y para eso
> me basta la mano mía.

Demás está decir que ante tan categórica respuesta, Nicanor 'Mano de Plata', en presencia de sus amos y su invencible rival desenfundó el machete y se amputó de un certero tajo la diestra mano. Pero esa es historia harto conocida. Sigamos con las olvidadas décimas peruanas que bien pueden competir y superar a las mejores del Continente.

Si es famoso el desafío entre 'Martín Fierro' y 'El Moreno', que nos ofrece el genial José Hernández; tienen la misma altura y calidad poética los versos que improvisara el gran decimista peruano don Higinio Quintana –natural de Pisco (Ica)– en un desafío sostenido en Chile con un reputado rival. Cuenta la tradición que Higinio, luego de haber ido derrotando a los diferentes rivales que para medir su capacidad le opusieron, enfrentóse al fin con el mejor de esos lares quien, en la parte más crítica de la contienda y como para derrotar a nuestro paisano, le dijo estos versos de los que la tradición no conserva más que la glosa y el primer 'pie':

> ¡Dios no ha existido jamás,
> sólo existe el Padre Eterno.
> no hay tal condenación
> ni Purgatorio ni Infierno!

I

> Dígame ¿Quién ha bajado
> del Cielo a decir que hay Gloria?
> Se sabe porque la historia
> es la que nos ha contado.

> Dígame ¿Qué condenado
> ha presentado su faz
> y ha dicho que hay Satanás
> y un abismo tan profundo?
> ¡Desde que este mundo es mundo
> Dios no ha existido jamás!

De la respuesta que diera nuestro paisano Higinio, sólo quedan estos versos:

> ¡Nadie ha dicho de Dios nada
> ni tampoco de María.
> Con rezar una oración
> se castiga esa herejía...!

Dedúzcase por esta glosa cómo serían las décimas del desarrollo y laméntese conmigo el que estas flores del Parnaso Peruano marchiten con su polen intacto.

5.2. Compadres de carnaval

Fuentes, en su valiosa obra *Lima*, editada en 1867, nos dice que ya para esa época la costumbre de *sacar compadres* en carnaval había desaparecido entre la gente de la "alta sociedad" pero quedaba "subsistiendo en cierta especie de personas como un medio de explotación de codeo". A continuación, Fuentes relata cómo actuaba la *comadera*:

> Con dos o tres pesos, o con menos, se arregla una 'tabla de compadres' que consiste en una salbilla con fruta, flores y algunas figuras de barro trabajadas en el país; pero el emblema esencial del compadrazgo es un negrito de ese mismo barro, que lleva, pegado en la barriga, un papel con una poesía a que se da el nombre de 'décima', aunque no tenga más que cuatro o cinco versos.

El númen lírico de los poetas que se dedican a hacer décimas puede colegirse de las siguientes muestras:

> Mi querido compadrito
> De toda mi estimación:
> Te mando mi corazón,
> Y también este negrito.
> Quisiera tener talento
> Como tengo voluntad,
> Para hacerte conocer,
> Con este hermoso negrito,
> Mi cariño, compadrito.

5.3. Pregones de Lima antigua

Por la proliferación de vendedores ambulantes de la Lima colonial se puede decir que la nuestra fue una 'ciudad pregonera'.

He aquí la relación de los más notorios comerciantes que con su variada mercancía, originalísimos pregones y pintoresco atuendo, diéronle a Lima una particularidad más de qué ufanarse: el heladero, la tisanera, la fresquera, la buñuelera, la picantera, la chichera, el frutero, la melonera, la granadillera, la champucera, la lechera, el bizcochero, la pescadora, el panadero, el aguador, la tamalera, la bizcochuelera, el mantequero, la misturera, el fosforero, el arriero, el suertero, el mercachifle, el velero y el sereno.

Desde fines del siglo XVIII, los vendedores ambulantes tuvieron al vecindario de Lima sobre la hora exacta con sus cronométricas apariciones:

> La lechera, a las seis de la mañana.
> La tisanera y la chichera a las siete en punto.
> El bizcochero, a las ocho.
> La vendedora de zanguito de ñajú aparecía a las nueve en punto.

La tamalera pregonaba a las diez.
A las once, la mulata de convento vendiendo ranfañote, frejoles colados, etc.
El frutero, a las doce del día.
A la una el vendedor de ante con ante.
A las tres el melcochero y el turronero.
La picantera a las cuatro. A las cinco el jazminero, vendiendo flores de trapo: "¡Jardín, jardín!
¿Muchacha, no hueles...?"
A las seis el galletero.
A las siete la champucera...

A partir de las siete de la noche hacía su aparición el sereno. Estacionado en las esquinas hacía sonar su pito de barro en figura de pajarito. Desde la diez de la noche comenzaba a cantar las horas y el estado del tiempo:

¡Ave María purísima,
Las once han dado!
¡Viva el Perú y sereno...!

Del estribillo lo único que variaba era la hora, no así el estado del tiempo, pues, escampado o lluvioso, nublado o garuando, repetía su invariable "...y sereno!". Hasta las cinco de la mañana, hora en que descargaba su tercerola hiriendo al aire y despertando al vecindario...

La misturera

¡Pucheritos de mistura,
violetas y pensamientos...!
¡Pucheritos de mistura!
¡De jazmines los pucheros...!

Vendo, vendo
pucheritos de mistura
casero,
compre usté.
Mi aito,
cómpreme usté.
Mis pucheros hacen brotar el amor verdadero.
compre usté.
Mi amito,
cómpreme usté.

Del Convento ' e la Mercé
traigo romos.
Corté
jazmines de El Cabo
también del Convento del Carmen Alto.

Pa usté,
pa su mercé
Yo
Vendo, vendo
pucheritos de mistura
casero,
compre usté.
Mi amito
cómpreme usté.
Si una dama lo trata mal
mis pucheros la harán cambiar...

–Me convences, voy a comprar.
–No le pesará.
–Que te vaya bien.
–¡Gracias, su mercé!
–Que te vaya bien.
–Gracias, su mercé...!

¡Pucheritos de mistura,
violetas y pensamientos...!
¡Pucheritos de mistura!
¡De jazmines los pucheros...!

El mantequero

Soy el mantequero,
traigo la buena manteca
mantequero soy.
Soy el mantequero
que viene con su pregón:
¡Manté... manté... manteca...!

Cómpreme manteca pura,
cómpreme pa su fritura
mi manteca superior.
La tajada vale medio real,
casera, véngame a comprar
manteca para cocinar...

–¡Mantequero...!
–¡Mantequero yo soy!
–¡Mantequero...!
–¡Allá voy, allá voy, allá voy!
Mantequero bueno yo soy
por la calle Boza yo voy
yo con mi manteca.

–¡Mantequero...!
–¡Mantequero yo soy!
–¡Mantequero...!
–¡Allá voy, allá voy, allá voy!
Traigo buena manteca,
cómpreme manteca pura,

cómpreme pa su fritura
mi manteca superior..

La manteca ya se me acabó.
Mañana volveré a mercar
manteca para cocinar...

¡Mantequerooo...!

La tisanera

¡La tisanera llegó...!
¡Aquí está la tisanera...!
¡Tisana con nieve y piña,
Tisana... tisana fresca...!
La tisana que vendo yo
es más fresca
que agua de manantial.
Tiene nieve, piña y limón
y azuquitar para su paladar.

Es mi sabrosa tisana
fresca como la mañana.
¡Aquí está la tisanera!
¡A real el vaso 'e tisana...!

—¿Tú nunca lavas el vaso?
—¡Recién lo lavé en la 'cequia...!
—Continúa tu pregón
que con tu canto me deleita.
—Aquí tiene, vuesamercé
la tisana para calmar su sed.

... ...

–¿Te va bien?
–¡Hum-hum...!
–Hoy ¿qué tal?
–¡Hum-hum: no hay calor
y naides quiere comprar.

¡Muchas gracias, caballero!
Mil gracias por su dinero.

Ya
se va la tisanera,
¡A real
el vaso de tisana...!
¡Tisanera...!
¡Tisanera...!
Tisanera...

¡La tisanera se va...!
¡Ya se va la tisanera...!
Tisana con nieve y piña,
Tisana..., tisana frescaaa...!

El frutero

¡Frutee..., tamalito de uva!
¡'Canasta llena', casero...!
Camuesas, plátanos, higos,
¡El fruteee..., llegó el frutero...!

Peras, camuesas,
Melocotones
De El Cercao.
Chirimmoyitas, fresas
Y graná
Verde y colorá.
Cómpreme, nena

'canasta llena'
a medio real,
si mi fruta no quiere
usté comprá
se va a malográ...

–¿Cuánto quieres
por estas uvas
morroñosas,
negro regatón...?
–¡Para la linda niña
uva y piña
regalada son!
–¿Y la mano de mangos?
–¡Siga usté...!
–¿Y cada durazno?
–¡Lleve usté...!
–Si tú no aprendes
a cobrar
te vas arruinar
–¡Qué va...!
–¿Y por cada granada?
–¡Siga usté...!
–¿Por qué no cobras nada?
–Yo sabré.
–¡Mil gracias por la provisión, negro picarón...!

Peras, camuesas,
melocotones
de El Cercao.
Chirimoya, fresas
y graná verde y colorá.
Cómpreme nena
'canasta llena'
a medio real,
si mi fruta no quiere
usté comprá

se va a malográ.
Si no quiere usté comprá
se va a malográ...
Si no quiere usté comprá
se va a malográ.

¡Fruteee... tamalito de uva!
¡'Canasta llena', casero...!
Camuesas, plátanos, higos.
¡El fruteee... se va el frutero...!

La chichera

¡Chicha que el cuerpo mejora
y acaba con la desdicha...!
¡La chicha de terranova!
¡De terranova la chicha...!

Casera,
Casero,
ya llegó
de terranova
¡Chiii-chaaa...!
de terranova.
Quien toma un vaso
pa calmar su sed
vuelve enseguida por dos
o tres...

Ayer traje chicha
de maní,
y hoy día vendo
¡Chiii-chaaa...!
de terranova.
Quien toma un vaso
pa calmar su sed

o tres...
Con un vaso
de la chicha que vendo
más de un enfermo
grave, sanó.
Esta chicha buena
quita la pena
y el mal humor.
La chicha de mi tinaja
ya
se va a acabar.
Ya
la chichera,
casera,
ya
se va.
La chichera
ya
se va,
y mañana
vol-
verá.
La chichera
ya
se va
y mañana vol-
verá...

La tamalera

¡Tamales...!
¡Tamales...!
¡La tamalera llegó...!
¡La tamalera suá... ve!
Casera,

rico tamal.
¡Tamalera suá...!
Casero,
rico tamal
a medio y a real.

¿Quién me llama aquí...?
¿Quién me llama allá...?
¿Quién me llama así:
"¡Tamalera suá...!"

De a dos pesos
le hago tamales
muy especiales,
diga usté
pa cuándo los quiere
que yo se los traeré.

De a tres pesos
le hago tamales
más especiales,
diga usté
pa cuándo los quiere
que cumpliré.

Tienen huevo y pichones
y maní y aceitunas,
pida usté,
que se los traerá.
Son de masa blandita.
son de pura manteca.
Diga usté
cuántos le traeré.

Mañana vendré,
ya mi venta terminé.

Vamos pues,
la noche está fría
y quiere llover.

¡Tamales...!
¡Tamales...!
La tamalera se va...
¡No hay naides que se quede
sin saborear mis tamales...!

La buñolera

–¡No hay nadie que pueda hacé!
–¿Qué...?
–Los buñuelos como Haydée.
–¡Haydée.
Haydée,
la negra Haydée!

–Son suaves como la espuma
–Y no se queda atrás...
–¡La miel!
–¡Haydée, Haydée!
–La negra Haydée.
–¡Haydée!
–Ahora verá usté:
Ay,
se me está haciendo agua la boca
esperando
los bueñuelos calientititos
de
'Mamá Haydée'.
–No hay en todo Lima
quien se me compare
ni tampoco quien me iguale.

Con mi secreto
a la tumba iré.
–Haydée, Haydée
–La negra Haydée.
–¡La negra Hay.. dée...!

La picantera

¡Aquí está...!
¡Aquí está...
la picantera
con un rico picante...!
Charque,
mote,
camarones en cebiche.
Traigo mote pelado,
Todo bien sazonado.
Yo soy Leonor
y no hay naides que guise como yo.

–¡Qué negra tan presumida es!

No,
es que yo sea
negra presumida,
es que se comenta
por donde voy:
Hay muchas picanteras
pero ninguna como Leonor.

Como "La Leonor..."
Como "La Leonor..."
Muchas picanteras
Pero ninguna
como Leonor.

Y:
Charque,
Mote,
camarones en cebiche.
Todo lo que había
se ha terminadoo...

Es un gran negocio
el picante.
Volveré la semana
entrante.
El rico picante,
el picante,
el rico picante...

[Ver: Libro 1. Décimas: "Romance y pregón de la Misturera" (19 de octubre de 1962); "La Buñolera" (05 de noviembre de 1962); "La Picantera" (22 de octubre de 1962)]

El sereno

¡AVE MARÍA PURÍSIMA...!
LAS NUEVE HAN DADO.
¡VIVA EL PERÚ Y SERENO...!

¿Qué hay atrás
de aquella puerta...?
¿Qué hay atrás
de esa ventana...?
¿Quién se va
de media noche
y vuelve a
la madrugá...?
(El sereno lo ve todo
a pesar
de la oscuridad...)

¡AVE MARÍA PURÍSIMA...!
LAS DIEZ HAN DADO.
¡VIVA EL PERÚ Y NUBLADO...!

Sirviendo a su patrona
de correchepe,
Juana le daba encargos
del 'Niño Pepe';
a condición
de partirse los frutos
de tal pasión.

Como advirtiese el chulo
la repartija,
con la noble señora
tuvo una hija.
Y la trigueña
dijo: –¡Vamos a medias
con la cigüeña...!

Huyó el mentido amante
–mala fortuna–
dejando un cachuelito
a cada una:
Sierva y patrona
reniegan de esta vida
que no perdona...

¡AVE MARÍA PURÍSIMA...!
LAS ONCE HAN DADO.
¡VIVA EL PERÚ Y SERENO...!

Amo la negra noche:
Crimen, misterio,
Celadas, aventuras,
Sombras, adulterio...
Si larga o corta,

> Si fría o calurosa
> ¡poco me importa...!
>
> ¿Qué hay atrás
> de aquella puerta...?
> ¿Qué hay atrás
> de esa ventana...?
> ¿Quién se va
> de media noche
> y vuelve a
> la madrugá...?
> (El sereno lo ve todo
> a pesar
> de la oscuridad...)
>
> ¡AVE MARÍA PURÍSIMA...!
> LAS DOCE HAN DADO.
> ¡VIVA EL PERÚ Y SERENO...!

5.4. CUMANANAS

Las *Cumananas* son cuartetas de versos octosílabos. Es una expresión popular que pertenece al género lírico-musical: poesía cantada para interpretar en contrapunto, sobre un tema pactado anteladamente o desafío de preguntas y respuestas con variada temática. Dos cantores repentistas improvisan coplas de cuatro líneas alternativamente hasta que uno de ellos es proclamado vencedor.

Cada copla –o *Cumanana*– va precedida de un inspirado floreo en la guitarra –antaño fue en arpa–, introducción que es muy tomada en cuenta por los jueces del desafío.

El lugar de origen de las *Cumananas* lo disputan varios pueblos del departamento de Piura, pero lo cierto es que, durante el siglo XIX, tuvo grandes cultores en las ciudades y haciendas de ese gran arco que conforman Catacaos, Tacalá, Chulucanas, Morropón y Huancabamba.

Nosotros creemos que su cuna fue Morropón, o al menos ese fue su baluarte y quizás hoy sea su último reducto pues aún hoy se cantan *Cumananas* en esa provincia; emporio esclavista durante la trata, prueba de ello el porcentaje de negros y mestizos de negro que aún subsiste en su población.

En 1957, con motivo del "Primer Centenario de la Instauración Política" estuvimos en Morropón. Allí tuvimos la suerte de escuchar cantar tonderos, décimas en socabón y *cumananas*. Pero todos coincidían en afirmar que los más grandes cumananeros que ha tenido Morropón en todos los tiempos fueron los legendarios Veintimilla y La Cotera, al punto que, las cumananas improvisadas en sus inolvidables desafíos han quedado en boca del pueblo como clásicos de tan sigularísimo cantar:

–Me dicen que es La Cotera
hombre de mucho saber:
Una rama estando seca
¿cómo puede florecer...?

–Las cosas de Veintimilla
por Dios que me causan risa,
mete la rama en el fuego
y florecerá en ceniza...

[Ver Libro 1. Décima "A todo canto de monte" (15 de mayo de 1959)]

5.5. El socabón

Mientras en Cuba se entonan las *décimas* en más de quince melodías, llamadas tonadas; y en Panamá pasan de 25 los estilos llamados *torrentes*, adecuándose específicamente un torrente para cada agrupación temática; en nuestra costa peruana sólo ha sobrevivido uno, el *socabón:* toque de guitarra y canto en *décimas* que, indiscriminadamente se aplica a todo género, ya sea a lo 'humano' o 'a lo divino' y que de Lima a Piura no recuerdan más de una docena de octogenarios cantores, entre cuyos estilos hay ligerísimas variantes.

Es indudable que un siglo atrás existieran en nuestra tierra otras tonadas, pues resulta inadmisible que nuestro lánguido *socabón* haya servido para *décimas* festivas o picarescas. Lamentablemente se han perdido junto a otras tantas joyas del folklore peruano.

El nombre de *socabón* posiblemente nos venga de Panamá, ya que en el istmo se le llama *socabón o bocona* a una guitarrita campesina, de fabricación casera con cuatro cuerdas de tripa, seis trastes de hilo y cuerpo algo achatado, socavado en una sola pieza de madera liviana.

El nombre de socabón se aplica tanto para designar el canto de las décimas glosadas como para distinguir el toque que se ejecuta en la guitarra para acompañar dicho canto. Es decir, socabón es la línea melódica de nuestra décima cantada y también la melopea que las acompaña en la guitarra.

Con muy ligeras variantes, a lo largo y ancho de toda nuestra Costa sólo conocemos un tipo de patrón de socabón, el cual es siempre en cualquier tono del modo mayor.

A diferencia de otros pueblos de Nuestra América, donde los mismos decimistas se acompañan en la guitarra; en el Perú se estila que un experto guitarrista toque el socabón para los dos cantores que compiten en desafío. Ese toque, abre con una punteada introducción seguida de un bordoneo que remata en el ritmo fijo en que empieza el canto, ello sin perjuicio de que el cantor ataque cuando le venga en gana. La cuarteta que inicia la glosa se puede largar en una sola tirada o bien dejando uno o dos compases entre el segundo y tercer verso. Luego viene otro bordoneo y empieza la primera décima de las cuatro que conforman la glosa. Cada una de estas décimas estróficas también se puede cantar de un 'tirón' o haciendo breves pausas opcionales tras cualesquiera de los versos pares.

Esto de las pausas es muy relativo, pues si se trata de improvisadores los hay de inspiración lenta, que necesitan tomarse su tiempo, mientras a otros se le agolpan los versos y prefieren no darse tregua. Aquí no es costumbre, pero hay países donde es lícito 'arrebatarle' la décima al que deja una pausa en mitad de su canto.

[Ver Libro 1. Décima "Al compás del Socabón" (23 de octubre de 1957)]

6. Danzas negras

Para tratar sobre la influencia africana en el Perú y América –hecho etnológico que el sabio cubano Fernando Ortiz Fernández bautizara con el nombre de TRANSCULTURACIÓN– debemos tener en cuenta dos acontecimientos históricos previos al Descubrimiento del Nuevo Mundo: El dominio musulmán en España y las incursiones de los navegantes lusitanos por las costas de África.

La España que nos 'descubre' y luego nos conquista, no era tan invicta como la pintan muchos historiadores, pues venía de padecer casi ocho siglos de dominación árabe: Del año 711, cuando los moros al mando del caudillo Tarik-Ben-Zeyad derrotan a don Rodrigo en la batalla de Guadalete, hasta el 2 de enero de 1492, en que los Reyes Católicos, Fernando e Isabel, expulsan de Granada al último rey moro: Abú Abdallah (Boabdil).

Por otro lado los navegantes portugueses, bajo los reinados de Enrique el Navegante y Juan II, realizaron un periplo por el continente africano buscando nuevas rutas al Asia para el tráfico de especias: En 1444 Nuño Tristán reconoció la desembocadura del Río Senegal; al año siguiente Diniz Díaz descubrió el Cabo Verde; en 1471 el mercader Fernando Gomes abrió la factoría de San Jorge de Mina e inició la trata de negros y comercio con Guinea. Entre 1481-95 Diego Cao toca la desembocadura del Congo y Bartolomé Dias (1487-88) bordea el Cabo de la Buena Esperanza...

Así pues, los árabes, que durante dos mil años (desde antes de la era cristiana hasta fines del siglo XIX) fueron iniciadores y gestores irrenunciables a la trata de negros, y los navegantes portugueses del siglo XV, introdujeron el elemento negro en la Península Ibérica mucho antes que Colón se acercara a nuestro Continente.

Estos hechos son muy importantes porque la cultura 'occidental' que nos traen los españoles y portugueses ya estaba influenciada por el elemento negro. Sobre todo en lo que respecta a cantos, danzas e instrumentos musicales.

Uno de los más grandes mitos que se ha tejido sobre ese gran calumniado que es el Negro, gira entorno a su supuesta 'inmoralidad'. Prejuicio extractado específicamente de las danzas africanas, por esclavistas, misioneros y aventureros en general, improvisados en 'cronistas', 'historiadores' y 'etnólogos'. Lo peor de todo es que dichos señores ignoraban que la Moral no es genérica ni absoluta. Nunca lo ha sido. La Ética es tan relativa porque deviene del estado político y socio-económico de cada Cultura.

Si bajo esta premisa observamos los bailes de salón, tenemos que en la India así como en los pueblos de Asia Menor, el hombre no baila con la mujer sino es la mujer quien baila para el hombre. Mientras que en todos los pueblos de la llamada *cultura occidental* los bailes son de enlace en pareja mixta; es decir, el hombre baila con la mujer (y, por lo general, no con la suya sino con la del vecino). ¿Qué pensaría de nuestra 'moralidad un turco o un iraní al que en una fiesta social se le toma a la mujer (una de las tantas) para apretujarla en un sobaqueado tango o en un palabreador bolero? Indudablemente pensarían que es uno el más inmoral de los inmorales y el más fresco de los frescos. Sin embargo, para nosotros –y salvo celosas excepciones–, eso es lo altamente civilizado.

6.1. Batuque y samba

Al leer estos dos nombres, es muy posible que el lector crea que voy a referirme a algunas danzas brasileñas, pero el origen de las dos palabras citadas es netamente africano. En lengua sudanesa –específicamente yoruba–, *BATUQUE* es nombre genérico de las danzas profanas. No fueron yorubas los negros traídos a estas costas del Pacífico sino bantú (angola-conguenses), por tanto, entre nuestros abuelos de lengua quimbundo debió decirse *BZA* (danzar), o *BZINA* (danzar, saltar); esto en la zona cafre, del S.E. africano. Entre los bakongo, babembe, baluba y otras naciones, *BAMBA* es ritmo de danza; *'Bambá-queré'*: danza movida y *'bangulé'*: danza frenética; así como 'bambear' es balancearse y *'bombo'* significa tambor grande.

SAMBA es corruptela de *SEMBA* y quiere decir venia o reverencia. Figura importantísima en las 'danzas de ombligada' pues con ella se invita a bailar.

6.2. Danzas de ombligada

Desde la segunda mitad del siglo pasado, franceses, ingleses y portugueses tratan de describirnos, en nutrida bibliografía, la coreografía de estas danzas, pero son tantos sus prejuicios, derivados del etnocentrismo europeo, y tanto el estilo exótico y sensacionalista, que dichos relatos sólo pueden fascinar al lector morboso o racista. Se habla de "increíble lujuria, hedor de negros, cuerpos sudorosos, histeria colectiva, paroxismo, lascivia", y mil cosas más. Se tilda a los africanos de indolentes, ociosos y rateros. Jurando que fueron 'obligados por la fuerza' a asistir a dichas danzas que en su homenaje ejecutaron las pobladores de Caconda o Luanda. Aquí algunas versiones:

En la región de Luanda, el 'batuque' consiste... en un círculo formado por los danzarines, yendo hacia el centro un negro o negra que, después de ejecutar varios pasos, por demás lujuriosos, va a dar una ombligada, que llaman 'semba' en la persona que escoge, la cual, pasa al medio del círculo, a sustituirlo.

De los grupos, en rededor, salen alternadamente individuos, que en el amplio espacio exhiben sus conocimientos coreográficos, tomando actitudes grotescas. Por regla general son estas representadas por mímica erótica, que las demás, sobre todo, se esfuerzan por tornar obcena... Después de cuatro o cinco vueltas delante de los espectadores, termina el danzarín por dar con su propio vientre en la primera 'ninfa', que le parece, saliendo ésta a repetir escenas idénticas.

6.3. Danzas de parejas

Formando círculo, saltan para el medio de él dos o tres parejas, hombres y mujeres, y comienza la diversión. La danza consiste en un bambolear sereno del cuerpo, acompañado de un pequeño movimiento de pies, cabeza y brazos. Estos movimientos aceléranse, conforme la música se torna más viva y arrebatada, y, en breve, se admira un prodigioso sacudir de caderas... Cuando las primeras parejas están ya extenuadas, van a ocupar sus respectivos lugares en el círculo formado, y son sustituidas por otras parejas que ejecutan los mismos pasos.

6.4. Kizomba

Esta danza consiste en formar una rueda, dentro de la cual salen unas parejas que bailan a lo largo, dos a dos, tomando aires provocativos y posturas indecorosas... Los que entran en la danza cantan en coro, al que dos parejas responden en canciones alusivas a todos los hechos conocidos de la vida privada de presentes y ausente...

6.5. Danza de rueda (Nación Junda)

La danza es siempre en rueda, y al centro de ella están los tocadores de uno, dos, tres y a veces más instrumentos percutivos... El paso es casi siempre el mismo, variando en ser más o menos apresurado conforme el movimiento musical. Bailando siempre en rueda, bambolease más o menos también el cuerpo, mudando de figuras según las danzas. Los cantos son siempre melodiosos...

6.6. Conclusiones

Las *danzas de ombligada*, se ejecutan tanto en rueda como en filas frente a frente, hombres de un lado y mujeres al otro. La ombligada es punto culminante de su coreografía, 'semba' que troca posiciones entre solista (s) y circunstantes.

En África, tales danzas tuvieron lugar de noche y a la luz de las hogueras, cerca de las cuales se apostaban los músicos, esto, en las aldeas, cuando se danzaba por motivo de un 'tambi' (funeral) o un 'lemba' (casamiento). Selva adentro, la danza de ombligada se practica a la luz de la Luna o en las noches estrelladas.

Los instrumentos empleados son las palmas, marimba y demás artefactos fricativos y percusivos. Interesándonos los peruanos, el empleo de un cajón de madera repiqueteado con las manos, dicha caja se llama *QUINGUVO*; otras cajas mayores y menores se llaman *ANGOMA*, cuyo plural es *JINGOMA*. Este instrumento africano, padre de nuestro cajón, no es fabricado de tablas claveteadas sino de madera excavada.

Las 'Danzas de Ombligada' llegaron al Brasil y Cuba; es seguro que también se bailaron en el Perú.

Si en el siglo XX se ha impuesto en el mundo la música negra, en el siglo XV la Península Ibérica y en el XVI Europa y América revolucionaron sus conceptos coreográficos gracias a la tremenda influencia de las danzas del Africa *bantú*, en particular angola-conguenses y en especial el *lundú*, baile de matrimonio (*m'lemba*), de iniciación y de tributo a la fecundidad, cuya coreografía era una cruda representación del acto copular, y, por tanto, africana DANZA DE PAREJAS (hombre y mujer).

El *Lundú –londú, lundum, landó, etc.–* de Angola y la *Kalenda –calinda, caringa, etc.–* de Congo, han dado origen a los siguientes bailes de pareja (del siglo XV al XIX):
PORTUGAL: Lundum, lundu chorado, chula portuguesa, fado, etc.
ESPAÑA: Zarabanda, calenda, ondú, etc.
NUEVA ORLENANS: Bambula;
LUISIANA: Calenda;
MÉXICO: Bamba, maracumbi, paracumbé.
CUBA: Caringa (calenda), yuka (y de ésta nace la rumba brava, con el clásico vacunao).
HAITÍ: Kalenda, bambula.
PUERTO RICO: Bomba.
PANAMÁ: Cumbia, tamborito.
COLOMBIA: Bullarengue, currulao, patacoré, cumbia, bambuco, etc;
VENEZUELA: Chimbanguelero, malembe, sangueo.
ECUADOR: Bomba.
BRASIL: Lundu, cóco, samba, batuque, tambor de crioula, jongo, etc.
PERÚ: Samba, samba-landó, lundú, samba-cueca, zamacueca, zaña, tondero, zanguaraña, mozamala, polka decajón, maicito, golge'e tierra, toro-mata, ecuador, chilena, marinera.
BOLIVIA: Zamba, zamacueca.
CHILE: Cueca.

ARGENTINA: Zamba.

Se comprende que muchas de estas danzas de parejas mixtas (hombre y mujer) ya han desaparecido o se han alejado tanto de su raíz africana que hasta han perdido su verdadero sentido y mensaje. Por otra parte, hay que recalcar en su estructura musical y coreográfica los ingredientes peninsulares y aborígenes americanos que, en mayor o menor proporción han dado a cada baile personería folklórica nacional y hasta regional. Así como su constante 'blanqueamiento' al contacto y presiones de la dominante cultura occidental o por voluntad 'arribista' de negros y mulatos que quieren pasar la barrera de la discriminación 'bailando a lo blanco'. O, lo que es peor —y de mayor actualidad— disfrazándose de 'negros salvajes' para representar ante el público blanco el prototipo de 'negro' (bufón, pornógrafo, etc.) que el etnocentrismo blanco cree ver en cada negro o negra. Este hecho lo detecta Jean-Paul Sartre en 'El Negro y su Arte', cuando escribe:

> Lo más común es que, a pesar de las pretensiones de los blancos a una suerte de omnisciencia racial misteriosa, su concepción del 'negro tal cual es' sea una fantasía de su imaginación, forjada para sobreponerla al negro tal como lo ve el mundo blanco, y tal como lo fuerza a ser.
>
> Por una especie de ironía inter-racial, el negro 'creador', lejos de ser su propio yo espontáneo, podría ser muy bien la encarnación de la imagen que el blanco se hace del negro 'espontáneo', 'tal cual es'.

6.7. Lundú: abuela africana de la marinera

Si hay algo en América que siempre se le ha tratado de escamotear al negro (aparte de sus derechos), es su enorme y positiva influencia en el folklore y las artes. Por un lado, se nos niega africanía en nuestras manifestaciones; por otra, se discute nuestra influencia en América.

Lo que más disgusta a los segregacionistas e hispanófilos es la posibilidad de que la Marinera sea de origen negro.

6.8. Los historiadores

Una conocida dama que enseña folklore (?), ha publicado un folleto en el que casi dice que la Marinera nació en Huanuco. Otro señor, menos conocido, a través de charlas radiales y esporádicas publicaciones en revistas y cancioneros, asegura que ha descubierto la fecha exacta en que nació la zamacueca: ¡15 de agosto de 1713! (por poco no nos da la hora). Otra profesora nos cuenta que la marinera desciende del minué. Un doctor, que de la pavana. En fin, cada cual da su versión. Pero eso sí, todos coinciden en hallarle influencia europea, con excepción del historiador 'cronométrico', para quien la zamacueca deviene del 'bambuco' colombiano.

6.9. Lundú

En mi artículo anterior les hablé de las 'danzas de ombligada', bailes africanos cuya coreografía tiene por finalidad el que la pareja mixta de danzarines se dé el 'golpe de frente', ombligo con ombligo. Estas danzas angola-conguenses llegaron en el siglo XVI a Portugal, Cuba, Brasil y ¡Perú!

En Portugal, el africano 'lundú' dio origen al 'fado'. Adviértase que Portugal comenzó la trata de esclavos negros medio siglo antes del Descubrimiento de América, así pues, tenemos que *"o doce lundú chorado, danza irresistible, já era tradicional en Portugal no século XVI. Logo, El-Rei D. Manuel (1495-1521) prohibirá o lundum"*, indudablemente por su carácter erótico.

En Cuba, otra danza de ombligada de nombre 'calinda' (calenda, y también caringa) dio origen a la 'yuka', de la cual se cree nace la famosísima rumba. La yuka también se conoció en otras islas del Caribe.

En Brasil, las africanas danzas de ombligada han sido conocidas con el nombre genérico de 'batuque' y han dado origen a la samba (del quimbundo 'semba': reverencia o venia)

Antes de tratar el devenir de estas danzas africanas en el Perú, transcribamos lo que dice el Diccionario Folklórico sobre la coreografía del LUNDÚ:

> LUNDÚ.- Lundum, londú, landú, danza y canto de origen africano, traído a América por los esclavos bantu, especialmente de Angola. (...) Esta danza, la más cínica que se pueda imaginar, no es nada más ni menos que la representación, la más cruda, del acto de amor carnal. La danzarina excita a su caballero con movimientos lo menos equívocos; éste respóndele de la misma manera; la bella se entre a pasión lúbrica; el demonio de la voluptuosidad se apodera de ella, los temblores precipitados de sus caderas indican el ardor del fuego que la abrasa, su delirio tórnase convulsivo, la crisis del amor parece apoderarse y ella cae desfallecida en los brazos de su pareja, fingiendo ocultar con un pañuelo el rubor de la vergüenza y el placer.

Parece que este escandalizado narrador no es todo lo claro que necesitamos, por ello, recurrimos al enterado profesor cubano Fernando Ortiz para que nos describa el baile de la 'yuka', danza de ombligada que en esencia no es sino el mismo lundú con ligeras variantes:

6.10 Yuka

> 'Yuka' en Cuba es también nombre de un baile que se efectúa en dos partes: una a 2 por 4 y otra rápida, a 6 por 8. Su sentido es esencialmente erótico y su coreografía deja cierta libertad a los bailadores, dentro de un riguroso encuadramiento rítmico para lucirse en la estrategia sexual, que constituye la trama del baile. La primera parte es simplemente un cortejo de la mujer por el hombre; él insiste con su mímica lúbrica y sus flores de galán, y ella lo esquiva con excitante coquetería.

En la segunda parte, los pasos y las vueltas, ajustadas siempre al ritmo sensual de los tambores, se precipitan hasta llegar al episodio final, que puede ser afirmativo o negativo. La mujer incita al hombre con sus conteneos, pero a la vez le huye y éste la acosa para vencerla. La habilidad de éste consiste en quedar inmediato y contrapuesto a ella, cuando la música arrastrada por el ritmo, 'marca golpe'. Entonces, en ese preciso instante, él da un 'golpe de frente' con su vientre para chocar con el vientre de la bailadora. Ese golpe masculino es el 'vacunao', que decimos en Cuba. Pero ese golpe simbólico de la posesión varonil no se logra siempre; porque la mujer está en libertad de 'darse' o no, y sus arte consiste en escapársele al hombre una y otra vez hasta que se entrega a voluntad y el bailador la sorprende... ahí tenemos el baile.

6.11. Conclusiones

Ahora díganme, ¿no coincide esta descripción coreográfica de la 'yuka' con nuestra 'Marinera'...? Es más, explica muchas figuras que por la desvirtuación inmensa que ha sufrido nuestro baile a través de los siglos no justificaban. Me refiero a las 'vueltas' seguidas del rápido 'careo'. ¿Y el pañuelo del lundú...? Este pañuelo no es europeo sino africano o afro-americano:

> Hombres y mujeres danzan con un pañuelo en la mano, con el que señalan a la pareja con quien desean bailar... uno de los danzarines va hasta la fila opuesta, aproxímase a la pareja con que desea bailar y le enseña el pañuelo con la mano derecha.
>
> La ombligada –'efectiva o simulada'–, está presente en casi todas las variedades conocidas. Mientras fue danza de esclavos, la ombligada 'efectiva' era de regla, mas al pasar a otros grupos, étnicos y socialmente diversos, esta figura –el trazo más característico y marcado de la danza– fue siendo gradualmente sustituido por gestos equivalentes, como enseñar el pañuelo, el convite mímico, los simples toques de pierna o de pie...

6.12. Lundú, zaña y tondero

Calculo que para el siglo XVII el porcentaje negro con relación al hispano en la próspera Villa de Santiago de Miraflores sería de veinte por uno, o quizás más. Lo cierto es que, ya fuera porque en tal minoría los amos blancos no se atrevieron a ser muy estrictos aplicando la férrea disciplina esclavista, o porque –al igual que en algunos puntos de Cuba, Brasil y Haití –comprendieran que el esclavo rendía más en las faenas agropecuarias del día si se les regalaba la noche para sus ritos y holganzas; lo cierto es que desde el comienzo, las noches zahareñas fueron estremecidas por el incesante repique de tambores, acompasado batir de palmas, estridentes cantos en lengua 'quimbundo' y ensordecedora gritería. Quienes tuvieran la audacia de curiosear tras el galpón verían decenas de negros alumbrados por pequeñas fogatas formando ruedo, un grupo de músicos, cantantes y danzarines llevando ritmo y al centro dos parejas mixtas en una extraña danza africana cuya coreografía no era otra que una cruda representación del acto sexual. Este era el 'lundú'.

6.13. "Al lundero le da..."

¿En qué me baso para suponer que el angolense lundú sea padre de la zaña?

Primero, estudiemos la letrilla de la Fuga de Zaña, que dice:

> Al lunderole da,
> al lunderole da,
> al lunderole da ¡zaña!
> al lunderole da...

Si al bailarín de rumba se le llama 'rumbero', al de cumbia 'cumbiambero' y al de guaracha 'guarachero', ¿no es lógico suponer que al danzarín de lundú se le haya llamado 'lundero'...?

Ya hemos visto que en la cubana 'yuka' la hembra 'se da' o 'no se da'; mientras el 'yukero' a ella 'le da' o 'no le da', creo yo que de ahí –de su coreografía– se origna que los cantantes en la Fuga de 'zaña' incitaran o estimularan al danzarín a dar el 'golpe', cantando a coro: "al lundero le da...".

Por último, ¿qué baile si no éste pudo escandalizar tanto a los cronistas y sobre todo al clero, hasta el punto de aducir desde el púlpito que las dos tragedias de Zaña se debieron a un 'castigo divino' contra esa 'danza maldita...'?

Unos me dirán que la letrilla de la zaña dice "al undero"; otros que "arrundero"; pero, porque la fonética bozal impediría estas pronunciaciones y porque ni "undero" ni "arrundero" tienen sentido folklórico alguno, yo insisto que el "lundero" no ha sido otro que el bailarín de la danza llamada "lundú" (y también 'lundum, 'lundú' y 'londú').

6.14. Zaña: madre del tondero

El "Muy Magnífico Señor" Capitán Don Baltasar Rodríguez, "vecino de la ciudad de Truxillo, comenzó la población e fundación de la Villa de Santiago de Miraflores que es en el valle de Zaña en estos Reynos del Pirú (sic) (...)" el 29 de noviembre de 1563.

Contraria al incentivo económico de la época, Zaña no fue zona aurífera sino eminentemente agropecuaria, dándose con prodigalidad del trigo, maíz, viñas y frutales; caña de azúcar y cuero curtido. Para estas y otras labores del campo se recurrió, una vez más, a los esclavos negros traídos de África.

El siglo XVII saluda a una floreciente y próspera Villa de Santiago de Miraflores de Zaña que casi superaba en opulencia a la ciudad de Trujillo. A la par con tanto progreso creció la población de esclavos negros, cuyos miles y miles superó abrumadoramente el porcentaje de blancos y aun el de mestizos. En tales condiciones, les fue muy difícil a los hispanos señores imponer la dura disciplina que observaban las leyes esclavistas. Leyes crueles, inhumanas, que hasta contradecían los mismos principios de igualdad que preconizó Jesucristo pues, al negro, le estaba prohibido penetrar a un Templo, Iglesia o Parroquia, más allá del espacio previo a la sillería. Es decir, sólo podían penetrar los pocos metros que tienen por techo las torres del campanario: después de la portada y antes de la pila de agua bendita. Los abusos cometidos, gestaron en el negro una canción de letrilla irreligiosa que tomó el nombre de '*SAÑA*'.

> Estaba Santa Lucía,
> bailando con San Alejo,
> bailando con San Alejo.
> Y el demonio le decía:
> ¡Ajusta, viejo cangrejo!
> ¡Ajusta, viejo cangrejo!
>
> "In il nomine patris
> ora pro nobis,
> Seculum seculorum
> miserenobis.
> Al undero le da
> al undero le da,
> al undero le da ¡saña!
> al undero le da...

Esta canción de irreverente letrilla, cuya música se ha conservado hasta nuestros días, es la manifestación folklórica más antigua que se transmitiera al mestizaje afro-yunga de la costa peruana. La SAÑA fue la protesta del Negro, no contra Dios, sino contra los hombres que burlaban la Ley de Dios.

Quizás hasta su misma coreografía, lujuriosa y obscena, tuvo también un mensaje de protesta, pues, sabido es, que el negro africano en su tierra natal sólo ejecuta sencillas danzas eróticas para cumplir, o ayudarse a cumplir, su más alta función biológica: la reproducción; estimulando un ciclo que le dicta la Naturaleza en su más pura y sabia norma moralizadora.

La próspera Villa de Santiago de Miraflores de Zaña, tuvo su fecha aciaga en el mes de marzo de 1686: Durante siete días hizo terrible saqueo en ella el pirata Eduardo David, que desembarcó por Chérrepe el 4 de marzo y la pasó a sangre y fuego. Treinta y cuatro años más tarde, y cuando la repuesta ciudad recobraba su antiguo ritmo de opulencia y desarrollo, una horrorosa inundación la arrasó totalmente, calamidad de la que Zaña no se recobró jamás. La mayoría de los textos que tengo a mano dan como fecha de la inundación el 18 de marzo de 1720, pero un curioso documento de don Antonio de Rivera, "natural y vecino de la ciudad de Zaña, y Escribano Público, de Minas, y Real Hacienda (...)" al relatar 'con pelos y señales' dicha inundación –pues fue testigo ocular– da como fecha el 15 de marzo del mismo año de 1720.

A raíz de la catástrofe emigraron los habitantes hacia los pueblos y ciudades vecinos (Lambayeque), estableciéndose algunos en un caserío cercano poblado de indios bajo la tutela de misioneros franciscanos. De estos inmigrantes, un cholo rico e inteligente llamado José Domingo Chiclayo, procuró el bienestar y progreso del pequeño poblado, el cual fue desarrollándose a su amparo e identificándose con su apellido, con el apellido de don José Domingo. Siendo Chiclayo hombre creyente –como que financió la construcción de la Iglesia de 'La Verónica'–, lógico es suponer que prohibiese el canto y baile de la 'Saña', apoyado por los frailes franciscanos establecidos en esa localidad. En fin, la 'saña' debió ser prohibida a los negros esclavos zañeros en los diferentes lugares a que emigraron. Ya dispersos hubo de ser más fácil disciplinarlos. Por otra parte, bien pudieron los esclavos interpretar como castigo divino la fluvial calamidad. Lo cierto es que con la decadencia de la que fuera opulenta Villa de Santiago de Miraflores de Zaña, y con la prohibición del canto y baile de la 'saña', coincide la aparición del 'Tondero'.

Es muy posible –como opinan algunos folkloristas– que "tal vez la 'saña' haya parido al 'TONDERO' ". Yo opino como ellos, y aunque ignoro cuántos años tomaría el proceso de transformación, supongo que fue un lapso relativamente corto.

La 'Zaña' tenía una estructura tripartita de 'glosa', 'dulce' y 'fuga'. El Tondero la conserva, pero pasa del alegre Modo Mayor de la 'Zaña' al triste o dulzón Modo Menor que caracteriza todo Tondero. Cambia el nombre de la segunda estrofa o 'dulce' por el de 'canto', con la característica musical que en el Tondero, dicha segunda parte es una modulación del tono relativo Mayor, para pasar inmediatamente a la 'fuga' en Menor, pero en un aire más alegre. La irreverente letrilla se transforma en rosada picardía sobre temas amorosos o exaltación telúrica. Y la coreografía se 'amestiza', perdiendo su erotismo original aunque conservando velada intención sobre casi los mismos emplazamientos y desplazamientos del africano lundú. Siendo lo más notable que la pareja termine simbolizando el 'golpe de frente' final: 'botao y vacunao' de hembra y varón. (Aunque ninguno de los que actualmente baila Tondero sabe por qué lo hace). Así también, es común que entre los versos del Tondero se intercalen, a modo de estribillo o guapeo frases que dicen claramente; *que le da* o *que le daba, zamba, que le daba* y *ay, que le da....* ¿Curioso, no?

El Norte le hace poco favor a su folklore aceptando la terminología de 'Marinera Norteña'. Teniendo su riquísimo y bien bautizado TONDERO (quizás proveniente de LUNDERO) no debiera aceptarse ese apodo, menos ahora, cuando por 'Marinera Norteña' se designa a todo tondero mal estructurado ¡y hasta en Modo Mayor!

[Ver Libro 1. Décima "Dios perdone a mis abuelos" (10 de enero de 1959)]

6.15. Del landó a la zamacueca

Entre los méritos que pudieran caber al autor de este trabajo debiera estar el de haber llevado por primera vez a los surcos de un disco el ritmo del LANDÓ (disco 'Cumanana'. Sello Philips. 1971), danza que recuerdo haber visto bailar a mis abuelos y cuyos versos, fragmentados, escuché en la melodiosa voz de mi progenitora, doña Victoria Gamarra de Santa Cruz (1884-1959).

Así como en la costa norte del Perú, el angolense LUNDÚ dio origen a la ZAÑA y ésta al TONDERO, en Lima, una variante del LUNDÚ llamado LANDÓ o SAMBA LANDÓ fue madre de la ZAMACUECA –rebautizada como MARINERA por don Abelardo Gamarra 'El Tunante'–. La finalidad de estas danzas africanas, ya en los ritos de INICIACIÓN o DESPOSORIO (M' LEMBA - casamiento) era que las parejas de hombres y mujeres, desplegando una coreografía pantomímica del acto copular se dieran el 'golpe de frente', pelvis contra pelvis, o muslo contra muslo u ombligo ('cumbe' en africano) contra ombligo. La hembra, luego de burlar repetidamente al varón, terminaba haciendo un 'botao', permitiendo le aplicaran el 'vacunao'. Estos términos de 'botao' y 'vacunao' pertenecen al folklore afrocubano. Aquí en el Perú parece que todo se limitó al grito de los circunstantes: 'que le da' (el 'golpe') y 'zamba, que le da' (el 'botao').

> La zamba
> se pasea
> por la batea
> lavando
>
> Samba Malató,
> landó
> Samba Malató,
> landó.

Samba Malató
landó.

6.16. Origen de la zamacueca

Considero errónea la difundida teoría por la que se dice que el nombre primigenio de nuestra danza ZAMACUECA, deviene de ZAMBA-CLUECA, conjetura repetida hasta la saciedad, incluso por los más serios y esforzados investigadores de nuestro folklore.

Se ha dicho, que en este baile, de innegable origen africano, la actitud que adopta la mujer *zamba* (hija de indio y negra) remeda *"el contoneo de una gallina en estado de aovar"* y que por ello se le llamó originalmente 'ZAMBA-CLUECA'. Y que luego, por fusión de las dos palabras y corruptela de las mismas fue nombrada ZAMBA-CUECA, y finalmente, ZAMACUECA.

El notable folklorólogo brasilero Edison Carneiro, en su libro "Samba de Umbigada" describe minuciosamente todos los tipos de estas danzas angola-conguenses en su transculturación afro-brasilera. En un pasaje, nos dice:

> A danca era de pares e tinha ésse nome porque, ritmadamente, os dancarinos davan-se umbigadas unindo os baixos-ventres, o busto inclinado para tras e as pernas arqueadas....

Por su parte, el grandioso investigador cubano Fernando Ortiz Fernández, en su voluminosa obra *Los Instrumentos de la Música Afrocubana*, opina:

> ...Sin embargo parece más probable que la raíz determinante de la brasileña macumba y de otras aquí indicadas, haya sido Nkumba o Kumba que en congo es 'ombligo', y de ahí pasó el vocablo a la macumba brasileña, danza en la cual es característica la 'ombligada', que en la rumba de Cuba se conoce por 'vacuna', mimesis del acto copular de los sexos, que fue muy típica en las danzas afroamericanas desde los primeros

tiempos, como paso coreográfico simbólico de un rito de fecundidad...

Y aquí, gracias a la inmortal obra de don Manuel Atanasio Fuentes, *Lima*, conocemos la versión peruana del angolense 'lundú':

> Si bailan dos o cuatro a un tiempo, primero se paran los hombres enfrente a las múgeres (sic),haciendo algunas contorsiones ridículas y cantando; luego se vuelven las espaldas, y poco a poco se van separando; finalmente hacen una vuelta sobre la derecha todos a un tiempo, y corren con ímpetu a encontrarse de cara los uno y los otros. El choque que resulta, parece indecente a quien cree que las acciones exteriores de los Bozales tengan las mismas trascendencias que las nuestras. Este simple y rudo ejercicio forma toda su recreación, su baile y su contradanza, sin más reglas ni figuras que las del capricho. Pero al fin ellos se divierten y acabada la fiesta se acabaron sus impresiones...

Hasta aquí, lo referente al origen y significado del 'SAMBA' en nuestra zamacueca. En cuanto a lo de CUECA, dicha teoría se desbarata por contradictoria: La gallina clueca no está *"en estado de aovar"* sino de empollar, y para ello entra en trance febril, pierde plumaje y su lastimoso estado dista mucho en comparación con la desafiante apostura que derrocha (o derrochaba) la hembra bailarina de zamacueca.

No. La palabra complementaria original también procede del kimbundo, y es 'CUQUE', voz africana que significa 'DANZA' y cuyo infinitivo es KU-CUQUINA: 'DANZAR'.

Entonces tendremos que las palabras que dieron origen al nombre de ZAMACUECA no fueron 'zamba' y 'clueca', por morena encluecada, sino 'SEMBA' y 'CUQUE' del kimbundo bantú: 'semba': saludo + 'cuque': danza; SALUDO DE DANZA, específicamente para iniciar el baile del 'lundú'.

En conclusión, el verdadero proceso de corruptela ha sido el siguiente: SEMBA (saludo) pronto degeneró en SAMBA, diciéndose SAMBA-CUQUE, luego SAMBA-CUECA y, finalmente, SAMACUECA o ZAMACUECA.

Caso análogo ocurrió en Brasil con el 'samba de umbigada': Del pretérito perfecto, emmi ghi-a-cuque: 'Yo dancé', se pasó al plural 'ba-cuque': 'Danzas', que, mal percibido por los colonizadores portugueses, dio nacimiento a la naturalizada palabreja: Batuque, nombre genérico a todas las danzas negras y extensivo a las estridentes orquestas de percusión.

No nos extrañemos, pues, que el primitivo nombre de nuestra MARINERA provenga de dos voces africanas: 'SEMBA-CUQUE', y que, a la par con el mestizaje de la danza, transformárase pronto en ZAMACUECA.

7. Tondero y marinera

Por ser la Marinera nuestra danza representativa, sinónimo de peruanidad y avanzada hacia una meta integracionista que todos seguimos y muchos propiciamos, debiéramos, por tanto, amarla, estudiarla cultivarla, sentirla, elevarla y difundirla con verdadera devoción.

Pero el hecho de que la Marinera sea nuestra danza nacional no quiere decir que exista una sola versión instrumental, musical y coreográfica. La Marinera, generalizada en un Perú no integrado, muestra una heterogeneidad directamente proporcional a las diferentes zonas regionales en que se cultiva: desde Lima –su cuna, matriz y pila bautismal– hasta Puno, pasando por Arequipa, Cuzco, Huanuco, Cajamarca, etc.

Surge, entonces, una interrogante:

¿Contribuiremos a nuestra integración 'standarizando' la Marinera y con una homogénea coreografía en todo el Perú?

Decididamente, no. Proponer esto, sería equivocar la dialéctica folklórica, desde que una danza –como cualquier otra de estas expresiones colectivas– es efecto, consecuencia –y no causa– de factores etnográficos dentro de una realidad geopolítica. Pensemos en cualquier país integrado o más cerca de la integración y advertiremos variantes folklóricas dentro de un mismo baile: la jota, en España, tiene sus versiones aragonesa, navarra, extremeña, etc. ¿Atenta ello contra la integración? ¡No! Por lo contrario, tal variedad dentro de la unidad no es sino riqueza cultural, personalidad, grandeza anímica dentro de un común denominador nacional.

Pero nunca se verá en un argentino confundir 'chacarera' y 'gato'. O a un panameño equivocar tamborito por mejorana; ni a un colombiano galerón por guabina. Mal hacemos los peruanos que no distinguimos entre MARINERA Y TONDERO.

7.1. Tondero

La confusión entre Tondero y Marinera, creo que se remonta a la última década del siglo XIX, cuando don Abelardo Gamarra 'El Tunante' rebautizó Marinera lo que el creyó ser una 'chilena' o 'zamacueca'. Me refiero a 'La Concheperla' o 'La Decana', que es un Tondero por donde se le mire. Según cuentan los narradores costumbristas, 'La Concheperla' fue creación de Alvarado ('Alvaradito') que 'El Tunante' encargara pasar al pentagrama a (entonces niña) Rosa Mercedes Ayarza, siendo el primer aire –agregan– que don Abelardo Gamarra rebautizara como Marinera.

Ahora bien, si de lo que se trataba –por obvias e históricas razones– era desterrar el nombre de chilena, con que indistintamente se designaba la zamacueca, se cometió grave error rebautizando un Tondero ('La Concheperla') salvo que en ese entonces también al norteño tondero se le llamara chilena, lo cual es muy dudoso.

A casi ocho decenios de tal confusión, resultaría tonto tratar de enmendar rumbos y conceptos, pero nos asisten dos razones: que en los departamentos norteños de La Libertad, Lambayeque y Piura –dominios del Tondero– desde hace mucho más de un siglo se le llama por su verdadero nombre y porque el Tondero tiene su genealogía reglas coreográficas y musicales sui generis. Es sólo a partir de estos últimos años, cuando y desplazando a la Marinera se impone en Lima el Tondero, que empiezan a confundirse los nombres. No sería grave indiscriminar tales danzas. Pero acontece que, bajo el subtítulo de 'Marinera Norteña' o simplemente 'Marinera' se está pasando 'de contrabando' todo Tondero mal estructurado. El Tondero tiene sus reglas estróficas y musicales. Y para muestra y análisis remitámonos a la susodicha 'Concheperla' pues me tinca que algún lector no se ha quedado muy conforme con los cargos e impugnaciones que aquí le hago:

'La concheperla' (Tondero)

I Canto (Modo Menor)

Acércate, preciosa
que la Luna nos invita
sus amores a gozar.

Acércate, preciosa
concheperla de mi vida,
junto a los labios del mar.

(Preparación a Modulación)

Abre tu reja
por un momento,
que si te llevas
mi pensamiento.

II Dulce (Relativo Mayor)

Se oye perdida
mi inspiración
si la precisa ¡zamba!
de tu atención...

III Fuga (Modo Menor Inicial)

Si tú me quieres
mañana te irás.
Ahora no te vas,
si tú me quieres
mañana te irás,
si no me quieres
¡mándate mudar...!

Como ya lo he anotado en otros artículos el Tondero tiene una estructura tripartita, llamadas: CANTO, DULCE Y FUGA. Todo Tondero se ejecuta en Modo Menor, así va el canto o primera estrofa. Luego y con un 'ay' ligado, se pasa al Dulce, que va en Relativo Mayor del mismo modo inicial, para finalmente y también ligado, volver al Modo Menor inicial pero en un aire más vivo y alegre, que caracteriza la Fuga. Por esta modulación típica (Menor- Relativo, Mayor- Menor) del Tondero, no puede ni debe haber Tondero en Mayor, o sin Dulce o sin Fuga. Por más que se les llame 'Marinera Norteña'.

Como es posible que Vd. amigo lector, no conozca la música de 'La Concheperla', aquí ejemplifico la misma estructura típica en otro tondero ampliamente conocido:

"San Miguel de Piura"

I Canto (Modo Menor)

Adiós, San Miguel de Piura,
Secretario de mis penas.

No pierdo las esperanzas
Que he de volver a mi tierra.

En Trujillo venden causa.
En Piura los chicharrones.
En la 'Ciudad de los Reyes'
mazamorra y picarones.

(Preparación a Modulación)

¡Ayyy...!

II Dulce (Relativo Mayor)

Que viva y reviva mi San Miguel,
dos reales y medio yo doy por él.
Que viva y reviva mi San Miguel,
dos reales y medio yo doy por él.

Por su parte, y a diferencia del Tondero, la Marinera se ejecuta íntegramente en los modos Mayor o Menor, siendo su estructura también tripartita: Primera de Jarana, Segunda de Jarana y Tercera de Jarana más un Remate de dos versos (heptasílabo y pentasílabo), pero sin modulación tonal alguna. Además de sus importantes agregados que son la Resbalosa y Fuga en el mismo tono se haya ejecutado la Marinera.

7.1.1. Glosa

El Tondero tiene una estructura tripartita: 1. 'glosa'; 2. 'canto'; 3. 'fuga'. En la ejecución musical del Tondero intervienen cantores con acompañamiento de guitarras al ritmo de cajón y palmas. El compás es en 6/8, más la guitarra al terna éste con el ¾. La modulación es su característica más notable y la que lo hace inconfundible: la 'glosa' es siempre en Menor y da el tono primitivo; el 'dulce' se ejecuta pasando al relativo Mayor de dicho tono; y la 'fuga' vuelve al Modo Menor inicial, pero en su más alegre carácter.

LA 'GLOSA' es la primera parte del Tondero: 'primer movimiento', en lo musical, y primera estrofa de letrilla; bajo este último aspecto la 'glosa' da la pauta al tema. Es decir, que el argumento que ella trate se conservará en los versos de las siguientes estrofas hasta la parte final, o 'fuga'. La 'glosa', por lo general, la componen dos cuartetas. Ej.:

(Glosa)

Adiós San Miguel de Piura
secretario de mis penas.
No pierdo las esperanzas
que he de volver a mi tierra.

En Trujillo venden causa,
en Piura los chicharrones,
y en la 'Ciudad de los Reyes'
mazamorra y picarones.

Hay variantes –sobre todo en tonderos de Chiclayo– cuyas estrofas tienen combinados versos de diferentes metro silábico. Ej.:

(Glosa)

Yo ya me voy
no he de volver
y esos tus lindos ojazos
negros, hechiceros
ya no me han de ver.

Me espera el mar,
mi embarcación
y el amor de una sirena

que siendo tan buena
no me hará traición.

Inicia el Tondero su característica introducción en Menor ejecutada en punteo y bordón de guitarras. Tanto el cajón como las palmas atacan tras los primeros acordes de esta introducción que dura entre dieciséis a veinte compases. La entrada al canto se anuncia desde que la guitarra acentúa su bordón en ¾ durante cuatro u ocho compases luego cierra simultáneamente con el cajón o marca un acorde característico cualquiera. El Tondero lo puede ejecutar un solo cantante es decir: un solista; pero tiene mayor colorido la interpretación de una pareja de cantores en bien armonizada 'primera y segunda voz'. En muy contadas oportunidades hemos presenciado la intervención de dos parejas alternándose en las diferentes estrofas.

Cada verso de la 'glosa', cual sea su cantidad de sílabas, abarca comúnmente, dos compases, así, una cuarteta toma ocho; dos cuartetas ligadas toman dieciséis, pero como a veces se repiten íntegramente, algunas 'glosas' alcanzan 32 compases. Esta duración puede dilatarse aún más en cierto estilo de Tondero cuyos versos de la 'glosa' alternan con la guitarra, dejando a ésta dos o cuatro compases que se bordonean alternando el ¾ con el 6/8. La explicación gráfica de este 'diálogo' entre la guitarra y el cantor, precisa de una partitura.

Para una idea más exacta de la ubicación que corresponde a la 'glosa' con relación al Tondero, expondremos a continuación una de las letrillas más difundidas a lo largo de toda nuestra Costa que por sus características de aceptación POPULAR transcendió de generación en generación a la manera TRADICIONAL; y por ser obra de autor desconocido se considera ANÓNIMA, reúne las tres características esenciales que identifican la obra como producto del FOLKLORE. En este caso: Folklore de la Costa Peruana:

(Glosa)

Adiós San Miguel de Piura
secretario de mis penas.
No pierdo las esperanzas
que he de volver a mi tierra.

En Trujillo venden causa
en Piura los chicharrones,
y en la 'Ciudad de los Reyes'
mazamorra y picarones".

(Dulce o Canto)

¡San Miguel! ¡San Miguel!
¡San Miguel al amanecer!
¡San Miguel! ¡San Miguel!
¡San Miguel al anochecer!

(Fuga)

Que viva y reviva
mi San Miguel.
Dos reales y medio
yo doy por él.
Que viva y reviva
mi San Miguel.
Dos reales y medio
yo doy por él

Seguiremos adelante con el estudio del Tondero en lo que respecta al 'dulce' y la 'fuga', también veremos las tres variantes más notorias que hay en su zona de origen: Chiclayo, Piura y Trujillo. Sólo entonces pasaremos a estudiar la nueva preceptiva folklórica, donde toma otra concepción la teoría de lo POPULAR; se prescinde de lo ANÓNIMO aceptando como folklóricas muchas obras de autor conocido; y se acepta como enriquecimiento de la obra las variantes que sufra en su devenir TRADICIONAL.

7.1.2. Dulce o canto

Hemos dicho en el artículo anterior, que la 'Glosa' es la primera parte del Tondero y consta de dos cuartetas que dan la pauta al tema de toda la letrilla. Y que en la modulación musical, que es la característica más notable del Tondero, la 'glosa' se ejecuta en Menor y da el tono primitivo. Pasemos ahora a estudiar la segunda parte del Tondero o sea:

EL 'DULCE' O 'CANTO'. En esta parte tiene lugar la ya mencionada modulación: de la 'glosa', que se ejecuta en Menor, el 'dulce' pasa a su relativo Mayor. Es la parte central del Tondero y enlaza la 'glosa' y la 'fuga'. Sus versos tratan el mismo asunto planteado en la 'glosa' pero en un sentido y a optimista, ya irónico, a veces sentencioso, etc. El 'dulce' es breve, puede estar compuesto por dos versos blancos o disonantes, que se repiten. Ej.:

('Dulce')

Ya ves cómo salió cierto
lo que tanto me decían.

Ya ves cómo salió cierto
lo que tanto me decían...

Puede, también, estar formado por cuatro versos de los que: primero y tercero son heptasílabos y segundo y cuarto pentasílabos, pero estos últimos precisan de una palabra trisílaba complementaria. Ej.

('Dulce')

Cinta negra en el pelo
'negrita'
te has amarrado,
que antes de haberme muerto
'paisana'
te has enlutado.

A los cuatro versos del 'DULCE' puede agregarse un quinto verso disonante, es decir, que no rima con los anteriores. Ej.:

('Dulce')

La máquina de Chocope
va recorriendo Laredo.
La máquina de Chocope
va recorriendo Laredo,
"y el maquinista dice:"

El TONDERO adquiere en el 'DULCE' un elevado matiz cuando, al terminar la 'GLOSA' quien lleva la 'segunda voz', liga un sostenido '¡aaayyy...!' que marca la entrada al 'DULCE', cantado solamente por la 'primera voz', absteniéndose de intervenir el cantor que hace 'segunda', para continuar el dúo en la —ya inmediata— 'FUGA'. Las palmas, que se dejaron sentir en la introducción para decrecer en la 'GLOSA', adquieren mayor intensidad en esta parte; aquí recién el cantor 'saca la voz' y 'suelta el pecho', por eso es que al 'DULCE' también le llaman 'CANTO'.

Es el 'DULCE' una transición musical y, pese a que sus cuatro versos sólo abarcan ocho compases, en ellos y a partir de ellos la melodía del TONDERO abandona su paradójica alegría tristona, adquiriendo frescura y vivacidad. En verdad, es el 'DULCE' voz preventiva, más, cuando en vez de cuatro versos consta de cinco, quedan agregados dos compases que, a manera de voz de alerta, rompen momentáneamente los sucesivos períodos de cuatro compases. En ambos, siempre hay preparación a la 'FUGA'.

Esto es todo lo que podemos decir con respecto al 'DULCE' y, antes de pasar a estudiar la parte final y jugosa del TONDERO que lleva el nombre de 'FUGA' cerramos este capítulo exponiendo la letrilla completa de un TONDERO para ubicar, gráficamente, el 'DULCE' con relación consecuente con la 'glosa' y precedente a la 'FUGA'. Ej.:

Tondero

I

('Glosa')

De terciopelo negro
tengo cortinas
para enlutar mi pecho
si tú me olvidas (BIS).

Cuando la tórtola llora
¡arriba zamba, abajo cholo!
ausente está de su dueño
¡arriba cholo, abajo zamba!

Quiere dormir y no puede
¡arriba zamba, abajo cholo!
porque el amor vence al sueño
¡arriba cholo, abajo zamba!

—¡aaayyy...!—

II

('Dulce')

El partir de tu lado
me da la muerte, 'paisana'

El partir de tu lado
me da la muerte 'paisana'
¡Me voy para olvidarte!

III

('Fuga')

Me voy, que me voy, me voy
me voy, que no soy de aquí.
Me voy para 'La Otra Banda',
regreso por Cayaltí.

Me voy, que me voy, me voy
me voy, que no soy de aquí.
Me voy para 'La Otra Banda'
y hasta la vuelta, paisana, ¡sí!

7.1.3. Fuga

LA 'FUGA' culmina el proceso de modulación musical que singulariza al Tondero: La 'glosa' se ejecuta siempre en Menor y da el tono primitivo; el 'dulce' o 'canto' pasa a su tono relativo Mayor; y la 'fuga' vuelve al Modo Menor inicial, pero en su más alegre carácter: su contagiosa alegría pone frenéticos a cantantes y bailarines.

La letrilla de la 'fuga' guarda relación con el tema en trato, participando, proporcionalmente, de la 'glosa' y del optimismo del 'dulce'. Las hay de cuatro u ocho versos. Ej.:

('Fuga')

Tú no llorarás
por mí
lo que yo por ti
mañana.
Mañana, cuando

me muera
repicarán las
campanas.

Tú no tienes quien
te quiera
sino una triste
paisana.
¡Que muriendo por
la noche
me entierren por
la mañana, ay sí...!

Como en el caso de la 'glosa', también hay 'fugas' en versos libres. Ej.:

('Fuga')

Mi amor se va
de tu cama, para dormir.
A ese sueño si acaso vas
pégame un grito que se oiga.

Generalmente, la 'fuga' toma dieciséis compases y se 'remata' con un calderón de la última sílaba, o bien agregando al último verso un sostenido "¡ay síiiiii...!".

7.1.4. El hablado

El 'Hablado' es una cuarteta de versos octosílabos, que recita el cantor al terminar la 'Fuga' del Tondero. Inmediatamente reinicia el mismo Tondero desde su 'Glosa'. Este recitado intermedio entre dos Tonderos no se da en la Marinera, aunque algunos sueltan su cola recitada antes de la 'Resbalosa'. Al recitado de dicha cuarteta, –que por lo general es una antigua 'Cumanana'– le llaman 'Hablado'. Estos versos son de asunto festivo, y como ejemplo aquí va una de mi cosecha, que ahora utilizan para tal fin:

('Hablado')

¡Mandé a mi chola por leña
y el patrón la conquistó,
suerte que la mandé a ella
menos mal que no fui yo!

Para que el nuevo aficionado pueda ubicar –gráficamente– la posición de la 'fuga' con relación al 'dulce' y a la 'glosa', aquí tenemos la letrilla completa de un viejo Tondero:

"Me tienen tus ojos, china..."

('Glosa')

Me tienen tus ojos, china
¡zamba, cómo no!
enfermo y sin esperanza
como triste flor.
Como flor que se marchita
cuando le da el Sol
me tienen tus ojos, china,
¡ay!
¡zamba, cómo no!
Enfermo y sin esperanza,
¡ay!
como triste flor...

('Dulce')

Morena, sí,
andan diciendo.
Morena, sí,

andan diciendo:
Que toda mujer soltera
se desespera,
se desespera.
Que toda mujer soltera
se desespera,
se desespera,
y le dice a su mamita:

('Fuga')

Mamacita, yo me muero
durmiendo sola, solita.
Qué haré yo con mi jaulita
cuando le falta el jilguero.
Mamita, dame una piedra
mamita, tráeme un garrote
pa matar un pericote
que tengo en mi ratonera...

Algunos aficionados llaman 'Marinera Norteña' a lo que se aparta poco o mucho, de las reglas observadas en el Tondero. Considero injusto llamar así al Tondero mal confeccionado. Tales creaciones merecerán estudio cuando sus características estén más definidas y cuando estas composiciones formen apreciable número cuya afinidad permita al folklorista una clara agrupación. Bajo este concepto se están realizando en el Perú excelentes trabajos, de cuyo producto ya se incorporaron a nuestro folklore ciertos tipos de 'Marinera Sureña' y 'Marinera Serrana'.

Otros aficionados llaman 'Marinera Norteña' a cierto estilo de Tondero de aire ligeramente lento, que se da por Piura y Trujillo con más frecuencia que en Lambayeque y Chiclayo. El aire, lento o vivo, es consecuencia de una larga serie de factores que determinan el temperamento regional –esta es una de las causas que hacen del FOLKLORE una ciencia estrechamente vinculada con la ETNOLOGÍA.

Conservando su característica modulación musical y no habiendo alteración en la estructura del TONDERO, es inadmisible la especificación; si tal se hiciere, ello no pasaría de mero nominalismo.

En conclusión, el Tondero no precisa de aquel segundo nombre, pues cuando en Lima la Marinera aún se llamaba 'Zamacueca' y, mucho antes, cuando se le llama 'mozamala', ya en el Norte el TONDERO era TONDERO. Y conste que hablo de una época que se remonta a las últimas décadas del siglo XVIII.

7.2. La marinera

Al decurso de tres siglos y en bien culminado proceso folklórico, es muy poco lo que queda en nuestros Tonderos y Marineras de aquel africano *lundú*; pero lo poco que subsiste es digno de destacarse:

El emplazamiento de los bailarines, frente a frente el hombre y la mujer. La iniciación de la danza, avanzando ambos hasta casi darse el *golpe de frente* y proseguir en direcciones opuestas. Simultáneamente dar la vuelta por el lado derecho y volverse a acometer de frente. Y el golpe final, figura con que termina la danza.

Si convenimos en que la pureza de una danza se detecta por la pervivencia de su mensaje, trama y función coreográficos. Si aceptamos que nuestra *Marinera* (antaño *Zamacueca*) deviene del africano *Lundú*. Si hemos probado hasta la saciedad que la coreografía del *lundú (landó o calinda)* tenía como *leit motiv* y figura culminante la *ombligada, o vacunao o golpe de frente*; es decir, el choque de pelvis contra pelvis. Entonces, tendremos una pauta invalorable para calificar la pureza y calidad de nuestra danza representativa: su africanía.

1. Que al comenzar el baile los danzarines hagan la *semba* (en la *marinera* limeña sobrevive en un amago de choque que llaman *saludo*).

2. Que cuando lo marque la orquesta y cantores, los danzarines truequen terrenos girando siempre por la derecha para quedar nuevamente en *careo* (en la *Marinera* y en el norteño *Tondero* tal figura se realiza al cambio de estrofa).

3. Que la pareja se mantenga siempre frente a frente en acoso galante del hombre y coqueteo esquive de la hembra (en nuestra *Marinera*, ya sea arequipeña, puneña, cuzqueña, cajamarquina, norteña o limeña, el *careo* se cumple fiel y salerosa o picarescamente).

4. Que la figura final con que termina el último compás de la danza coincida con el *golpe* –simulado– de pelvis contra pelvis: la mujer que 'se da' y el hombre que la 'posee' triunfal, ambos de pie, erguidos y estáticos (en el Perú todas las versiones de *marinera* terminan con esta bella figura).

El pañuelo también fue usado en el *lundú* como una treta del hombre, que lo arrojaba al suelo y la mujer debía recoger, cosa que aprovechaba para aplicarle el 'el golpe'.

Por último, y hasta hace medio siglo, las morenas bailarinas de Abajo el Puente se ataban a las caderas una manta o punta para, en un alarde de habilidad coreográfica, evitar el 'golpe' a 'cuerpo limpio' sin el usado recurso de 'taparse' con los vuelos de la pollera.

Ahora díganme: ¿Se ajusta esta coreografía a la *cueca* chilena, donde el varón parece ir arriando a la hembra y casi en ningún momento hay careo? ¿Marca tales pasos la *zamba* argentina?

Creo que estas son suficientes pruebas de que la *zamacueca* nació en el Perú, pero más que eso, tales sobrevivencias de africanía entroncan en un común denominador las más disímiles versiones peruanas de Cajamarca a Puno y de Lima a Iquitos.

Enorgullezcámonos de ello y luchemos por conservarla en su sensual belleza, que bien vale la pena luchar por este reducto de peruanidad.

[Ver Libro 1. Décima "Guitarra llama a cajón" (14 de agosto de 1958)]

7.2.1. Partes de que consta la marinera

La Marinera, consta de las siguientes partes: PRIMERA DE JARANA, SEGUNDA DE JARANA Y TERCERA DE JARANA; RESBALOSA Y FUGA.

Esto es lo que se entiende por una MARINERA COMPLETA. Se puede ejecutar en los tonos MAYORES o MENORES, pero nunca se iniciará la primera parte en Mayor y la Resbalosa o la Fuga en Menor ni viceversa. Su compás es de 6/8 a un ritmo pausado en las tres primeras partes ya mencionadas ligeramente más vivo en la RESBALOSA y más vivo aún en la FUGA.

La MARINERA es diferente al TONDERO, que se compone de GLOSA, CANTO Y FUGA. Aunque su compás también es de 6/8 su ritmo es más vivo desde que se inicia y, por último, el TONDERO sólo se ejecuta en los tonos MENORES.

Considerando estas notables diferencias, no hay porqué especificar llamando a la MARINERA por MARINERA LIMEÑA y al TONDERO por MARINERA NORTEÑA.

7.2.2. Primera de jarana

Son cuatro versos octosílabos, preferibles los de terminación grave por convenir más a la melodía. La rima puede ser en tres formas: COPLA –que es la más común– CUARTETA o REDONDILLA. La COPLA es la más fácil, pues sólo riman asonantados los versos segundo y cuarto, siendo libres primero y tercero. En la CUARTETA riman aconsonantados primero con tercero y segundo con cuarto, siendo libres primero y tercero. En la REDONDILLA riman primero con cuarto y segundo con tercero. Veamos tres ejemplos de PRIMERA DE JARANA en los que respectivos tipos de rima:

Copla

Mándame quitar la vida
si es delito el adorarte
que yo no seré el primero
que muera por ser tu amante.

Cuarteta

Lámpara maravillosa
lucero de la mañana
préstame tu luz hermosa
hasta que me toquen diana

Redondilla

Manuel Micho por capricho
mechó la carne del macho,
ayer decía un borracho:
"Mucho macho mecha Micho"

7.2.3. Segunda de jarana

Son los cuatro primeros versos de la combinación métrica llamada SEGUIDILLA –poesía corta compuesta de siete, versos heptasílabos y pentasílabos, asonantados o aconsonantados–. Ejemplo:

Mira que falta le hace
su pierna al cojo

al manquito su brazo
y al tuerto su ojo

7.2.4. Tercera de jarana

Son los tres últimos versos de la SEGUIDILLA más un ESTRAMBOTE a manera de REMATE. Ejemplo:

> Miren qué risa
> eso de andar en coche
> y sin camisa.
>
> Lloré lloré mi suerte
> hasta la muerte

7.2.5. Resbalosa

No requiere un tipo especial de versos, pues –como el cante por bulerías de España– todos los metros se acomodan a ella. Ejemplo:

> No sé que quieren hacer
> los extranjeros en Lima
> que nos vienen a poner
> una cosa tan dañina;
> le llaman la Luz Eléctrica,
> competidora del gas,
> puede muy buena que sea
> pero causa enfermedad.
>
> Pobrecito gasfitero
> qué oficio aprenderá
> a sastre o a zapatero
> o de hambre morirá.

7.2.6. Llamada

Antes de tratar la FUGA DE MARINERA, quiero referirme a la obligatoria e imprescindible LLAMADA, que precede a todas y cada una de las FUGAS. La LLAMADA son por lo común, dos primeros versos de la PRIMERA DE JARANA. Ejemplo:

> Esta noche voy a ver
> quién se lleva la bandera

7.2.7. Fuga

Son cuatro u ocho versos de cuatro, cinco seis o más sílabas. Ejemplo:

> Ella se me fue
> Ella se me fue
> Ella se me fue
> loco de amor yo me quedé.

> Estoy cantando
> en una taberna,
> esta noche me emborracho
> voy de verbena.

7.2.8. Cómo se ejecuta la marinera

Inicia la MARINERA el bordón de una guitarra 'llamando' al cajón que 'contesta' –a la mitad del segundo compás– con un redoble de tres o cuatro golpes al centro de la caja y uno al extremo superior: (hay muchos estilos de 'contestar' con el cajón) nueva 'llamada', nuevo redoble, entran a ritmos las palmas y luego de ocho o doce compases se empieza a cantar la MARINERA.

PRIMERA DE JARANA
De los cuatro versos que consta, se canta primero y segundo repitiendo sólo el segundo. Tercero y cuarto 'amarrando' con el primer verso. 'Amarrar' es pasar del último verso al primero.

SEGUNDA DE JARANA
Ligada y sin perder un compás, se canta el primero y segundo verso de los cuatro que la componen –pudiendo repetirse

ambos– luego tercero y cuarto para 'amarrar' con el primero y segundo verso.

TERCERA DE JARANA
Ligada también, se canta el segundo verso de la SEGUNDA DE JARANA agregándole cualquier palabra bisílaba, –de preferencia 'madre', 'zamba', 'china', etc.– con el primer verso de los tres que la forman. Luego el segundo y tercero, finalizando con el REMATE compuesto por un verso heptasílabo y un pentasílabo. Ejemplo:

    Soy el toro de Jarama
    de Jarama soy el toro
    de Jarama soy el toro

    levanto tierra en las astas
    y me la viento en el lomo
    Soy el toro de Jarama

    Citó con los pies juntos
    pasó el torito

    y el dijo no me muevo
    de donde cito

    Citó con los pies juntos
    pasó el torito

    Pasó el torito 'madre'
    qué maravilla

    y le puso tres pares
    de banderillas

    Ver juntas me da pena
    Sangre y arena.

Sobre esta estructura, que es la básica en toda MARINERA, se pueden añadir –respetando el compás y según la melodía– palabras caprichosas llamadas TÉRMINOS. Se incluyen entre los versos de la PRIMERA JARANA y se repiten fielmente en la SEGUNDA Y TERCERA DE JARANA.

Los hay simples y complicados. Ejemplo:

PALMERO SUBE A LA PALMA "ayayay" Y DILE A LA PALMERITA "mira como le hace así".

No se pueden considerar los TÉRMINOS como 'guapeos' porque forman parte de la melodía y le dan –no siempre– riqueza.

LA RESBALOSA

Terminada de cantar la TERCERA DE JARANA con su REMATE se dejan doce a dieciséis compases de guitarra y cajón, para luego cantar la RESBALOSA. Se divide esta en dos partes llamadas PUESTA Y CONTESTACIÓN DE RESBALOSA –hay algunas de tres partes–. La RESBALOSA se REMATA repitiendo las últimas palabras del último verso más un 'ja ja'. Ejemplo:

> o de hambre
> o de hambre se morirá 'ja ja'

LA FUGA

Terminada de cantar la RESBALOSA, se dejan ocho o doce compases de guitarra y cajón, para entrar con la FUGA precedida de la LLAMADA cuantas veces se cante, variante de FUGAS y de LLAMADAS. Hasta su final que se ejecuta suprimiendo en una FUGA el último compás y remplazándolo a partir de allí con: 'Para gusto ya´stá bueno' Ejemplo:

> ella se me fue
> loco de amor... 'llorando te diera el alma'

Cuando la MARINERA se canta entre dos personas, llamemos a una 'A' y a la otra 'B', se comparte de la siguiente manera:

'A' canta o PONE la PRIMERA DE JARANA, 'B' la SEGUNDA y 'A' la TERCERA.

'A' canta o PONE la RESBALOSA y 'B' la CONTESTA.

'B' PONE una FUGA –previa LLAMADA– 'A', LIGADA a la FUGA otra LLAMADA alternándose en forma ininterrumpida hasta que 'A' o 'B' REMATAN su última FUGA 'para gusto ya está bueno'.

Téngase presente que, mientras 'A' PONE hace la melodía en primera voz, 'B' debe hacer segunda en armonía. La MARINERA se canta en dúo, en trío y en sexteto de tres parejas; en este último caso 'AA' PONEN la PRIMERA 'BB' PONEN LA SEGUNDA Y 'CC' PONEN LA TERCERA. Cada pareja canta en primera y segunda voz.

Cuando se canta en DESAFIO la contienda puede ser melódica o literaria.

En el primer caso 'A' deberá marcar, en la guitarra, los principales tonos y las notas más importantes en la MARINERA que va a cantar. 'B' deberá contestar lo más exacto posible –la melodía– y 'A' terminará, cantando la TERCERA.

Si la contienda es poética 'A' canta una PRIMERA DE JARANA cuyo asunto, sea festivo, bucólico, romántico, satírico, etc., deberá inspirar la SEGUNDA DE JARANA de 'B', para terminar siempre en el mismo tema, 'A'. Estas reglas son estrictas en la RESBALOSA pero no obligadas en la FUGA.

Estos 'duelos' se llaman de 'cinco-tres' porque un máximo de cinco MARINERAS es triunfador quien primero gane tres, luego de esta victoria –o derrota– parcial se canta la RESBALOSA para proseguir el 'duelo' en la FUGA que si bien es más emotiva, no tiene mayor mérito que repertorio y resistencia.

7.2.9. 'Marinera de término' y términos en la marinera

Es creencia muy generalizada suponer que nuestra Marinera sea difícil de crear, difícil de cantar y difícil de bailar. Todo se debe a que lo más caprichoso en ella ha sido tratado rara vez y muy superficialmente; me refiero a los llamados 'términos' en la Marinera, ellos alteran totalmente –sin desmejorarla– su estructura básica, confundiendo a los aficionados en un maremágnum de 'trilalalá', 'ayayay', 'caramba', 'preciosa' 'morenita', 'cómo no', 'andar andar', 'zamba zambita', 'mira cómo le hace así', etc., etc. Tales adjetivos, interjecciones y aún oraciones completas, varían tanto de una Marinera a otra que hacen complicado y penoso el aprendizaje. Esto, en lo que concierne a componer y cantar Marinera; en cuanto al baile, frecuentemente dichos 'términos' dilatan la Marinera en su Primera, Segunda y Tercera de Jarana, estrofas éstas que en su parte cantable tienen –por lo general– una duración de 48 compases en total, pues bien, los 'términos' agregan a su estructura básica dieciséis y hasta treinta y dos compases, dándose casos en 'Marineras de Cuatro Términos' cuya duración alcanza 80 compases. Como las vueltas del baile van sincronizadas con la repetición –'amarre'– de los primeros versos de cada estrofa, un aprendiz que evoluciona seguro al bailar una marinera corriente –'Marinera Derecha'– cuya Primera de Jarana dura 24 compases, se desconcierta totalmente si ésta, por los 'término' dura 40 compases.

Aclaremos primero la especificación que a manera de subtítulo lleva este Capítulo, pues en verdad hay 'MARINERA DE TÉRMINO' y 'TERMINOS EN LA MARINERA'.

MARINERA DE TÉRMINO
Se denomina así, a la que en su Primera, Segunda y Tercera de Jarana trata un mismo asunto en su parte literaria, tema que puede ser extensivo a la Resbalosa pero no obligado en la Fuga. Sin embargo, la 'Marinera de Término' que como ejem-

plo doy a continuación conserva su tema desde la Primera de Jarana hasta la Fuga. Se titula 'DE CARA SERIA', sus autores somos mi hermana Victoria Santa Cruz y yo:

(Primera de Jarana)

Debe ser de cara seria
la mujer que nació pobre,
pensando en carnal materia
la virtud no vale un cobre.

(Segunda de Jarana)

Una mujer honrada
se necesita,
que sea preparada,
buena y bonita.

(Tercera de Jarana)

Se necesita 'madre'
que bien procedan.
¿Buenas, lindas y sanas?
¡De esas no quedan!

(Remate)

Lloré lloré lloraba
te diera el alma.

(Resbalosa)

I

Dios hizo a la mujer
De una costilla,
¡Qué divino poder!

¡Qué maravilla!
Yo quisiera saber
cómo se hace eso
y hacerme diez mujeres
comprando el hueso.

II

"¡Vaya profanación!
¡Qué sacrilegio!"

III

No se asuste señor,
que yo no quiero
líos con mi señora
ni con el Cie...
lo que Dios me dio
vale por diez

(Llamada de Fuga)

¡La mujer de cara seria
tiene el corazón risueño; sí!

(Fuga)

Quiero una mujer que nunca mienta,
que sepa cumplir con su deber,
que sepa reír en la tristeza
y que sepa, y que sepa, lo que yo no sé.

Quiero una mujer que no me engañe
que sepa lavar, sepa coser.
que sepa reír, que no regañe
y que sepa, y que sepa, lo que yo...
¡Si te vi una vez no te he visto más...!

'TÉRMINOS EN LA MARINERA'

Teniendo toda Marinera un tipo definido de estructura, es decir, una cuarteta para la Primera de Jarana; una seguidilla repartida entre Segunda y Tercera de Jarana; más de un dístico de heptasílabo asonantados para el Remate o Final; aplicando melodía a dichas combinaciones métricas, en algunos casos sobra música y falta letra, naciendo así los llamados 'términos'. En verdad 'rellenos literarios' a modo de interjecciones, tarareos, frases y hasta oraciones.

Entonces tenemos que el 'término' es una consecuencia de la melodía aplicada a la estructura o letrilla básica y por ello no tiene gran importancia el que a veces tales palabras carezcan de sentido o no guarden relación alguna con el tema literario de la Marinera.

Tomemos una de las marineras más difundidas, de esta suerte, al aplicar progresivamente los 'términos', resaltarán –por conocidos– los versos básicos de la Marinera. La Marinera se canta 'amarrando' los versos, es decir, pasando el último al primero; además algunos versos se repiten.

I

Palmero sube a la palma
y dile a la palmerita
y dile a la palmerita

que se asome a la ventana
que mi amor la solicita.
Palmero sube a la palma.

II

Si me quieres te quiero,
si me amas te amo
si me echas al olvido
a todo me hago.

Si me quieres te quiero,
si me amas te amo.

III

Si me amas te amo 'madre'
Ya lo voy viendo
que a lo disimulado
me estás queriendo.
Lloré lloré lloraba
te diera el alma.

Los 'términos' en la Marinera pueden ser uno, dos, tres o cuatro. A las de tres y cuatro 'términos' también las llaman 'MARINERA DE CAPRICHO'.

'MARINERA DE UN TÉRMINO'
El único 'término' es "¡Balarezo toma tu chupón!" y lo lleva precediendo todos y cada uno de los versos:

I

¡Balarezo toma tu chupón!
PALMERO SUBE A LA PALMA
¡Balarezo toma tu chupón!
Y DILE A LA PALMERITA
¡Balarezo toma tu chupón!
QUE SE ASOME A LA VENTANA
... etc. etc.

De este mismo tipo son las siguientes marineras:

I

¡Chicha, chicha de puro caney!
PALMERO SUBE A LA PALMA... etc.

'MARINERA DE DOS TÉRMINOS'
Los 'términos' son "¡por la noche!" y "¡por la mañana!"

I

PALMERO SUBE A LA PALMA
  ¡por la noche!
Y DILE A LA PALMERITA
  ¡por la mañana!
Y DILE A LA PALMERITA
  ¡por la mañana!
         etc.

II

SI ME QUIERES TE QUIERO SI ME
    AMAS TE AMO ¡por la noche!
SI ME ECHAS AL OLVIDO
    A TODO ME HAGO ¡por la mañana!
         etc.

'MARINERA DE TRES TÉRMINOS'
Los términos son: "¡Rosa que risa me dan!", "¡ayayay!" y "¡las olas del mar!". Pero "¡ayayay!" desaparece, por inaplicable, en la Segunda y Tercera de esta Marinera.

I

PALMERO SUBE A LA PALMA
    ¡Rosa que risa me dan!
¡ayayay! Y DILE A LA PALMERITA
    ¡las olas del mar!
¡ayayay! Y DILE A LA PALMERITA
    ¡las olas del mar!
Q´SE ASOME A LA VENTANA
    ¡Rosa que risa me dan...! etc.

II

SI ME QUIERES TE QUIERO SI ME
AMAS TE AMO ¡Rosa que risa me dan!
SI ME ECHAS ALOLVIDOA TODO
ME HAGO ¡las olas del mar!... etc.

'MARINERA DE CUATRO TÉRMINOS'
Los términos son: "¡que le daba!", "¡aquella mi linda flor!" y "¡de aroma tan singular!". El "¡ayayay!" como en el caso anterior también desaparece en la segunda y tercera estrofa. Por eso, para muchos, esta Marinera es sólo de tres 'términos'.

I

PALMERO SUBE A LA PALMA
　　　　¡que le daba!
¡aquella mi linda flor
de aroma tan singular!
¡ayayay! Y DILE A LA PALMERITA
¡aquella mi linda flor
de aroma tan singular!
¡ayayay! Y DILE A LA PALMERITA
　　　　etc. etc.

II

SI ME QUIERES TE QUIERO
SI ME AMAS TE AMO ¡que le daba!
¡aquella mi linda flor
de aroma tan singular!

III

SI ME AMAS TE AMO 'madre'
YA LO VOY VIENDO ¡que le daba!
¡aquella mi linda flor...! etc.

7.2.10. ¿Cuándo y por qué se 'quiebra' la marinera?

La Marinera se canta para que bailen las parejas o en competencia de cantores. En el primer caso no existe contrapunto, pues todo el esfuerzo se concentra en que los bailarines gocen de un ritmo uniforme en una ejecución alegremente matizada. Para ello se olvida la rivalidad entre cantores y se eligen marineras de uno o dos 'términos', llamadas también 'Marineras Derechas'. En el segundo caso –por lo general entre hombres solamente– los caprichos e improvisaciones literarias y melódicas se dan en grado sumo.

Pero cuando en pleno contrapunto un cantor incurre en error, se considera que ha 'quebrado' la Marinera e inmediatamente se le interrumpe cantándole el Remate o Final: "Llorando te diera el alma...". Después inicia otro cantor la Marinera que aquel trataba de entonar, u otra diferente.

Una Marinera se 'quiebra':

1. Cuando el que contesta la segunda estrofa omite alguno de los 'términos' que obligara la Primera de Jarana.
2. Cuando en la primera estrofa, en vez de repetir el segundo verso de la cuarteta se pasa nuevamente al primero.
3. Cuando en la 'contestación' –o Segunda de Jarana– se varía la melodía que obliga la 'puesta' –o la Primera de Jarana–.
4. Cuando en la tercer estrofa – o Tercera de Jarana– se varía la melodía que obliga la 'contestación' –o Segunda de Jarana–.
5. Cuando en la tercera estrofa –o Tercera de Jarana– se omite alguno de los 'términos' fijados ya en la Primera' y Segunda de Jarana.
6. Cuando el cantor (o cantores) deja uno o más compases de silencio entre la primera o segunda o entre la segunda y la tercera estrofas.
7. Cuando siendo la Marinera en Tono Mayor, se canta la Resbalosa o la Fuga en Tono Menor.

8. Cuando siendo la Marinera en Tono Menor, se canta la Resbalosa o la Fuga en Tono Mayor.
9. Cuando se inicia la Segunda de Jarana con los versos de la Tercera, versos éstos que se distinguen por tener una palabra bisílaba complementaria como: 'madre', 'zamba', 'china', etc. a continuación del primer pentasílabo.
10. Cuando siendo la jarana en Tono Menor y ya en plena Fuga, se insertara una Fuga en Tono Mayor.
11. Cuando cantando las Fugas en Tono Mayor se insertara una en Tono Menor.
12. Cuando al poner una Fuga se omitiera la 'llamada' que la precede obligatoriamente.
13. Cuando entre Fuga y 'llamada' se dejara uno o más compases de silencio.
14. Cuando entre 'llamada' y Fuga se dejara dos o más compases de silencio.
15. Cuando en pleno contrapunto de Fugas algún cantor insertara una Resbalosa.

No hay mayor riesgo en 'quebrar' la jarana que durante la Resbalosa, pues no es obligatorio que el contendor la conteste. El mismo que la 'pone' puede cantar las dos o tres partes que su resbalosa abarque al no obtener respuesta.

Hay casos en que quien 'puso' la resbalosa completa, repita la primera parte, dando oportunidad al contendor para que conteste si es que ha memorizado la primera versión.

También se dan casos en que tras una resbalosa completa no contestada, el contendor, en vez de pasar a la fuga, inicie otra resbalosa que, de no obtener contestación, entonará el sólo; con lo que se puede considerar empatado este pasaje de la competencia.

Todas estas modalidades de cantar resbalosa dilatan innecesariamente la jarana porque considerando que la Resbalosa es sólo una transición o puente entre la Marinera y la Fuga, lo importante es pasar a esta última y continuar el desafío hincado con las Marineras.

Todos los riesgos enumerados en lo que respecta a 'quebrar' la jarana en la fuga, se pueden evitar si, cuando se agota el repertorio o están fatigadas las voces, se pone fin a la contienda rematando la última fuga con la consabida frase: "¡Pa gusto ya´ está güeno...!". Poniendo así digno broche a la competencia de fugas alternadas e ininterrumpidas.

Téngase muy presente que hay un tipo de marinera cuyo capricho es esencialmente melódico. Dichas marineras tienen en su línea melódica quiebros y requiebros similares al 'cante jondo' de España, su explicación gráfica precisa de una partitura y se le denomina "MARINERA QUEBRADA".

(Primera de Jarana)

I

Anoche jugué y perdí
y esta mañana a las siete,
y esta mañana a las siete.

Para jugar y perder
tate en tu vaina, machete.
Anoche jugué y perdí.

(Segunda de Jarana)

II

A la mar marinero
y al agua patos,
que se quema el castillo
del rey de bastos.
A la mar marinero
y al agua patos.

(Tercera de Jarana)

III

Al agua patos, sí,
jardín florido;
ya remedio no tiene
lo sucedido

(Remate)

Lloré, lloré mi suerte
hasta la muerte...

(Resbalosa)

I

El 'sí', me dirán que sí,
será la felicidad.
El que navega, Mercedes,
¡ay, Mercedes, vente a gozar
ja ja...!

II

Tengo plata, también tengo cobre,
tengo metal muchísimo oro.
En todito yo soy abundante,
sólo en el querer soy pobre.

Tengo plata, también tengo cobre,
tengo metal muchísimo oro.
En todito yo soy abundante,
sólo en el querer...
¡sólo en el querer soy pobre...!

(Fuga)

¡Para todos amanece
el día claro y sereno sí...!

Estoy cantando
en una taberna:
esta noche me emborracho,
voy de verbena.
Estoy cantando
en una taberna:
esta noche me emborracho
voy de verbena...

¡Pobre soy porque no tengo
la dicha del poderoso 'sí'...!

Cotorrita del alma
le decía el lorito,
si me das un besito
yo me muero de amor.
Delgadito me pongo
si tu amor no me das,
si me das un besito
ya lo verás, ya lo verás.

¡Esta noche vamo´a ver
Quién se lleva la bandera, sí!

Cuchuchu
cara de perro:
frejoles he esto arando
desde ayer,
¡borrico te vas a comer!
Cuchuchu,
cara de perro,
frejoles he estao arando

desde ayer,
¡borrico te vas a comer!

¡Infeliz condenación
la que mi suerte me ha dado...!

Al pasar el puente
me dijo el barquero:
las niñas bonitas
no pagan dinero.
Al pasar por el puente
me dijo el barquero:
que lloré, lloré...

¡que lloré lloraba zamba...!

7.2.11. Cómo se baila marinera

Después de doce o dieciséis compases –6/8– de guitarra con ritmo de cajón y palmas, y con los bailarines cuadrados frente a frente, se inicia el baile cuando comienza el canto; en este caso 'Palmero sube a la palma', haciendo el paseo; breve reverencia y continúan su corto y opuesto camino; por quedar de espaldas, amagan hacia la izquierda para describir 'media vuelta' a la derecha y retornar a sus primitivas ubicaciones, repitiendo aquí la media vuelta y en 'careo'; entrando plenamente al baile y en graciosos desplazamientos laterales durante el desarrollo de la Primera de Jarana.

Cuando el cantante comienza a repetir el primer verso, la pareja inicia una 'vuelta opcional completa' girando en su propio terreno para luego proceder al cambio. Así, en la Segunda de Jarana se intercambian los terrenos; como en el caso anterior, luego de todo 'cambio', amagan hacia la izquierda y dan 'media vuelta' a la derecha; esta vuelta coincide con la intervención de otro cantor que inicia la Segunda de Jarana. Con esos versos, los bailarines dan otra vuelta en sus respectivos terrenos, procediendo al último cambio. Para quedar en 'careo' giran como en las veces anteriores al mismo tiempo que el cantor entona la 'Tercera de Jarana'; continúa el baile en careo y el remate final que dice "… te diera el alma…" coincide con la última 'vuelta completa' que da la pareja en sus mismos terrenos, que vienen a ser los que ocupan al iniciar el baile.

Es muy importante saber que, en el 'cambio' los bailarines se dan 'pase' por el lado del brazo izquierdo, pero dándose ligeramente el pecho con un garboso giro. Técnicamente, toda Marinera se ciñe estrictamente a una bien definida métrica.

7.2.12. Tres marineras

Desde los lejanos días en que mi abuelo por línea materna, el Maestro y artista pintor don José Milagros Gamarra, componía "zamacuecas" –allá por 1875–; hasta los años veinte, en que llegó al pináculo de la fama don Manuel Quintana "El Canario Negro", era cosa común y corriente componer, y aún improvisar, una marinera. Hablo de la incomparable Marinera de Lima con su Resbalosa y Fuga.

En estos últimos treinta años, son pocos los compositores que incursionaron en este terreno; y poquísimos, contados con los dedos de la mano, los que lograron una obra aceptable en técnica, originalidad y sabor. Cuando no recopilaron, plagiaron –y hasta registraron como propio– lo que pertenece al folklore tradicional y anónimo. Otros crearon 'estilizaciones' de escaso o ningún valor. Y algunos, reestructurando lo ya conocido, hicieron marineras sin resbalosa, o con resbalosa y sin fuga.

A los buenos aficionados, y a los nuevos compositores limeños, ofrezco estas tres versiones de buenas Marinera, Resbalosa y Fuga. Para solaz de los primeros y estímulo de los segundos. Y para que no muera nuestra Danza Representativa, nuestro Baile Nacional.

"Cuando este bajo una loza"

(Marinera, Resbalosa y Fuga de Manuel Acosta Ojeda). Lima, 1964.

I

Cuando esté bajo loza
no lloren porquen me muera:
Cántenme mi marinera
y después la resbalosa.

II

En lugar de rosarios
quiero un "palmero",
y en lugar de mantillas
quiero pañuelos.

III

Quiero un "palmero", sí:
"Sube a la palma"
quisiera oír, ya muerto,
con toda el alma.

(Resbalosa)

Quisiera que la tapa
de mi ataúd
la dejaran abierta
para escuchar
el rumor de mi Rímac,
como un laúd,
como un canto materno
me hará soñar.

Y si acaso, algún día,
algún criollo
no tuviera cajón
para jaranera,
pongan mis tristes huesos
en cualquier hoyo
y con mi negra caja
podrán tocar.

(Llamada)

¡Écheme pisco,
no me echen agua bendita...!

(Fuga)

Que no me echen tierra,
me hace estornudar;
ni tampoco flores,
que me hacen llorar.
Échenme aguardiente
para recordar
los labios y copas
que voy a dejar.

"¡Negra quiero ser...!"

(Marinera, Resbalosa y Fuga de Alicia
Maguiña).
Lima, 1961.

I

La noche es morena y bella
Lo oscuro tiene su encanto:

Fray Martín, divina estrella,
siendo negro murió Santo.

II

Sombra en la marinera,
Sombra en mi canto
Sombra: por ser morena
te quiero tanto.

III

Sombra en mi canto
y hasta en mi vida.
Sombra de gente negra:
¡gente querida!

(Resbalosa)

Negra quiero ser
color del carbón,
color de mi pena,
negra quiero ser:
Dos aceitunas los ojos,
la cadera bien torneada,
la cintura mil antojos
y la bemba colorada.

(Llamada)

¡Arriba los corazones!
¡Viva don Ramón Castilla!

(Fuga)

Azabache, azabache me estoy poniendo,
pero azabache y más azabache.

Qué rico, rico, rico son
le está gustando a mi corazón...

"De cara seria"

(Marinera, Resbalosa y Fuga. Letra: Nicomedes Santa Cruz.
Música: Victoria Santa Cruz).
Lima, 1959.

I

Debe ser de cara seria
la mujer que nació pobre:
Pensando en carnal materia
la virtud no vale un cobre.

II

Una mujer honrada
se necesita;
que sea adinerada,
buena y bonita.

III

Se necesita zamba,
¿Qué bien procedan?
¿Buenas, ricas y sanas...?
¡De esas no quedan...!

(Resbalosa)

Dios hizo a la mujer
de una costilla:
¡Qué divino poder!

¡Qué maravilla!
Yo quisiera saber
cómo se hace eso,
y hacerme diez mujeres
comprando el hueso...

—¡Vaya profanación!
¡Qué sacrilegio...!

No se asuste, señor,
que yo no quiero
líos con mi señora
ni con el Cie...
lo que Dios me dio
vale, por diez.

(Llamada)

¡La mujer de cara seria
tiene el corazón risueño!

(Fuga)

Quiero una mujer que nunca mienta
Que sepa cumplir con su deber.
Que sepa reír en la tristeza
y que sepa y que sepa...
¡lo que yo no sé!

Quiero una mujer que no me engañe,
Que sepa lavar, sepa coser.
Que sepa reír, que no regañe
y que sepa, y que sepa
lo que yo,
si te vi una vez
no te he visto más...

7.2.13. Marinera 'de chacra' y marinera 'de salón'

Hay quienes se jactan de 'haber metido la Marinera en la sociedad' y con ello atribúyense la dignificación de una expresión populachera, desperdiciada en poder de la chusma parda. Se dicen defensores del folklore nacional. Se autotitulan propulsores del criollismo. Presumen de integracionistas por haber superado –a través de la manera– los prejuicios raciales, sociales y económicos que separaban nuestra Lima en *Aristocracia y Plebe*. Y, por último, pretenden que el pueblo lo agradezca. Todo ello, simple y llanamente, porque desde la extranjerista época de 1940 –en que era pecado– tuvieron la valentía de bailar Marinera en sus aristocráticos clubes y en sus lujosas residencias; además de imponerla en las *boites* de lujo que frecuentaban y divulgar su criollismo con gran despliegue periodístico en la columna de 'sociales'...

Analicemos qué 'Marinera' se introdujo a qué 'sociedad'. Y por qué hasta finales del pasado siglo y comienzos del presente, la Marinera –antes llamada 'chilena', y mucho antes, 'zamacueca'– seguía siendo un baile mestizo de blanco y negro, que, si bien lo cultivaba –en los solares y callejones– gente de buen vivir y modesta condición, tuvo sensacionales intérpretes entre las rameras de los lupanares de las calles 'El Huevo', 'Chivato' y 'La Salud'. Su coreografía era algo obscena en la 'resbalosa' y 'fugas', y por tanto, es obvio suponer que los 'señoritos' que echaban cintura con las zambas de aquellos sitios, aparentaban ignorar tal baile entre las damas de la moralista y acrisolada sociedad limeña. Por otra parte siendo los creadores de marineras blancos bohemios, las letrillas, aparte de unos cuantos motivos circunstanciales y políticos, no tuvieron mensaje peruanista alguno. Los primeros le incorporaron, textualmente, antiguas coplas españolas –quizá transmitidas oralmente desde la época colonial– y trozos de zarzuelas de las obras en boga representados en Lima por compañías españolas. Y los segundos idearon oscuras letrillas o 'acriollaron' la 'obra' de los primeros. Así tenemos que hasta nosotros ha llegado un:

> Palmero, sube a la palma
> y dile a la palmerita
> que se asome a la ventana
> que mi amor la solicita

Cuyos versos pertenecen a un aire folklórico de las Islas Canarias (España). O aquella conocida copla que dice:

> Río de Manzanares,
> cómo no mandas
> agua de limón dulce
> para mi zamba

Dicho río Manzanares queda en España– nace en Guadarrama, pasa por Madrid y desagua en el Jarama–. Por consiguiente la copla también es española. El último verso, originalmente, dice: "sobre tus aguas". Sería largo enumerar la cantidad de coplas españolas transcritas o adaptadas a la Marinera. Y más larga aún la cantidad de letrillas de escaso valor o exentas de mensaje:

> Poderoso rey de copas
> emperador de cupido:
> por una mujer hermosa
> se ven los hombres perdidos

En la Lima mulata de aquellos tiempos, la aristocracia limeña, sin las galas, pero aún con los humos virreynales, veía en la Marinera a su servil pueblo: Su negra ama de leche, su negra cocinera y dulcera, su negro cochero, su negra lavandera; en fin, sus negros fieles en los que depositaron plena confianza. La población limeña, de unos cien mil habitantes, tenía un elevado porcentaje de 'gente de color': negros, negros colorados, zambos, negros de indio, manilas, chino-cholos, zambos pichones o sacalaguas, tentenelaire, tentempié, cuarterones y mulatos. Aparte de amarcigados, aceituna, aguasucia, capulí, etc. Ellos tuvieron a honra conocer al dedillo la genealogía de sus patrones, y despreciaban a los bastardos como baldón de un linaje que veneraban.

Servidores y servidos, eran felices: Estos, por ser dueños y señores de una 'Lima virreynal' que era todo su Perú. Aquellos, por ser los favoritos de los poderosos. Tuvieron, además, gran ascendiente sobre el resto de la población, considerada 'chola'.

Cuando la población llegó a doscientos mil habitantes, empezó a decrecer el porcentaje negroide y, con respecto a la Marinera, escasearon los compositores e intérpretes. Llega el año 1930, con el fácil acceso a Lima por la apertura de carreteras, comienza una rápida e incontenible afluencia de provincianos. Norteños, sureños, y serranos, nos traen, respectivamente: tonderos, yaravíes y huaynos. Ya el porcentaje de gente de color es ínfimo. Por otra parte, la depresión mundial ocurrida el año anterior, afectó la economía nacional. Desvalorizada nuestra moneda, la aristocracia limeña, que nunca invirtiera su heredada fortuna, quedó arruinada: Silenciosamente se hipotecó hasta el zaguán, pero se conservó la 'dignidad y el buen nombre de la familia'.

Desde 1939, iniciada la Segunda Guerra Mundial, surgen nuevos capitales peruanos. En Lima hay nuevos ricos. Y se casa el apellido arruinado con el dólar sin apellido. Lima tiene medio millón de habitantes. Se desvincula el señor de su doméstico siervo. ¡Y después de cuatrocientos años, se derrumba para siempre una estructura social de aristocracia y pueblo. Y una configuración étnica de blancos y negros y mestizos de éstos....!

Es aquí cuando el blanco limeño se aferra a la Marinera como último recuerdo de un pasado que le fue largamente venturoso. Se la arranca a los cuatro morenos que aún la saben y la dice suya. La mostrará a los crédulos gringos turistas. La enarbolará ante las narices de sus desorientados hijos: les contará que el mejor cantor de Marinera fue su padre; que la mejor bailarina fue su tía y que el mejor bailarín es él... Pero como por ahí quedan algunos morenos viejos que demuestran lo contrario, inventa la oprobiosa discriminación de que 'hay marinera de chacra y marinera de salón'.

7.2.14. Don José Milagros Gamarra

Hemos considerado a nuestra Marinera como máxima expresión del folklore universal. Y si al lado de ella no mencionamos a la Cueca chilena, esto se debe simplemente a que la Cueca deviene de nuestra zamacueca.

Esta fue una vieja polémica que hace mucho quedó dilucidada, pero acabamos de descubrir otro dato que vamos a consignar a continuación, por su carácter de inédito, por su innegable importancia y por si quedara algún escéptico que aún dude de nuestra paternidad sobre tan rica danza.

Resulta que el profesor Carlos Vega, investigador argentino ya fallecido, entre cuyos numerosos trabajos hay un profundo estudio sobre nuestra zamacueca (La Zamacueca; La Zamba antigua. Edit. Julio Korn. Buenos Aires, 1953) realizó en 1942 un trabajo de campo en pesquisa de la Cueca chilena, recorriendo el citado año las localidades de Ancud, Valdivia, Temuco, Curacautín, Valle de Lonquimay, Talcahuano, Concepción y Santiago. Vega fue publicando el fruto de este trabajo de investigación en la Revista Musical Chilena (publicada por la Facultad de Ciencias y Artes Musicales y el Instituto de Extensión Musical de la Universidad de Chile) a partir de los números 20-21-22 (año 1947) bajo el título de un ensayo sobre "La forma de la Cueca Chilena".

El nº 68 de la citada Revista Musical Chilena (Año XII, Nov-Dic 1959), trae entre las páginas 3 a 32 un nuevo ensayo de Vega sobre esta misma experiencia, al que titula "Música Folklórica de Chile", y en el cual se incluyen 73 ejemplos de aires folklóricos chilenos con sus respectivas fichas de captación y una partitura musical que transcribe 8 compases con la frase de cada tema.

Y aquí viene lo que nos interesa, pues en la página 30 de dicho ensayo, anota don Carlos Vega:

> En mi ensayo de 1947, dije que esta danza (la cueca) se produce siempre en el modo mayor europeo. En el último cuadro de las Cuecas con los números 639, 649 y 659, tenemos tres en que interviene el modo menor, dos de Concepción y una de Ancud, las tres parientas, no obstante la distancia. La Cueca 659 me fue cantada por un moreno de Ancud. Me llamó la atención que una Cueca se produjera en el modo menor y, preguntando al cantor, contestó que su padre peruano, la cantaba en Colchagua cuarenta años antes, otra vez, hacia 1900. Nótese que la versión del moreno ha perdido la cuarta aumentada. Ignoro si el padre mismo la trajo del Perú o la adoptó en Chile, si se trata de una de las últimas Zamacuecas peruanas anteriores a 1870 o si se debe a una importación especial...

Es una lástima que el profesor Carlos Vega ya haya fallecido, porque lo hubiéramos sacado de dudas contándole que su informante, el moreno Miguel Gamarra Ruiz, nacido en Santiago de Chile, fue hijo del gran pintor peruano, escenógrafo y compositor de zamacuecas, Maestro José Milagros Gamarra, casado en primeras nupcias con la señora Benita Ramírez, considerada la mejor bailarina de zamacueca de todos los tiempos... y tantas cosas más que podríamos haberle contado a don Carlos Vega a quien tanto le costara admitir la presencia negra en la raíz de la zamacueca, porque hubiera sabido que don José Milagros, hijo de otro gran pintor llamado don Demetrio Gamarra, era negro como la noche; y no podía ser de otra manera, porque don José Milagros fue mi abuelo: padre de mi madre, doña Victoria Gamarra Ramírez de Santa Cruz... y, lógicamente, su 'moreno informante' Miguel Gamarra Ruiz, fue mi tío carnal, hermano de mi madre, aunque nunca se conocieran...

Don Demetrio Gamarra, mi bisabuelo, fue tan gran pintor que el gobierno lo becó a Francia en el siglo pasado, pese a que el prejuicio racial era entonces mucho más fuerte que ahora. Pero no me crean a mí, lean esto:

> En la noche de los Sábados era forzoso pegarse un brinquito a la Plaza de Armas a ver el gran cartel de cuatro caras, iluminado con hachones y que desde la mitad de semana instalaba la empresa frente al Portal de Escribanos. Lo pintaba el reputado artista pintor Demetrio Gamarra, lo mejorcito del gremio, quien se esmeraba en darle cada año mayor atracción y colorido, con figuras de toreros que querían hablar y de toros tan a lo vivo que entraban ganas de guapearlos...

Quien así opinara fue el periodista Eudocio Carrera Vergara (n.1879) en su libro *La Lima Criolla del Novecientos* (Pág. 147: Cómo fueron las corridas de toros en mis tiempos. 2ª Edic. corregida y aumentada. Lima, 1954)

Queda demostrado pues, que don Demetrio Gamarra fue uno de los grandes pintores mulatos del siglo XIX. Pero tal parece que su hijo, José Milagros, lo superó ampliamente. Al menos así decía nuestra madre que opinaba la crítica sobre su progenitor. Don José Milagros Gamarra tenía su taller en una de las tiendas que había en hilera por la Calle 'Sacramentos de Santa Ana' (octava cuadra del Jirón Huanta), justamente donde luego levantaran ese edificio que fuera Liceo, almacén del Estanco del Tabaco y, finalmente, Ministerio de Gobierno y Policía, hoy (1975) en plena demolición. Fue tanto pintor de caballete (retratista) como autor de murales, letreros y carteles. Pero donde alcanza notoriedad de gran maestro es en el teatro, como artista escenógrafo. Y esa también fue la causa de su trágica muerte, ocurrida en Chile, al incendiarse el teatro en que se hallaba trabajando.

Se puede decir que don José Milagros Gamarra fue el último compositor e intérprete de zamacuecas; actividad que continuó en Chile paralelamente con la pintura.

II. Mariátegui y su preconcepto del negro (1967)

1. Mariátegui y su preconcepto del negro

> ...pero ahí resisten, en pie,
> esperando impugnador, los
> fundamentos de esos
> Siete Ensayos.

Hace cosa de siete años, con motivo de editarse el Festival de obras completas de José Carlos Mariátegui gracias al esfuerzo de sus señores hijos, pude leer los *Siete Ensayos de Interpretación de la Realidad Peruana*, obra cumbre del gran revolucionario y sociólogo peruano.

Mariátegui emplea un lenguaje tan claro, directo y convincente que, pese a mis limitaciones, me fue fácil entender los planteamientos, denuncias y soluciones de sus siete puntos. Asimismo, cuando llegué al capitulo XVII– *Las corrientes de hoy*– El Indigenismo, que pertenece al séptimo ensayo, titulado *El Proceso de la literatura,* anoté al margen de las paginas 290-291, no estar de acuerdo con la preconcebida opinión que José Carlos Mariátegui vierte ahí sobre el negro:

> ...Y porque una reivindicación de lo autóctono no puede confundir al "zambo" o al mulato con el indio. El negro, el mulato, el "zambo" representan en nuestro pasado, elementos coloniales. El español importó al negro cuando sintió su

imposibilidad de sustituir al indio y su incapacidad de asimilarlo. El esclavo vino al Perú a servir los fines colonizadores de España. La raza negra constituye uno de los aluviones humanos depositados en la costa por el Coloniaje. Es uno de los estratos, poco densos y fuertes, del Perú sedimentado en la tierra baja durante el Virreinato y la primera etapa de la Republica. Y, en este ciclo, todas las circunstancias han concurrido a mantener su solidaridad con la Colonia.

El negro ha mirado siempre con hostilidad y desconfianza a la sierra, donde no ha podido aclimatarse física ni espiritualmente. Cuando se ha mezclado al indio ha sido para bastardearlo comunicándole su domesticidad zalamera y su psicología exteriorizante y mórbida. Para su antiguo amo blanco ha guardado, después de su manumisión, un sentimiento de liberto adicto. La sociedad colonial, que hizo del negro doméstico –muy pocas veces un artesano, un obrero–, absorbió y asimiló a la negra, hasta intoxicarse con su sangre tropical y caliente. Tanto como impenetrable y huraño el indio, le fue asequible y domestico al negro. Y nació así una subordinación cuya primera razón está en el origen mismo de la importación de esclavos y de la que solo redime al negro y al mulato la evolución social y económica que, convirtiéndolo en obrero, cancela y extirpa poco a poco la herencia espiritual del esclavo.

> El mulato, colonial aun en sus gustos, inconscientemente está por el hispano, contra el autoctonismo. Se siente espontáneamente mas próximo a España que al Incario. Solo el socialismo, despertando en él conciencia clasista, es capaz de conducirlo a la ruptura definitiva con los últimos rezagos de espíritu colonial.

Cuesta creer que todos estos equívocos conceptos provengan de la pluma de José Carlos Mariátegui y –lo que es mas grave– figuren entre "los fundamentos de esos Siete Ensayos".

Siete años he esperado para decidirme a escribir este artículo y aun pienso que debería aguardar siete años más. Hay en mi formación literaria una inmensa laguna que significan los veinte años que he pasado entre el yunque y la fragua, en mi condición de herrero-forjador.

¿Como tocar la obra de Mariátegui sin que la reacción capitalice mi denuncia...? Este ha sido –y sigue siendo– mi mayor problema. No me preocupan los comunistas peruanos porque si son buenos marxistas no pueden exigir que se acepte un Mariátegui 'a fardo cerrado'. Eso seria sectarismo y los sectarios no me interesan. En cuanto al propio José Carlos, lo que menos deseó fue convertirse en 'intocable' o 'vaca sagrada'. Iconoclasta, polemista, marxista 'convicto y confeso', Mariátegui, si viviera, sería el primero en alentarme en esta crítica a un párrafo de su obra (ni falta que haría porque si Mariátegui viviera, el movimiento negro ya hubiera tenido en él un luchador de la talla de Sartre o Fanon).

Mariátegui escribió sus *Siete Ensayos* hace cuarenta años. En ese lapso, el mundo ha sido conmovido por una Segunda Guerra Mundial; África se independiza; Fidel Castro proclama comunista su declaración triunfante instaurando la Republica Socialista de Cuba.

Estos y otros grandes hechos, afectan, directa e indirectamente , la marcha política y socio-económica del Perú, y, por ende, la obra cumbre de José Carlos, libro con muchos apologistas y ningún continuador, y que a la impresa obligatoriedad de su lectura por 'todo peruano', debiera agregarse una edificante invitación a su crítica.

> ...Y por que una reivindicación de lo autóctono no puede confundir al "zambo" o al mulato con el indio.

Si esta "reivindicación de lo autóctono" fuese de carácter cultural se justificaría la discriminación; así, Mariátegui, coincidiría con el planteamiento de los sociólogos que ayer y hoy distinguieron y distinguen entre Indoamérica y Afroamérica, división que para el economista Julio Le Riverand Brusone resulta:

> ...aceptable solamente a grandes rasgos y como expresión de los puntos extremos del gran proceso de transculturación . En verdad, en el sustratum de toda la población americana se encuentran los tres elementos étnicos: blancos, indios y negros.

Pero anticipándose a estas especulaciones, Mariátegui, con su característica claridad expositiva, escribe en párrafos anteriores del mismo ensayo:

> El indio no representa únicamente un tipo, un tema, un motivo, un personaje,. Representa un pueblo, una raza, una tradición, un espíritu. No es posible, pues, valorarlo y considerarlo, desde puntos de vista exclusivamente literarios, como un color o un aspecto nacional, colocándolo en el mismo plano de otros elementos étnicos del Perú.
>
> A medida que se le estudia, se averigua que la corriente indigenista no depende de simples factores literarios sino complejos factores sociales y económicos. ("Siete Ensayos" Págs. 289-290)

Esta claro, pues, que la "reivindicación" que Mariátegui reclama para el indio es de tipo marxista . Restitución que, según esta misma doctrina, sólo se puede alcanzar mediante la revolución socialista.

La revolución socialista descansa sobre la lucha de clases, concretamente se basa en el triunfo del proletariado sobre la burguesía dominante. Excluyendo, de plano, toda valoración étnica y etnocentrista.

Así, pues, una reivindicación 'confunde' al zambo y al mulato con el indio —si estos pertenecen a la misma clase trabajadora— . Reivindicar lo autóctono con abstracción de lo 'zambo' y lo 'mulato' es segregacionista, el segregacionismo es antimarxista, el antimarxismo no es reivindicatorio.

El negro, el mulato, el "zambo" representan en nuestro pasado elementos coloniales...

Pese a su estatura superior, Mariátegui debe haber sido afectado por los reaccionarios 'colónidos' del Palais Concert: Federico More define a Gonzáles Prada como "un griego nacido en un país de zambos". Mariátegui calcifica a More de panfletario, antidemocrático, antisocial, reaccionario y aristarco. Con igual justicia, denuncia el "decadentismo" de Abrahán Valdelomar, pero elogia su "humorismo":

> Ningún humorismo menos acerbo, menos amargo, menos acre, menos maligno que el de Valdelomar. Valdelomar caricaturizaba a los hombres, pero los caricaturizaba piadosamente. ("Siete Ensayos" Pág. 248)

Maria Wiesse, en su biografía de Mariátegui cita un hecho anecdótico que aquí nos interesa:

> Al concurso municipal de literatura y ensayos periodísticos envía una crónica. 'La procesión del Señor de los milagros', pagina rebosante de color, que alcanza el premio, conjuntamente con el ensayo 'La Sicología del Gallinazo', de Valdelomar. Parece que el jurado estaba compuesto por personas de buen gusto. (Edición Popular de las Obras Completas de José Carlos Mariátegui. Volumen 10 Pág. 17).

Enjuiciando en sus *Siete Ensayos* al movimiento "Colónida" y Valdelomar, agrega Mariátegui:

> Pero poseía el don del creador. Los gallinazos del Martinete, la Plaza del Mercado, las riñas de gallos, cualquier tema podía poner en marcha su imaginación, con fructuosa cosecha artística.

Hace cosa de un año, el Suplemento Dominical de "El Comercio" publicó una "Pequeña Antología de la Ciudad de

Lima", en la que transcribió un articulo de Abrahán Valdelomar, titulado, "La semblanza del Gallinazo". No quiero creer que sea el mismo artículo premiado por nuestro municipio, según Maria Wiesse, "por personas de buen gusto" y ponderado por José Carlos en su obra cumbre. Pero lo transcribo íntegramente para que el lector tenga una idea aproximada del pensamiento de aquellos que son considerados como la "generación de oro en las letras peruanas".

LA SEMBLANZA DEL GALLINAZO

El gallinazo, esta característica alada y negra de la Ciudad de los Reyes, es para las aves, lo que el negro para los demás hombres. El gallinazo es negro, definitivamente negro, rotundamente negro. Es como una maldición de padre agustino dicha en una cámara oscura a las doce de la noche. Negro y brillante cual dibujo de tinta china, el gallinazo es la negación de la luz. Oscuro como la filosofía alemana, espíritu nietzchiano, es sobrio como un juramento de mayor de guardias. Es el ave simbólica. Una vieja leyenda del tajamar, hace nacer el primer gallinazo del vientre de una negra tamalera, a las doce y media de la noche. Y nada se parece más en efecto a un negro viejo, retinto, que un gallinazo.

El gallinazo, a mas del color, se parece al negro en el ronquido característico, en ese ¡tus-tus-tus! del negro viejo y asmático; en su rostro rugoso y agrietado, en sus pequeños ojos vivaces, en su frente estrecha de cabello imitado de astracán; en su modo de caminar matonesco; en su carácter díscolo; en que solo se baña, cuando lo hace, en el río y desnudo; en que odia todo lo blanco, en su afición por los camales, donde se refocila con la sangre coagulada y se nutre de tripas,; en su tendencia a caminar en pandilla; en su simpatía por el cargamontón; en su carencia absoluta de ideales estéticos; en que , por fin, como el negro osado y dominguero se aventura de vez en cuando hasta la calle Mercaderes...

Esto solo en cuanto al gallinazo del basural. El gallinazo camaronero solo es comparable al negro que se mete en política. El gallinazo merece capitulo aparte el la sociología del Perú. El gallinazo es un individuo. Yo lo haría sujeto de derecho.

Abraham Valdelomar

Y sin embargo, dice Mariátegui: "Ningún humorismo menos acerbo, menos amargo, menos acre, menos maligno que el de Valdelomar". Y a basura como esta llama José Carlos "fructuosa cosecha artística".

Valdelomar, con un antinegrismo que envidiaría el mas miserable sectario del "Ku-klux-klan", no perdona en su artículo ni el vientre de nuestras abuelas (es falsa su "pretendida leyenda del tajamar", falsa como su atuendo, sus ademanes y su propia vida), se burla del asma del negro viejo, ignorando que la contrajo laborando millones de adobes a ocho soles millar, incluso los de su 'sagrado' y bienamado "Palais Concert"; le ofende horriblemente que los domingos algún negro mancille con proletaria chancleta "su" calle Mercaderes. Anticipándose en medio siglo al celebre gobernador de Alabama, George C. Wallace, (recientemente destituido), prefiere la ciudadanía del gallinazo a la del negro peruano.

[Ver Libro 1. Décima "De igual a igual" (16 de agosto de 1963)]

Cierro esta primera parte transcribiendo un fragmento poético de un gran escritor americano, el haitiano René Depestre (1925), que parece escribir para todos los Valdelomar del mundo:

(...)

26

A mi cuerpo negro le han dado los peores términos de comparación. Negro como el mal. Negro como una atrocidad o como un genocidio. Negro como el infierno. Sin embargo, yo no conozco nada mas negro que un gran descubrimiento.

Por ejemplo, el de las vitaminas o el de los antibióticos. En la paleta de las negruras veo los dos o tres días verdaderamente transparentes de mi vida. Veo en ellos fiestas de niños. Veo en ellos los primeros besos. Veo en ellos vacaciones suntuosas en la playa de un país en flor.

27

El canto del ruiseñor es apenas menos negro que el gusto del pan fresco.

28

He aquí una madre a la cabecera de su hijita que agoniza. Al primer signo de la salud que vuelve, lo que inunda su corazón maternal eres tu, negrura querida, mi barca al sol...

29

¡Oh negrura de todas las bellas acciones!

30

Caras tinieblas de la libertad, ábranme sus brazos tiernos. ¡ Espérenme en todas las fuentes del mundo! Denme una negrura mas vasta que la del mar en la mañana. ¡Oh tinieblas purifíquenme! ¡Acunen mi vida! ¡ Ilumínenme, tinieblas, a mi y al mundo en que vivo!

(René Depestre. "Aforismos y Parábolas del Nuevo Mundo")

2. Mariátegui y su preconcepto del negro (II)

El español importó al negro cuando sintió su imposibilidad de sustituir al indio y su incapacidad de asimilarlo. El esclavo vino al Perú a servir los fines colonizadores de España. La raza negra constituye uno de los aluviones humanos depositados en la costa por el Coloniaje. Es uno de los estratos, poco densos y fuertes, del Perú sedimentado en la tierra baja durante el virreinato y la primera etapa de la Republica. Y, en este ciclo, todas las circunstancias han concurrido a mantener su solidaridad con la Colonia. (Obras Compl. Vol 2: "Siete Ensayos", Págs. 290-291).

Siendo un hecho harto conocido y por todos aceptado que el negro africano fue traído a estas tierras para suplir la diezmada población indígena y compartir con los sobrevivientes las duras tareas en la extracción de minerales auríferos y argentíferos, así como iniciar una nueva economía agraria en las plantaciones de las tierras bajas; resulta extraña la afirmación de Mariátegui cuando dice que el español importó al negro ante su imposibilidad de "sustituir" al indio.

Para interpretar dichos conceptos, deberemos remitirnos al tercer Ensayo de la misma obra ("El problema de la tierra"- "La política del colonialismo: Despoblación y esclavitud", Págs. 48-49), ahí veremos que Mariátegui da al negro una valoración física ("brazos") y al indio, técnica o científica ("hombres"). Dice así:

> La responsabilidad de que se puede acusar hoy al coloniaje, no es la de haber traído una raza inferior– este era el reproche esencial de los sociólogos de hace medio siglo–, sino de haber traído con los esclavos, la esclavitud, destinada a fracasar como medio de explotación y organización económicos de la colonia, a la vez que reforzar un régimen fundado solo en la conquista y en la fuerza.
>
> El carácter colonial de la agricultura de la costa, que no consigue liberarse de esta tara, proviene en gran parte del sistema esclavista. El latifundista costeño no ha reclamado nunca, para fecundar sus tierras, hombres sino brazos. Por esto, cuando le faltaron esclavos negros, les buscó un sucedáneo en los culíes chinos.

A la llegada de los españoles (1532) el Tawantinsuyu, que se extendía desde el sur de Colombia hasta el norte de Chile y Argentina, contaba con una población superior a los diez millones de habitantes. Dos siglos y medio más tarde (Censo de 1781) la mita, la encomienda y el yanoconaje habían reducido dicha cifra a sólo un millón de habitantes.

Mariátegui pondera la colonización anglosajona de Norteamérica, sin embargo, ahí, la población indígena fue casi totalmente exterminada, habiendo desaparecido tribus enteras. En cuanto al trafico negrero, mientras en el Perú la más alta cifra computada en censo de población negra llega sólo a cien mil; en los Estados Unidos había 700,000 esclavos en 1790, alrededor de 1´200,000 en 1808 y unos 3´200,000 en 1850, lo cual representa la introducción de 2´000,000 en un plazo de sólo 42 años, descontando la descendencia africana.

Pese a estos monstruosos hechos de genocidio y esclavismo en gran escala, dice Mariátegui:

> Me complace por esto encontrar en el reciente libro de José Vasconcelos, "Indología", un juicio que tiene el valor de venir de un pensador a quien no se puede atribuir ni mucho marxismo ni poco hispanismo.

Y, entre otras cosas que complacen a Mariátegui, dice el citado Vasconcelos:

> Y en vez de una aristocracia guerrera y agrícola, con timbres de turbio abolengo real, abolengo cortesano de abyección y homicidio, se desarrolló una aristocracia de la aptitud que es lo que se llama democracia, una democracia que en sus comienzos no reconoció más preceptos que los del lema francés: libertad, igualdad y fraternidad.

Aunque esto hubiera sido cierto, la diferencia de coloniaje entre el sajón y el hispano no devienen tanto del liberalismo del primero y el decadentismo del segundo, sino de que el 'pionero', expectorado de Europa por sus ideas políticas o creencias religiosas, llegó a Norteamérica como una tierra de promisión, para quedarse a vivir por siempre, fecundar la tierra con el sudor de su frente y, finalmente, ser en esa misma tierra sepultado. En cambio, el español llegó aquí con la idea transitoria de hacer fortuna a corto plazo extrayendo oro mediante el esfuerzo ajeno, y largarse de vuelta lo más pronto posible. La mayoría residente estaba compuesta por curas, militares y funcionarios.

No es muy exacto lo que dice Mariátegui respecto a que el español "Tenía una idea un poco fantástica, del valor económico de los tesoros de la naturaleza, pero no tenía idea alguna del valor económico del hombre". Razones muy poderosas tenía España para esta cruel preferencia del oro por la vida del hombre. Tampoco es exacto el que "La codicia de los metales preciosos –absolutamente lógica en un siglo en que tierras tan distantes casi no podían mandar a Europa otros productos–, empujó a los españoles a ocuparse preferentemente en la minería". No, no fue un problema de distancia o flete.

Desde principios del siglo XIV, en Europa, y en particular el mundo Mediterráneo, padecían de una incurable escasez de oro. En parte, porque los señores feudales ya no aceptaban tributo en especie sino en moneda. En parte por la consolidación de los gremios artesanales –inminente paso a la burguesía–. Lo cierto es que sólo dos países africanos proveían de oro a los príncipes y corredores: Rodesia y Bambuk ("País del oro"). La génesis del amarillo metal permanecía rodeada de misterio. Los buscadores de oro guardaban celosamente su secreto y se creía que arrancaban en agosto las raíces de una planta aurífera. El emperador se reservaba las pepitas pero dejaba libre el comercio en polvo, que mercaderes ambulantes transportaban a través del Sudán. Los negociantes maghribíes viajaban, con todo un cortejo de camellos, hasta el mercado del rió Senegal, donde practicaban el 'tráfico a lo mudo' como en los tiempos púnicos, es decir, los extranjeros dejaban sus mercaderías en las playas y volvían a sus naves; por la noche, los maghribíes hacían sus proposiciones dejando oro junto a las mercancías expuestas; al día siguiente volvía el mercader, pero no tocaba nada si el trueque no le parecía justo.

Todos estos problemas y misterios terminaron el día que las minas de América aprovisionaron a Europa. Se comprende, pues, que en la desmedida codicia española por nuestro oro no hubo infantiles fantasías ni lógica adecuación a las distancias. Sólo insaciable rapiña bajo un signo de muerte y crueldad. Por algo dijeron los antiguos indígenas: "la cruz que los europeos llevan por delante en sus conquistas no debe ser aquella en que murió Cristo para la redención humana, sino alguna de las otras cruces que en el Calvario fueron destinadas a los ladrones..."

2.1. ¿Es el negro un pésimo 'sucedáneo'?

Aunque no estoy de acuerdo con Mariátegui sobre su limitada "reivindicación de lo autóctono", basada en devolver al indio la tenencia de la tierra (sin mas recursos económicos, sin maquinaria agrícola, sin vialidad e irrigación, y sin poder político ninguno). No llega mi temeridad a tanto como a querer presumir de economista, sociólogo, marxista o ideólogo.

Es sólo un párrafo de los *Siete Ensayos* el que motiva estos artículos, y en él, son tres los cargos que Mariátegui hace al Negro y que yo trato de levantar: 1.- Su exclusión de la reivindicación de lo autóctono. 2.- Su negativa presencia en el proceso histórico de nuestra socioeconomía. 3.- Su adhesión servil al colonialismo.

Volveré a citar al economista antillano Julio Le Riverend, para que con voz mas autorizada que la mía nos diga su opinión sobre la "inadaptabilidad" del negro y lo "insustituible" del indio en nuestra América:

El negro se ha fijado, pues, primordialmente en las regiones subtropicales y ecuatoriales. No por azar, ni porque haya sido imposible acondicionarlo a los climas fríos, donde se desenvuelve como cualquier otro hombre, sino porque históricamente esas fueron las zonas en que se desarrolló la agricultura de plantaciones. Todos los grandes cultivos con fines comerciales, esto es, para su exportación a los países colonizadores, realizados con empleo masivo de esclavos, constituyen la muestra histórica de la economía de las plantaciones: caña de azúcar de las Antillas y el Brasil, el café de algunas de las Antillas y el tabaco y algodón del sur de los Estados Unidos son los únicos casos que han tenido mayor significación.

Esas zonas americanas litorales e internas que corresponden a la franja negra se caracterizan por la carencia de agrandes agrupamientos indígenas o por el escaso nivel de su civilización y, en ambos casos, los pueblos aborígenes allí establecidos fueron exterminados al primer empuje colonizador o resistieron a la penetración europea, manteniéndose irreductibles de modo que fue prácticamente imposible usar de ellos para organizar el trabajo a la manera europea, es decir con explotación intensiva del trabajador. Por lo contrario en las tierras altas y las mesetas, donde florecieron las grandes civilizaciones prehispánicas y los mas numerosos grupos indígenas, hubo suficiente base para el desarrollo de economías mineras o agrícolas para el mercado interior. A estas ultimas zonas y también llegó el negro, pero en contingentes escasos.

En la página 30 de los *Siete Ensayos*, también dice Mariátegui:

El esclavo negro reforzó la dominación española a pesar de la despoblación indígena, se habría sentido de otro modo demográficamente demasiado débil frente al indio, aunque sometido, hostil y enemigo.

Aunque durante los primeros años de la conquista los españoles contaron con negros que pelearon a su favor, incluso contra Manco Inca, como nos lo relata el historiador Juan José Vega, los hispanos, gracias a su política de intriga, treta y trampa, desde el primer momento contaron con numerosos "indios amigos", nicaragüenses, tallanes, partidarios de Huáscar, etc. Después, no hay noticia de que el negro vuelva a combatir contra el indio, pero si consta que entre los valientes que se levantaron con Tupac Amaru había algunos negros, que al sofocarse en sangre de insurrección también fueron ajusticiados. Y cómo no iban a estar los negros con el Cacique de Tungasuca si este, además de sus justas reclamaciones como la exoneración de sus mitayos de Potosí con cartas y edictos para "cortar el mal gobierno de tanto ladrón", el 16 de noviembre de 1780, producida ya la rebelión, firmó su famoso Bando de Libertad de los Esclavos.

Por último, si Tupac Amaru aniquiló en "Sangarara" todo un ejercito realista compuesto de 1500 hombres bien armados, y sólo cayó ante los 17.000 soldados del visitador Areche, creo que poco le hubiera importado si todos los negros de la colonia estuviesen del lado del virrey.

A Tupac Amaru lo traiciona el mestizo Francisco Santa Cruz, mientras a doña Micaela Bastidas la traiciona el chileno Ventura Landaeta. Así, desde "Felipillo" hasta los dos recién nombrados, pasando por ejércitos íntegros, son muchos los indios, mestizos y blancos quienes empañan los brotes insurgentes con el estigma de la traición.

2.2. Causas del feudalismo

En cuanto a lo 'asimilable' de nuestro indígena, dejo la palabra al escritor guatemalteco Manuel Galich, quien refiriéndose a la caída del Tawantinsuyu, nos dice:

> ...había ejércitos organizados, disciplinados y aguerridos. Había ciudades con densas poblaciones, comunidades agrarias, castas sociales, aristocracias y grandes masas trabajadoras,

monumental arquitectura, sólidas creencias cosmogónicas y teogónicas, derecho consuetudinario criminal y civil y severos códigos morales y de convivencia social. Señores y siervos. Esto y mucho más fue lo que permitió a millones de indios resistir, no sólo a la embestida de las armas de fuego y los caballos, sino a la insidiosa penetración de la llamada civilización del europeo.

Con mucho que arrasaron los conquistadores y los colonizadores, como destruyeron templos y escultural y quemaron escritos (quipus), ciudades y ajusticiaron reyes y señores. Destruyeron la eficaz colonización agrícola y quisieron borrar del alma india sus más antiguas y arraigadas tradiciones. No fue posible. Dominaron con la fuerza, pero no conquistaron el espíritu, ni pudieron exterminar. En las otras regiones americanas sí, por lo que ya hemos dicho.

Pero, por contraste, el propio desarrollo económico y social de las sociedades mesoamericanas y andinas las predispuso –vencidas por la violencia, exhaustas al fin, tras varias décadas de resistencia– al modo de producción, al sistema de trabajo organizado, importado por el europeo. Porque aquellas sociedades de señores y siervos, de muchos siglos de practica del trabajo regimentado, eran mas "aptas", mas adecuadas para el orden feudal que los libérrimos indios indómitos e indomesticados de otras regiones. Ellos sabían de vivir en común, en las ciudades, y por ellos las reducciones, si no fueron de su agrado, fueron posibles. Los otros, no. Los otros solo estaban hechos a la naturaleza y a la selva. O al mar.

3. Mariátegui y su preconcepto del negro (Parte III, final)

El negro ha mirado siempre con hostilidad y desconfianza la sierra, donde no ha podido aclimatarse física ni espiritualmente. Cuando se ha mezclado con el indio ha sido pata bastardearlo comunicándole su domesticidad zalamera y su sicología exteriorizarte y mórbida.

Ya en el artículo anterior, citando al economista antillano Julio Le Riverend, hemos demostrado que la inadaptación del negro a las zonas altas de nuestra América, es sólo un mito; y que, por el contrario, en los climas fríos y regiones serranas "se desenvuelve como cualquier otro hombre" –que eso es el negro: simplemente otro hombre más–. Y podría agregar que no fue tan fugaz su presencia en los Andes, ya que hasta nuestros días vemos que casi todos los pueblos de la sierra mantienen entre las supervivencias folklóricas variadas versiones de 'Danza de los Negritos', sin coreografía negroide, sin ritmo afro, pero con mascaras negras que testimonian una presencia étnica que no fue ni fugaz ni intrascendente ni hostil ni huraña.

Fue la nueva economía agraria de grandes plantaciones de caña de azúcar, café, tabaco, y algodón, cultivados en las regiones subtropicales y ecuatoriales, las que fijaron definitivamente al negro en todas las tierras bajas de América.

Cuando José Carlos Mariátegui habla de aclimatación "física" y "espiritual", me parece que, contradiciendo su posición de marxista "convicto y confeso", separa el "cuerpo" del "pensamiento" en una filosofía idealista que, apartándolo del materialismo dialéctico, lo acerca a cualquier religión.

Esta mera conjetura, se refuerza dolorosamente cuando en el párrafo siguiente agrega José Carlos que el negro se ha mezclado al indio para "bastardearlo".

Si el marxismo aceptara esta discriminación sanguínea de "puros" e "impuros"; con "sangre rebelde" y "sangre servil"; la lucha que plantea no sería de "clases" sino de "linajes". Afortunadamente, el planteamiento de Mariátegui es totalmente falso. Pero aceptemos esa premisa para un análisis de nuestra historia y veremos que, en todo caso, el primer "bastardeador" fue el Inca. La maquinaria bélica del expansionista incario, luego de domeñar culturas superiores a la suya y pueblos tan aguerridos como los chankas, huancas, etc., secuestraba los varones de esos pueblos y los llevaba, Cuzco adentro, hasta un pueblo "domesticado"; de este pueblo, a su vez, eran extraídos todos los mansos súbditos y trasladados a las poblaciones recién sojuzgadas, para unirse conyugalmente a las aguerridas mujeres. Del sistemático trueque, apareando guerreros sojuzgados a mujeres "domesticadas", y mansos súbditos a rebeldes hembras, logró el Incario doce millones de incondicionales siervos que a un simple gesto o al más leve ademán pudieron construirle obras monumentales como Machu-Picchu, Ollantaytambo, Saccsayhuaman.

Estos acontecimientos 'históricos', pueden o no haber sido ciertos, pero lo que es innegable –y que aquí nos interesa sobre el supuesto "bastardeo"–, estriba en que a la llegada de Pizarro, Atahualpa, ni aun entre los suyos, contó con un ejercito aguerrido e indómito.

> Para su antiguo amo blanco ha guardado, después de su manumisión, un sentimiento de liberto adicto.

Parece que Mariátegui ignora la presencia del negro en la gesta libertaria de América: el Pardo Luna Aguiar, el inolvidable 'moro' de Garibaldi, y Ansina, auténtico paradigma de la fidelidad, son negros uruguayos que iluminan la historia con hechos de sublime heroísmo. Al igual que en la hermana Republica Argentina, el inmortal Felucho, el Coronel Barcala, 'el caballero negro', como lo llamaba Sarmiento, modelos de arrojo, valor y civismo, que vibran en las heroicas batallas por la libertad política de nuestra América.

Muchos 'historiadores' hispanófilos o racistas, han tratado de desvirtuar las sublevaciones de esclavos de los quilombos brasileños, tomándolas como hechos de regresión africanista muy al margen de la gesta continental. Así, Latinoamérica casi desconoce a Ganga Zumbi, guineo que con treinta o cuarenta cimarrones de una hacienda nordestina, fundara un núcleo independiente en un otero inhóspito de la Sierra Barriga, en Alagoas, entonces Capitanía de Pernambuco. Esto aconteció allá por 1605. La dinastía de los reyes Zambi dura hasta el 27 de febrero de 1694, fecha en que fue destruido el famoso "Quilombo de Palmares", con casi medio siglo de vida, tiempo durante el cual ya se había extendido a otras aldeas cada vez mas distantes, agrupando cerca de cien mil cimarrones, entre los que también se encontraban muchos indios "caboclos".

Dice el historiador antillano José Luciano Franco:

> Los héroes anónimos de las sublevaciones de esclavos, y, especialmente, de los quilombos brasileños y de los palenques cubanos, hallaron en Toussaint Louverture, Dessalines, Cristóbal y Petión, los continuadores geniales de una gesta secular en defensa de los demás elementales derechos humanos. La obra benemérita de los cuatro grandes de la liberación haitiana, va mas allá de las fronteras nacionales. La heroica resistencia liderada por ellos salvó a la joven republica norteamericana de la ferocidad de los soldados napoleónicos mandados por Lecrerc. El apoyo prestado por Dessalines a Miranda, el Precursor, y por Petión a Bolívar, el libertador, son las pruebas históricas mas fehacientes, si no hubiera otras, como las hay, del aporte del pueblo negro haitiano a la liberación de todos los pueblos de América.

xxx

> La sociedad colonial, que hizo del negro domestico –muy pocas veces artesano, un obrero– absorbió y asimilo a la negra, hasta intoxicarse con su sangre tropical y caliente.

Una parte de los preconceptos de Mariátegui sobre el negro, devienen:
1. De sus limitados conocimientos a sólo el negro limeño dedicado a la servidumbre.

2. De su insistencia en querer juzgar al negro como "cosa" nacional y no como ingrediente humano en la América definitiva.
3. El haber sido afectado por el racismo de la época y, muy en especial, del grupo de 'intelectuales' con que alternó. La otra dosis de preconceptos. Deviene de sus rezagos idealistas no-científicos que al rescribir los "Siete Ensayos" creyó haber dejado en su "edad de piedra" y que sin embargo afloran en cada palabra del párrafo y en cada párrafo del capitulo que trato. Quien piense lo contrario, dígame si nuestra sangre no es todo lo "caliente" que debe ser la sangre humana y explíquenme hasta dónde es marxista eso de "intoxicar" por mestizaje.

¿De dónde quiere José Carlos Mariátegui obreros negros en una sociedad colonial no industrializada? Y para artesanos, nosotros: Ahí están los negros y zambos cerrajeros que embellecieron Lima, Arequipa, Trujillo y Piura con sus artísticas rejas de fierro forjado; ni que decir de los morenos talabarteros, toneleros, ebanistas, repujadores, etc.

El negro doméstico que ha conocido Mariátegui fue siempre repudiado por el negro del campo. Esto, desde los albores de la esclavitud hasta nuestros días. Peor si era zambo o mulato: no se le podía ver 'ni en pintura'. Ellos eran engreídos de los amos, se limitaban a espantar las moscas con grandes abanicos, servían la mesa o entretenían con bufonadas. También estaban enterados de las vida intima de sus amos y se prestaban solícitos a satisfacer sus mas excéntricos 'caprichitos'. Al respecto, dice el barón de Humboldt:

> Las amenazas con que se trata de corregir a un negro recalcitrante sirven para conocer esta escala de privaciones humanas. Al calesero se le amenaza con el cafetal, al que trabaja en el cafetal con el ingenio de azúcar.

xxx

> Tanto como impenetrable y huraño el indio, le fue asequible y domestico el negro. Y nació así una subordinación cuya primera razón está en el origen mismo de la importación de esclavos y de la que sólo redima al negro y al mulato la evolución social y económica que, convirtiéndolo en obrero, cancela y extirpa poco a poco la herencia espiritual del esclavo.

Suponiendo que el negro se subordinó al español, el indio no debe haber sido tan huraño, cuando en departamentos como Cajamarca, Huanuco, Cuzco y Arequipa, la población es mestiza, de ojos verdes, tez blanca y cabellos rubios, y no precisamente por "impenetrabilidad".

En cuanto a esa "redención" supeditada al fomento del capitalismo, dicha teoría coloca a Mariátegui como precursor de los planteamientos que hoy esgrime don Víctor Raúl Haya de la Torre.

> El mulato, colonial aun en sus gustos, inconscientemente está por el hispano, contra el autoctonismo. Se siente espontáneamente mas próximo de España que del inkario. Sólo el socialismo despertando en él conciencia clasista, es capaz de conducirlo a la ruptura definitiva con los últimos rezagos de espíritu colonial.

España llega a América tras casi ocho siglos de ocupación musulmana. El mismo año de 1492, luego que los Reyes Católicos echan al último rey moro de Granada, financian el viaje de Cristóbal Colón. De 1526 a 1720, sólo el puerto de Sevilla gozó del privilegio de ser el único puerto mediante el cual se podía establecer contacto entre España y sus colonias. A partir de 1720 hasta 1764 tal exclusividad fue transferida al puerto de Cádiz. O sea que durante los dos primeros siglos de coloniaje, sólo esos dos puertos de la mozárabe Andalucía fueron cordón umbilical a lo largo del Atlántico.

En la segunda mitad del siglo XI, los almorávides se hicieron más fuertes que nunca en España; esta reiniciación de la lucha islámica, partió de una tribu sanhada, del Sahara, sometida al inmenso reino negro de Ghana. Así pues, las ofensivas árabes por la conquista de España, se gestan en plena región sudanesa, en lo que más tarde sería llamada Costa de Guinea y Costa de los Esclavos.

Los árabes llevaron a España los instrumentos de cuerda, la lidia de toros, la afición al verso (romance) y a los cuentos. Y este movimiento cultural, durante ocho siglos, fue de Mombaza a Granada, de Zanzíbar a Córdoba y de Mozambique a Sevilla; pasando por Marruecos, Argelia y Túnez.

Cuando a partir del siglo XVI y en muy diferentes condiciones, la historia junta en América africanos y españoles, simplemente hay un reencuentro de dos culturas que ya tenían antecedentes de acercamiento, transculturación y hasta mestizaje.

No es pues –como opina Mariátegui– por servilismo o domesticidad que en la cultura folklórica de América, sean los negros los mejores poetas populares, y sean negros tantos toreros, cuentistas, cantores y pintores. Al mismo tiempo que España, desde los albores del coloniaje, asimiló el folklore afroamericano, incorporando muchos aires, usos y costumbres al folklore peninsular.

Es posible que el negro se haya sentido "más próximo de España que del inkario". África queda mas cerca a Sevilla que a Cuzco. Pero quizá al negro, por no hablar quechua ni poseer religión sólida alguna (me refiero a los bantú que llegaron al Perú, pues los yoruba que fueron a Brasil y Cuba poseen una religión superior), le haya sido más comprensible que a Mariátegui la integración cultural a través de la colonización (mala o pésima) que realizó España en un continente que a su llegada estaba idiomáticamente compuesto por ciento veintitrés familias, subdivididas en dos, tres y hasta veinte grupos lingüísticos cada una (uto-azteca, shoshone-azteca, chibcha, maya, maya-quiché, arahuaca, caribe, tupí-guaraní, etc.). No es ningún crimen –y hasta no es malo– que el negro se sienta mas próximo de España que del incario. Total España existe y el Incario ya no. Mientras este acercamiento sea solo cultural, insisto, no es malo. Gran parte de la modorra indígena deviene de soñar tanto con un Incario al que ya nada nos liga.

Si los revolucionarios socialistas de Latinoamérica se hicieran por plebiscito en que decidieran el voto autoctonista, valdría la pena una campaña indigenista –aunque no se justificarían las dudas de Mariátegui sobre el negro peruano–. Pero en los momentos más críticos de la historia socialista hispanoamericana, los grandes intelectuales de nuestro Continente (Cesar Vallejo, Nicolás Guillén y Pablo Neruda) se pronunciaron dejando un testimonio que vibrará por siglos y que en nada supone 'subordinación', 'colonialismo', 'domesticidad' o 'bastardeo':

> Niños del mundo,
> si cae España –digo, es un decir–
> si cae
>
> ... ...
>
> Si cae –digo, es un decir– si cae
> España, de la tierra para abajo,
> niños. ¡cómo vais a cesar de crecer...!

III. Nueva Canción en el Perú (1982)

[Ponencia del "Primer Festival y Foro del Nuevo Canto en Latinoamérica". Del 30 de marzo al 4 de abril de 1982. México].

1. Introducción

Más que una breve reseña de la *Nueva Canción en el Perú* nos gustaría historiar la *Nueva Canción Peruana* pero de ella, hasta el momento, sólo conocemos los múltiples intentos aislados, sin desembocar en un verdadero movimiento coherente. Por tanto y en concordancia a la seriedad de este Foro De La Nueva Canción Latinoamericana, mayor aporte será ofrecer un objetivo balance de nuestro proceso que nos lleve a esclarecer si esta oponen a que en el concierto latinoamericano brille con luz propia la Nueva Canción Peruana.

2. Los antecedentes

Remitimos a los antecedentes tradicionales, espigamos algunos temas clasificables como 'canción rebelde' y que se dan en los sectores explotados de nuestra población –urbana y rural– en forma de airados huaynos, desgarrados yaravíes, quejumbrosos panalivios, irónicas mulizas y sarcásticos tonderos. La fuerza que originalmente tuvieran estas canciones perdió su agresiva denuncia a causa del deterioro que en sus letrillas produjeran la transmisión oral.

Referencias más cercanas son los valses criollos de crítica social, sentidas páginas de los años treinta y cuarenta que incorporadas posteriormente al repertorio profesional para consumo de la frivolidad peñística fueran gradualmente neutralizadas hasta su total consumación. A fines de los años sesenta, un compositor criollo rescató parte de este material en un disco de larga duración, que intituló *Canción Protesta*.

3. Período germinal

Al comenzar la década del sesenta residía en Lima Alfredo Zitarrosa, joven uruguayo que a poco de retornar a su tierra Oriental destacaría como cantautor comprometido. Eran los años de la Primera Declaración de la Habana y de la Victoria de Playa Girón. El grito de "¡Cuba sí, yanquis no!" vibraba en las calles limeñas, en los patios universitarios y en los locales políticos de izquierda. Por las ondas de Radio Habana Cuba, nos llegaba la voz de Fidel y luego la inspiración de Eduardo Saborit en "Qué linda es Cuba" y la de Carlos Puebla, pinchando a la OEA.

Entre los escritores que viajaran a Cuba invitados por la Casa de las Américas estaban los poetas peruanos que alternaran con Zitarrosa. Ellos dieron mi nombre cuando se les comunicó que la Casa preparaba un Primer Festival de la Canción Protesta; supongo que lo hicieron en atención a que mi poesía popular ('América Latina') y mis glosas y décimas ('Ritmos Negros', 'Indio', 'Talara, no digas yes') era lo más cercano a una 'Canción Protesta' hasta entonces desconocida en el Perú. Así fue como en 1967 estuvimos en dicho Festival.

Al año siguiente (1968), los poetas César Calvo y Reynaldo Naranjo llevarían al disco de larga duración un manojo de canciones testimoniales: urgente fruto de sus esfuerzos por inaugurar la Nueva Canción Peruana. En vísperas del lanzamiento y en gesto que me honra, los poetas co-autores me confesaron haberlos motivado en la empresa, pero era innegable que en aquellos temas palpitaba la influencia creativa e interpretativa dejada por Alfredo Zitarrosa, proyectándose más adelante a otros beneficiarios.

Durante este período germinal, y motivando a compositores e intérpretes, también pasó por Lima el connotado cantautor chileno Ángel Parra (1966), quien guitarra en mano entonó por doquiera sus canciones, las de Atahualpa Yupanqui y las de su madre Violeta. Otro tanto hizo César Isella (1968), notable cantautor argentino y ex integrante de "Los Fronterizos".

Esos vitales complementos en que se suelen convertir la radio y el disco cuando son racionalmente utilizados, redondearon en Lima la confluencia de corrientes: cubana, chilena, argentina, uruguaya y brasilera; al mismo tiempo en que se fue formando un público *ad hoc*. Finalizando la década reseñada, surgieron en Lima los primeros cantautores comprometidos: Raúl Vásquez y Diego Mariscal (Mario Campos); además del grupo "Manos Duras", integrado por Paco Guzmán, Andrés Soto, Hugo Castillo y Daniel 'Kiri' Escobar. Los dos primeros –en coautoría– lanzan "El Alfarero", mientras que la agrupación estrena "Por ti, que nada vales".

4. Festival de "Agua Dulce"

En 1972 se realiza el Primer Festival Internacional de la Canción Protesta, organizado por un diario limeño expropiado por los trabajadores con anuencia del gobierno militar. Se le recuerda como el Festival de Agua Dulce y a su playero escenario subieron figuras de la talla de Sociedad

Bravo, Isabel y Ángel Parra, Víctor Heredia y nuestro ya conocido Alfredo Zitarrosa. El Perú estuvo representado por la solista Maruja Bromley y la agrupación "El Polen", que impactó al público asistente y televidente por el moderno tratamiento dado a los temas del folklore andino; pero fue el tema defendido por Maruja Bromley, "Canción de una para despertar" (en ritmo de guajira y reminiscencias guillenianas) el que conquistara uno de los premios otorgados por el jurado calificador.

> Por eso quiero
> cantarte una
> canción de cuna
> para despertar...

El hecho de dar a este festival una tónica competitiva (de concurso) nos parece lo menos político que pudo hacerse con las figuras invitadas y lo más nocivo para el movimiento local en ciernes, que se hizo presente con más de doscientas canciones y que fueron descartadas sin entrar a concurso.

5. El 'Ciclo de la Nueva Canción'

Se imponía una orientación total y ese fue mi mayor aporte pues ese mismo año de 1972 inicié un programa radial que bajo el título "América canta así" dedicaba una hora diaria a promocionar la Nueva Canción Latinoamericana, copando la sintonía nacional y estimulando otros países crear espacios similares. Entre los grupos y cantautores que desfilaron por el programa recordamos a Carlos Mejía Godoy (Nicaragua), Cecilia y Roberto Tood (Venezuela), Horacio Guarany (Argentina), el grupo "Managuaré" (Cuba), René Villanueva

(México) y Ernesto Cavour (Bolivia). Este programa estuvo en el aire de 1972 a 1976.

Cupo al Instituto Nacional de Cultura organizar en 1973 y con todo éxito el Ciclo de la Nueva Canción, programado durante todo el año en actuaciones que cubrían escalonadamente el Teatro Municipal de Lima, Auditorio del Campo de Marte y Telecentro. Sin solución de continuidad ofrecieron sus recitales Víctor Jara, Daniel Viglietti, Mercedes Sosa, Alfredo Zitarrosa, Soledad Bravo, Víctor Heredia y Omara Portuondo. Cerrando este ciclo se presentaron los solistas y cantautores peruanos Tania Libertad, Diego Mariscal, Raúl Vásquez y Víctor Merino. Al año siguiente Cuba nos envió a Carlos Puebla y sus Tradicionales, al dúo 'Los Compadres', al espectáculo 'Palmas y Cañas' y la arrolladora presencia del Conjunto Folklórico Nacional. Mientras que empresarios particulares contrataron a Joan Manuel Serrat y volvieron a traer a Mercedes Sosa.

6. Los 'Talleres de la Nueva Canción'

Se inicia entonces la proliferación de los grupos locales (1974-1976), cuyos pioneros fueran los muchachos del ya citado "Manos Duras" (rebautizado ahora como "Vía Férrea"). Surgen también los llamados "Talleres de la Nueva Canción" que, bajo subvención estatal, aglutinan músicos, poetas, cantantes, instrumentistas, sociólogos y antropólogos; trabajando a puerta cerrada hasta conseguir afiatamiento y repertorio.

El desarrollo de este proceso da a los grupos unas características comunes: conformados en sextetos o septetos, con una orquestación ecléctica de guitarras, charango, bombo 'legüero', quenas y antaras, ejecutan un repertorio en base al folklore boliviano, la nueva canción chilena y algunos temas peruanos, como el folklórico huayno "Recuerdos de Calahuayo" ("Flor de Caluyo").

Estas características se debieron en gran parte a la presencia del músico y arreglista peruano Celso Garrido Leca (1974), que tras la positiva labor realizada en Chile con los grupos "Quilapayún" e "Inti-Illimani" hasta la caída del gobierno de Allende, llegaba a Lima para hacerse cargo de la agrupación "Tiempo Nuevo", fundada por Carlos Urrutia. La tónica que entonces le imprime Garrido Leca influye luego en otros grupos como "Ccori Llacta" (pueblo de Oro), "Haylli", "Salcantay", etc.

Los grupos no oficiales logran una interesante obra de creación colectiva, pero huérfanos de apoyo económico deben recurrir a la vía pública y al óbolo voluntario del viandante, del sindicato, la cooperativa y los partidos políticos. Entre los 'francotiradores' de esta fase se forma una organización cooperativa de la nueva canción bajo el nombre de "Music Forum Siglo XXI", cuya regular actividad redunda en éxito empresarial para los grupos que aglutina.

Más adelante, factores ideológicos, económicos y artísticos provocan un fenómeno desintegrador o de continua recomposición de elencos y sucesivos cambios de nombre de todos los grupos. Así, el elenco de "Manos Duras" cuya conformación inicial de 1971 hemos reseñado líneas arriba, cambia a "Vía Férrea" cuando sólo quedan Paco Guzmán y 'Kiri', para luego engrosar y tomar el nombre de "Venceremos" que a un nuevo cambio de elenco se transforma en "Tahuantinsuyo" y, finalmente rebautizarse "Cuesta Arriba" en la época que lo integraran José 'Lolo' Reyes (quena), Oswaldo Marquina (percusión) y Daniel 'Kiri' Escobar con Paco Guzmán (en canto, composición, charango y guitarristas) a partir del año 1975, época en que viajan a Cuba, El Salvador y la Unión Soviética, difundiendo lo mejor de su original repertorio de todas las épocas reseñadas:

"Quién ha limpiado la historia"

(L. y M.: Andrés Soto)

Quién ha limpiado de males
la historia que hoy conocemos.
Quién se encargó del matiz
de mil verdades.

Quién escribió tantos cuentos
de paladines ancestros.
Quién convirtiera héroes en cobardes
y valientes en criminales.

Quién ha ganado en bonanza
con esta burda enseñanza.
Quién convirtiera héroes en cobardes
y valientes en criminales.

Ya se ocultó la luz del sol
que brillaba entre los ojos
de alguien que preguntó
qué fue del niño aquel, lloroso.

Quién escondió tras su pluma
las injusticias, las muertes,
las represiones y los maltratos
de tanta gente...

Aún en 1976, año de la desintegración de "Cuesta Arriba", habría un nuevo cambio al ingresar el cantor, guitarrista y charanguista chileno Pepe Fariña.

7. Situación actual

En el desbande de cantautores y compositores, los que no partieron al exterior volvieron a sus antiguas actividades laborales. Y de los mejores temas logrados en creación colectiva nos informan que o han salido de la circulación o bien '*tras prudentes retoques* en sus versos y previo registro autoral a nombre propio' están siendo llevados al disco comercial, so pretexto que la 'canción protesta' ya pasó de moda...

Nosotros creemos que sólo el triunfo de una verdadera revolución popular (como en Cuba y Nicaragua) puede dejar atrás la protesta, y aún así, vendría entonces el canto al trabajo constructivo, la canción al amor, el canto a los que cayeron en la lucha revolucionaria y la canción de *autocrítica revolucionaria*, tan necesaria en todo proceso honesto. Pero donde no ha 'pasado de moda' la explotación del hombre por el hombre, es cobarde complicidad acallar la protesta.

Afortunadamente y en estos últimos años, se va dando en el Perú un interesante fenómeno de traslación vanguardista: el folklorismo apolítico en base a temas estrictamente instrumentales o de canciones *inocuas* lo va haciendo suyo el sector pequeño burgués que incursionara en la 'protesta' por snobismo. En tanto que de las barriadas marginales (villamiserias llamadas eufemísticamente 'Pueblos Jóvenes') va surgiendo una nueva canción comprometida, original, realista y coherente con las luchas y esperanzas reivindicatorias de sus mismos desposeídos cantautores. Es probable que allí se esté gestando la definitiva Nueva Canción Peruana. De ser así, cuando mañana se tenga que historiar nuestro proceso, será de justicia reconocer la labor precursora y pionera de aquellos abnegados que hicieron de la canción un arma y de sus versos un himno a "los pobres de de la tierra", como lo quisiera José Martí. Discriminando, claro está, a los que cantan a los pobres para vivir como ricos.

IV. Religión

1. Religión (1975)

Corriendo el riesgo que implica toda generalización, podríamos decir que Afroamérica recibe la religión de la zona Guinea (culturas *Fon, Gége (Ewe), Yoruba* –y mejor *Yorubá*–, *Fanti, Ashanti, Carablí*, etc.) y el folklore de la zona *bantú* (Congo, Angola, Mozambique, etc.).

La nación yoruba es llamada *lucumí* en Cuba y *nagó* en Brasil; su culto, de antiguo organizado, que en Nigeria es *Llé-Oricha*, recibe el nombre de *santería* en Cuba y *candomblé* en Brasil, extendiéndose también a la Isla de Trinidad. Siendo las divinidades adoradas en las tres regiones nombradas:

Eshú o Bara o Eléggua, que es el mensajero de los dioses, quien comprobará si el *igbodu* (cuarto del recinto sagrado) está bien organizado y quien, finalmente avisará a las orichas que pueden "bajar"; es adorado en primer lugar.

Obtalá u Orishalá, dios del cielo;

Shangó, dios del rayo, con sus tres mujeres: *Oyá o Yansán* que rige las tormentas, *Oshún*, diosa de las aguas dulces. Y *Obá*, diosa del amor sensual;

Ogún, el hermano de *Shangó*, dios de los herreros y de la guerra;

Oshossi, dios de los cazadores;

Omulú o Shapanan u Obaluaié, dios de la viruela y de la medicina;

Yemanyá o Yemayá, divinidad de las aguas saladas, diosa del mar y del amor casto, y
Oshunmare, el arco iris.

Tanto en Nigeria como en Afroamérica, hay una divinidad máxima e incorpórea, a la que se venera por sobre todos los Orichas pero a la que no se rinde culto en especial, su nombre es *Olorun u Olafi*. El rito consiste en invocar a los orichas al toque de los tambores sagrados y cánticos en lengua yoruba, además de bailes pantomímicos que representan la historia de estos dioses. La parte culminante llega cuando los dioses descienden y 'cabalgan' a sus hijos.

En Cuba los tres tambores *(batá)* sagrados son en forma clepsídrica y bimembranófonos, llamados *Iya, Itótele y okónkolo u omelé*. El tamborero jefe (*olubatá akpuatakí*, percute el *Iyá*, cuyos parches se llaman *enú y chachá*.

En Brasil los tres tambores son de un solo parche y se llaman *rum, rumpi y* complementa el ritmo un percusivo metálico llamado *agogó*.

Además de esta gran religión afroamericana, del culto a los Orichás u Orichas, existe en Cuba –y sólo en Cuba–, la secta de los *ñañigos* llamada *Abasi Abakuá*, oriunda del Calabar. Esta sociedad se reúne en el templo (*Fambâ*) donde se oculta el *Ekué*. Sus asociados se llaman *ecobios u okobios* y en sus procesiones desfilan los diablitos *(Iremes)*. Los tambores del culto *Abakuá* son cuatro: *Sese, Mpegó, Ekueñón y Nkríkamo*. Habiendo otra clasificación de un *bonkó* y tres *enkomo: Obiapá, Kuchi Yeremá y Binkomé* y la campana llamado *Ekón*. Finalmente, diremos que la sociedad secreta Abakuá, está dividida en dos ramas rivales: *Efik y Efor*.

Del antiguo reino Abomey *(Dahomey)* llega a Haití una variante del culto yoruba de los Orichas, denominada *Vodú o Vodún*, tan mal estudiada como el caso de los *zombies*. El vodú es de nación *arará* (Bajo Dahomey).

Todas estas religiones africanas, han ido 'acriollándose' en América además de haber entrado en un sincretismo Orishá-Cristiano, en el que Changó es San Jerónimo o Santa Bárbara, etc. Mientras, en África, algunas ya han desaparecido al decurso de cuatro siglos, cuando fueron traídas a América.

No hay noticia que alguno de estos cultos guineanos fuera practicado jamás en el Perú durante los tres siglos de esclavitud negra o aún después. Al Perú también llegaron negros de la llamada "Costa de los Esclavos" (Costa de Guinea) pero, aparte de su presencia en los *Cabildos*, no consta que organizaran su religión.

2. Aportes del negro al cristianismo (1985)

[Ponencia en "Cultura Negra y Teología en América Latina". Río de Janeiro (Brasil). Del 8 al 12 de julio de 1985].

2.1 Presentación

En esta Consulta sobre CULTURA NEGRA Y TEOLOGÍA EN AMERICA LATINA, comenzaremos por aceptar en principio los dos elementos iniciales de esta convocatoria: CULTURA/NEGRA. Y lo hacemos porque entendemos que con tal fórmula se alude a la 'Cultura del Negro'. Lo contrario sería racializar la cultura y dar por sentado que existen tantas culturas como pigmentaciones y no culturas negroafricanas, indoeuropeas, amerindias, asiáticas, etc., como en realidad creo que existen.

Mientras que la Cultura es "el conjunto de valores materiales y espirituales, técnicos y científicos –en su dinámica creativa, aplicada y transmisiva– obtenidos por el hombre en el proceso de la práctica histórico social", el concepto de *Negro* no pasa de ser una categoría social, emanada de la esclavitud negroafricana en América. "Giro racial a lo que es fundamentalmente económico" –le llama Eric Williams[1] con toda razón, porque primero fue la esclavitud y después la discriminación racial.

Al ir forjando su propia historia, nuestros pueblos van reivindicando uno a uno todos los conceptos discriminatorios con que los estigmatizara la esclavoracia colonialista: Indio, Negro, Mambí, Quilombola son nombres que van siendo rescatados con nuestra identidad cultural. Esta identidad empieza su gestación con el proceso histórico que funde la cultura aborigen con la europea y la africana, cuya síntesis dialéctica es la americanidad. Paradójicamente, es en aquellas latitudes septentrionales –donde el indio fuera exterminado masivamente y el negro sigue siendo discriminado y segregado– donde, precisamente, estos descendientes de anglosajones han logrado arrogarse el gentilicio de *americanos* en forma excluyente y exclusiva; y el resto del mundo ya los reconoce como tales.

En actitud contestataria se establecieron, tentativamente, denominaciones étnicas (*Indoamérica y Afroamérica*) imposibles de cubrir toda nuestra continental geografía ni mucho menos de representar a cabalidad nuestra sociedad pluricultural y pluriétnica. Con el agravante de que pretender identificar la cultura a partir de una supuesta *raza*, es seguir hundido en la alienación porque esta trampa hace mucho que la armó el colonizador esclavista en su propio beneficio.

Aceptada por consenso la designación de América Latina o Latinoamérica para esta vasta región del Nuevo Mundo que José Martí llamara "Nuestra América", diremos que la identidad cultural en ella no es otra que la identificación de nuestras respectivas culturas. Cultura es la suma de todos los recursos a que apelan nuestros pueblos para vivir, así como las múltiples formas como manifiestan su existencia, generación tras generación. El cúmulo de vivencias en este cotidiano ejerci-

---

[1] Eric Williams: Capitalismo y Esclavitud. La Habana 1975, p.7.

cio, va creando las historias locales cuyo conjunto orgánico es nuestra común historia continental. Entonces, para rescatar nuestra identidad cultural tenemos que recurrir a *nuestra* historia. (Hemos subrayado este posesivo porque quizás de él se desprenda la adjetivación que preconiza Martí al decir *Nuestra América*).

Finalmente, una *Teología en América Latina* sobre la base de una Cultura Negra, en ciertos casos nos lleva al sincretismo religioso: orisha-cristiano o bantú-cristiano, pero sincretismo al fin. Eso, en lo personal, lo descubrí hace 25 años y precisamente aquí en Brasil, en un pueblo llamado Feira de Santana y muy cercano a la ciudad de Salvador (Bahía). Ahí escribí un poema que decía:

> Nací cerca de Cuzco
> Admiro a Puebla
> Me inspira el ron de las Antillas
> Canto con voz argentina
> Creo en Santa Rosa de Lima
> Y en los Orishás de Bahía...

Así siento nuestra sincrética cultura negra en lo religioso. Pero a partir de esta ecléctica combinación de doctrinas, continúo el poema:

> Yo no coloreé mi Continente
> ni pinté verde a Brasil
> amarillo Perú
> roja Bolivia
>
> Yo no tracé líneas territoriales
> separando al hermano del hermano...
>
> ("América Latina", Salvador-Bahía, 1963).

[Ver Libro 1. Poema "América Latina" (12 de julio de 1963)]

Este sincretismo religioso, tan ostensible en los *terreiros* del Brasil como en la *santería* cubana y el *vudú* haitiano, se hace más sutil en ciertas ceremonias dominicanas, con los *bandes de Rará o Gagá*, que aparecen en Viernes Santo, o los venezolanos chimbángueles de la festividad de San Benito. Pero en países donde el negro está en franco proceso de extinción como elemento étnico identificable o donde ya ha desaparecido, ha quedado subyacente una suerte de sincretismo que pasa inadvertido o se aduce como derivado de culturas ajenas a su negritud y africanía originarias. Este último aspecto es el que más nos interesa relevar en nuestra comunicación: para reivindicar la aportación del negro, para coadyuvar al desentrañamiento de nuestra verdadera identidad cultural, para desenmascarar académicos racismos solapados y para que nuestros pueblos sepan por qué hacen lo que hacen, cómo pueden hacerlo mejor o si vale la pena que lo sigan haciendo.

2.2. Cabildos y cofradías

Este tema está ampliamente desarrollado en este mismo libro en los apartados "Introducción" de "Folklore Costeño" (Cap. I) y "Cabildos y Cofradías" de "El Negro en Iberoamérica" (Cap. VII).

2.3. El Cristo de Pachacamilla

Lima, fundada por Francisco Pizarro el 18 de enero de 1535 como "Ciudad de los Reyes" (Magos) y capital del extenso Virreinato del Perú o Nueva Castilla, a partir de la segunda mitad de ese mismo siglo XVI en que se consolida el virreinato y aumenta su vecindario, ve nacer las primeras cofradías de negros africanos en sus barrios periféricos. El negro figuraba ya en la empresa de la conquista del Perú sin saberse a ciencia cierta que existiera el Imperio de los Incas o Tawantinsuyu.

Así, en las Capitulaciones de Toledo, que suscriben a 26 de julio de 1529 la Reina y el conquistador Francisco Pizarro, este exige en el Décimo-nono otrosí:

> Cincuenta esclavos negros, entre los cuales debe haber, á lo menos, un tercio de jembras...

Estos eran los llamados *negros ladinos* o cristianizados y asimilados a la cultura peninsular, y más que esclavos sirvieron de auxiliares a los conquistadores, puesto que conocían el manejo de armas y sabían hacer la guerra. Pero en la época que nos ocupa ya se daba el tráfico directo de África al Nuevo Mundo, desde las 'factorias' de Guinea hasta los mercados de esclavos en Tierra Firme y Castilla del Oro. Así, en 1640 tenemos en Lima la cifra redonda de 15.000 negros *bozales*. Los mismos que empiezan a organizarse por naciones y fundar sus respectivas cofradías.

Cofradía de los *Congos Mondongos* de Pití, ubicada en el barrio negro de Malambo (Abajo el Puente), margen derecha del Río Rímac. Cofradía de los *Congos Mondongos* de San Marcelo. Y muchas otras, de *Terranovos y Mondongos*; a más de la afamada Cofradía de San Benito, en la iglesia de San Francisco, la Cofradía del Rosario, en la calle del pozuelo de Santo Domingo y la Cofradía de *Caravelíes* (carabalí), en el barrio de las Cabezas.

Hacia el año 1650 unos negros de casta angola, nación muy conocida en la Lima virreinal, se agremiaron y constituyeron en Cofradía en un suburbio limeño llamado *Pachamamilla* por haber sido inicialmente un asiento de indios provenientes del santuario incaico de Pachacámac; allí ahora los cofrades de Angola levantaron una tosca ramada donde tenían sus juntas y reuniones. Se ignora bajo qué advocación se instauró esta Cofradía de los Angola de Pachamamilla y si el párroco de San Marcelo los acogió bajo su tutela por estar dentro de su jurisdicción. Lo cierto es que uno de los angolanos cofrades tuvo la inspiración de pintar sobre el muro terrizo del galpón la figura descarnada de Cristo en la Cruz.

No hay documento sobre la fecha exacta, pero en un papel antiguo que se conserva en el actual Monasterio de las Nazarenas, se dice que la imagen estaba ya pintada en el año 1651. Un acto de mera devoción cristiana había impulsado a los cofrades de Pachamamilla a adornar el muro de su sala de juntas con la efigie del Redentor Crucificado. Venerado tan sólo por los angolanos miembros de la Cofradía o por los escasos transeúntes que recorrían el barrio, el Cristo de Pachamamilla permaneció allí, casi a la interperie, expuesto a los soles y a las garúas, como también a los frecuentes temblores y terremotos que desde siempre azotan la ciudad de Lima. Así fue como el terremoto de 1655 fue también como un despertador de la adormecida piedad de muchos vecinos, pues admiraron con estupor un hecho más que singular: La conservación del muro donde el cofrade angola había pintado al Señor Crucificado, mientras en su derredor todo era escombro.

En efecto, aquel sábado 13 de noviembre de 1655, las paredes más robustas se mecían y doblegaban como si fuesen débiles juncos al soplo de los vientos; la tierra, en parte rajada, se abría en grietas y terribles bocas. Arruinóse la Iglesia de la Compañía en el vecino puerto del Calllao, hermoso y recién acabado templo de cal y canto. En Lima la monumental Iglesia de San Francisco resistió los primeros embates, pero a los pocos días se vino toda al suelo.

Pero el seísmo que no había respetado templos ni lugares sagrados, respetó el débil muro de adobe en un apartado barrio de la ciudad, sobre el cual resaltaba la figura pálida y macilenta de Cristo Crucificado. Cayeron los mangles que sostenían el techo de palmas del cobertizo, se desmoronaron a uno y otro lado los adobes de la cerca, pero ni uno solo de los que servían de marco a la figura del Redentor se movió una línea o varió de posición. Incólumne entre tanta devastación, se anunciaba ya como el tutelar Patrono de esa ciudad de Lima, combatida tantas veces por las trepidaciones de su suelo.

Inmediatamente surgieron broncas voces racistas que, contra toda lógica y lo que es peor, reacios a aceptar que Dios obrara un prodigio a favor de los desheredados, adujeron que "la ruina del galpón se debía a que el Señor era muy ofendido en aquel lugar, pues era notorio que los negros cofrades utilizaban ese lugar para celebrar sus bailes, según nativa usanza y en forma poco decente". Pero ya los vecinos del barrio empezaron a hincarse ante el Cristo elevando a Él sus plegarias. Había nacido el culto al Cristo de los Milagros de Pachacamilla.

El año de 1670, un señor llamado Antonio de León tomó a su cargo el cuidado de la imagen, aunque sus limitados recursos económicos sólo le permitieron restituir el cobertizo de mangle por otro más sólido y levantar al pie de la imagen un poyo o peana de adobes donde los cada vez más numerosos devotos pudieran depositar las flores y luces que en ofrenda traían al Señor. Antuñano padecía de un tumor maligno y en todas las visitas a la imagen no dejaba de pedirle esta gracia, su oración fue atendida y lentamente se redujo el tumor hasta desaparecer. La noticia cundió entre los vecinos y espontáneamente surgió la costumbre de reunirse ahí cada viernes, hombres y mujeres, para cantarle al compás de arpa y cajón.

Estas reuniones de carácter popular y extra litúrgico, despertaron el celo del cura de San Marcelo, D. José Laureano de Mena, quien acudió tanto a la autoridad eclesiástica como a la civil a fin de que se hiciera desaparecer la imagen pintada en el muro. Gobernaba entonces en el Virreinato del Perú el célebre Conde de Lemos, que por esos meses había evacuado un bando prohibiendo ciertos bailes y diversiones muy en boga entre los negros y mulatos de la ciudad. Conocedor del caso no vaciló en prestar apoyo a la demanda del Párroco de San Marcelo. El Promotor Fiscal firmó el 5 de septiembre de 1671 ante el notario público Tomás de Paredes un auto por el que se procedería a borrar la efigie del Santo Cristo y demoler la peana. Llegado el momento de cumplir la diligencia judicial y ante multitud de curiosos, ordenó el Promotor Fiscal al pintor aplicase la escalera y procediese a borrar la imagen. Subió el artesano y al ir a extender el brazo para ejecutar la orden, le sobrevino un desmayo tal que de no sostenerlo alguien cae a tierra. Volvió a subir por la escalera, pero al ponerse en contacto con la imagen, algo debió ver en ella que lo dejó como paralizado; bajó de la escala y manifestó no sentirse con ánimos ni fuerzas para llevar a cabo la operación.

Se atribuyó a timidez y a superstición el fracaso; encomendándose el trabajo a otro oficial, que también fue asaltado por súbito temblor al acercarse a la imagen, desistiendo de la empresa. Y refieren las crónicas que en ese momento se nubló el claro cielo primaveral de septiembre y una lluvia inesperada y gruesa empezó a caer sobre aquel sitio y sus alrededores. El pueblo interpretó la advertencia del cielo y el Promotor Fiscal hubo de ir contrariado y cabizbajo a rendir cuenta de su fracaso ante el Virrey. Este, de primera intención ordenó la supresión de todo intento por borrar la imagen. Luego, como a los pocos días se sintiese restablecido de un molesto achaque, el propio virrey en persona decidió visitar el galpón de Pachacamilla y contemplar con sus propios ojos aquel Santo Cristo de los Milagros o de las Maravillas. Al verla le debió inspirar devoción, porque después ordenó se adecentase el sitio y se cubriese con esteras. El culto quedaba asegurado y tanto el Virrey Conde de Lemos como la autoridad eclesiástica nombraron a Juan de Quevedo y Zárate mayordomo de la capilla del Santo Cristo.

Sería interminable narrar los hechos ocurridos a partir de entonces. Baste consignar que el muro de adobe resistió incólume los terremotos de 1687 y 1746 (este último, acompañado de un maremoto que sepultó el Puerto del Callao) así como los de 1940, 1966, 1970 y 1974.

La primera vez que la imagen del Santo Cristo de los Milagros recorrió en procesión las calles de Lima, fue con motivo del terremoto en 1687. Ello se logró reproduciendo en un lienzo la efigie original del muro que pintara el negro angola, pero a esta copia se le agregaron las imágenes de María, San Juan y el Espíritu Santo. A partir de 1687 su culto se extiende a toda la ciudad y en 1715 el Cabildo de Lima decide nombrar Patrono de la Ciudad de los Reyes al Santo Cristo de los Milagros. En 1771 se inaugura su templo, el que queda a cargo de las Nazarenas Carmelitas, en cuyo Monasterio ha quedado encerrado el muro con la original efigie del Cristo Crucificado.

Actualmente la procesión del Señor de los Milagros convoca a millones de fieles en su anual recorrido por las calles de Lima, los días 18, 19 y 28 de octubre, fechas que coinciden con los más devastadores terremotos que haya sufrido Lima. La imagen reproducida en el lienzo ha sido enmarcada en oro y plata macizos y montada sobre unas andas que llevan a hombros las cuadrillas de cargadores de la Hermandad, siendo 24 de cada turno (igual que el número de cofrades en las antiguas hermandades africanas). Resulta un espectáculo realmente inolvidable ver al Cristo de Pachacamilla navegando sobre un mar morado por los hábitos nazarenos que visten sus fieles. Mientras que las Hermanas sahumadoras entonan cánticos de alabanza y fervor y la Banda de la Benemérita Guardia Republicana marca el acompasado vaivén de las andas. Su culto se ha extendido a Nueva York, donde la comunidad latina ha logrado reproducir la imagen y las andas a la perfección, congregando a sus fieles en las mismas fechas de cada octubre.

Han transcurrido a la fecha 335 años de aquel día en que un negro esclavo de nación angola pintara sobre un muro de su cofradía la imagen de Cristo Crucificado y dentro de un par de años cumplirá su tercer Centenario la más multitudinaria y popular manifestación de fe cristiana, sin parangón en el catolicismo de América en lo que respecta a milagros obrados por la fe, tradicionalidad tricentenaria e incremento millonario de fieles devotos de la prodigiosa imagen del Santo Cristo de los Milagros o de las Maravillas o de los Temblores, Patrón Jurado por la ciudad de Lima, capital del Perú, que se venera en la Iglesia del Observantísimo Monasterio de Religiosas Nazarenas Carmelitas Descalzas del Señor San Joaquín.

[Ver décimas "A la Hermandad de Cargadores" (18 de octubre de 1965) y "Paso a nuestro Amo y Señor" (18 de octubre de 1957)]

2.4. SAN MARTÍN DE PORRES: NUESTRO SANTO NEGRO

Corrían los años cincuenta cuando los diarios de Latinoamérica lanzaron la noticia a los cuatro vientos: el Vaticano solicitaba tres milagros del Beato Martín de Porres para culminar su proceso de canonización y elevarlo a los altares. La noticia era de primera plana por tratarse de un posible santo negro –cosa no muy frecuente en la hagiografía de todos los tiempos– y porque desde su tierra natal, Perú, se solicitaba a sus devotos de todo el continente estar alerta al primer milagro 'sanmartiniano' que ocurriera, para así ir descontando la cuota pedida desde Roma.

A nosotros, que hemos nacido y crecido escuchando y releyendo los cientos y miles de milagros obrados por la gracia divina a través de su humilde siervo, el requerimiento nos pareció de lo más inesperado, por decir lo menos. Saltó a nuestra memoria el proceso de nuestra Santa Rosa de Lima, nacida en 1586 y fallecida el 24 de agosto de 1617; por sucesivas bulas de los papas Clemente IX y Clemente X fue beatificada en 1668, reconocida como Patrona de América, las Indias y Filipinas en 1669 y santificada en 1670. Apenas 53 años después de su muerte física. Reconociendo su vida pía y de perpetua penitencia, como milagrosa sólo sabíamos que en su primera infancia su nodriza y familiares vieron cómo el rostro de la niña se convertía en una rosa, que tal era también

el color de su bello rostro. Por tanto, en vez de su nombre de Isabel Flores de Oliva comenzó a llamársele Rosa, apelativo que ella sólo aceptó a los 25 años de edad, cuando le restaban seis de vida.
[Ver Libro 1. Décima "Santa Rosa" (30 de agosto 1961)]

Sin embargo nuestro negro Martín había muerto en 1639. Los procesos para su beatificación comenzaron en 1658 y al proceso ordinario de 1660 fueron citados 75 testigos oculares ante el prelado archidiocesano. Y al segundo proceso, con autoridad apostólica, se presentaron 164 testimonios de coetáneos del lego dominico Martín de Porres. Faltando apenas dos años para el Bicentenario de su muerte había llegado la esperada beatificación, por bula del 29 de octubre de 1837. Y ahora, en 1959, a 320 años de su presencia ante Dios, el Vaticano pedía tres milagros más, a quien en vida le prohibieran hacer más milagros sus propios superiores dominicos.

A nosotros nos pareció que había un trasfondo racista en el dilatorio proceso y así lo dijimos en unos versos que empezamos a difundir por todos los medios a nuestro alcance, comenzando por la radio y empezando por llamarlo Santo: "Santo de mi devoción" (24 de junio de 1959).
[Ver Libro 1. Décima "Santo de mi devoción" (24 de junio de 1959); Libro 1. Décima "Oración" (06 de mayo de 1962)]

Uno tras otro comenzaron a producirse los milagros requeridos y al cabo de pocos años se completó la cuota; hasta que el Vaticano, por bula del 6 de mayo de 1962 lo santificó. Pueblo y Gobierno lo erigen en Patrón de la Justicia Social en el Perú.

Martín de Porres nació en Lima el 9 de diciembre de 1579. Hijo de Ana Velásquez, negra libre nacida en Panamá y del hidalgo burgalés Juan de Porres, caballero de la Orden de Alcántara y más tarde Gobernador de Panamá. Entre 1587-1590 estuvo con su padre en Guayaquil (actual República del Ecuador) y de regreso a Lima vivió en el arrabal de San

Lázaro, cerca del barrio negro de Malambo (1591). Pronto entra al servicio del boticario Mateo Pastor y también aprende el oficio de barbero; muy temprano se le atribuyen dotes extraordinarias. Lejos de envanecerse buscó refugio en la oración y solicitó ser admitido como lego donado en el convento de Santo Domingo (1594). Allí desempeñó los oficios más humildes, en la pieza del claustro y de otros menesteres domésticos; hasta que los superiores aprobaron su profesión como hermano (1603) y le encomendaron el cuidado de la enfermería. Abnegadamente ejercitó su caridad, acudiendo a la cabecera de los enfermos que requerían cuidado, admitiendo a los pobres que solicitaban su socorro, distribuyendo en limosnas el dinero que para ese efecto ponían en sus manos los caballeros ricos y los comerciantes. Practicó la penitencia y su austeridad llegó al extremo de haber estrenado hábito sólo cuando supo que estaba a las puertas de la muerte "para estar presentable ante Dios". Amó la naturaleza y extendió sobre sus criaturas la influencia taumatúrgica que de él emanaba, bien haciendo comer en un mismo plato a perro, ratón y gato; bien logrando la rápida germinación de las plantas. Murió, admirado y reverenciado por todos el 3 de noviembre de 1639, y hasta el Virrey y los arzobispos de Lima y México acudieron al pie de su lecho mortuorio. Entre sus muchos dones, poseía el de la ubicuidad, la levitación, la telepatía y la multiplicación de dineros y alimentos, que sacaba de la manga ilimitadamente. Su obra evangelizadora lo llevaba a las cercanas haciendas para convivir con los indios y negros esclavos en los barracones. Larga fue su misión con los esclavos de la hacienda Limatambo (Tauro, 1966 t. II: 570-1)

Hasta muchos años después de ocurrida su muerte, Martín se le apareció a muchos de sus conocidos y en lugares como México. El académico Fernando Romero, en un reciente ensayo titulado *Papel de los descendientes de africanos en el desarrollo económico-social del Perú* cree hallar en Martín de Porres muy poco de milagros y mucho de magia africana en el santo limeño pudo haber aprendido de los negros "en el suburbio llamado Malambo. Allí, de un moreno como él mismo, aprendió el oficio de barbero-sangrador, que permitía curar heridas, úlceras, postemas y males similares, mediante emplastos, brebajes y una terapéutica, secreta en cada practicante, en la cual debía existir magia africana sobreviviente" (1979: 73-4). Luego Romero se remite a una suerte de medicina mágico-religiosa heredada del medioevo europeo. "La experiencia que Martín traía de Malambo –dice Romero– lo acercó a esta magia de los blancos" (Ibid). Finalmente y desestimando la relación de milagros por considerarlos pueriles, dice que en los logros taumatúrgicos del santo negro "es posible distinguir una terapéutica de rasgos africanos: chupadas de heridas infectadas, emplastos de yerbas, frecuente utilización de la propia saliva del curandero, suministrote placebos y, sobre todo, abundante empleo de la sugestión producida por la palabra de quien por especial designio sobrenatural, ha sido investido del poder de curar" (Ibid.). Juicios de este calibre explican la demora vaticana en conceder la santidad al hermano Martín.

Nosotros creemos que si hay alguien que pudiera compararse al taumaturgo limeño, ese sería sin duda el mulato minero Antonio Francisco Lisboa *el Aleijadinho*, orgullo de Brasil y de América, genio de la arquitectura y escultura que dio vida a la piedra con golpes de milagroso cincel, y superando las limitaciones de su mutilación manual forjó una obra arquitectónica y plástica que sigue maravillando al mundo y desde los lugares más remotos del planeta acuden los más exigentes críticos y artistas para admirar el legado que en Villa Rica, Ouro Preto, Congonhas y Sabará dejara a la posteridad el Aleijandinho.

En esta consulta sobre 'Cultura Negra y Teología en América Latina', me bastaría con sólo citar esos dos nombres para sustentar mi ponencia basada en los Aportes del Negro al Cristianismo en América. Ellos, repito, son y serán el mulato limeño San Martín de Porres y el mulato minero y padre de la arquitectura y escultura sacras del Brasil, Antonio Francisco Lisboa, el Aleijadinho.

2.5. Obras consultadas

Ayerstarán, Lauro. 1982. "Danzas negras desde el coloniaje hasta 1816". En "Ensayos de música latinoamericana". Casa de las Américas, La Habana, pp. 122-5.

Barnet, Miguel. 1966 "Biografía de un cimarrón". Instituto de Etnología y Folklore, La Habana

Bastien, Rámy. 1969 "Estructura de la adaptación del negro en América Latina y del afroamericano en Africa". En "América Indígena". Instituto Indigenista Interamericano, 3er. Trismestre, Vol. XXIX, n 3, México. Pp. 587-625.

Caballero, Oscar. 1971. "Revisión, prefacio y notas". En "Soledad Brother", obra de George Jackson, Barral editores, S.A. Barcelona, pp. 7-25.

Camara Cascudo, Luis de. 1962 "Diccionario de Folklore Brasileiro". Instituto Nacional del Libro. Río de Janeiro, 2 vols.

Carneiro, Edison. 1961 "Samba de Umbigada". Ministerio de Educación y Cultura, Río de Janeiro.

Dario Carles, Rubén. 1969 "220 años del período colonial en Panamá". Talleres de Artes Gráficas de la Escuela de Artes y Oficios "Melchor Lasso de la Vega", Panamá.

(El resto de obras consultadas están incluidas en la bibliografía del apartado "El Negro en Iberoamérica.")

Hispanoamérica

"El drama del hombre por rescatar el pasado, asimilar el presente y proyectarse al futuro, toda esta epopeya tiene un sólo nombre: Hispanoamérica."

Espectáculo "La Raíz del Canto"
Madrid, 26 de noviembre
de 1981

V. NUEVA CANCIÓN (1982)

1. IDENTIDAD CULTURAL LATINOAMERICANA Y NUEVA CANCIÓN

[Ponencia del "Primer Festival y Foro del Nuevo Canto en Latinoamérica". Del 30 de marzo al 4 de abril de 1982. México].

1.1. IDENTIDAD CULTURAL Y DESCOLONIZACIÓN

Cubano es más que blanco, más que negro, más que mulato.
(José Martí)

Problema crucial para el hombre de esta gran parte del continente que Martí llamara "Nuestra América" es la búsqueda de una identidad cultural que le escamoteara el colonialismo esclavista. Esta identidad se gesta en el proceso histórico que funde la cultura aborigen con la europea y la africana, y su síntesis dialéctica es la americanidad. Paradójicamente, es en aquellas latitudes donde el indio fuera exterminado masivamente y el negro sigue siendo discriminado y segregado, donde precisamente estos descendientes de anglosajones han logrado arrogarse el gentilicio de *americanos* en forma exclusiva, y el resto del mundo ya los reconoce como tales. En tanto, al sur del Río Bravo, el hombre sigue a la búsqueda de sí mismo.

En actitud contestataria se establecieron, tentativamente, denominaciones étnicas (Indoamericana y Afroamericana) que entrañaban connotaciones excluyentes, sin que jamás los argumentos racialistas en que sustentaran ni las corrientes literarias y pictóricas que generaron devolvieran su identidad cultural a poblador alguno de las aludidas designaciones, vale decir a indoamericanos y afroamericanos. ¿Por qué? Sencillamente porque *indio y negro* son meros conceptos, categorías sociales emanadas del colonialismo esclavista. Y de lo contrario, pretender identificar la cultura a partir de la *raza* es seguir hundido en la alienación, porque esa trampa hace mucho que la armó el colonizador en su propio beneficio.

La *identidad cultural* no es otra cosa que la identificación de nuestras respectivas culturas. Y *cultura* es la suma de todos los recursos a que apelan nuestros pueblos para vivir, así como las múltiples formas como manifiestan su existencia, generación tras generación. El cúmulo de vivencias en este cotidiano ejercicio, va creando las historias locales cuyo conjunto orgánico es nuestra común historia continental. Entonces, para rescatar nuestra identidad cultural tenemos que recurrir a nuestra *historia*. (Quizás de este posesivo se desprende la adjetivación que preconiza Martí al decir *Nuestra América*).

1.2. Hispanoamérica - Iberoamérica - Latinoamérica

Nuestra historia está en el nostálgico *harawi* que musitaba el secuestrado *mitimae* y no en el victorioso *haylli* que se entonaba en loor del ejército imperial de los Incas. Nuestra historia está en los cabildos de nación, en los palenques de cimarrones, en el calpulli y la milpa, en el ayllu y la marka; y no en los tratados de antropología, etnología, etnografía, etnomusicología y etnohistoria de la biblioteca del señor rector universitario. Porque nuestra historia está en los versos del punto guajiro, de la payada, del huapango, del son, de la mejorana y no en el antiguo romancero español ni en el mester de juglaría. Y porque, finalmente, nuestra verdadera historia está en las rebeliones campesinas y guerrilleras de liberación nacional y no en la estatua ecuestre ni en la misma historia oficial que fundara William Prescott (con un minuto de conquista 'supermánica' y trescientos años de *pax hispanica*).

La historia que comienza con los Reyes Católicos y el descubrimiento, para seguir con Pizarro y Cortés, la historia de la evangelización en las reducciones y concomiendas de indios, la del Santo Oficio y el Tribunal de la Santa Inquisición, la vida y milagros de los empolvados cuarenta virreyes y los republicanos enjuagues de los ciento cincuenta presidentes (ocho de ellos constitucionales), esa es la historia de los gobernantes y no de los gobernados; de esa historigrafía nace la vocación *hispana, ibero y latinoamericana*.

1.3. Raza y cultura - Clase y raza

Las teorías eurocentristas del siglo XVIII, sustentadas en una historiografía *racializada* (al amparo cómplice de la antropología), tras negar todo valor histórico al desarrollo de nuestras culturas, erigieron sobre sus despojos el más demencial monumento a su enciclopédico orgullo. Del liberalismo europeo de aquel entonces surgieron los ideólogos de nuestra independencia política así como las leyes estatutarias de estas nacientes repúblicas, ello, no por simple emulación de lo que ocurría en Europa sino por clara conciencia de que América estaba unida a ella por un mismo proceso histórico del capitalismo emergente. Por algo los criollos se abstuvieron de apoyar la rebelión de Túpac Amaru (1780-1784) cuando su 'república de indios' se alzó contra la 'república de españoles'.

Instaurada la República (de criollos), se plantea la antinomia 'civilización y barbarie', vale decir Europa vs. América; trampa semiótica que el etnocentrismo europeo traducía en 'blanco e indio' o 'blanco y negro'. Así pues, la república no cancela tales categorías sociales surgidas del modo de producción esclavista en sus relaciones de amos y esclavos; porque en la mente de muchos *ilustres* pensadores del siglo XIX se insistió en disfrazar los hechos sociales bajo factores *raciales,* falsificación de cuyos resultados nace esta crisis de identidad que hasta ahora padecemos.

El concepto de *negro* –insistimos–, es una categoría social nacida de la esclavitud africana en América; porque primero fue la esclavitud y después la discriminación racial. Pero la lucha de *razas* no elimina la lucha de clases sociales, por más que de la liza salga vencedora la *raza* oprimida. Esto lo recuerda muy bien Haití, primera 'República Negra' y primera nación latinoamericana en alcanzar la independencia política. Y también debieran recordarlo los *indigenistas* a ultranza, que hacen sinonimia de indígena e indio, sin considerar –por ejemplo– que la población haitiana, mayoritariamente negra, bien pudiera reclamar para sí ese indigenismo tras de poblar, defender y fecundar la misma tierra insular durante medio milenio.

1.4. El problema de la penetración cultural extranjera

1.4.1. De lo nacional y lo extranjero

Cuando nuestras jóvenes repúblicas sintieron la necesidad de elegir los símbolos representativos de sus valores culturales, aflorando los racismos latentes, se buscó *blanquear* en lo posible esa imagen nacional. Cuba recuerda burlonamente la gallega figura de 'Don Liborio', escogida como símbolo de cubanidad por la república mediatizada. Y todos recordamos también la ingrata tarea que voluntariamente se impusiera Eduardo Sánchez de Fuentes por ocultar la ascendencia africana en la música de Cuba, declarando pesaroso y dramático:

> Nosotros que nunca hemos negado la presencia del factor rítmico africano en nuestro folklore, estimamos, serenamente, que no debemos subvertir el verdadero concepto del mismo (...) Aceptamos su influencia, pero cuidémonos, a la hora

de utilizar diseños originarios para nuestras composiciones, de no dignificar, con nuestra elección, esos elementos, por interesantes que sean, porque corremos el peligro queriendo ser nacionalistas, de resultar exóticos y nos exponemos al aparecer como africanos, a que se nos acuse de lamentable extranjerismo (...) Aunque el vulgo guste de escuchar los cantos africanos, creo, firmemente, que es censurable caer en el error de hacerlos figurar en programas de conciertos llamados música nacional.

(Eduardo Sánchez de Fuentes: Conferencia en el Teatro Prado. La Habana. 13 de enero de 1927).

Otro tanto haría y diría en Lima y por la misma época el nacionalizado profesor peruano Andrés Sas, y al igual que Sánchez de Fuentes, su gratuito antinegrismo tendría en contrapartida un indigenismo proporcionalmente apasionado. La lista llega hasta el presente, porque en 1970 se publica un álbum con *"La Historia del Vals Criollo"* en cuyo folleto, el poeta peruano de turno dice del vals limeño ser una 'respuesta criolla a la extranjerizante presencia de la música negroide'.

Afortunadamente en estas mismas tierras nacieron los genios que pusieron las cosas en su lugar científico, ellos también forman larga lista que comienza con don Fernando Ortiz Fernández y continúa con don José Luciano Franco, Arthur Ramos, Alejo Carpentier, Emilio Roig de Leuchsenring, Idilio Urfé, Argeliers León, Paulo de Carvalho-Neto, René Depestre, Descoderes Dos Santos y baste como ejemplo. Igualmente, los infundios europeístas no impidieron que de las sobrevivencias africanas surgieran las bellas páginas que Gonzalo Roig, Amadeo Roldán y Alejandro García Caturla entregaran a la cultura universal; así como de las raíces nativas –azteca y quechua– asombraran al mundo los poemas sinfónicos de Carlos Chávez, Silvestre Revueltas y Daniel Alomía Robles. Todo ello sin mencionar al genial brasilero Heitor Villa-Lobos, que no por vanidad sino para demostrar el mito antropológico de la creación colectiva, pronunciara su rotundo: "¡El folklore soy yo!".

1.4.2. Tradición o ruptura

El maestro Daniel Alomía Robles (Huanuco, 1871 - 1942) es, a nuestro entender, el padre de la moderna música peruana. Su obra de investigación del acervo musical andino legó al Conservatorio Nacional más de seiscientas partituras de temas folklóricos debidamente clasificados y codificados. Su labor de compositor, recreador y arreglista, dejó a nuestra cultura más de trescientas obras que abarcan desde el preludio a la sinfonía, pasando por la ópera; citamos su *Himno al Sol* y su magistral poema sinfónico *Amanecer Andino*.

En 1912 y ante un selecto auditorio, Alomía Robles presentó el fruto maduro y sazonado de su obra creativa e investigatoria, marcando un hito en la historia musical del Perú. Tras viajar por América y Europa, al promediar los años veinte compuso una ópera titulada *El cóndor pasa*. Su libreto –de un coautor– ubicaba la historia en un asiento minero de los andes centrales, donde el ingeniero yanqui de la empresa seducía a una india, naciendo un niño rubio, como su padre. Andando el tiempo y ya mozo, el rubicundo joven se torna líder sindical de los explotados mineros, a los que rebela contra la empresa que dirige su padre. Estalla la huelga, viene la represión y en la lucha el hijo peruano mata al padre gringo.

El tema argumental y la fecha del estreno de esta ópera los consigna Jorge Basadre en su *Historia de la República del Perú*, la que estamos citando de memoria. Pero es lógico suponer que esta obra operática no fuera muy promocionada porque ya en esos años el capital norteamericano disponía a sus anchas de nuestros recursos naturales. Mejor fortuna tuvo el tema central de esta obra *El cóndor pasa* (en ritmo de pasacalle con fuga de huayno), pues en versión instrumental pasó a engrosar el repertorio de los conjuntos folklóricos y años más tarde el de las 'sopranos andinas' que seguían la escuela inventada por la exótica Ima Súmac (Emperatriz Chavarri), es decir, gorgoritos sin letra. En la década de los cincuenta nace en el Perú la industria del disco y *El cóndor pasa* se graba en decenas de versiones, orquestales y cantables. Una de estas placas debió llegar a manos del dúo "Simon y Garfunkel" porque en 1970 este binomio norteamericano le pone nueva letra y lo lleva a un disco de larga duración que vendió más de diez millones de copias. El resto de la historia y las múltiples versiones posteriores pertenecen ya al mundo del 'ranking', la 'discomanía' y sus misterios editoriales.

Pero lo importante de nuestra historia es que una canción nacida en los años veinte, en un contexto operático de inspiración andina, triunfe medio siglo más tarde entre los 'fans' europeos y yanquis de la música 'pop' quienes le atribuyen una autoría anónima, localidad imprecisa o 'cientos de años de antigüedad'.

1.4.3. La penetración cultural extranjera

Hemos tomado como ejemplo el caso de *El cóndor pasa* porque en él se dan todos o casi todos los ingredientes que entraña la problemática de la Nueva Canción Latinoamericana según el temario de este Foro: la difusión tradicional y los medios masivos, lo folklórico y lo culto, lo revolucionario y lo comercial, la forma musical y la forma poética... Curiosamente en los países que más se ataca el internacionalismo y la solidaridad, se fomenta un género de música 'internacional' que es la acaparadora en esos comercializados 'Festivales de la Canción' auspiciados por disqueras y radioemisoras en promoción a sus artistas exclusivos. A la juventud de nuestros pueblos se le ha inducido a identificarse con esa música, y cada generación la dice suya, y la pone por encima de su música nacional. Esta misma juventud considera 'extranjera' la música popular y folklórica de algún país vecino. Y es que en el juego de valores impuesto, la música 'internacional' –por mala que ella sea, y en muchos casos lo es– tiene el raro privilegio de un internacionalismo *per se*. En cambio ninguno de sus *fans* consideraría internacional los mundialmente conocidos "Alma llanera", "Sombras" o "Guadalajara". Así pues y gracias a los 'hits' discómanos, musicalmente hablando, Latinoamérica es un conglomerado de países 'extranjeros' que consumen una misma música 'internacional'.

[Ver Libro 1. Décima "Radioemisoras" (09 de mayo de 1962)]

2. Forum Internacional sobre la Nueva Canción

[Ponencia presentada en 1º Festival Internacional de la Nueva Canción. 24, 25 y 26 de noviembre de 1982. Varadero – Cuba].

2.1. La Nueva Canción y la realidad social

Ayer tarde, dialogando con algunos compañeros en este ameno ambiente de festival que ya se vive en Varadero, al abordar como tema obligado la problemática de la Nueva Canción, alguien emitió esta cita axiomática:

> No hay pueblo antimusical,
> antimusical es el medio...

En el acto me planteé una serie de variantes bajo la misma premisa, como por ejemplo:

> No hay pueblo arrítimico...

o bien:

> No hay pueblo antipoético...

Dándome como respuesta que lo 'anti', es decir la causa negativa, en todo caso radica en el medio. Porque ocurre que yo provengo de un país de Nuestra América donde el pluralismo cultural nos ha dado el privilegio de ser una síntesis de todo el Continente en su variedad y riqueza; pero también ello ha permitido que emerjan teóricos de nuestra cultura, que, parcelándola en feudos etnográficos, evacúen dogmas etnocentristas, permeados de racialismo, entre cuyos tópicos el negro es 'rítmico, pero no melódico'; el indio es 'lírico, pero inarmónico', el blanco es 'melódico, pero arrítmico', y otra serie de bobadas de igual calibre.

Lo más grotesco del caso estriba en que nuestro pueblo, alienado, trata de ajustarse al patrón cultural que proponen los teóricos a cada color de piel. Y muchos lo logran, para beneplácito de tales pontífices, que miran con orgullo y suficiencia la actitud de sus estereotipos, acorde con sus planteamientos 'científicos'.

Así, en repetidas ocasiones, dirigentes culturales de instituciones andinas pidieron públicamente que se prohibiera a los artistas costeños el cantar huaynos quechuas porque su falta de autenticidad interpretativa atentaba contra su patrimonio cultural. A su vez, las autoridades capitalinas siempre pusieron obstáculos al folklore andino para sus presentaciones en teatros de categoría, televisión y giras al exterior, tales como el previo examen de una Comisión Calificadora, a la que en cambio nunca tuvo que someterse la música costeña. Finalmente, con la revitalización y comercialización del folklore negro, se da un flamante cantar que deviene de las citadas teorías racialistas:

> Si me tocan un festejo
> un landó o un alcatraz,
> el blanco se queda lejos
> porque no sabe meneá.

¡Tú no me gana a meneá!
¡Yo sí te gano a meneá...!

Así hemos vivido, incomunicados cultural y socialmente los pobladores de un mismo país, apenas identificados por los colores de una misma bandera patria. Mis primeros cantos datan de los años cuarenta, pero no será hasta 1961 que surjan mis primeros esfuerzos por adentrarme en el corazón del pueblo andino, y lo hice en un tono desesperado, casi suplicante:

> Hierve con sordo murmullo
> la sangre en tu pecho estoico
> mientras altivo y heroico
> va solitario tu orgullo.
> Quiero luchar por lo tuyo
> como que si mío fuera.
> Déjame gritar siquiera
> tus tristezas en mi canto.
> No tiene puertas tu llanto
> pero penetrar quisiera...
>
> (Décima "Indio" *, 1961)

[Ver Libro 1. Décima "Indio" (02 de junio de 1961)]
Obviamente, esas puertas no se abrieron de inmediato, pero al menos logré que otras voces se unieran a la mía en otras canciones sobre el mismo tema (y alguna, con igual título). Pero lo que nunca se me hubiera ocurrido en esos años sería tratar de tañer una quena o pulsar un charango en mi afán por acercarme al indio. No, a mí me hubiera resultado inadmisible dados los tabúes imperantes.

De ahí que en nuestro caso particular, resultara totalmente desalientante ver años más tarde (1974) y en plena Cuba al grupo Moncada tañendo quenas y antaras en Victoria de las Tunas, ante mi grupo 'Cumanana', y luego al otro grupo cubano, Manguaré, haciendo linduras con el charango y la tinya en el encuentro 'Un Cantar del Pueblo Latinoamericano' que terminó en un fraterno guateque propiciado por la recordada compañera Haydee Santamaría.

Más tarde me enteraría que estos grupos cubanos recibieron ese aporte andino gracias al grupo Quilapayún, durante su estancia en Chile. A su vez, Quilapayún incorporó tal repertorio musical e instrumentístico como parte de su trabajo en la creación de la Nueva Canción Chilena, en cuyos orígenes se nutrió del folklore andino, recreándolo.

Ese mismo año de 1974, retornó a su patria el músico y arreglista Celso Garrido Leca, que tras positiva labor realizada en Chile con los grupos Quilapayún e Inti-Illimani hasta el golpe fascista que derrocó el gobierno del compañero Allende, llegaba a Lima para hacerse cargo de la agrupación "Tiempo Nuevo", del Instituto Nacional de Cultural del Perú. La tónica que entonces le imprime Garrido Leca a dicho grupo influye luego en otras agrupaciones y talleres de la Nueva Canción. Pero ya la situación política que vive el país no permitirá mayores logros, al menos a nivel oficial, pues el gobierno militar se deteriora rápidamente hasta que surge otro golpe militar a fines de agosto de 1975.

A partir de entonces hay una marcada bifurcación: de un lado están los esfuerzos combinados de poetas y cantantes profesionales por lograr definitivamente una Nueva Canción Peruana; y del otro, cantautores surgidos de los grupos y talleres disgregados.

2.2. El creador y su contexto

Los cantores que hemos empezado a partir de la más ortodoxa tradición trovadoresca, tenemos como principal herramienta la voz y como vital mecanismo creativo la improvisación repentista. Luego, el ejercicio cotidiano de dirigirnos a un público presente, nos permite ejercitar una suerte de sintonía energética con el auditorio, cuyo flujo y reflujo nos va afinando el canto de la justa medida y a la exacta exigencia de nuestra audiencia, por muy numerosa y heterogénea que ésta sea.

Yo podría asegurar que mi canto ha ido creciendo en la medida que el mismo pueblo esperaba, exigía y recibía más y más de mí. También tengo la certeza que mi pueblo crecía a la par que hacía crecer mi canto. Y cuando un poema estrenado parecía estar por encima de su entendimiento colectivo, lo pedía velada tras velada, hasta asimilarlo y digerirlo, verso a verso, o hasta lograr que yo enmendara algún pensamiento oscuro o abstruso. Puedo afirmar que entre el pueblo y yo hemos hecho más de una creación conjunta. Por algo afirma don Dámaso Alonso, actual Presidente de la Real Academia de la Lengua Española, que el lector o auditor es un artista que da el toque final al poema con su lectura o audiencia interpretativa.

Pero si el mayor encanto está en cantarle a los compañeros de lucha e infortunios, ya que este es un serio ejercicio, participacionista, como creo haberlo expresado líneas arriba, otro encanto —en el sentido mágico de la palabra— hay en doblegar a un público adverso a nuestro mensaje por enemigo de nuestra causa. Desde que subes al estrado recibes la bofetada eléctrica de su rechazo. Si no estás bien parado, si no has subido al escenario con toda la fuerza que te da tu pueblo, esta masa burguesa (humana después de todo) lo advierte y podrá contigo hasta enmudecerte. Pero si estás en todo tu ser cancionero, en vena trovadoresca, primero asimilarás toda esa energía negativa descargada contra ti y luego se la devolverás a ellos en tu canto: "golpe a golpe", como decía Machado y "verso a verso" como repite en su vibrante trova Joan Manuel Serrat. Y terminarán aplaudiendo las verdades como puños con que has golpeado en sus conciencias. Sí, aplaudiendo frenéticamente, como encantados. Y a ese encanto es al que me refería.

Es claro, luego querrán comprar tu canto y si no te vendes tratarán de enmudecerlo, de silenciarte por todos los medios. Pero como dije al comienzo, los trovadores de verdad no necesitamos más medio de comunicación que una buena voz y un poco de viento que lleve nuestras coplas como palomas mensajeras de esperanza y de paz. Palomas de vuelo popular, al sentir de mi 'carabela' Nicolás Guillén.

2.3. La Nueva Canción y las luchas sociales

Para pronunciarme sobre este tema, no encuentro nada más apropiado que estas décimas intituladas "El Canto del Pueblo" y que en ningún modo pretenden ser una receta o fórmula para Nueva Canción alguna. En todo caso tómense como una muy personal suerte de 'Arte Poética' de éste su servidor. Gracias.

[Ver Libro 1. Décima "El Canto del Pueblo" (1975)]

VI. AMÉRICA Y SUS JUGLARES (1985)

[Nicomedes tuvo la intención de llevar a un libro su serie de radio "Juglares de nuestra América". Lamentablemente este es uno de sus tantos proyectos no finalizados. Únicamente el capítulo 8 puede considerarse redactado y revisado por el autor. Los capítulos 1, 2 y 7 los mostramos tal y como los encontramos. El resto han sido confeccionados tomando como base guiones de radio y anotaciones de Nicomedes].

1. ROMANCES DE ESPAÑA EN AMÉRICA

Don Ramón Menéndez Pidal, en su conocido estudio *Los Romances de América* –editado en Madrid en 1939– refiere que: "Al empezar el siglo actual, la existencia de una tradición de romances en América era cosa completamente desconocida". Y añade: "En 1900 publicaba Menéndez Pelayo su copiosa colección de romances conservados en la tradición actual (española), y respecto a América se tenía que limitar a la afirmación de José María Vergara".

El afrancesado escritor colombiano, José Mª Vergara y Vergara, en su "Historia de la literatura en Nueva Granada" –publicada en Bogotá el año 1867–, hablando de los romances nuevos que componen los llaneros colombianos, decía: "indudablemente tomaron la forma de metro y la idea de los romances españoles; pero desecharon luego todos los originales, y compusieron romances suyos para celebrar sus propias proezas".

Son incontables las versiones americanas del viejo romance "La Ausencia" recogido originariamente en el "Romancero Español":

–Vuestro marido, señora,
decid ¿de qué señas es?
–Mi marido es mozo y blanco,
gentil hombre y bien cortés...

Bajo el nombre "Las señas del marido" lo recoge Espinosa en California (USA) y Vicuña Cifuentes recoge otra, que procede de Chile como "El reconocimiento del marido". En Cuba se le conoce por "Las señas del esposo", al igual que en Perú. Venezuela, Santo Domingo, México, Puerto Rico y Argentina, tienen versiones de este romance español bajo el título ya citado "Las señas del marido".

Con toda razón se sorprende don Ramón Menéndez Pidal en artículo que publica en la revista "Cultura Española" allá por el año de 1906, de que Agustín de Azara, en su "Descripción del Paraguay y Río de la Plata" –publicada en Madrid, 1847– hablando de los cantos de los campesinos españoles y no españoles de esos países, tampoco conoce ningún romance, pues dice Azara: "...en cada pulpería hay una guitarra, y el que la toca, bebe a costa ajena, cantan *yarabís o tristes*, que son cantares inventados en el Perú, los más monótonos y siempre tristes, tratando ingratitudes de amor y de gentes que lloran desdichas por los desiertos".

Adolfo Valderrama, en su "Bosquejo de la poesía chilena" –editado en Santiago de Chile en 1866–, hablando del romance popular llamado allí *corrido* (o *corrío* como dicen en Andalucía) dice que éste es "un pequeño cuento o poema de género descriptivo, en que se refieren hazañas de un *roto* o se pintan las novedades del pueblo".

Así y durante todo el siglo XIX, la mayoría de cuantos trataron la poesía popular americana dejaron constancia expresa o tácita de la ausencia total de una tradición ligada a los primeros colonizadores españoles. Tan sólo don Marcelino Menéndez y Pelayo en su ya citada colección de romances daba noticia del filólogo colombiano: Rufino José Cuervo, quien –a diferencia de su paisano José María Vergara– aseguraba en 1874 haber oído en un valle de los Andes a un inculto campesino que recitaba romances de *Bernardo del Carpio* y de los *Infantes de Lara*. Esta noticia picó la curiosidad de don Ramón Menéndez Pidal y en 1898 escribió a Rufino José Cuervo para que le ampliase la información, cumpliéndose la petición en carta del 4 de junio de 1906, que entre otras cosas decía: "Habrá unos cuarenta años que en una excursión por el valle de Tensa, el nordeste de Bogotá, tropecé con un señor llamado don Manuel González... la gracia de este señor consistía en saber infinitos versos y no tardé en tocarle la tecla. El no se hizo de rogar, y comenzó a recitar antiguo y moderno, propio y ajeno. Díjome que lo antiguo lo sabía de su padre, que no sabía leer... Después de estar con él como cuatro horas, sin que cesara en su recitación, le dije que ya se le iría agotando su caudal, a lo que respondió: Puedo seguir hoy y mañana y pasado mañana, y aún me quedará qué recitar".

Comenzaremos, pues, por definir a nuestro protagonista: designado con un nombre específico en cada región del continente, se le llama "payador", "pueta", "huapanguero", "coplero", "mejoranero", "sonero", "decimista", "trovero", "metrista", "decimero", "repentista" o simple y llanamente cantor o cantador. Nuestro personaje deviene del europeo *trovador:* ese poeta que surge en la Edad Media y que cuenta una historia, fábula o conseja amorosa en los versos que compone. Versos bien medidos y rimados, pero que por ser además cantados reciben el nombre de *trova,* llamándose por extensión *trovador* a su artífice. El trovador ofrecía sus *trovas* gratuitamente en recitales y torneos poéticos. Habiendo casos –como el del Rey Alfonso X, El Sabio– en que el trovador entregaba su obra a los *juglares* para su pública difusión. Los juglares sí se lucraban del arte trovadoresco, convirtiéndolo en profesional *juglaría*.

La lengua del trovador era el *romance* en todas sus modernas derivaciones del latín (como el provenzal, español, etc.), y su forma poética por excelencia fue el romance La colección o cancionero de romances recibe el nombre genérico de *Romancero*. Las primeras colecciones de romances castellanos aparecen en el siglo XVI y recogen la obra anónima nacida a partir del siglo XIV e inspirada en los cantares de gesta; como éste que dice:

> Madre la mi madre,
> el mi lindo amigo
> moriscos de allende
> lo llevan cativo,
> cadenas de oro
> candado morisco.
>
> Ay que non hay
> ay que non era
> mas ay que non ay
> quien de mis penas se duela...

El encuentro de estos viejos romances españoles que todavía se cantan en América y que son los mismos que llegaran en boca de los primeros colonizadores que salieran de España a fines del siglo XV y principios del XVI, cuando el romancero peninsular estaba en su furor merced a la revitalización que inyecto al decadente romance viejo el nuevo romance juglaresco, renovando la línea tradicional con su perfeccionamiento literario y modernizando las motivaciones en su tránsito de lo particular épico a lo más general y novelesco. Menéndez Pidal siempre estimó que "el caudal de la poesía tradicional española se manifiesta más arcaico y puro en América que en España".

Esta mejor conservación y pureza del cancionero tradicional español en América –según Luis Santullano– responde a un fenómeno análogo al comprobado entre los *sefardíes*, por el hecho de haber salido también de España cuando aún florecían en los labios castellanos muchos romances viejos. El núcleo del hábeas romancesco sefardí lo forman actualmente los romances antiguos anteriores a su expulsión por los Reyes Católicos el 31 de marzo de 1492. A ellos se unen romances posteriores, llegados a los sefardíes a través de las migraciones de los criptojudíos de los siglos XVI y XVII, y aun nuevos romances específicos sefardíes a imitación de los hispánicos.

Desde tiempo muy remoto la tradición judía había identificado a España bajo el topónimo bíblico de *Sefarad*, y como el gentilicio español de este étimo hebrero es el de *sefardí*, así se llamó al judeoespañol. Estos judíos radicaron en solar hispano desde inicios de la Edad Media hasta su expulsión al final de la misma. Por estos mil años de hispanidad, aunque el éxodo los lleva por todo el mundo será siempre el español la lengua de la comunidad sefardí los cinco siglos siguientes, corridos hasta la fecha.

Es posible que los sefardíes llegaran al Nuevo Mundo con los primeros colonizadores, ello, pese al celo de los Reyes Católicos, expreso tempranamente en las instrucciones que imparten a Nicolás de Ovando (Gobernador de La Española) el 16 de septiembre de 1501, y que dicen:

> Nos, con mucho cuidado abemos de procurar la conversión de los indios a Nuestra Santa Fe Católica, e si allá fueran personas sospechosas en la fe a la dicha conversión, podría dar algún impedimento, non consentiréis ni dareis logar que allá vayan moros, nin xudios, nin erexes, nin reconcyliados, nin personas nuevamente convertidas a nuestra Fe, salvo si

fuesen esclavos negros que hayan nacido en poder de cristianos...

Pese a todo, ya para el año 1569, una carta del Cabildo de Santo Domingo anuncia que ordinariamente entran enla isla 1.500 a 2.000 moros al año. Seguro que estos moros y moras (y también moriscos) fueron introducidos clandestinamente por los traficantes portugueses. Pero no olvidemos que tras la expulsión de los sefardíes se asilaron inicialmente en el Norte de África y en la vecina Portugal, donde bautizados de buena o mala gana permanecieron 26.000 judíos y ya en el siglo XVII se decía que medio Portugal era judío y la tercera parte de España. De Portugal migraron a Turquía, ¿y por qué no a también América?

Escuchando con atención los versos que figuran en un "tondero" peruano (advirtiendo que el tondero es canción danzaria nacida en la costa norte del Perú a mediados del siglo XVII y conservada tradicionalmente hasta la actualidad):

> Yo me enamoré del aire,
> del aire de esa mujer...

Resulta sorprendente la comparación con otra canción *sefardí* de título "Yo m´enamori d´un aire":

> Yo m´ enamorí d´un aire
> D´un aire d´una muger,
> D´una muger muy hermoza
> Linda de mi coraçon.

Pero no debe atribuirse a la coincidencia de casos aislados. Esto es lo que se conoce con el nombre de tradicional oral. No hay rima alguna, porque el segundo verso agudo termina en "er" y el cuarto acaba en "on". En cambio la versión peruana, dice:

> Yo me enamoré del aire,
> del aire de esa mujer,
> como mi amor fue del aire
> en el aire me quedé...

Y aquí, además de la rima la copla tiene sentido, haciendo un retruécano del "aire": como donosura y como viento. En conclusión, ¿cuál es la versión original...? Nos parece a todas luces que la peruana, pero su origen debe haber sido español, pues tenemos más versiones en Hispanoamérica, como ésta de Panamá:

> Yo me enamoré del aire,
> del aire de una mujer,
> mujer que con verla tanto
> tanto me hace padecer...

Los dos primeros versos se conservan más o menos inalterables en todas las versiones, variando notablemente los dos últimos. No conocemos versión española de esta copla, pero debió haberla habido. Y hasta pudiera ser la diáspora *sefardí* el vehículo que llevara al Nuevo Mundo. En tal caso, a la teoría de don Ramón Menéndez Pidal sobre la mayor pureza y antigüedad con que se conserva en América la poesía tradicional española, podríamos añadir que la comunidad *sefardí* supera a la hispanoamericana en lo arcaico, mas no en lo puro del cancionero popular español, empezando por una temprana manipulación para descristianizar el romancero, con todo un proceso de erosión o sustitución de expresiones y términos que pudieran suponer su adhesión a creencias cristianas o participación en tales devociones.

Si el sefardí se aferra durante su exilio al romance como baluarte de su identidad cultural judío-española, el hispano colonizador de América, desde el inicio, hace otro tanto. Conocido es el pasaje que cita Bernal Díaz del Castillo en su "Historia verdadera de la conquista de la Nueva España" cuando un tal Alonso Hernández Puertocarrero, aludiendo a la gente de Grijalva, recita a Hernán Cortés el comienzo de un romance de Montesinos, que dice:

> Cata Francia, Montesinos
> Cata París la ciudad
> Cata las aguas del Duero
> Do van a dar a la mar...

A lo que Cortés, entendiendo la advertencia, respondióle con dos versos de otro romance de Gaiferos, que dicen:

> Dénos Dios ventura en armas
> como al paladín Roldán...

Aunque Cortés, para tal respuesta, ha necesitado cambiar el tiempo y la persona, pues el original dice:

> ... déte Dios ventura en armas,
> como al paladín Roldán,
> porque vengases, mi hijo,
> la muerte de vuestro padre:
> matáronlo a traición
> por casar con vuestra madre...

Pero a la par de esas evocaciones del viejo romancero surgirá un romancero indiano creado por los mismos conquistadores a manera de *crónicas rimadas*. En muchos casos, su valor literario estará por debajo de su valor testimonial, pues se describen hechos de primera mano por testigos oculares de los mismos por quienes se dieron maña para alternar el manejo de la tizona y la pluma con la misma habilidad.

La primera crónica rimada escrita en el Nuevo Mundo data del año 1538, se titula "Relación de la conquista e descubrimiento que hizo el gobernador don francisco piçarro en demanda de las provincias y reynos que agora llamamos Nueva Castilla", y su autor es Diego de Silva, natural de Ciudad Rodrigo (Salamanca), hidalgo y perteneciente a una familia ilustre en las letras españolas, llegó al Perú con Hernando Pizarro en noviembre de 1535.

El historiador Ticknor juzga este 'cronicón' rimado como obra digna del más rudo de los soldados de Pizarro. En tanto que Marcelino Menéndez Pelayo la califica de "conjunto bárbaro y desapacible", desde el punto de vista literario, pero encuentra que es anterior a "La Araucana" de Alonso de Ercilla (escrita desde 1569 y publicada completa en 1580) "y por consiguiente –agrega Menéndez Pelayo– es el primogénito, aunque enteco y raquítico, de la interminable familia de poemas históricos de asunto americano". Añadiendo don Raúl Porras Barrenchea: "los datos que conserva sobre los viajes y el itinerario de Pizarro son de primera mano. No puede prescindirse de ellos en una historia del descubrimiento del Perú".

2. Nuevo mester andino: del harawi al yaraví

Para la imaginación febril de Cristóbal Colón, las tierras por él descubiertas a partir del histórico 12 de octubre de 1492, no eran otra cosa sino el Paraíso Terrenal, "una tierra de gracia...", cuya vista por su esplendente hermosura cautivaba el corazón, y bajo ese ensueño le escribía a los Reyes Católicos luego de contemplar las maravillas del paisaje insular antillano y las costas caribeñas de Paria y la impresionante desembocadura del gran río Orinoco. Fue así, extasiado y pleno de emoción, cuando llamó a las comarcas que ante sus ojos se extendían: "esta tierra de gracia...".

Cuando el conquistador cruzó los mares para ocuparlas en nombre de Su Majestad Católica, creyó descubrir un nuevo mundo; mas no tenía noticias de que allí, y a lo largo y ancho del Continente existieran ya muy avanzadas culturas y civilizaciones milenarias. Y en realidad, ese mundo totalmente desconocido para él, contaba con sus instituciones y era tan viejo como aquel desde el cual provenía. Un mundo que tenía ya su historia, su propia vida dentro del contexto y proceso de las más antiguas culturas del universo: gobierno, legislación, división del trabajo, idioma, religión, cosmogonía, educación, artes...

Volcándonos entonces en el asunto que nos ocupa surge la pregunta: ¿Existieron juglares y trovadores indígenas en las culturas precolombinas del Nuevo Mundo...? La respuesta es afirmativa, y por obvias razones. El Canto, la Danza y la Poesía han sido necesarios al hombre, para su sobrevivencia y desarrollo, desde el alba misteriosa de su más temprana historia.

En el México precolombino los trovadores aztecas recibían el nombre de "cuycapicque" o *componedores de cantos,* y eran asalariados de los templos para alabar a los dioses; lógicamente, estos trovadores profesionales se expresaban en lenguas del tronco *nahuatl.*

Parece ser que el más grande de los trovadores aztecas fue Netzahualcoyotl, rey de Tezcoco en el siglo XV, cuyo casamiento con la princesa de Tlacoyan dio origen a grandes fiestas que se prolongaron por 80 días.

Los antiguos pueblos de lengua y cultura nahuatl dieron origen a grandes civilizaciones, entre ellas está la tolteca y posteriormente la azteca, influida esta última directamente por la primera. La poesía nahuatl (que fue hecha para ser cantada siempre), mantuvo temas muy diversos: la historia, la mitología, los acontecimientos recientes, la educación, la moral, etc., en un estilo que en ocasiones fue festivo y sarcástico, como en este "canto de ahuileros" que es una especie de comparsa carnavalesca en la que el cantor se burla de su suegra:

Iguanita, iguanita
no me impidas el paso
porque me mirará mi suegra;
cual buena fuera tu suegra,
nalgas como calabaza amarillenta
tiene tu suegra...

La otra gran civilización en la América Precolombina fue el Tawantinsuyu o Imperio de los Incas, extendido desde el Sur de Colombia hasta el río Maule, en Chile; abarcando las actuales repúblicas de Ecuador, Perú y Bolivia, además del noroeste argentino.

El trovador del incario se llamaba *amauta*, que quiere decir "sabio prudente". El amauta era un funcionario perteneciente a la nobleza incaica o adscrito a ella. Debía componer cantos en elogio del Inca e historizar las hazañas de sus antepasados para recitarlas en ocasiones solemnes. El amauta era un cronista cortesano que contribuía a la conservación y difusión de las tradiciones; un filósofo que se hallaba familiarizado con la observación de los astros y la religión oficial del imperio: el culto al Sol (Apu Inti) de quien el Inca se decía hijo. En cada solsticio de verano se celebraba la Fiesta del Sol o "Inti Raymi" ocasión ésta en la que el amauta entregaba sus versos al sumo sacerdote o *Villac Umu*, que así se expresaba en la lengua oficial del imperio: el *quechua o runa simi*.

Entre las ceremonias cívicas una de las más solemnes era el *Saludo al Cuzco*, programado en determinadas fechas. Por ser capital del vasto imperio y sede oficial del Inca y su corte, cada cierto tiempo acudían al Cuzco los altos funcionarios y personalidades de las cuatro regiones en que estaba dividido el imperio del Tawantinsuyu (Tawantin: cuatro + Suyo: regiones). Y lo hacían para aclamar a la gran metrópoli y cantar en alabanza del Sapan Inka. Ante las puertas del Cuzco (Qosqo: ombligo del mundo) todo ser viviente, fuera cual fuera su rango, estaba obligado a hincarse y pronunciar el siguiente saludo:

¡Qosqo!	¡Cuzco!
¡Mama Llacta!	¡Ciudad Madre!
Apu Inti pakariskan	Donde el Dios-Sol nació
Sapan Inka camachiskan:	Y donde el Inca reina:
¡Nappaycuykin!	¡Yo te saludo....!

Gracilaso de la Vega en sus "Comentarios Reales de los Incas", dice: "...supieron hazer versos cortos y largos, con medida de sílabas: en ellos ponían sus cantares amorosos con tonadas diferentes". La traducción de estos versos del quechua al castellano se aproxima a la forma de los romancillos, y así lo apreció el cronista Pedro Cieza de León cuando refiere lo que oía en el Perú: "... saben contar por buena orden cada cosa de lo pasado, como entre nosotros se cuenta por romances y villancicos.... Y estos indios, que por mandato de los reyes sabían estos romances, eran honrados por ellos y favorecidos, y tenían cuidado grande de los enseñar á sus hijos y á hombres de sus provincias los más avisados y entendidos que entre se hallaban; y así, por las bocas de unos lo sabían otros, de tal manera, que hoy dia entre ellos cuentan lo que pasó ha quinientos años, como si fueran diez".

Pero la trova más sentida, desgarrada y doliente que haya brotado de un pecho andino es el harawi: elegía, endecha o lamento que entonaban por última vez los condenados a muerte, los sentenciados a suplicio o a ser desterrados por orden del Inca. El harawi fue el triste adiós del desgraciado.

La conquista del Imperio de los Incas a cargo del grupo de castellanos que comanda Francisco Pizarro, se inicia en 1532 con la captura del Inca Atahualpa en la plaza de Cajamarca. Simultáneamente, y a la par con los hechos de armas, se va desarrollando en los Andes una lucha religiosa entre los adoradores del Sol (Apu-Inti) y los sacerdotes cristianos. Las huacas milenarias retrocedieron ante el empuje arrollador de estos peregrinos con aureola de santidad. El ocaso definitivo del sol de los incas era inevitable: los santos del Corpus cristiano tomaron al asalto la plaza de Cuzco (Waqaypata) y derribaron sus ídolos por tierra. Así nació el Corpus en el Cuzco; que aún a finales del siglo XVIII y según el cronista Ignacio de Castro, era la fiesta religiosa que no tenía consonante en América.

El primer Corpus Cuzqueño fue grandioso. Tenía que opacar a la esplendorosa fiesta del Sol, demasiado fresca y vívida en el recuerdo de los indios del Imperio. Ciento diecisiete imágenes tomaron posesión de la sagrada plaza. Habían venido de muy lejos, salvando a lomo de mula los contrafuertes de la cordillera en todo ese vasto ámbito geográfico que hasta apenas cinco años atrás había sido el Imperio del Tawantinsuyu y que ahora era el gran Virreinato del Perú. Así pues, el Corpus Cuzqueño contó con la Virgen Peregrina de Quito; la Virgen de Cocharcas, San Lorenzo de Tucumán, y otras muchas imágenes.

Nacía así un "Nuevo Mester de Clerecía" en el Nuevo Mundo. Esta evangelización de indios desde la primera mitad del siglo XVI, estuvo a cargo de tres congregaciones religiosas: franciscanos, dominicos y mercedarios. Muy pronto se sumarían a ellas los jesuitas y más tarde los agustinos. Fueron estos evangelizadores quienes llevaron las sagradas escrituras a las lenguas nativas, adetrándose previamente en su aprendizaje, dominio y gramática. En 1560, el fraile andaluz Domingo de Santo Tomás descubrió la estructura de la lengua quechua –o runa simi, como le llamaban los incas– creando una grafía para sus vocablos al publicar en Valladolid los primeros "Arte y Vocabulario" de la lengua general del Perú. Este dominico no sólo dio el primer Arte o Gramática de la lengua hablada por los Incas e incomprendida por los conquistadores, sino la primera lista de palabras con sus equivalentes castellanos, y bautizó el *Runa Simi* incaico con el nombre de *quichua,* que se ha conservado hasta la fecha con algunas variantes fonéticas u ortográficas. Presto nacieron villancicos en quechua para catequizar a los pequeños:

Haku pastor puririsun	Vamos pastor, vamos caminando
Belen niskan portallata	vamos hacia el Portal de Belén
Belen portal nisqallampis	dicen todos que en tal sitio
Diospa churin suyawanchis	nos espera el Hijo de Dios"

Tal como lo hemos planteado al comenzar el presente capítulo, hubo un canto nativo precolombino que desde los primeros momentos de la conquista va siendo desplazado por las formas musicales europeas; aunque resistiéndose a desaparecer, en un largo proceso de asimilación y rechazo que aún no ha terminado. Con el colonizador peninsular llega el negro africano para sufrir larga esclavitud. Aunque desnudo y encadenado, trajo consigo esa irreductible aptitud para el canto en todas sus instancias y lenguas, tan propia de las culturas negroafricanas.

Los trovadores y juglares del África Negra eran verdaderas "bibliotecas vivientes" que en las sociedades ágrafas cumplían la honrosa misión de ser la *memoria del grupo* y conservar la tradición y mantener la continuidad histórica de cada nación o grupo étnico.

A las congregaciones religiosas del Nuevo Mundo, la evangelización del negro les resulta fácil, rápida y provechosa. Sin mucha exageración, podría decirse que la Iglesia de la colonia descansa sobre los hombres del pueblo negro. Organizado en *cofradías,* esclavos y libertos edificarán los templos, cargarán las andas, pedirán limosna para la iglesia y trabajarán las tierras labrantías de las congregaciones.

Pronto surgirán los milagros a favor del pueblo negro. En las afueras de Lima, en el año 1650, un negro de casta angola pinta sobre un muro de su cofradía de Pachacamilla una imagen de Cristo en la Cruz. En 1655 un fuerte terremoto abate las fuertes construcciones, dejando incólumne el débil muro de adobe. Nace así el "Cristo de los Milagros" o "Señor de los Temblores", Cristo Moreno que hasta ahora se venera y su culto se ha extendido desde Lima hasta Nueva York.

Una réplica del Cristo de Pachamilla fue llevada al liienzo y, tras enmarcarla en plata maciza, fue colocada en unas sólidas andas. Desde tiempo inmemorial esta procesión recorre las calles limeñas en el mes de octubre, a hombros de la Hermandad del Señor de los Milagros, mientras las "hermanas" que preceden la imagen aroman el ambiente con sus sahumerios y sus cánticos al Señor.

Más de un millón de personas siguen su recorrido en cada año, los días 18, 19 y 28 de octubre. Espectáculo impresionante, sencillamente inolvidable resulta ver las andas del Señor de los Milagros navegando sobre ese mar humano, teñido de un morado casi uniforme por los hábitos nazarenos de la Hermandad. Porque los negros enseñaron a "bailar" al santo, bamboleándolo acompasadamente al ritmo de la música.

Para el adoctrinamiento de indios y negros en Hispanoamérica enviaba España a los evangelizadores un Cancionero a lo Divino que coadyuvara al mejor cumplimiento de su cometido. El mismo clero indiano participaba también en el montaje de esa suerte de teatro popular que escenificaba la lucha de "Moros y Cristianos":

>Rey Moro:
>¿Pero qué cajas son esas?
>¿qué quieren de mi rigor?
>¿Probar el fuego que sale
>de mi ardiente corazón...?

> Embajador Moro:
> Música de los cristianos
> que nos atacan, señor.

Así empieza un libreto de "Moros y Cristianos" recogido por el padre Rubén Vargas Ugarte en "Nuestro Romancero" (Lima 1958, IIª Serie, pp. 131-3). El fragmento que transcribe –hallado en los archivos de la Biblioteca Nacional del Perú, de la que Ugarte era director– lleva una nota al pie, en la que Vargas Ugarte, dice: "Parte del baile escenificado, bastante común en el Perú, que se conoce bajo el nombre de "Moros y Cristianos". El Bernardo que aquí figura es Bernardo del Carpio, héroe legendario que luchó con los franceses en Roncesvalles y tenazmente con los moros".

> Mahometo:
> Bernardo, ciego y ufano
> incauto, torpe, atrevido,
> tu brillo hoy será del moro
> con este acero abatido.
>
> Bernardo:
> Yo, Mahometo cobarde,
> he de hacer que tu osadía
> se convierta en el silencio,
> pues todo en mi valor fía.
> En tus manos, con unción,
> Soberana siempre nuestra
> como humilde me encomiendo:
> échame la bendición
> para que al pie, gran señora,
> de tus banderas logremos
> ver las luces otomanas
> convertidas en cristianas,
> por castigo a su despecho.

> A ti, divina Mercedes,
> de la gracia claro espejo,
> acójeme en tu manto
> para que por fin logremos
> convertirlos en cristianos
> a esos moros del infierno...

Bajo el nombre genérico de *Moros y Cristianos* se incluyó otra faceta del teatro popular, cual fue la dramatización de *Carlomagno y los doce Pares de Francia*. En el Nuevo Mundo ocurre con ella un curioso proceso de difusión. Sobre todo cuando –tras desaparecer al término del coloniaje– resurge en las haciendas y poblaciones rurales en tiempos republicanos, a iniciativa del propio campesinado, aunque bajo los auspicios del terrateniente y con la anuencia del clero local.

La autoridad local permitía y estimulaba al pueblo a participar en los grandes actos públicos, laicos o religiosos: entrada de un nuevo Virrey, nacimiento de un príncipe en España, coronación de un nuevo monarca en la metrópoli, Corpus Christi, Navidad, Día de Reyes, etc. Pero este protagonismo del pueblo indio, negro y mestizo nunca hubiera sido posible sin el aporte de las culturas ancestrales de nativos y africanos, siempre atentos a la más mínima oportunidad de potenciar sus valores autóctonos; agredidos por la deculturación colonialista.

El incaico *harawi*, lamento desolado del sojuzgado *mitmac* desterrado por el Inca, resurge en la colonia convertido en *yaraví*, canto del mestizo patriota que oculta bajo aparente endecha amorosa su verdadero llanto por la perdida libertad.

Y al lado de este redivivo trovador andino, se yergue el negro trovador americano: fundiendo en su nuevo acento al *griotl* senegalés con el juglar castellano, crea su propia fórmula musical, que es el socabón.

3. Romances de España y de América

Una de las características del viejo romance español cantado en la actualidad, es su interpretación *a capella o a palo seco* –es decir, a viva voz, sin acompañamiento de instrumento musical alguno. Otras características serían su mejor conservación y pureza en poblaciones rurales muy aisladas, además de sus múltiples versiones regionales, con notables variantes melódicas y sensibles alteraciones y mutilaciones literarias. Estas mismas vicisitudes las ha sufrido el romancero español en su diáspora americana. El romance "La fe del ciego", lo encontramos en Colombia bajo el título de "El ciego del naranjal", con variantes notables en letra y música a lo largo de Cauca, Huila y de Nariño (en la localidad de Barbacoas). Argentina conoce este romance con un título que deriva de su primer verso: "La Virgen va caminando" –alteración del original español: "Camina la Virgen pura". Así lo recoge Alonso Carrizo en su "Cancionero Popular del Tucumán" y así lo captó el profesor Carlos Vega en localidad de Tilcara de la provincia de Jujuy (noroeste argentino) al comenzar los años cuarenta. Otras versiones de este mismo romance son las que Nicaragua conoce como "La fe del ciego" y en Santo Domingo llaman "La Virgen y el ciego"; aunque siempre bajo el mismo tema de la Virgen que en su camino a Belén pide naranjas a un ciego y éste recobra la vista como premio a su bondad. Pero atención, que en Argentina encontramos un romance que parece contrapartida de la versión española: se trata de un pobre que pide limosna a un rico y éste se la niega reiteradamente por estar ciego del alma y no advertir que el pobre no era otro que Jesucristo. Procede de la provincia de Mendoza, está en ritmo en tonada y se titula "El pobre y el rico". Las características de este romance nos inducen a pensar en que su origen no es español sino americano; concretamente argentino. Al margen del acompañamiento de guitarras, tan poco frecuente en la interpretación criolla del viejo romancero español; sus versos, aunque octosílabos, no observan la rima típica del romance con una misma asonancia en los versos pares y libres los impares, sino que conforman una serie de coplas de cuatro líneas en las que varía la asonancia de los versos pares, caso muy frecuente en los romances y corridos hispanoamericanos.

Finalmente, no está consignado por el pueblo como romance y sí por su equivalente en toda la lírica popular del Cono Sur: la "tonada", que por ser en este caso un *canto a lo divino* se le denomina "tonada-sagrada". Podríamos agregar también que los viejos romances españoles –con cinco centurias a cuestas– casi siempre quedan truncos porque la tradición oral olvida los últimos versos.

No siempre resulta sensato aventurar hipótesis sobre el origen de un romance hallado en América. Desaparecida su versión original español, sus primeros versos pueden mudar en aires de la tierra, rondas infantiles y bailes populares. Tal puede ser el caso de este vals criollo que hasta hoy se canta en Lima:

> Si la Reina de España muriera
> Carlos V quisiera reinar,
> correría la sangre española
> como corren las olas del mar...

Versos decasílabos de metro heroico para romances de arte mayor. Personajes históricos: la reina Juana de Castilla y su hijo Carlos I de España y V de Alemania. Y una cruenta predicción, que sólo hallamos cumplida en la Guerra de las Comunidades de Castilla y la sangre derramada de los comuneros de Villalar, sobre los que Carlos V impuso su poder absoluto y represivo; pero nos resulta exagerado pensar que en aquella ocasión corriera la sangre española "como corren las olas del mar", según pronosticaron esos antiguos versos que hoy cantan los limeños alegre y candorosamente.

Los versos subsiguientes ya no guardan relación con el tema de la copla inicial, que es la que nos interesa sobre posibles fragmentos de romances hispanos que en su origen fueran de carácter político y vena satírica. Porque la sátira política también ha sido otro venero de donde surgió la canción hispanoamericana desde los tiempos coloniales, participando por igual patriotas y realistas, criollos e hispanos.

Esa archiconocida canción-habanera, cuyo estribillo dice:

> Si a tu ventana llega
> una paloma,
> trátala con cariño
> que es mi persona...

Fue compuesta en Cuba por el español Yradier hacia 1820. Rubén Campos, en su libro "El folklore y la música mexicana" afirma que en dicha romanza, titulada "La paloma", aparte de las dos cuartetas conocidísimas, el resto de su letra contenía coplas irónicas y de sátira política, compuesta por el mismo español Yradier.

En el México republicano del siglo XIX, se puede afirmar que hacia los años de la intervención francesa esta canción-habanera, "La Paloma" ya formaba parte del repertorio popular y era también pieza obligada para los cantantes de moda. Por ejemplo, se sabe que Concha Méndez la cantó en el entonces Teatro Imperial, ante la presencia de Maximiliano y Carlota.

No faltó letrillero que, utilizando la popular melodía de "La Paloma" volcara en ella sus versos de "sátira política" a favor de Benito Juárez y Lerdo de Tejada y en apoyo a las reformas constitucionales que ambos deseaban al iniciarse la República Restaurada –tras la Intervención–. Nace así "La Nueva

Paloma" (o "La Constitución"), que es una parodia de la versión original.

La participación del pueblo hispanoamericano en su lucha por la independencia es un hecho incontrovertible. Y la presencia de los poetas populares en las filas patriotas se confirma por la cantidad de canciones surgidas al fragor de la lucha, así como en patéticos testimonios aislados. Tal el caso de unos versos que se hallaron en el bolsillo de la chaqueta de uno de los insurgentes del Callao (Perú) de 1818:

> Si Dios me presta la vida
> y me conserva en su gracia,
> me olvidaré de Fernando
> y diré ¡Viva la Patria!
>
> Esto es verdad
> se puede decir:
> Viva el militar
> bravo San Martín...

Dos años más tarde, en 1820, el mismo pueblo peruano compone una canción que es estrenada en las fiestas con que Lima recibe al general San Martín. Se titula "La Chicha" y sus autores, Juan Ugarte y Juan Tena, enaltecen esta bebida incaica en detrimento del vino europeo:

> Patriotas, el mate
> de chicha llenad,
> alegres brindemos
> por la libertad.
> Cubra nuestra mesa
> el chupe y quesillo
> y el ají amarillo
> y el rosado ají.
> Y a nuestras cabezas

> la chicha se vuele,
> la que hacer se suele
> de maíz o maní.
>
> Esta es más sabrosa
> que el vino y la sidra
> que nos trajo la hidra
> para envenenar;
> es muy espumosa
> y yo la prefiero
> a cuanto el ibero
> pudo codiciar.
> El inka la usaba
> en su regia mesa
> (Con que ahora no empieza,
> que es inmemorial).
> Bien puede el que acaba
> pedir se renueve
> el poto en que bebe
> o su caporal...
>
> Gloria eterna demos
> al héroe divino
> que nuestro destino
> cambiado ha por fin,
> su nombre grabemos
> en el tronco bruto
> del árbol que el fruto
> debe a San Martín...

Volviendo al México decimonónico, su cancionero utilizado como arma política desde la guerra de Independencia, prolifera enormemente de 1847 a 1867: período crítico en que se suceden la primera invasión norteamericana, la última dictadura de Santa Anna, las guerras de Reforma, la invasión francesa y el imperio de Maximiliano.

En México surgió un cancionero de la Intervención Francesa que a su vez forma parte de un vasto repertorio de literatura política; en él se dan cantos y poemas de toda forma y medida; parodias de pequeñas obras teatrales, de rezos, de cantos populares y tradicionales, con parodias como la ya citada de "La Nueva Paloma". El canto fue tal vez el que más se difundió en esta pugna entre liberales y conservadores; éstos eran motejados de "cangrejos" por aquellos, y alrededor del año 1854 Guillermo Prieto compuso una canción a "Los Cangrejos" que daría origen a infinidad de variantes durante el período de la Intervención Francesa.

El canto de "La Chinaca" comenzó a escucharse durante la Guerra de Reforma, y fue la respuesta liberal a las mujeres conservadoras que se autonombraban "cruzadas". En los versos se menciona a "Pamuceno", refiriéndose a Juan Nepomuceno Almonte, personaje mexicano que fue el blanco de la sátira política surgida durante la intervención, tanto por colaboracionista cuanto porque se le atribuyeron aspiraciones a la "Corona" de México. Otro mencionado es "Saliñí". Se trata del Conde Dubois de Saligny, ministro de Francia en México, que por su gran afición al licor conquistó el apodo de "Monsieur Botella".

Ampliamente conocido es el triste fin de Maximiliano de Habsburgo, archiduque de Austria y emperador de México que, tras ser derrotado en Querétaro en mayo de 1867 fue fusilado en el Cerro de las Campanas el 19 de junio de ese mismo año. La única canción que se conoce sobre el fusilamiento de Maximiliano se titula "Sitio de Querétaro" y en su estribillo dice:

> Ya la muerte va llegando,
> compañeros, ¡Qué dolor!
> que por ser emperador
> la existencia va a perder
> y sus títulos de honor...

Pero la canción que mejor ilustra el fin de la intervención francesa es "Adiós, mamá Carlota". Estas coplas son una parodia al poema de Rodríguez Galván, titulado "Adiós, oh patria mía", sobre cuyo molde volcó su letrilla el general Riva Palacio.

Al reivindicarse el romance como factor de transculturación, no puede separarse de él a la mujer como vehículo oral y memorístico de ese complejo cultural; y muy en particular a la mujer canaria. Así lo detecta Pedro Hernández, cuando escribe:

"Los romances fueron las primeras manifestaciones poéticas del archipiélago. Nos hablan de la cultura y sentimientos del pueblo, el cual los atesora del pasado. Los romances, se cree, fueron traídos desde la península por las primeras mujeres que aquí establecieron su residencia. Con romances las abuelas acunaban a sus nietos..."

Es sumamente interesante la tesis que plantea Pedro Hernández en "La Literatura Popular Canaria". Teniendo en cuenta la numerosa migración canaria en las Antillas y todo el Caribe, ello explicaría la profusión de mujeres informantes del viejo romance español en el Nuevo Mundo, al punto de ser ellas el mayor repositorio.

Nuestro citado Pedro Hernández, al tratar la literatura popular Canaria en su obra "Natura y Cultura de las Islas Canarias", advierte:

"El pueblo canario, gran parte de él analfabeto hasta los primeros años de este siglo, dejó mucho de su expresión literaria en poemas y romances, que de viva voz se transmitían de generación en generación". Otro tanto podría decirse de los pueblos iberoamericanos en general. De allí las múltiples deformaciones que en sus versos hallamos a cada paso y que incluso afectan al mismo título del romance. Tomemos como ejemplo el conocido romance de "El conde Olinos", que desde la misma tradición española se convierte en "Conde Niño".

En las versiones americanas el Conde Olinos se transforma en "Conde Nilo", "Conde Olivo", "Condenillo" y hasta "Corderillo".

Entre los romances moriscos, el de "Blanca Flor y Filomena" se encuentra muy difundido por América. El argumento original cuenta de una familia cristiana compuesta por la madre (Doña Urraca) y sus dos hijas doncellas (Blanca Flor y Filomena). El Rey Moro (Turquillo) se casa con Blanca Flor y se la lleva a sus tierras. Nueve meses más tarde vuelve el moro al lar cristiano pidiendo a su suegra ayuda pues Blanca Flor está en trance de parir. La madre le envía a Filomena y en el camino el moro viola a su cuñada y la asesina; más tarde también matará a Blanca Flor.

"Blanca Flor y Filomena" es un romance castellano del siglo XVI, pero su trama está inspirada en el mito griego de Terso, hijo de Ares y rey de Tracia, quien casó con Progne y luego sedujo a su cuñada Filomela.

4. El corrido mexicano

Precursor de los estudios del corrido mexicano y antologista mayor de este género, ha sido don Vicente Teódulo Mendoza en dos obras fundamentales: *El romance español y el corrido mexicano* (1939) y *El corrido mexicano* (1954). En esta última, don Vicente da la siguiente definición:

> El corrido es un género épico-lírico-narrativo, en cuartetas de rima variable, ya asonante o consonante en los versos pares, forma literaria sobre la que se apoya una frase musical compuesta generalmente de cuatro miembros, que relata aquellos sucesos que hieran poderosamente la sensibilidad de las multitudes.

Por lo que tiene de épico deriva del romance castellano y mantiene normalmente la forma general de éste, conservando su carácter narrativo de hazañas guerreras y combates, creando entonces una historia por y para el pueblo.

Por lo que encierra de lírico, el corrido mexicano deriva de la copla y el cantar, así como de la jácara, y engloba igualmente relatos sentimentales propios para ser cantados, principalmente amorosos, poniendo las bases de la lírica popular sustentada en coplas aisladas o en series.

Los nombres de *corrido, corrío, carrerilla,* proceden, de Andalucía, donde los campesinos venían aplicándolo a los romances tradicionales. Al pasar estos romances a la tierra americana llegó con ellos el nombre, que luego el pueblo hubo de extender a la denominación de un tipo de composiciones suyas de cierta analogía con las españolas. Bien que en algunos otros lugares del Nuevo Mundo, principalmente en los llanos que comparte Colombia y Venezuela, así como en Argentina, se ha producido esta clase de poesía; en México alcanza un desarrollo y categoría notables. Y cosa curiosa: algunos viejos romances españoles que ha sobrevivido al paso de los siglos, han adquirido ciudadanía mexicana como un *corrido* más.

El corrido mexicano, dentro de su género épico-lírico-narrativo, recibe en el mismo México diferentes designaciones, tales como: *romance, historia, narración, ejemplo, tragedia, mañanitas, recuerdos, versos y coplas.* Estas diversas maneras de distinguirlo derivan no de las formas musicales sino de los asuntos que trata. El título de *romance* se aplica inconscientemente y sin análisis académico, aunque sí guiándose por el *oído*, hecho que en algunos casos hace que concuerde tal designación con las reglas del romance, cuya versificación, en opinión de Menéndez Pidal es: "una tirada de versos de dieciséis sílabas con asonancia monorrima, divididos en hemistiquio de ocho sílabas". Aunque hay una definición más simple para el mismo romance español: "estrofas de cuatro versos en los que el primero y tercero son libres y el segundo y cuarto tienen que llevar por fuerza la asonancia monorrima". Esta regla se conserva al inicio de algunos corridos de la revolución, pero se infringe a partir de la cuarta o quinta estrofa.

El corrido mexicano en su forma ya cristalizada, tal como lo conocemos en la actualidad, después de que obtuvo su carácter definitivo en plena Revolución, es relativamente moderno. Las canciones testimoniales del siglo XVIII no eran corridos sino coplas, emparentadas muy de cerca con las jácaras del siglo XVII.

Entre los años 1800 y 1850 se dan multitud de producciones en coplas de cuatro versos octosílabos; pero no tenían el carácter narrativo ni épico del corrido sino que eran solamente coplas satíricas de índole religiosa o política. Pero ya en el último cuartel del siglo XIX, no hay acontecimiento trascendente para el mismo pueblo que no sea relatado, descrito, comentado y entonado en los versos del corrido, y difundido por los *corridistas* en las plazas públicas ante un público que escucha con intensa atención tales primicias informativas que son, en verdad, la prensa popular, ni diaria ni periódica, sino eventual, según el curso y desarrollo de la vida en México.

El corrido, en labios de los cancioneros populares de las ferias –cuyos especialistas recibían en México el nombre de *corridistas*–, pasa también a la llamada "literatura de cordel" en hojas sueltas impresas; en papeles multicolores de bajo precio era ya hacia finales del siglo XIX materia de intenso consumo, pues para las multitudes iletradas constituía la única fuente de información en ese entonces.

El corrido estaba suficientemente maduro como producto mexicano al iniciarse el siglo XX. Por eso es que al estallar la Revolución Mexicana el 18 de noviembre de 1910 ya estaba escrito su prólogo, cantando en corridos las hazañas de algunos rebeldes al gobierno porfirista muy anteriores a Francisco I. Madero. Es propiamente el principio de la épica en que se subraya enfáticamente la valentía de Macario Romero, Valentín Mancera, Heraclio Bernal, Demetrio Jáuregui y Carlos

Coronado entre muchos otros. No diremos exageradamente que el corrido mexicano relata paso a paso los acontecimientos de la Revolución, pero en su conjunto forman el núcleo más importante y abarcan más de veinte años de estas luchas fratricidas.

A diferencia del viejo romance español, cuyo deterioro va en proporción directa con su multiplicidad de versiones; un corrido se enriquece a medida que proliferan sus versiones con nueva información que no estuvo en el original.

Un magnífico ejemplo de lo antedicho es el Corrido de la toma de Huejuquilla, en 1912 y al segundo año de la Revolución Maderista. Hasta la fecha es muy cantado en Jerez, Zacatecas y en la región del valle de Valparaíso y Huejuquilla.

Con Emiliano Zapata la Revolución Mexicana alcanza su etapa más rica en manifestaciones, derivadas del sacudimiento total del país. El movimiento zapatista del sur, con el "Plan de Ayala" y su lema "¡Tierra y Libertad!", o sea la lucha por el reparto de tierras y la dignidad humana. Todo ello constituye la culminación del corrido con sus caracteres épicos y marca los jalones históricos en la evolución de México. Pero el corrido mexicano alcanza su verdadero auge durante la Revolución, hecho histórico que –según el malogrado escritor Héctor Pérez Martínez– "debe ser tomado como una *epopeya espontánea y democrática;* que, si hubiera sido solamente un juego de intereses reducidos, es decir, políticos, hecho al margen del pueblo, nunca hubiese podido remover en él los sentimientos indispensables para verse retratado en esa poesía brusca, pero tierna e íntima del corrido".

Está claro que el corrido no es otra cosa que la versión del pueblo expresando su propia visión de la historia que protagoniza. Este es fundamentalmente el alcance literario que ofrecen los corridos, aun aquellos sin valor artístico suficiente, pues cabe en este caso asimilarlos a los romances vulgares.

Cerrando este ciclo de la Revolución Maderista elegiremos un clásico: el "Corrido de Benjamín Argumedo"; personaje de singular interés y variopinta ideología, pero amado por su pueblo. Justamente la melodía de este corrido expresa con patetismo la inminencia de la muerte. Argumedo fue fusilado en Durango el año 1915.

> Lo llevaron a Palacio,
> donde fue su tribunal.
> Le leyeron la sentencia,
> que era pena capital.
> Y Benjamín Argumedo,
> sin demostrar cobardía
> le sentenciaron a muerte,
> se agachaba y sonreía...

Un millón de muertos fue el doloroso saldo de la Revolución Mexicana. Primera revolución que viera el mundo en el siglo XX. No es cosa fácil establecer una cronología. Desde el levantamiento de Madero hasta la muerte de don Venustiano Carranza transcurre la década 1910-1920. Y desde la implantación del régimen obregonista, en 1920, hasta la liquidación de "los cristeros", en 1929, discurre la segunda década, ambas jalonadas de corridos.

La *Rebelión Cristera* (1926-1929) sucede a la *Revolución Agrarista* como consecuencia de la Constitución promulgada en 1917 por Venustiano Carranza, la misma que afectaba a serios intereses de los grupos religiosos. El Episcopado Mexicano se declaró en rebeldía contra la Constitución, y a los religiosos y campesinos que empuñaron las armas en "La Cristiada", se les conoce como "los cristeros". Martín Díaz fue uno de los jefes cristeros más importantes en la zona de Jalisco; de simple campesino llegó a alcanzar el grado de capitán; y otro galardón inestimable fue un corrido a su valor: el "Corrido de Martín Díaz".

Entre la fuerte organización de grupos católicos y el clero –que formaban el bando de los "cristeros"– se contaban entre los principales grupos organizados la Unión Popular (UP), la Liga Nacional Defensora de la Libertad Religiosa (LNDLR), la Asociación Católica de la Juventud Mexicana (ACJM), la Asociación de Damas Católicas, los Caballeros de Colón, y las Hijas de María. Del lado contrario estaban las fuerzas del orden constitucional, que eran los llamados "callistas", tanto porque el Presidente de la República Mexicana era don Plutarco Elías Calles, cuanto porque a mediados de 1926 expidió su gobierno sanciones punitivas sobre delitos contra la Federación en materia de culto religioso, disciplina externa y enseñanza, dicha reglamentación conocida como "Ley Calles", exaltó más los ánimos de los grupos antigobiernistas.

Para finalizar y según lo visto, podemos señalar algunas constantes en la estructura clásica del corrido mexicano.

- Hay una presentación del corridista que anuncia al público al tema a tratar.

- La segunda estrofa casi siempre da el lugar, la fecha y el nombre del personaje central.

- Hay una fórmula que precede a los argumentos del personaje.

- Al principio, al medio o al final del relato suelen aparecer *los mensajes,* cuya fórmula típica es el "Vuela, vuela palomita...."

- En otros casos las estrofas interpolan un estribillo de versos más cortos o de pie quebrado.

- Al acabar viene la despedida del personaje protagónico.

- Termina el corrido con la despedida del corridista, que bien puede epilogar su corrido con una *moraleja o conclusión.*

Elaborando una teoría del corrido mexicano en contraposición con el romance español, don Vicente T. Mendoza establece estas definiciones: "El romance es esencialmente un relato en diálogo directo de lineamientos dramáticos que incluye tácitamente un relator que actúa al iniciarse la obra y relaciona los diversos episodios: en tanto que el corrido es una narración en primera o tercera persona que fluye casi siempre desde el principio al fin en labios de un testigo presencial o de un relator bien informado. En el corrido no existe diálogo y cuando lo hay se puede asegurar que está más ligado con el romance".

5. Canto en controversia de repentistas

[Ver Libro 1. Décima "Por ser la primera vez" (19 de septiembre de 1950)]
El Canto en controversia de repentistas no es otra cosa que una contienda de alternativas preguntas y respuestas cantadas por los poetas populares de Iberoamérica, competición artística que también recibe el nombre tradicional de *contrapunto*. Los más remotos antecedentes de esta modalidad los encontramos en el canto alterno de los pastores virgilianos, entroncado más tarde con los trovadores y juglares del medioevo español.

Si en el europeo *gay saber o gaya ciencia* este canto alterno o alternado recibió los nombres de *amebeo, carmen alternum, tensió o contensió* (tensión), *recuesta, jooc partic* (canto repartido), trova dialogada, etc., en el Nuevo Mundo toma los nombres de *payadas, canturías, cantaderas, canterías, porfía, desafío, controversia, punto, contrapunto, contrapunteo, contrarresto, pique, canto a dos razones, etc.* Una forma de canto alterno en la tradición española son las *seguidillas saltonas* de Canarias, que además dan ritmo a una danza de pasos saltados (de ahí su apelativo de "saltonas"). En Tenerife, según habitual usanza, efectúase la ejecución comenzando un cantor o cantora las *seguidillas,* al que otro u otra *pisa y corta* la voz de manera inesperada al irrumpir con la prosecución del canto, y así hasta el fin, en que pueden sumarse otros cantores para entrar *pisando* y *cortar* al cantor.

España conserva el canto en controversia de repentistas en algunas pocas manifestaciones de su folklore regional, un buen ejemplo podrían ser las aragonesas "jotas de picadillo"; pero para espectar un verdadero torneo de repentistas en toda su ortodoxia trovadoresca, hay que ir a Murcia, acercarse a Cartagena y coincidir con el "Certamen Nacional del Trovo", que se celebra anualmente con numerosos concursantes, multitud de espectadores y difusión radial. La forma estrófica del "trovo" es la quintilla octosílaba, como los versos de las "tarantas", y su música parece derivarse de este cante minero del sur levantino, tan emparentado con el flamenco de la Andalucía oriental.

Los tratadistas de la poesía española detectan, hacia fines de la Edad Media, dos modalidades llamadas *mester de juglaría y mester de clerecía,* respectivamente. Por *mester* de juglaría (*juglería o yoglaría*) se designó al conjunto de poesías de carácter épico, anónimo y popular, destinado a ser recitado por los juglares, a partir del siglo XII, de ahí su nombre. Las canciones de gesta habían florecido desde elsiglo X, motivadas en las epopeyas de los Infantes de Lara, Don Rodrigo, el Cid, etc. El *mester de clerecía* se empezó a dar desde fines del siglo XIII y comienzos del XIV como reacción erudita contra la poesía épica y de inspiración popular. Se llamó inicialmente *nueva maestría.* Por ser cultivada por los clérigos, la clase más culta de la Edad Media, recibió el nombre de *mester de clerecía,* relegando los personajes épicos y asumiendo un matiz religioso de conclusión moralista.

Estos quizás sean los más remotos antecedentes del canto *a lo humano y a lo divino,* dicotomía temática tan común en el repertorio genérico del repentista iberoamericano. Porque para el descubrimiento de América, no sólo la poesía y el canto sino que también la pintura y la música, la arquitectura y la escultura estaban tajantemente divididos en "sagrado" y "profano" por la autoridad eclesiástica europea.

> Agua del Río Jordán,
> ¿porqué me haces padecer?
> El primer hombre fue Adán,
> Eva, primera mujer.

De los dos grandes campos temáticos en que está dividido el canto trovadoresco, divino y humano, es por el llamado canto "a lo divino" como preferentemente, y "previo saludo" a espectadores y rival de turno, se inician las controversias:

> In nomine Patris, Filis
> y del Espíritu Santo.
> En esta forma saludo
> por no saber con quién canto...

El canto *a lo divino* trata, específicamente, todo lo relacionado con la religión cristiana: vida y milagros de santos, alabanza y fervor, oraciones glosadas, temas bíblicos del Antiguo y Nuevo Testamento, etc. Se han dado casos de trovadores imbatibles cantando a lo divino.

En contraposición del canto "a lo divino" se encuentra el canto *a lo humano* que obviamente, trata sobre todo tipo de temas mundanos, ajenos y hasta contrarios a lo religioso; por ende, el repertorio en este campo es muchísimo más amplio, porque hasta ahora la pequeñez humana tiene más que decir sobre sí misma que sobre Dios y su sacra doctrina.

> Sobre de esta tierra dura
> caminando el hombre va,
> y en cada paso que da
> se acerca a su sepultura...

Cabe aclarar que la clasificación que acostumbran a hacer los antologistas hispanoamericanos sobre los posibles temas del canto a lo humano no es observada por los propios trovadores, quienes no emplean una subdivisión tan sofisticada que hable de "sátira y humor", "pasión", "firmeza", "constancia", "ausencia"; décimas y líricas", "periodísticas", "políticas", etc. Hay quienes en el canto *a lo humano* sólo inscriben el tema del amor entre el hombre y la mujer. Así también lo hace el gran folklorista mejicano que fuera don Vicente Teódulo Mendoza en su antología "Glosas y Décimas de México". En nuestra opinión, el trovador iberoamericano sólo desarrolla tres grandes vertientes en su canto a lo humano: a) *El Canto con fundamento* o *de argumento.* b) El *Saber y Porfía.* Y c) *Sátira y Humor.* En estos tres campos tienen cabida todas las demás especies posibles: ponderación, jactancia, picaresca, amor, etc.

Sobre la controversia o *contrapunto* de repentistas, dice Don Ismael Moya en su socorrido y documentado ensayo *El Arte de los Payadores:*

> Al encontrarse dos copleros, uno de ellos invita o provoca mediante una cuarteta, por lo general jactanciosa, y se dice entonces que pone el punto o que da pie. Si el aludido acepta el reto y da respuesta en la misma forma, es porque ha decidido poner el contra-punto.

Desde el siglo XVIII, para el gaucho argentino, la principal escena de las payadas era la pulpería –mezcla de tienda de abarrotes y tasca–. Otro tanto podría decirse de los países andinos, con la salvedad que en las zonas rurales la pulpería pueblana recibía el nombre de "tambo" (del incaico *tampu*). Se entiende que al margen de todos estos escenarios convencionales, cualquier lugar –cerrado o abierto– fue bueno para armar un contrapunto y dirimir superioridades.

Protagonistas fundamentales de la controversia eran los dos rivales acompañados de sendos instrumentos, un juez que establecería las aputas en la contienda, y el público espectador, que por su gran conocimiento en estas lides bien podía fungir de jurado, a más de apostador por sus parciales. Pactado el tema a tratar, era de reglamento empezar con unas coplas de *saludo,* que al contrincante debería retornar por obligada cortesía, dirigiéndose a los presentes, invocando ayuda a los dioses –como en el antiguo poema épico– o haciendo una breve semblanza autobiográfica.

Es el canto *con fundamento* donde el trovador iberoamericano alcanza su más alta expresión, al punto de que se hace imposible al estudioso discernir qué copla proviene de pluma docta y cuál de inspiración popular. Y ni falta que hace profundizar en ello. Estos son los versos que dan prestigio al cantor, tanto, que bien puede éste prescindir de rival alguno para deleitar a la concurrencia con un sustancioso recital de profundos *argumentos.* Y si de controversia se trata, nada mejor que el canto de *argumento* para calar el fuste de los rivales y calar quién canta opinando y quién canta por cantar.

El cantor con fundamento será, de seguro, un maestro cantor y su victoria no dejará dudas en el juez ni resentimientos en el vencido ni fanfarronadas en el vencedor.

El canto por *Saber y Porfía* (a diferencia del de *argumento*) trasunta cierto alarde, cierta inmodestia que no procede tanto de una gratuita vanidad sino del espíritu de polemista que anima este género en su agresiva función de *contrapunteo.*

La vocación juglaresca del repentista iberoamericano se pone de manifiesto en el género festivo. Tanto el auditorio rural como el pueblerino demuestran su preferencia por el tema jocoso en todos sus matices, desde el gracejo burlón hasta la punzante ironía, pasando por toda suerte de chanzas y ocurrencias que nada tendrían que envidiar a las carnavalescas murgas y charangas españolas. Mención aparte merece el tratamiento de temas sobre: ocio/trabajo, explotación/libertad, verdad/mentira y poder/astucia, desarrollados a manera de fábulas, con animales parlantes como protagonistas, bajo un trasfondo moralizador.

En la trova satírica se da algo, o mucho, de la crítica social que ya detectáramos en el canto con *fundamento*, pero en un grado menor en cuanto a profundidad, y hasta equivocando a veces el tono moralista.

La orquesta que acompaña al trovador de Puerto Rico se compone de guitarra acústica, cuatro puertorriqueño, bajo, conga, bongó y güiro. Si en vez del cuatro puertorriqueño ponemos laúd, tiple, clave y güiro, tendremos la orquesta típica del punto cubano.

El *punto* puede ser urbano o rural (guajiro), pero además el campesino cubano, llamado "sitiero" porque habita en un sitio de la loma, tiene su propio cantar en la *guajira*. Esta humilde guajira alcanzó dimensión universal gracias a la archifamosa "Guajira Guantanamera" del desaparecido Joseíto Fernández, "El Rey de la Melodía".

El trovador mejicano se da en casi toda la variada geografía de esta gran nación: desde las Tierras Calientes de Guerrero hasta la zona jarocha de Veracruz. En Ciudad Valles, de San Luis de Potosí, tierra del *huapango* predominan tres cordófonos: el violín, la *jarana* y la *huapanguera*. El violín es el intrumento normal, pero el sonido que se le arranca sí es típico.

La *jarana* (vocablo que es sinónimo de juerga) es una guitarra pequeña, de cinco órdenes de cuerdas. Y por último, tenemos la guitarra quinta o *huapanguera*, es más grande que la guitarra 6ª y tiene por lo general ocho cuerdas: tres órdenes dobles y dos sencillos. La *hupanguera* da la base rítmica.

Todos estos instrumentos, violín, jarana y huapanguera, son fabricados en cedro rojo, madera tropical de la región huasteca, especialmente en Tamazunchale, donde se ha desarrollado una luthiería artesanal de fama.

Herederos del europeo *gay saber* o *gaya ciencia*, conjugose en nuestros poetas populares el rigor creativo de los inspirados trovadores más la calidad interpretativa y disposición musical de los juglares del medioevo español. Pero porque la pseudoaristocracia colonial (nacida entre gallos y media noche) siempre rechazó a nuestros trovadores campesinos (que quizás les recordaban su propia extracción social en la Península, antes de devenir nobles encomenderos), y porque el clero en el Nuevo Mundo no aceptó más trova que el canto "a lo divino", y esto, bajo las rígidas pautas de su programa evangelizador, nunca gozaron nuestros poetas populares de mecenazgos cortesanos o eclesiásticos. Y ya en la era republicana debieron cuidarse de la politiquería oficial y electorera.

6. EL PUNTO CUBANO

El *punto* ha sido, es y sigue siendo la manifestación lírico-musical de mayor arraigo en el campesinado cubano. Indistintamente se le llama *punto cubano y punto guajiro*, tanto por su origen rural —ya que el campesino cubano descendiente de españoles recibe el nombre de *guajiro*–, cuanto porque el campesinado sigue siendo su más firme baluarte y la actividad agropecuaria con el paisaje campestre motivan su temática.

El *Diccionario de la música cubana* de Helio Orovio, editado en La Habana en 1981, da la siguiente definición:

> PUNTO GUAJIRO: Género cantable, surgido en el ámbito campesino. Su raíz es hispánica, trasplantada a nuestro suelo por isleños (canarios) que habían asimilado elementos de la música andaluza. Ya en el siglo XVII cobra vida esa manifestación...

Abundando sobre las raíces hispánicas del punto cubano, hace cuarenta años escribía Alejo Carpentier en su obra *La Música en Cuba*, editada en Caracas en 1945:

> el guajiro ciñe su invención poética a un patrón melódico tradicional que hunde sus raíces en el romance hispánico, traído a la isla por los primeros colonizadores. Cuando el guajiro cubano canta, observa un tipo de melodía heredado, con la mayor fidelidad posible (...) cuyas fuentes primeras pueden hallarse en cualquier romancero tradicional de Extremadura.

A este tipo de melodía en el punto se le llama en Cuba "tonada española"; y no les falta razón pues guarda mucho parecido con la petenera andaluza. Pero el testimonio más antiguo sobre el *punto* lo encontramos a principios del siglo pasado en el "Diccionario provincial de voces cubanas" realizado por el lexicógrafo dominicano Esteban Pichardo, cuya definición dice: "AY: canto vulgar muy común, cuyas letrillas principian regularmente con esta interjección ("¡Ay!"), y en que los trovadores campesinos compiten entusiasmados y a gritos. El acompañamiento músico instrumental, que frecuentemente es de guitarra, harpa o tiple, se llama *punto* o *punto de harpa*, así como la parte vocal el *Ay* o *Ey*. La del baile es conocida con el nombre de *zapateo*, que aunque rústico, está muy generalizado".

En su interesantísima ficha, Pichardo presenta en amalgama tres actividades artísticas bien definidas: un canto cuya letrilla comienza con la interjección "¡Ay!"; una música de cuerdas que se llama *punto*; y una coreografía con el nombre de *zapateo*. En suma, ese arte total onnipresente en todas las culturas primitivas, como debió darse entre los antiguos celtas e íberos peninsulares; como el grandioso *areyto* que ofreciera a Cristóbal Colón la reina taína Anacaona; como el que aún subsiste en las culturas del África negra... ¿Qué ha sobrevivido de todo ello en el punto cubano? En primer lugar el "¡Ay!", que persiste en el cancionero campesino a manera de jaleo o impulso para lanzar los versos de la tonada. En sus variantes de *Ey* o *Hey* y *Jey* se puede escuchar en Cienfuegos (provincia de Las Villas).

En la edición del *Diccionario* de 1862, Pichardo modificó la definición del *punto* y comenzó por nombrarlo como *Ay el ay,* añadiéndole para el canto otra denominación: *llanto.* Ahora, el *punto de harpa* lo estima variante del *Ay el ay...* Pareciera como si a Pichardo le interesara más la interjección que la forma estrófica de la letrilla. Tal como si un flamencólogo se detuviera más en los "jipíos" previos al cante y no en el tercio del cante mismo. Y que nosotros sepamos, la letrilla del punto cubano es la décima-espinela, que se adorna con los "ay-el-ayes" y estribillos que se quiera. Porque a diferencia del cante flamenco, en que las melismas y glosolalias que el cantaor adiciona a la copla enriquecen el tercio, definiendo el carácter del cante y del intérprete; en el punto cubano los "ayes" y estribillos –cuando adquieren rango glosolálico– lo que pretenden es desfigurar la letrilla haciendo ininteligible su mensaje. Todo ello en perjuicio del supuesto rival, que deberá entonar la réplica; pues no olvidemos que la máxima función del punto es la controversia o contrapunto de repentistas.

Existe una "tonada de la risa" con la glosolalia: "ja ja já, ja ja já...", que se interpola después de los versos segundo y sexto de cada décima estrófica. En este caso, tal estribillo no desfigura la letrilla sino que la enriquece, pues rubrica los versos humorísticos, que son tema obligado en esta clase de "tonada-festiva". De tal estilo logra versiones insuperables el trovador cienfueguero Inocencio Iznaga, "El Jilguero de Cienfuegos", a quien pertenecen estas décimas de extraordinaria factura y profunda filosofía:

> Yo río porque la risa
> alegra los corazones,
> enciende las ilusiones
> y se confunde en la brisa.
> Cuando río se electriza
> la emoción en cada pecho.

Y cuando mi risa echo
a rodar por la pradera,
es la mejor mensajera
de un corazón satisfecho.

Hay que cantar y reír,
reír y seguir riendo,
que en la risa se va abriendo
la puerta del porvenir.
Vivir riendo, y vivir
con la risa en la mirada.
Y no pretendo más nada
que reír cuando yo muera,
abrazado a mi bandera
en mi patria idolatrada...

Pasemos, finalmente, al *zapateo* del *punto,* que en la centuria pasada Pichardo lo asocia con el canto y que en la actualidad no sólo éste se ha independizado del baile sino que bien se puede admitir que el zapateo cubano ha muerto. No es el único caso el de Cuba, pues en nuestro peregrinar por Nuestra América hemos dado con muchas formas complejas de un folklore musical en que alternan el canto y el zapateo, independizándose al fin cada elemento. Herencia española, indudablemente. Pero si el zapateo cubano casi ha desaparecido, su música, basada en los mismos principios impulsores del punto guajiro, sobrevive en él, tal como antaño el zapateo se efectuaba con toda clase de puntos y tonadas, que daban lucimiento a la pareja mixta en baile abierto.

El punto cubano, tal y como se le conoce en la actualidad, está compuesto por la *tonada* (que es la línea melódica) y la décima (que es el texto, ya sean décimas estróficas o décimas glosadas). El trovador se acompaña con guitarra, tres, tiple, laúd o bandurria; además de clave, güiro, bajo y cueros. Existen dos estilos de punto, los llamados punto *libre* y punto *fijo*.

El punto libre, conocido como *pinareño* (de Pinar del Río), tiene una línea melódica muy fluída, de medida flexible y de aire más bien lento, de aquí el llamarle *libre*.

El punto fijo es también conocido como *punto camagüeyano* (por sus cultores en la Provincia de Camagüey) y también se le llama *punto en clave* por el ritmo que suele dársele con dichos palos entrechocantes llamados clave.

Cada estilo personal o regional de entonar el punto –ya sea éste libre o fijo– recibe el nombre de "tonada". Obviamente, las hay por centenares en todo Cuba. Así, en la provincia de Sancti Spiritus se da una *tonada spirituana* que se canta a dos voces, por lo que se utilizan décimas previamente escritas y memorizadas por los cantadores, que se acompañan con el laúd criollo (bandurria española), guitarra y tres cubano; bajo, claves, güiro, tumba y bongó. También se le llama *puntospirituano* o *yayabero,* esto último por el Rio Yayabo que riega Sancti Spíritus. Finalmente diremos que, además de su encuadre en el *punto fijo,* la tonada esprituana pertenece al llamado *punto cruzado* porque sobre el compás musical de tres por cuatro el canto va sincopado, acentuando los versos en el tiempo débil del compás, como en el *galerón* venezolano; rematando las décimas con este estribillo:

> La parranda espirituana
> tiene alegría y sabor,
> el perfume de una flor
> y el frescor de la mañana...

A partir del 1º de enero de 1959, día en que los barbudos de Sierra Maestra hacen su ingreso triunfal en La Habana, Cuba empieza a construir una nueva sociedad en los cauces de su Revolución. Y el punto cubano se hace presente desde los primeros momentos. Sus estilos siguen siendo los tradicionales, pero el texto se empieza a nutrir de nuevos contenidos "al expresar la solidaridad con otros pueblos que luchan, o bien al plasmar en décimas los compromisos con la Revolución".

Surge entonces la famosa "Guajira Guantanamera" impulsada por Pete Seeger, quien la hace conocer en el mundo entero. Pero Cuba la conocía desde los años treinta en boca de su propio autor, el habanero trovador Joseíto Fernández, nacido para la vida y el canto el 5 de septiembre de 1908. Y en este ritmo de guajira-son improvisaba décimas en fiestas bailables y en programas de radio; siendo la versión cumbre aquella en que Joseíto Fernández tomó un fragmento de los "Versos Sencillos" de José Martí para cantarlos al ritmo de su Guajira Guantanamera. Joseíto Fernández murió en Cuba el 11 de octubre de 1979.

Conviene dejar bien claro las diferencias que hay entre *punto guajiro, guajira y guajira-son*. El *punto guajiro* es la versión campesina del punto cubano, y con toda propiedad podría hablarse de un *punto guajiro* y un *punto urbano*, cosa que nunca se ha hecho aunque existen. Luego, la guajira es una canción campesina que inventaron los carreteros de los antiguos cañaverales, en base a coplas improvisadas que se alternan con un estribillo. Su canto era *a capella* y el ritmo lo marcaba el mismo traqueteo de la lenta carreta tirada por bueyes. Cada copla se iniciaba con un largo y desgarrador "ay", de neta estirpe andaluza:

(Guajira)

¡Aaaayyy...!
Al vaivén de mi carreta
nace esta inspiración.
Cantando voy mi cuarteta,
no tenemos protección. ¡Biennn...!

(Estribillo)

Cuando llegaré,
cuando llegaré al bohío.

Y la *guajira-son* es un híbrido de los muchos que creó Ignacio Piñeiro (habanero, 1888- 1969), dando a la mestiza guajira el ritmo y compás del afrocubano son, nacido en Oriente. La guajira-son, al igual que ese otro híbrido llamado son-montuno, admiten en sus versos la décima del punto, sin que por ello ambos géneros se emparienten.

Muestra de la expresión cumbre del *Punto Cubano* es la controversia de repentistas. Siendo sus dos mejores exponentes Justo Vega y Adolfo Alfonso. Ellos han realizado giras por América, Europa y Asia; han participado en festivales y eventos culturales; asisten a encuentros con trovadores latinoamericanos o saludan con sus poesías a las delegaciones que visitan Cuba. Justo Vega, decano de poetas, nació en la provincia de Matanzas el 5 de agosto de 1909; posee una amplia cultura autodidacta. Perteneció al Cuarteto de Trovadores Cubanos, participando en festivales como presidente del "Bando Rojo" (rival del "Bando Azul" en las controversias públicas). Trovador nato, Justo Vega es el patriarca de sus colegas cubanos. Adolfo Alfonso, mucho más joven pero con igual trayectoria, se unió a Justo en el trabajo artístico para el programa-espectáculo "Palmas y Cañas", que ha recorrido medio mundo, grabado infinidad de discos y es plato fuerte en le televisión. Juntos desarrollan una importante labor de divulgación, siempre en el tono circunspecto de Justo, contrastando con el carácter alegre y zumbón de Adolfo.

[Ver Libro1. Décima "Palmas y Cañas" (18 de mayo de 1974)]

7. Los trovadores borincanos

> Borinquen, nido de flores
> donde comencé a soñar,
> al calor del dulce hogar
> que dio vida a mis amores.
> Al recibir tus dolores,
> siento del alma en lo hondo,
> algo que sale del fondo
> en hatos de vibraciones,
> y palpita en las canciones
> con que a tu afecto respondo.
>
> Lola Rodríguez de Tió

El 19 de noviembre de 1493, Cristóbal Colón descubre la isla de Boriquén en su segundo viaje al Nuevo Mundo, rebautizándola con el nombre de San Juan Bautista. Pero los colonizadores españoles siguieron llamando a la isla por su nombre nativo, aunque alternando la pronunciación del topónimo taíno *Boriquén* con el de *Borinquen,* derivando de este último el gentilicio de borinqueños o borincanos para todos los aborígenes de esta isla, que a partir de 1521 tomó el nombre de Puerto Rico, dejando el de San Juan para su capital. Se considera la cultura *taína* perteneciente a una etapa muy avanzada del período neolítico.

El *bohique* o curandero cuidaba de los ritos y ceremonias. También se ocupaba de la educación de los niños, enseñándoles por medio de sus bailes y canciones las tradiciones orales de los antepasados y la historia de su grupo social. Acompañaba sus relatos con una musiquilla apropiada: un recitado monótono con alguna nota discordante y su obligado estribillo, tal era en su estructura la canción borinqueña precolombina.

Heredero de estas tradiciones es el campesino puertorriqueño, en cuya cultura se fusiona lo taíno con lo hispano y lo afroantillano. Al campesino se le ha dado o él mismo ha asumido el nombre de *jíbaro,* y sus trovas se cantan por *aguinaldos, seis y llaneras.*

Soy jíbaro borinqueño
nacido en humilde cuna;
mi casa mi dicha encierra,
no envidio suerte ninguna.

Cuando anuncia la mañana
de los pitirres el canto,
entonces yo me levanto
y voy a abrir mi ventana.
Andando por la sabana
mato la morra y el sueño;
ufano la vaca ordeño
con deleite fervoroso;
y para vivir dichoso
soy jíbaro borinqueño...

... ...

Luego me voy a tumbar
palma para los lechones
y los dejo en los holcones
allá dentro, en el palmar.
Luego me voy a buscar
los bueyes por la laguna,
los enyugo con fortuna,
el sol por las vegas dando;
y cuando me encuentro arando
no envidio suerte ninguna

Hemos citado, aunque fragmentariamente, una de las tantas glosas en décimas recogidas por la folklorista María Cadilla de Martínez en su socorrida obra *La Poesía Popular en Puerto Rico*. Como se puede advertir, se trata de espinelas en versos octosílabos glosando una planta de cuatro versos, a la manera tradicional de la juglaría hispanoamericana. Pero queremos resaltar una particularidad en nuestra lírica musical popular que sólo hallamos en Puerto Rico: tal es la décima hexasílaba (décima estrófica en versos de seis sílabas) que el inspirado trovador jíbaro domina tanto como la décima octosilábica:

>Con sinceridad
>yo saludo a ustedes;
>digan si se puede
>cantar en verdad.
>Si no hay novedad
>me han de dispensar;
>en un historial
>hablarles yo quiero
>como caballero
>en mi derivar.

El jíbaro puertorriqueño –al igual que el guajiro cubano, su vecino–, a la vez que personifica al trabajador campesino enuncia su cultura rural y su ascedencia hispano-caribeña. Sin embargo, parece que ya bien entrado el presente siglo, surge una especie de "jíbaro urbano" que bien puede ser producto de migraciones del campo a la ciudad, o personas de extracción urbana que han asumido el cantar campesino para medrar con él, dejando a un lado la sencillez, laboriosidad y sedentarismo del auténtico jíbaro. He aquí el retrato que Ana Margarita Silva nos da del trovador borincano ensu obra *El Jíbaro en la literatura de Puerto Rico*, editada en 1945:

>Estos músico-cantores generalmente no trabajan en oficio u ocupación regular, sino que llevan una vida desordenada y bohemia, siendo bien acogidos en todas partes por el entretenimiento que ofrecen. Suelen improvisar coplas y décimas

con los temas o pies que les dan y acompañarse con la guitarra o tiple. Frecuentan los ventorros y las pulperías o tiendas de bebidas y comestibles.

El tipo versificador vago-mendigo-bohemio que nos describe Margarita Silva nos parece que se ajusta más a un repentista urbano, pero esto tampoco es regla general: abundan honrosas excepciones de austeros y muy dignos trovadores en cualquier pueblo o ciudad de Puerto Rico. Cabe asimismo dejar constancia del cualificado artista que, al solidarizarse en su canto con las clases explotadas del campo y la ciudad, reivindica para sí el nombre de *jíbaro* con muy patriótico orgullo.

Finalmente, a los que critican de monótona la melodía del *punto jíbaro*, yo les pediría tener en cuenta que se trata de una poesía cantable, apoyada en melopeas que por regla general constan de una sola frase musical. Sin negarles del todo la razón, contrastemos la variedad rítmica del punto, poniendo a un extremo la lentitud sensual del "seis tango" y al lado opuesto la vivacidad de la "llanera".

Digamos de paso que el citado "seis" nace, posiblemente, de la antigua terminología musical que designaba por numeración el tipo de afinación de los instrumentos de cuerda; y así se decía: "por seis", "por veinticinco", etc. Fórmula que ha desaparecido quizás en España, pero que aún se estila en Hispanoamérica. Tenemos en el folklore de Venezuela muchas variantes del *joropo* que se denominan "seis por numeración", "seis por derecho", "seis perreao". En Panamá el "seis maulina" se toca en la guitarrita llamada "socabón", mientras en la llamada "mejorana" se afina con temples "por seis" y "por veinticinco". Y en Puerto Rico los trovadores borincanos cantan sus décimas por "seis chorreao", "seis fajardeño", "seis joropo", "seis tumbao" y "seis tango". La denominación *tango* —vocblo de origen africano, que en la zona bantú se aplica a las comparsas callejeras–, no sabemos si llega a Puerto Rico directamente de África con la esclavitud negra de los cafetales y cañaverales, o si lo hereda del jíbaro a través del "tango" andaluz.

El otro nombre genérico que se antepone a los puntos borícuas es el de *aguinaldo*, obviamente enmarcado en el ciclo navideño:

> Estas son las trullas
> que yo te ofrecí,.
> son tradicionales
> de nuestro país...

Aunque existe un estilo llamado *aguinaldo jíbaro,* lo más común es que a continuación del género se indique la procedencia local del aguinaldo. Así se dice: "aguinaldo cagueño", "aguinaldo cayellano", "aguinaldo isabelino", "aguinaldo orocoveño", "aguinaldo castanero", etc. Hay un "aguinaldo cagueño" que nos hace mucha gracia porque parece que subliminalmente encierra un mensaje negrista. Trata la llegada de los tres Reyes Magos al pesebre de Belén. Como es sabido, la biblia no se refiere a ellos sino a San Mateo, y no dice que fueran tres ni que eran reyes ni da sus nombres y mucho menos sus etnias; pero la manipulación tradicional ha ennoblecido y racializado a estos magos:

> Los tres reyes del Oriente:
> vino, chicha y aguardiente.

Melchor, el rey blanco, va primero. Gaspar, el rey indio le sigue. Y Baltasar, el rey negro cierra el cortejo. Esta arbitraria secuencia no le pareció justa a algún suspicaz trovador, y ni corto ni perezoso decidió cambiar el orden del real cortejo, poniendo al negro Baltasar en lugar primero. La primera versión la escuchamos a comienzos de los años cincuenta y el orden es Baltasar, Melchor y Gaspar.

La estrella de Oriente
alumbra el camino,
llegan al destino
milagrosamente.
Vieron frente a frente
al Niño llorar,
al gallo cantar
alegre y certero:
Baltasar primero,
Melchor y Gaspar.

Una luz los guía
al sitio admirado,
allí fue encontrado
el Niño, el Mesías.
Llenos de alegría
pudieron llegar
hasta aquel portal
juntos y sinceros:
Baltasar primero,
Melchor y Gaspar.[2]

Pero muy pocos años más tarde encontramos otra versión, en la que hay un cambio en el orden, que ahora es: Baltasar, Gaspar y Melchor.

Los tres procedían
de lejanas tierras,
por valles y sierras
el paso se abrían.
Presentes traían
para el Creador.
Llenos de fervor

---

[2] "Los tres reyes magos":Chuito "El de Cayey" (autor e intérprete). Larga Duración del sello SEECO.

> cruzan el sendero:
> Baltasar primero,
> también Gaspar y Melchor.
>
> Con gran regocijo
> María saludaba
> y les presentaba
> su precioso hijo.
> El Señor bendijo
> a nuestro Hacedor.
> Pureza y candor
> vieron al instante:
> Baltasar delante,
> después Gaspar y Melchor.[3]

Suponemos que deben haber más versiones puertorriqueñas de este racializado aguinaldo, en el que el Rey Negro Baltasar va primero y llega al pesebre de Belén delante del "blanco" Melchor y del "indio" Baltasar; pero bastan estos dos ejemplos como muestra.

Desde que Cristóbal Colón las descubre, hasta la intervención norteamericana de 1898, las islas de Cuba y Puerto Rico discurren en una historia paralela; si hasta hay una copla popular que dice:

> Cuba y Puerto Rico son
> de un pájaro las dos alas:
> reciben flores y balas
> en un mismo corazón.

Veamos. En 1839 nace en Mayagüez el apóstol de la patria puertorriqueña Eugenio María de Hostos; y en 28 de enero de

---

[3] "Los tres santos reyes" –Aguinaldo Cagueño (Luis Morales Ramos) Canta José Ortiz con el Conjunto de Pedro Padilla. BBM Records.

1853 nacía en La Habana el apóstol de la patria cubana José Martí. El 23 de septiembre de 1868 el pueblo borincano se levanta en armas y proclama su independencia en Lares, al grito de "¡Viva Puerto Rico Libre! Ese mismo año, el 10 de octubre de 1868, Carlos Manuel de Céspedes decide levantarse contra el poder colonial español y en su propio ingenio, "La Demajagua", lanza el grito de "¡Independencia o Muerte!", que inicia la Guerra Grande de Cuba. Finalmente, y en trágica coincidencia, Martí y Hostos morirán sin llegar a ver en libertad sus respectivas naciones... Cuba tendrá que aguardar hasta bien entrado el siglo XX para que el *Grito de Yara* se haga realidad y surja la república por la que dio su vida Martí. Puerto Rico, que pasó de colonia española a colonia norteamericana al ser intervenido militarmente por los Estados Unidos a partir del 25 de julio de 1898, convertido en "Estado Libre Asociado" el 3 de julio de 1950 por ley del Congreso Norteamericano, sigue aguardando por el hermoso día en que se haga realidad su patriótico *Grito de Lares*. En tal sentido vuelcan su inspiración los trovadores jíbaros, como Guarionex Hidalgo africano o esa gloria de la poesía puertorriqueña, ensayista y profesor, que responde al nombre de Francisco Matos Paoli, nacido en Lares en 1915 y directivo del Partido Nacionalista Puertorriqueño en 1950, cuando fue encarcelado, por su militancia y por versos como éstos:

> Cuando suene el caracol,
> rompa el trueno en la montaña,
> ve a buscarme a mi cabaña
> antes de que salga el sol.
> Cuando veas el arrebol
> del sol que en oriente sale,
> cuando escuches mis cantares
> oirás un pueblo que grita:
> "¡Coño! Despierta boricua
> y ven a buscarme a Lares...!"

Lares significa el paso
que dimos en la alborada,
cuando aquella madrugada
rompimos el negro lazo.
Lares también es zarpazo
que al invasor clavaremos,
cuando a este pueblo le echemos
sangre de nuestra pasión,
y grite el corazón:
¡Patria o Muerte, Venceremos!

(Guarionex Hidalgo-Matos
Paoli)

Como resultado de la guerra entre Estados Unidos y España (1898), Puerto Rico y Filipinas cayeron bajo el dominio norteamericano tras ser invadidas militarmente. La primera medida fue montar una vigorosa y persistente campaña destinada a desarraigar a los puertorriqueños de sus raíces hispánicas e imponer la cultura angloamericana en toda su profundidad y extensión. Bajo este marco alienante, fue impuesta la lengua inglesa en las escuelas de Puerto Rico, como primer paso para que el inglés se convirtiera en vehículo de esta usurpación cultural. Al efecto, el Gobierno de Washington nombró a un norteamericano como Comisario General de Educación con autoridad absoluta, cuya primera medida fue enviar a la isla maestros que no conocían una palabra de español para enseñar e imponer el inglés en las escuelas. Afortunadamente, y como bien apunta Marcelino Peñuelas, "la savia vital de lo hispano siguió circulando en su vida, sobre todo en el núcleo de la familia"[4]. Porque la población de Puerto Rico nunca

---

[4] Marcelino C. Peñuelas, *Cultura Hispánica en Estados Unidos*. Madrid, Ediciones Cultura Hispánica, 1978, Pág. 13.

dejó de vivir en contacto con el resto de la población hispana del Caribe y de la comunidad hispánica. Sin embargo, esta agresión cultural llegó a producir algunas erosiones en ambas lenguas; fenómeno que analiza el ya citado profesor conquense:

> El resultado de todo aquello fue una ligera deterioración de la lengua española en el ambiente escolar, acompañada de otra deterioración de lo agloamericano al incorporarse por la fuerza, "desde afuera", en la vida de los puertorriqueños. Dicho estado de cosas lo expresaba elocuente un joven médico puertorriqueño al comentar en su propio caso las consecuencias de este hibridismo artificial de culturas: "Yo hablé español hasta que ingresé en la escuela, donde toda la enseñanza era en inglés. Pero los niños continuábamos hablando español en casa y en la calle. Luego estudié medicina en Estados Unidos. Ahora conozco deficientemente las dos lenguas y no puedo escribir bien ninguna.[5]

Ante esta política abyecta, se pronunciaron pueblo e intelectuales boricuas, llegando la tensión a extremos violentos hacia el año 1930 sin que Washington cediera en sus imposiciones traumatizantes; tozudez que sólo conseguía exacerbar al pueblo y motivar a sus trovadores en la exaltación patriótica:

> Yo no tengo la culpita,
> oigan, queridos hermanos,
> de nacer en esta islita
> y de ser buen borincano.
>
> Si yo no hubiera nacido
> en la tierra en que nací,
> estuviera arrepentido
> de no haber nacido allí.

---

[5] Ibid.

> Bolívar en Venezuela,
> en Cuba Maceo y Martí,
> en República Argentina
> el glorioso San Martín.
>
> Y le dieron a Quisqueya
> Duarte y Mella libertad,
> y a mi tierra borinqueña
> el que sea ya vendrá...!
>
> Como yo no soy de piedra
> algún día moriré,
> y a mi borincana tierra
> mis despojos le daré.
> Enterradme donde quiera,
> pero aquí, en mi Borinquen.
>
> (Rafael Hernández)

Rafael Hernández es padre de una canción telúrica y precursor de esa canción testimonial que hizo posible la Nueva Canción Puertorriqueña, cuyos inicios ha historizado el cantautor boricua Silverio Pérez en estos términos: "Puerto Rico ha vivido bajo el dominio político y económico de España, hasta 1898, y bajo el de los Estados Unidos de América desde entonces hasta el presente. Una gran parte de la expresión artística de nuestro pueblo ha tenido que ver con la necesidad que sienten muchos puertorriqueños de reafirmarse como seres pertenecientes a una nación: la puertorriqueña. De ahí que antes de que apareciera la Nueva Canción como movimiento, ya muchos de nuestros cantantes tradicionales se distinguían por el contenido patriótico de sus canciones, compuestas éstas por conocidos compositores, como Rafael Hernández, Pedro Flores, Felipe R. Goyco, y otros. En los inicios de la Nueva Canción (puertorriqueña) concurrían en el mismo acto Davilita y las Hermanas Castillo con Roy Brown, Noel Hernández y Andrés Jiménez "El Jíbaro" con el Grupo Tahoné".[6]

Los movimientos de protesta contra la guerra en Viet-Nam, celebrados en Estados Unidos y Puerto Rico, sembraron en parte la semilla de la Nueva Canción Puertorriqueña:

> A los combatientes
> que se hallan peleando,
> los estoy recordando
> con versos dolientes.
> Que luchan al frente
> en grandioso afán.
> Como lo sabrán,
> no los olvidamos.
> ¡Cuánto lamentamos
> la guerra en Viet-Nam!
>
> Cuatro luchadores
> de mi Borinquen
> pelean sin desdén,
> sin tener temores.
> Sufren sinsabores
> como notarán,
> y otros más irán
> también a luchar;
> y es de lamentar
> la guerra en Viet-Nam...

Desde 1965 –año en que muere el líder independentista puertorriqueño Pedro Albizu Campos– hasta 1966, proliferan estas manifestaciones populares en Puerto Rico contra la intervención norteamericana en Viet-Nam. Y no se trataba

---

[6] Nicomedes Santa Cruz. Ponencia al 1º Festival de la Nueva Canción Latinoamericana. México, 1982.

de líricas adhesiones en solidaridad. Washington llama al servicio militar obligatorio a las juventudes puertorriqueñas y las envía a los campos de batalla o a lejanas tierras sin que el ciudadano participe en una decisión de tanta magnitud; imponiendo penas de 5 años de prisión en cárceles de los EE.UU. y 5.000 dólares de multa al que rehuya esta obligación. El gobierno de Puerto Rico, en su calidad de Estado Libre Asociado, carece de autoridad legal para resistir u oponerse a que su juventud haga el servicio militar fuera de la Isla que los vio nacer.

> Hoy nuestros hermanos
> luchan sin cesar:
> hijos de este lar,
> suelo borincano.
> Infieles tiranos
> dicen que podrán,
> y que acabarán
> con la democracia.
> ¡Esta es la desgracia
> de la guerra en Viet-Nam...!
>
> De mi Puerto Rico
> tengan un saludo,
> que sirva de escudo,
> tal como lo explico.
> Yo lo justifico
> que ellos lucharán
> y que volverán
> a su lar sagrado,
> porque lamentamos
> (¡Dios mío!)
> la guerra en Viet-Nam.[7]

---

[7] "La Guerra en Viet-Nam". Aguinaldo Cagueño. (Felipe Vázquez Villega).

Andrés Jiménez, cantautor borinqueño de primera línea, es el típico trovador comprometido con las reivindicaciones de su pueblo que expresa en sus canciones los anhelos de "los sin voz". Con todo orgullo Andrés Jiménez asume la figura de "El Jíbaro" como nombre de batalla y como identidad cultural. Miembro conspicuo de la Nueva Canción Puertorriqueña, define su quehacer artístico –que insufla un nuevo mensaje poético a los ritmos tradicionales, aunque rescatando en su guitarra el sabor de la *borduna* y el *cuatro* boricuas– expresándose en estos términos:

> Queremos partir de que en nuestro criterio el arte debe corresponder al momento que vive el pueblo, y en Puerto Rico, por tanto, el arte popular enfrenta continuamente al colonialismo.[8]

El Jíbaro es el cronista de esta larga lucha que se iniciara con Eugenio María de Hostos, prosiguiera con Pedro Albizu Campos y continúa con Lolita Lebrón. Su canto de denuncia es doliente y desgarrador, como los graves temas que trata: el martirologio, la miseria, la muerte aleve, el crimen impune (Véase también ejemplo de glosas y décimas boricuas: "Antonia Martínez"):

> Desde hace tiempo, señores,
> tiene el pobre la ilusión
> de cambiar su situación
> y las cosas siguen peores.
> Mientras sufre mil dolores,
> el rico sigue exigiendo
> y en exceso consumiendo
> lo que al pobre le ha robado.
> Vive el rico acomodado
> y el pobre sigue sufriendo.

---

[8] Andrés Jiménez, Casa de las Américas: "Música", Boletín n° 47, p.8. La Habana, 1974.

> El pobre labra la tierra
> trabajando en la montaña,
> sacando de sus entrañas
> el fruto que en ella encierra.
> Y en lo alto de la sierra
> su vida está consumiendo;
> trabajando y produciendo,
> padeciendo a cada rato.
> El rico compra barato
> y el pobre sigue sufriendo.
>
> Y no me explico tampoco
> –ahora que tu voz escucho–
> que hay pocos que tienen mucho
> y muchos que tienen poco... [9]

Al otro extremo de Andrés Jiménez "El Jíbaro", pero en la misma trinchera anticolonialista, tenemos a Odilio González "El Jibarito de Lares", que emplea un tono sarcástico y zumbón para decir amargas verdades. Así, se alza en defensa del idioma español: nuestra lengua castellana, baluarte de la identidad puertorriqueña. En su estilo preferido para las trovas, el *seis con décima*, "El Jibarito" se reafirma en la hispanidad puertorriqueña y critica a los que niegan su idioma; los versos pertenecen a Germán Rosario:

> Hay jíbaros que al tornar
> de los Estados Unidos,
> niegan a sus conocidos
> en forma espectacular.
> Muchos no quieren hablar
> la lengua de su país:
> al queso le dicen "chis",

---

[9] "El pobre sigue sufriendo" –Seis milonga- (Andrés Jiménez / Juan de Mata) LP DISCO LIBRE.

"póke" le dicen al tiesto;
y para decir ¿qué es esto?
nos preguntan "juat-is-dís".

Dicen a la calle "estrit"
"Estéishon" a la emisora,
y para saber la hora
preguntan "¿juát-taim-is-it....?"
A la carne llaman "mít",
a la línea llaman "láin",
lo fino lo llaman "fáin";
y su vergüenza es tan corta
que por decir ¡no me importa!
nos dicen que "never máind".

Le dicen "bos" a la guagua,
a una regla llaman "rúler"
y le llaman "water fúler"
a un congelador de agua.
Le dicen "fore" a la fragua,
al vuelo le dicen "fláit",
al ojo le llaman "ái",
le dicen "joni" al melado,
y si te encuentran pelado
ellos te gritan "ba-bay..."! [10]

Roy Brown, trovador puertorriqueño de la misma generación de Andrés Jiménez *El Jíbaro*, Flora Santiago, Pepe Sánchez, Noel Hernández y otros, hace una música distinta que rompe un poco con la tradicional. Todos los cantautores se habían juntado en torno al Grupo Taoné, creado en 1972; pero un año más tarde Roy decide ampliar los horizontes de la música jíbara, incorporando elementos musicales modernos de todos

---

[10] "Negando su idioma" –Seis con décima- (Germán Rosario). LP-TROPICAL.

los países para tratar de construir sobre una base tradicional otras sonoridades que compitan con lo que se está haciendo en los países industrializados. No olvidemos que Roy Brown tiene mucha actividad en los Estados Unidos. En Norteamérica –dice Roy Brown– hay dos millones de puertorriqueños que escuchan grupos de música *pop,* superficial o alienada; y nosotros partimos de esa influencia, pero con un contenido político acorde con nuestros intereses de puertorriqueños y de clase obrera, aunque sin consignas esquemáticas.

Roy Brown, militante del Partido Socialista Puertorriqueño, tiene muy claro lo que debe ser la canción comprometida en toda América Latina y, por cierto, lo que debe ser la de su tierra insular:

> Nosotros, los que estamos haciendo la Nueva Canción en Puerto Rico, queremos ser artistas dentro del marco de la lucha. La concepción nuestra de la lucha, de nuestros militantes, es que estamos creando un movimiento político, un Partido, toda una serie de condiciones que van paralelas al funcionamiento del sistema, una estructura paralela, una sociedad dentro de una sociedad, organizando una fuerza para derrocar la colonia. Los que hacemos la Nueva Canción, enmarcamos nuestra música dentro de ese proceso.[11]

7.1. Glosas y décimas boricuas

"Antonia Martínez"

Recuerdo el 4 de marzo
con tristeza y agonía,
cuando Antonia se moría
víctima de aquel zarpazo.

---

[11] "Arte dentro de la lucha por Puerto Rico Libre" (Entrevista con Roy Brown), MÚSICA, Casa de las Américas. La Habana, 1977, pág. 25.

Fulminada de un balazo
que así tronchó su destino,
la muerte le sobrevino
a manos de un criminal,
de una manera brutal,
víctima de un asesino.

La gente se aglomeraba
toda de tristeza llena,
a contemplar la condena
mientras su cuerpo sangraba.
La vida se le escapaba,
su corazón no latía,
y hacia otro mundo partía
esta joven inocente,
asesinada vilmente
por un necio policía.

Ante el humillante ultraje,
el pueblo, triste, lloraba
y al verla así despertaba
su odio y su coraje.
La sangre manchó su traje,
olor de sangre en la brisa,
se nublaron las sonrisas,
hay llanto en los corazones.
¡Se oyen más detonaciones
mientras Antonia agoniza...!

Pero lo grave no es esto,
señores, lo digo yo:
¡El policía salió
del asesinato absuelto!
Y el pueblo tiembla por ésto
y sangra su corazón,
y reza una oración
por su alma inmaculada:

"¡Antonia será vengada!
¡Viva la Revolución...!

    Juan de Mata - Andrés Jiménez

"El beso traidor"

Estando Jesús
en el Huerto un día,
ya se presentía
su muerte en la Cruz.
Aunque fue la Luz,
del mundo Señor,
hubo un malhechor
que un día lo entregó,
después que le dio
el beso traidor.

Mas Jesús le dijo:
"Me vas a vender
no viendo el poder
de Dios y de su Hijo".
Y se quedó fijo
a su alrededor
viendo sin temor
al que lo entregó
después que le dio
el beso traidor.

Judas no fue diestro
en lo comercial,
que sin ver su mal
entregó al Maestro,
quien dijo: "En lo nuestro
urge algo peor:
que un ser impostor

que se llamó Judas,
quien le dio sin dudas
el beso traidor".

A casa de Anás
fue que lo llevaron,
y allí lo pasaron
a donde Caifás.
Habían otros más
a su alrededor;
eso daba horror
cómo lo acusaban,
después que le daban
el beso traidor.

Felipe Vázquez Villega

"Asi es mi gallo"

Gallo de mi tierra amada,
sangre jíbara al acecho:
la aurora guarda en su pecho
la luz de tu puñalada.
Yo sé aguardar la jugada
con el corazón sereno.
Confío en el gallo bueno,
y sé que tu casta un día
acabará la porfía
y el canto del gallo ajeno.

Ya surge de la maleza
con bravura tu rival,
y es tu pico manantial
de resonante fiereza.
El duelo terrible empieza
y sólo oiré tu aleteo,

bajo los ojos y veo
el filo de tu puñal,
dando forma material
al filo de mi deseo.

Sangre brilla en tu brillante
plumaje de espuma y plata,
sangre en la espuela que mata
y en tu pico de diamante.
Con el corazón delante
vas de frente al enemigo:
corre el cobarde al abrigo,
vibra tu canto de gloria
y en la valla de la historia
la Patria canta contigo...

Gallo que las tiene azules
es el que los sueños míos
en seña de desafíos
el campo tiñe de gules.
Con su plumaje de tules
nada lo desequilibre,
y que cuando cante y vibre
al lanzarse a la pelea,
su canto de lucha sea:
¡Viva Puerto Rico libre...!

Edwin Reyes - Luis Llorens Torres

"A Puerto Rico"

Borinquen, nido de flores
donde comencé a soñar,
al calor del dulce hogar
que dio vida a mis amores.

Al recibir tus dolores
siento del alma en lo hondo
algo que sale del fondo
en hatos de vibraciones,
y palpita en las canciones
con que a tu afecto respondo.

Después de ausencia tan larga
vengo a contemplar tu cielo
para calmar el anhelo
que a veces mi vida amarga.
Hoy mi espíritu se embarga
de alborozo y alegría,
al ver esta patria mía
noble, grande y generosa,
brindándome cariñosa
tu entusiasta simpatía.

Cuba, tu hermana mayor,
te ha señalado el camino,
pues en un mismo destino
siempre las fundió el dolor.
Cuba te ofrece su amor
sin zozobra ni recelo.
Y en defensa de tu suelo
hará suya tu venganza,
alentando la esperanza
que resplandece en tu cielo.

Feliz yo, si logro un día
la realidad de mi ensueño:
enlazar con noble empeño
aquella tierra y la mía.
Yo las cantaré a porfía
ensalzando sus primores;
y en la esencia de sus flores
haré que mi canto suba,

pues hoy, Puerto Rico y Cuba,
son mis dos grandes amores.

Lola Rodríguez de Tio

"Si te fueres a bañar"[12]

Si te fueres a bañar
avísame un día antes,
para empedrar tu camino
de rubíes y diamantes.

Mandaré a buscar a España
doscientos empedrarores
que harán calzada de amores
donde irás con tu compaña.
En el río haré cabaña
con guirnaldas de azahar,
también mandaré a tapiar
todo el río y su corriente
porque (no) te vea la gente
si te fueres a bañar.

Mandaré que mis soldados
con unas andas de oro
te lleven cantando coro,
y con fusiles calados
delante irán enviados
con sus trompetas de plata
diciendo cómo te trata
el que te diera su ley.
Para que me libre el Rey
avísame un día antes.

---

[12] Cadilla de Martínez, "La Poesía Popular en Puerto Rico". Madrid, 1933. Págs. 52-53. Reproducido Santullano, 1955: 953-4

Mandaré que venga tropa
vestida con charretera,
que saluden tu carrera
cuando tu caballo trote;
mandaré que con galope
venga un mágico adivino
que te cante en el camino
cuando vayas por allí,
y que busque el alhelí
para empedrar tu camino.

Mandaré que desde el cielo
venga volando algún ángel,
y también venga el arcángel
que al mundo le dio consuelo;
que te digan que en el suelo
tienes un rendido amante
que no te olvida un instante,
que por ti tan sólo pena,
que te tiene una diadema
de rubíes y diamantes.

"Décimas sobre Colón"[13]

Fue en Génova que nació
el ilustre navegante.
Con Isabel fue triunfante
–lo he sabido, trovador–.
Explicaré la ocasión
que el saber me desempeña,
y le daré hoy la prueba
de aquel hombre de valor.

---

[13] Cadilla de Martínez, "La Poesía Popular en Puerto Rico". Madrid, 1933. Págs. 88-90. Reproducidas Santullano, 1955: 946-951.

Para hablarte de Colón
péinate el pelo, trigueña.[14]

Según la historia declara
–trovador–, yo lo he sabido,
su padre fue Don Domingo,
su madre, Doña Susana.
Eran los dos de la Italia
y otros hijos más tuvieran,
más dos hermanos, que eran
Don Diego y Bartolomé,
genoveses al nacer;
péinate el pelo, trigueña.

Cuando tenía siete años,
Colón iba a la bahía
y se pasaba los días
con otro mundo soñando.
El se fijó, navegando,
en las fases de la tierra;
decía de esta manera:
"Otro mundo ha de existir
que tengo que descubrir."
Péinate el pelo, trigueña.

... ...

Según la historia refiere
si no me equivoco yo,
un sacerdote a Colón
dio un cartucho de papeles,
documentos que refieren

---

[14] El pie forzado de estas décimas: *péinate el pelo, trigueña*; es tan ajeno al tema tratado, que no siempre hay concordancia con los versos precedentes. Pero en la dificultad está la gracia.

la redondez de la Tierra.
Colón al caso se aferra
con documentos y planos
según lo vengo estudiando,
péinate el pelo, trigueña.

Colón piensa que no es tarde;
con grande cavilación
busca luego protección
para cruzar de los mares.
Sabe de zonas glaciales,
tiene en el mapa las pruebas
que existieran otras tierras,
que era otro mundo escondido.
El náutico entonces dijo:
"Péinate el pelo, trigueña."

Colón pensó en el placer
de hallar en un mismo tiempo,
antes del descubrimiento,
para casarse, mujer.
Calmaría su padecer
si ella fortuna tuviera.
El le contaría a ella
lo que siente el corazón;
y para hablar de Colón
péinate el pelo, trigueña.

... ...

Colón por fin se casó
tomándola por esposa;
y como dirá mi glosa,
la religión los unió.
Esta mujer se llamó
Felipa de Barrameda.
Para darle yo más pruebas

tuvo un hijo que fue Diego,
al que cuidó con esmero.
Péinate el pelo, trigueña.

Según la historia declara,
atiéndame con cariño:
siete años tenía el niño
cuando la madre faltara;
y entonces Colón declara:
"Ahora voy a dar mis pruebas."
Marcha a Italia, de manera
que busca la protección.
Para hablarte de Colón,
péinate el pelo, trigueña.

Jíbaras [15]

Ya tengo el cuatro encolao
pa dilme a correl los reyes,
dende el barrio de Mameyes
jasta el Carite mentao.
Cuando rasque el seis chorreao
en casa 'e compae Darío,
le juro pol mi albedrío
y a fe que me ñamo Justo,
que van a bailal de gusto
jasta las piedras del río.

---

[15] Luis Pales Matos. Pesía, 1915-1956. Editorial Universitaria. Río Piedras 1964. págs. 94-95. En sus "Jíbaras", el consagrado poeta antillano trata de recoger en su prosodia el lenguaje del campesino boricua, lográndolo a medias. Que sepamos, la décima no ha sido el fuerte de Luis Palés Matos (1898-1959), cuya notoriedad deviene de sus "rítmicas y vibrantes poesías de tema negro".

Naiden me pone un pie alante
en estando yo guayao,
el cuatro bien afinao
y una jíbara delante.
Mi bariyero talante
y mi cualta e mascaúra,
me jasen una figura
tan entoná y tan a plomo,
que la hija del mayoldomo
se muere pol mi helmosura.

El compae Fele es testigo,
que si pongo sentimiento,
parese que el estrumento
se pone a lloral conmigo.
Esto, señores, lo digo,
sin ofensas ni temores...
Lo saben los reuiseñores
que imitan en su retiro
el eco de mi sospiro
y el llanto de mis dolores.

Pol eso agualda mi chongo
que tiene la oreja alelta,
y dirá de puelta en puelta
jasta que bote el mondongo.
Ya las banastas le pongo
y el freno, que es un regalo,
como mi chongo no es malo,
antes del anochesío,
llegaré al primel bohío
a rascalme el primel palo.

                Luis Pales Matos

8. Los mejoraneros panameños

Panamá, a horcajadas sobre la cintura de América y cabalgando entre el Pacífico y el Atlántico, en su condición de país-bisagra, sustenta en armonioso equilibrio las culturas indígena, española y africana en esa síntesis pluriétnica que es la americanidad.

8.1. Introducción

Aunque en la actualidad hablar de indios panameños se reduce a mencionar unos pocos grupos étnicos (cuna, chocó, guaymí, etc.), no olvidemos que en la época del descubrimiento y hasta comienzos del siglo XVI había más de sesenta agrupaciones indígenas diferentes habitando lo que hoy es Panamá y entonces era "Reyno de Tierra Firme". Estos grupos pertenecían al mismo tronco étnico que los mayas de Guatemala y México, así como al de los chibchas de Colombia; aunque los colonizadores castellanos les llamaran genérica e impropiamente "caribes".

El Istmo de Panamá fue descubierto en 1501 por Rodrigo de Bastidas, uno de los capitanes que acompañó a Colón en su segundo viaje. En 1513 Vasco Núñez de Balboa descubre el Mar del Sur (Océano Pacífico) desde una montaña del Darién; y en 1519 es fundada la ciudad de Panamá por Pedrarias Dávila, en un paraje a media legua del mar, donde abundaban unos árboles grandes que los nativos llamaban *panamá*.

Siete años más tarde, Francisco Pizarro, Diego de Almagro y Hernando de Luque, al frente de un puñado de hombres, partirán a la conquista del Imperio Incaico zarpando de Panamá en las naves de Bartolomé Ruiz. El grupo de conquistadores se ve paralizado indefinidamente en la Isla del Gallo, sin provisiones, hostilizado por los indios e impedido de regresar por la obstinación de Pizarro. Es entonces cuando tiene lugar la primera composición poética de lengua castellana en Sudamérica, porque cuando Almagro es enviado a Panamá por refuerzos, alguien se ingenia para que llegue al Gobernador de Panamá –Pedro de los Ríos– esta denunciante copla:

"¡Ah, señor Gobernador;
miradlo bien por entero:
allá va el recogedor
y acá queda el carnicero...!"

Almagro era el *recogedor* y Pizarro el *carnicero*. El uno los traía y el otro los mataba. Sin embargo, y pese a la exagerada denuncia, la empresa siguió adelante, triunfalmente. Con la conquista del Imperio de los Incas, Panamá vio recortado su promisorio futuro, convirtiéndose desde entonces en *tierra de paso, camino de más allá*.

8.2. Los arrucaos

Pese a todo, aún es posible detectar elementos de la cultura indígena en el canto del trovador panameño contemporáneo. De raíz indígena es esa especie de *jaleo* con que se anima a los trovadores panameños en sus torneos –llamados *cantaderas*– y en sus canciones danzarias. Nos estamos refiriendo al *arrucao* o *arrucaos*, gritos muy extraños e indefinibles que practican los campesinos, alternando la voz solista y un coro de tres a seis voces. El origen de los *arrucaos* pudiera ser onomatopéyico: imitando el canto de algunos pájaros, en función de cacería o con fines rituales. El virtuosismo y dotes de privilegiada garganta que exige la emisión del *arrucao*, hace que estos *gritadores* sean hombres muy admirados por sus proezas de ejecución, apreciándose su presencia que realza la fiesta.

8.3. LA SALOMA

Otro elemento típico de la canción folklórica istmeña es la *saloma*. Esta sí la ejecuta el propio cantor, pues la *saloma* es una suerte de melisma tan imprescindible a la trova panameña como las glosolalias al cante jondo de Andalucía. La *saloma* también se la oye durante las actividades laborales agropecuarias: mientras se ordeña, se conduce el ganado, se va al corte de caña en la madrugada o cuando se regresa, al anochecer. En su expresión vocal-gutural, el conjunto ofrece la nota de honda queja o bien de íntima ternura.

8.4. MEJORANA Y SOCABÓN

Toca el turno ahora al instrumento musical que da su nombre al presente capítulo: *la mejorana*; habiendo un canto de *mejorana*, un baile de *mejorana* y un toque de *mejorana* para esta guitarrita nativa. Dos son las variedades del instrumento con que se tocan o acompañan estas trovas. A uno de ellos se da el nombre de mejorana y al otro de *socabón o bocona*. Los dos revisten más o menos la forma de una guitarra, pero son más pequeños que ésta. El desaparecido profesor Zárate, que en los años cincuenta impulsara la afición creando los festivales de Guararé, nos ha dejado en sus estudios las medidas de una mejorana de tamaño promedio:

> Largo total del instrumento, 62 cm.; largo de la caja 40 cm.; largo del cuello 12 cm.; largo del clavijero 10 cm.; ancho del pecho 13,5cm.; ancho de la barriga 22 cm.; ancho de la cintura 12 cm.; largo de la cejilla 4 cm.; y profundidad de la caja 8 cm. La caja, hecha de un solo trozo de madera, socavada hasta dar a sus paredes la delgadez deseada, lleva una tapa hecha de madera muy liviana y porosa, el balso, con la boca pequeña situada un poco más arriba del centro y el puente sobre el centro de la barriga. Cejilla, puente y clavijas son hechos de madera muy dura (guayacán, mirto, naranjillo).

Las cuerdas fueron antes de crines, más tarde se usaron de tripa y hoy son de nylon; en tanto que los trastes se hacen de hilo de cuerda encerado, atados al mástil para corregir la afinación.[16]

Se trata, indudablemente, de un vástago de las primitivas guitarras españolas del siglo XVI, que tenían tan sólo cuatro o cinco órdenes de cuerdas (se atribuye a don Vicente Martínez Espinel (1550-1624) haber añadido la quinta cuerda a la guitarra). Hay muy pocas diferencias entre estas dos dos guitarritas panameñas: la *mejorana* es de forma más bien alargada, bastante angosta de pecho y ancha de vientre; mientras que el *socabón* es más corto y algo más ancho. Siempre se ha sabido que la mejorana tiene cinco cuerdas, en tanto que la *bocona* lleva cuatro. Pero he aquí que don Manuel F. Zárate hace notar que la *mejorana* lleva en la tercera una cuerda gruesa pareada que efectúa "una octava más baja de las otras cuerdas de sus compañeras".[17]

8.5. Temples o afinaciones

Aunque mejorana y socabón no tienen más de cinco trastes, poseen dos temples fundamentales. He aquí los modelos de afinaciones en la *mejorana,* cuya tercer cuerda se *parea* con otra en octava alta o *requinta*; lo que hace de la mejorana una guitarra de cuatro órdenes, según el ya citado Zárate:

mi3 - si2 - la2 - la3 - re3

mi3 - si2 - sol2 - sol3 - re3

Y he aquí el temple básico del *socabón* o *bocona:*

---

[16] Zárate, 1953: 36.
[17] Manuel F. Zárate, "La Música de la Mejorana", en Ensayo de Música Latinoamericana, Casa de las Américas. La Habana, 1982. Pags. 149-150.

si2 - la3 - re3 - sol2

Obviamente, hay muchos temples que derivan de los arriba citados, lo cual permite al tocador usar mayor variedad de tonos y ampliar la gama de sus registros. Las limitaciones de un instrumento con tan reducido número de cuerdas y trastes, se suplen alterando la afinación de una u otra cuerda, transportándola a otros tonos. Los registros conseguidos o los acordes novedosos pronto devienen tradicionales. Así debieron haber nacido los temples que hoy se conocen como *seis maulina, por veinticinco, por veinticinco peralta arriba o por veinticinco peralta abajo, gallino transportado,* etc.

8.6. Puntos o torrentes

Si el metro octosílabo es el preferido por el trovador panameño, la copla y la décima (estrófica o glosada) son sus formas poéticas preferidas, sobre todo la décima:

> Hemos visto y más verán
> cometer mil desacatos,
> que el ratón se come al gato,
> los pollos al gavilán;
> comerse el perro al caimán,
> andar por la tierra el pez,
> el cuadrúpedo en dos pies,
> la gallina come zorra,
> tiene dientes la cotorra;
> ¡este mundo está al revés...!

Las melodías en que el poeta popular panameño entona sus décimas, y la melopea que acompaña a éstas en la *mejorana* o en el *socabón,* reciben los nombres de *tonos, tonadas o torrentes.*

Hay tres melodías fundamentales catalogables como *torrentes:* el *gallino,* el *mesano* y el *zapatero.* Al respecto, el señor

Garay en un interesante estudio afirma rotundamente: "No hay mejorana vocal que no sea *gallino, mesano o zapatero;* sobre todo mesano, que es la forma más usual. El *gallino* es una mejorana en menor. El *zapatero* comienza y termina en la tónica; y el *mesano* comienza y termina en la dominante o en la armonía de dominante".[18] Por su parte, el profesor Zárate agrega que, del *mesano* derivan una serie de modalidades, ya sea transportándolo a distintos tonos, ya variando la afinación, el ritmo y los tiempos. También partiendo del *zapatero* se tejen y destejen numerosas variaciones, usando determinados recursos. Finaliza Zárate ofreciendo un cuadro sinóptico con el listado de los torrentes o *puntos* más conocidos, el instrumento en que se ejecutan y el uso más corriente:

NOMBRE	INSTRUMENTO	USO
mesano	mejorana	canto
zapatero	mejorana y bocona	canto, baile [19]
gallina	mejorana	canto, baile
llanto	mejorana	canto
valdivieso	mejorana	canto
mejorana	mejorana	canto con baile
poncho	mejorana y bocona	canto, baile
socavones	mejorana y bocona	baile con canto
punto	mejorana y bocona	baile con canto
mediopunto	mejorana	canto
pasitrote	mejorana	canto
maría	mejorana	canto [20]

---

[18] Narciso Garay, "Tradiciones y cantares de Panamá", 1930, p. 191, citado en Zárate (1953: 33).

[19] En sus orígenes hispanos, canto, música y baile eran indesligables de su conjunto. En el baile abierto, de pareja mixta, prima el zapateado. Así era el antiguo punto cubano.

[20] Zárate, op.cit., pp. 152-3.

8.7. Benjamín Domínguez y la ley de la mejorana

Dejamos de momento a los teóricos de la mejorana y recurrimos ahora al testimonio de un auténtico y experimentado trovador panameño, don Benjamín Domínguez, todo un patriarca. *Min* Domínguez nació en el caserío de Montero, distrito de Guararé, provincia de Los Santos. Allá por 1955, cuando contaba sesenta y tres años de edad, vio publicadas sus glosas a mimeógrafo, precedidas de un prólogo que el propio Domínguez tituló "Mejorana y Socabón", el mismo que cerraba con una preceptiva sobre "La Ley de la Mejorana". Vamos a glosar estas reliquias tradicionales por su gran valor didáctico:

> Yo les quisiera explicar
> el viejo canto, señores,
> de nuestros antecesores,
> no lo vayan a olvidar.
> Verso y tono de cantar
> en el pueblo y la sabana,
> en la lengua castellana
> como cantaban los viejos;
> y les doy estos consejos
> cantando la mejorana.

Desde mi infancia me encontré inclinado al canto y a la música de los instrumentos. Desde entonces mis mayores me enseñaron algunas leyes que deben regir en los cantos populares, conocidos con distintos nombres y que se acompañan con los instrumentos llamados *mejorana y socabón...*

> Cuando se empieza a tocar
> siempre se toca mesano,
> por lo suave y lo liviano
> y lo fácil de cantar.
> En él se puede elogiar

> a la niña interiorana,
> y decirle en la ventana
> en versos lo que uno quiera.
> Yo dejaré cuando muera
> de cantar la mejorana.

Con la MEJORANA se toca de preferencia MESANO, MESANO TRANSPORTADO, MEJORANA, PASITROTE, GALLINA, LLANTO, y otros. Con el SOCABON O BOCONA se toca VALDIVIESO, ZAPATERO, PONCHO, MEDIO-TONO, LLANERO, SEIS-MAULINA, RONQUINA, MARIA, PUNTO MINERO y otros torrentes más...

> Otro tono es el gallino,
> de todos muy conocido
> y bastante preferido
> para el canto a lo divino.
> Precioso, sonoro y fino
> cual un toque de campana
> que de tarde y de mañana
> rueda por el firmamento.
> Así suena mi instrumento
> cantando la mejorana.

Con el nombre de SOCABONES son conocidos los VALDIVIESOS, ZAPATEROS, PONCHOS y muchos más que también pueden tocarse en las mejoranas. Todos tienen infinitas variedades. Los socabones enardecen el espíritu belicoso de nuestros campesinos, que los usan para cantar especialmente décimas de competencias, argumentos y valentías, pues están en tonos altos y movimientos rápidos a los que no todos pueden llegar...

> Todo canto de argumento
> debe ser en socabones;

> es el precio en discusiones
> para el cantor de talento:
> exprese el conocimiento
> de la religión cristiana
> u otra ciencia soberana.
> Es el tono a discutirse
> si acaso quieren lucirse
> cantando la mejorana.

Me decían mis abuelos que después de las dos de la mañana, cuando llegaba la hora culminante de la alegría en las *cantaderas* de mejorana, a petición general se tocaban los LLANEROS en los socabones bien afinados y que enardecían a la gente, convirtiendo no pocas veces la fiesta en un campo de batalla. Era que la gente de Los Llanos, lugar de gente belicosa, lo pedían especialmente para cantar argumentos, décimas de destreza, de desafíos y violencias. Por eso el nombre de *llanero,* en socabón, era sinónimo de pleitos, duelos y de música matizada con machetazos y muertes...

> Hay un socabón llanero
> de fuertes ejecuciones,
> como otros mentados sones:
> valdivieso y zapatero;
> que aunque el pecho sea de acero
> se vence en hora temprana.
> Y sin ser palabra vana,
> estos tonos son, señores,
> los que amasan cantadores
> cantando la mejorana.

Debemos tener en cuenta, pues, que cada *tono, aire o torrente* tiene sus décimas adecuadas. Los que se precian de ser buenos cantadores no cantan jamás décimas de argumento ni violencia en *mesano* ni cantan en este aire o torrente nada a lo divino. El *mesano transportado* y la *gallina* tienen sus décimas suaves, sentimentales y amorosas. Pero de ningún modo podríamos llamar cantador bueno y completo al que sólo canta en *mesano*. Se necesita poder hacerlo en cualquier tono o torrente, ya sea con mejorana o con socabón...

>Es correcto y comprensivo,
>bien sabido de antemano,
>que no se cante en mesano
>ningún verso insultativo
>(No es propio el tono pasivo,
>según tradición lejana...).
>Los invito en frase sana
>a elevar hasta la cumbre
>aquella vieja costumbre
>de cantar la mejorana.[21]

8.8. Cantos de la soberanía panameña

>Le canto a Rufina Alfaro
>el verso más infinito,
>por su gesto y por su grito
>que lanzó su ardiente faro.
>Estandarte rojo y claro,
>que con su firme conciencia
>abrió el cauce en la existencia
>de la vida colonial,
>en la lucha desigual
>que nos dio la independencia... [22]

El año 1903 Panamá se separa de Colombia, declarándose independiente y constituyéndose en República de Panamá. Los primeros en reconocer su soberanía son los Estados

---

[21] Domínguez, 1955: 3-8.
[22] Changmarín, 1973: s/f.

Unidos de América, porque entre sus planes estaba construir un canal interoceánico cortando el Istmo en suelo panameño. Prueba de tales intereses consiste en que Panamá se declara independiente de Colombia el 3 de noviembre de 1903, día en que gana las elecciones Theodore Roosevelt como reelecto presidente de los Estados Unidos de América; y tres días más tarde, el 6 de noviembre, su flamante gobierno reconoce oficialmente a la nueva república, mientras que Colombia lo hace en 1921, o sea 18 años depués.

En 1904 los patricios panameños redactaron la Constitución de Panamá, cuyo artículo 136 autorizaba a los Estados Unidos a intervenir militarmente en el país para establecer la paz pública y el orden constitucional cuando este fuera violado.

> Panameños, ciudadanos:
> debemos cuidar la patria,
> porque nos las arrebata
> el poder americano.[23]

El 15 de agosto de 1914 entraba en servicio el Canal de Panamá, construido por los Estados Unidos, con sus tres juegos de exclusas y una longitud de 81,3 Kms. Entre Panamá y Colón, reservando a cada lado del eje una faja de 5 Kms. de anchura, lo que representa un total de 1,676 Km2., con el objeto de alojar en ese área las "instalaciones para operación y defensa de la Zona del Canal". Desde entonces flameó la bandera norteamericana en la cumbre del Cerro Ancón, a la vez que una larga lucha del pueblo panameño se desató por recobrar su soberanía.

> Recuerda el nueve enero,
> patria, cuando tu bandera

---

[23] Abraham Campos, en: Zárate, 1953: 236.

violada fue por la fiera
aquí, bajo el propio alero...

El 9 de enero de 1964, en la Escuela Secundaria Norteamericana de la Zona del Canal, es izada la bandera de los EE.UU sin poner a su lado la insignia nacional de Panamá. Grupos de estudiantes entran en la Zona para hacer efectivos los derechos de su país en lo referente a las banderas. El día 10 las tropas norteamericanas acantonadas en ese enclave, agreden a los manifestantes, dejando un doloroso saldo de 21 muertos y 500 heridos. El presidente de Panamá, Roberto F. Cari, ante la gran repulsa nacional, se ve obligado a romper relaciones diplomáticas con los Estados Unidos y pedir modificaciones básicas al tratado canalero de 1903 [24]. Durante las semanas siguientes continúan las manifestaciones populares en demanda de soberanía. En abril del mismo año Cari reanuda las relaciones diplomáticas con Norteamérica, pero ese 9 de enero quedó grabado a fuego en el pueblo panameño.

La lucha heroica de tantos valientes y la sangre derramada por tantos mártires del patriotismo, no han sido en vano. El 7 de septiembre de 1977 se firmaron los Tratados Torrijos-Carter, los mismos que entraron en vigencia a partir del 1º de

---

[24] EE.UU cobró un subido precio por su apoyo a la independencia panameña. La primera sumisión de los recién instalados gobernantes panameños fue aceptar, el 18 de noviembre de 1903, un tratado por el cual se le concedía a EE.UU., en forma perpetua, una franja de terreno de 16 kilómetros de ancho, divididos por mitad a cada lado del canal, o sea 8 Kms. por banda. Estados Unidos pagó 10 millones de dólares al contado y se comprometió a contribuir con 250 mil dólares oro anualmente, a partir del noveno año de explotación del canal. Posteriormente, la extensión fue ampliada a cambio de cuotas extraordinarias, pero la Zona del Canal pasó a ser un verdadero territorio norteamericano, con gobernador designado por EE.UU., régimen administrativo, judicial y policial propio, situación que perduró hasta 1977.

octubre de 1979 y concluirán al mediodía del 31 de diciembre de 1999, fecha en que el Canal será traspasado a la total propiedad y soberanía de la República de Panamá.

> ... Mientras haya algún rincón
> de la verde tierra mía,
> en donde la garra arpía
> del gringo clave su mal,
> mi pájaro de cristal
> canta de soberanía. [25]

Desde la firma de los Tratados Torrijos-Carter, la única bandera que flamea sobre el Cerro Ancón es la de Panamá. Como símbolo de soberanía fue izada por primera vez el memorable 1º octubre de 1979, y con tal ceremonia se iniciaba la histórica entrada de Panamá en el área del Canal.

Y en esta victoria panameña –que lo es también latinoamericana– cupo sitial destacado al mejoranero de las provincias de Varaguas, Herrera, Los Santos y Coclé, así como los poetas y cantores de toda esta tierra istmeña: de Chiriquí al Darién y de Colón a Panamá. Sus cantos de soberanía coadyuvaron a la toma de conciencia, y en sus versos sencillos gritaron con orgullo y dignidad que Panamá no se compra ni se vende, porque es la patria de Victoriano Lorenzo.

> Quiero cantar, porque el canto
> es a la vez puño y trino,
> guitarra sobre el camino
> abriendo la flor del llanto.
> Pero de sal y quebranto
> y Judas que nos ofende,
> nuestra bandera se enciende

---

[25] Changmarín, 1973: s/f.

y pasa de mano en mano.
¡La Patria de Victoriano
ni se compra ni se vende...!

8.8.1. Textos

"Saloma del caminante"

Saloma del caminante,
consuelo del campesino
que canta por el camino
lo que siente de su amante.

Cuando llueve y anochece
las aves vuelven al nido
y sólo se escucha el ruido
del arrolluelo que crece;
la brisa que suave mece
el follaje exuberante,
te lleva en vuelo distante
por montañas y llanuras.
Eres tristeza y ternura
saloma del caminante.

Y cuando la luna asoma
con sus destellos de plata,
la llanura se dilata
y se desviste la loma.
El eco de la saloma
se aleja por el camino.
El lucero matutino
palidece con la aurora;
despierta el ave canora,
consuelo del campesino.

La saloma es un mensaje,
emoción y sentimiento,

es sollozo y es lamento
que se pierde en el follaje.
La belleza del paisaje
se anima si el campesino,
con acento cristalino
desgrana por la llanura
la saloma y la ternura
q*ue canta por el camino.*

Campesino, campesino
que alegre canta y saloma
y con su cantar aroma
la soledad del camino;
y conforme con su sino,
altivo y perseverante,
bajo la luz vacilante
de la luna y las estrellas,
nos dice en sus coplas bellas
lo *que siente de su amante.*

Carlos González Bazan
(Panamá, 1958)

"Décima a los estudiantes"
(Zapatero)

(Panamá)

Tengo el pecho florecido
de canciones terrenales.
Combato penas y males
con mis puños convencidos.
Del propio pueblo he nacido,
sencillo, honrado y veraz.
Y no me quedo detrás:
¡Arriba, soy estudiante,

voy marchando hacia delante
y no me rindo jamás!

Llevo una camisa blanca
como el alma dulce y pura
que allá, en la Zona Oscura,
el yanqui quiso manchar.
Pero no pudo matar
con su malvado invasión
la imbatible convicción
de mi patriotismo eterno,
que llevo en este cuaderno
escrito en el corazón.

Frente a mí la patria andante,
partida, me está llamando
el obrero, caminando
con sus puños adelante.
Campesino y estudiante
van por el mismo sendero
con el machete de acero
y con la misma bandera...
Voy a dar la vida entera
por el Ancón prisionero.

Antes muerto que vendido,
aunque la sangre imprecisa
manche la blanca camisa
con el plomo derretido,
o el pañuelo envejecido
que me regaló mamá...
Mi voz adelante irá
y la pluma palpitante.
¡Arriba, soy estudiante
y que viva Panamá!

"Changmarin". Santiago, 1958

¡Qué se vayan del canal!
(Valdivieso)

Recuerda el Nueve de enero
Patria, cuando tu bandera
violada fue por la fiera
aquí, bajo el propio alero.
Ascanio mártir primero
sobre su tierra natal,
como flor primaveral
que la saja la tormenta,
cayó en la noche violenta...
¡Que se vayan del Canal!

Solo de sangre y de pecho
el pueblo armado trepaba
por la nube colorada
que surgía de su derecho.
La piedra de trecho en trecho
rompía la noche fatal,
y aquel ejemplo inmortal
de Victoriano Lorenzo,
ardía en el Ancón inmenso.
¡Que se vayan del Canal!

Lo supo esa noche el mundo:
¡Panamá se defendía,
la sangre a la mar teñía
de patriotismo profundo!
Y el yanqui, pirata inmundo,
por su locura mortal
pataleaba en el final
de su sistema inhumano,
al gritar el mundo hermano:
¡Que se vayan del Canal!

La guardia en alto, adelante
¡Veinte muertos! No lo olvides,
que sin en fracción te divides
te fusilará el gigante.
Que toda la patria cante
la jornada magistral
de la lucha desigual
de aquella noche de enero,
Y que grite el pueblo entero:
¡Que se vayan del Canal...!

"Mano Juan"

Quiero sembrar un maíz
(Gallino-Lamento)

Quiero sembrar un maíz
en la Zona del Canal,
y sobre el verde arrozal
la saloma más feliz.
He de escuchar la perdiz
allá en la cumbre lejana,
y encima de la montaña
clavaré la enseña mía,
¡ay! flor de soberanía
que rescataré mañana.

De Colón a Panamá,
cuánta tierra tiene el gringo,
mientras que yo, pobre *chingo,*
no tengo en la vida ná.
Me voy donde el pueblo va
con su daga y su sombrero,
hacia el Canal, compañero
de Los Santos y de Herrera,

de la república entera,
y a ver quién llega primero.

Qué bonita agricultura
a la falda del Ancón,
la amarilla floración
entre la verde espesura.
Tendré maíz y verdura
desde Curundo a Gatún
y trabajaré *asegún*
me lo permita la vida
en bien de la patria herida
y por la dicha común.

Arroz de soberanía
cultivaré en Miraflores
y el Chagre de mis dolores
entregará su agua fría.
Ya nada se prohibiría,
porque el cañón militar
en arado he de cambiar
para acabar con la guerra,
y se cubrirá la tierra
de flores de mar a mar.

"Mano Juan"

9. Los trovadores aztecas

México es la tierra del *son:* del Atlántico al Pacífico y del Río Bravo al Istmo de Tehuantepec, la música, el baile y el canto mexicanos tienen por nombre el *son* y por apellido el topónimo regional, bien sea como géneros específicos o en forma de complejos lírico-musicales, lírico-danzarios y lírico-musicales-danzarios, vale decir: canto alterno entre solista y dúo (o trío) orquesta de cuerdas y coreografía en parejas sueltas enfrentadas, que incluyen el zapateado.

La palabra *son* aplicada a un género folklórico mexicano, aparece por primera vez –según Vicente Saldívar– en un documento histórico de 1776, como denuncia del Santo Oficio de la Inquisición sobre unas coplas llamadas del Chuchumbé, cantadas y bailadas en el puerto de Veracruz:

> con ademanes, meneos, zarandeos, contrarios todos a la honestidad de los que lo ven como asistentes, por mezclarse en él manoseos de tramo en tramo, abrazos y dar barriga con barriga; bien que también me informan que esto se baila en casas ordinarias, de mulatos y gente de 'color quebrado', no en gente seria, ni entre hombres circunspectos y sí entre soldados, marineros y broza...

Los archivos del Tribunal de la Inquisición contienen riquísima información para el conocimiento del *son* durante el siglo XVIII, no sólo por su naturaleza profana y escandalosa, sino también porque con frecuencia tenía un tono abiertamente anticlerical. En esa época el *son aparece* mezclado y sin diferenciación posible con las seguidillas, el jarabe y el fandango, del que se tienen menciones documentales desde el siglo XVII. Tenemos el caso del *son* "Petenera", uno de los más ampliamente difundidos en México, pues se le conoce en La Huasteca, la Costa Chica de Guerrero y el Istmo de Tehuantepec. En Veracruz casi se ha olvidado, aunque es posible que Veracruz fuera el primero en conocerlo cuando llegara procedente de Andalucía.

Otro tanto puede decirse de dos géneros musicales típicos de los Altos de Jalisco: el *jarabe* y el *corrido* (éste último tratado ya anteriormente). Tratemos, pues, el *jarabe,* cuyo origen se remonta al siglo XVIII mexicano, y aparece unido estrechamente a las hispanas *boleras* y *tiranas*. Sin embargo, al decir de investigadores del Instituto Nacional de Antropología e Historia de México, su ascendencia directa debe encontrarse en el *jarabe gitano* de España que tuvo gran aceptación en todo el territorio mexicano; tanto así que para mediados del siglo XVIII aparecieron los primeros *jarabes* mexicanos creados bajo el modelo español.

En cuanto al conocido "Jarabe Loco" de Veracruz, a pesar de ello es considerado *son jarocho*; Raúl Hellmer encuentra que su ritmo y rasgueo difieren de los demás sones y sí lo emparenta con la guajira y el punto cubanos. No olvidemos que Cuba y Veracruz están frente a frente en el Golfo de México.

En el último tercio del siglo XVIII, el son se introduce en los programas de teatro, por ejemplo en el Coliseo México. Parece que público y empresarios sintieron la necesidad de incluir piezas nacionales –que se conocieron con el nombre genérico de "sonecitos del país"– para que alternaran con las de España. Entre estos "sonecitos" estaban algunos que aun hoy se interpretan, como "el bejuquito", "la indita", "el gusto" y la mundialmente famosa "la bamba".

Con la independencia de México en 1810, el son y el jarabe cambian de signo: de perseguidos y reprobables pasan a ser considerados como representantes del alma nacional. Los "sonecitos de la tierra" –y todos sus tímidos diminutivos de "jarabitos", "huapanguitos", "corriditos"– cambian sus nombres por el de aires nacionales, y se inicia su publicación en 1834, por ser considerados como la música mexicana por excelencia. Bien sea que esta "nacionalización" no logra ni pretende borrar el indiscutible origen español de algunas coplas, como esta que dice:

> Palmero, sube a la palma
> y dile a la palmerita
> que se asome a la ventana
> que mi amor la solicita.

y cuya paternidad la disputan Colima y el Sur de Jalisco, pero no las Islas Canarias, su verdadera cuna. "El Palmero", son de Tomatlán.

La amplia difusión de melodías y estrofas españolas en todo el extenso territorio que fuera el Virreinato de la Nueva España, favoreció el desarrollo de modalidades regionales en los temas de las coplas y en la versificación, en la construcción de instrumentos distintos a los españoles, y, finalmente, en nuevas maneras de ejecución. Después de que la Independencia abrió totalmente el camino para el desenvolvimiento de una cultura popular netamente nacional, estos procesos se aceleraron y en pocas décadas los sones de Veracruz y otras regiones llegaron a adquirir sus formas actuales. En los sones jarochos más antiguos se daba esa conjunción lírico-musical-coreográfica de que habláramos al inicio de este capítulo. En la actualidad es el *zapateado* casi el único son jarocho que sirve de vehículo musical para las décimas.

Al sur de Veracruz y ya en pleno Golfo de Campeche, está el Estado de Tabasco, donde se canta y baila el *fandango tabasqueño* que es un son derivado directamente del fandango español. Característica de este baile son las "bombas" en forma de décimas antiguamente y ahora en coplas que dedica el hombre a la mujer de su predilección; prosigue el baile hasta que alguien vuelva a pedir "¡Bomba!"

Arcadio Hidalgo brinda sus décimas autobiográficas sobre el modelo tradicional de "El Fandanguito", respetando incluso los estribillos tradicionales con que comienza el son y se interpolan a las estrofas. Se trata pues, de una recreación contemporánea.

> Yo fui a la Revolución
> a luchar por el derecho
> de sentir sobre mi pecho
> una gran satisfacción;

> pero hoy vivo en un rincón
> cantándole a mi amargura,
> pero con la fe segura
> y gritándole al destino
> que es el hombre campesino
> nuestra esperanza futura...

Don Arcadio Hidalgo –autor de estas décimas– nació en 1893 en Alvarado (Estado de Veracruz) de ascendencia afrocubana e indígena mexicana. En 1906 participó en el movimiento del general Hilario Sala, del Partido Liberal Mexicano de Ricardo Flores Magón, y luchó en la Revolución como asistente del general Ernesto Griego. Después trabajó como cañalero, ferrocarrilero y panadero, entre otras muchas cosas. Arcadio Hidalgo vivía hasta 1980 en el ejido de Tacoteno (Minatitlán) con su señora Juana Contreras y su hija Yolanda, cultivando su parcela. En 1981 editó un libro con sus versos.

Don Vicente Teódulo Mendoza, en su estudio antológico *Glosas y Décimas de México* –editado por el Fondo de Cultura Económica en 1957– dice al respecto de la décima en México:

> Entre nosotros, a finales del siglo XVIII, aparece con el nombre de "valona", el cual ampara musicalmente un género lírico-declamatorio, que culmina hacia la quinta década del siglo XIX como sátira política. (En México) [...] los trovadores y cancioneros mantienen la décima en vigor, lo mismo en la región jarocha de Veracruz y las tres Huastecas, que en Jalisco, Guerrero y Michoacán.

Cuando tiene lugar en los fandangos, la valona se distingue por un ¡ay! prolongado y agudo. El baile se suspende y el público presta atención, pues va a escuchar cantada, una composición sobre la causa de la reunión, en homenaje a los dueños de casa o simplemente sobre un tema picaresco, como esta historia de un vividor que se enamoró de una mujer coja o "renca".

En los llamados "bailes de tarima" de la costa veracruzana, la décima pertenece a los sones grandes, llamados *de trovador*. Cuando tiene lugar en forma de contrarresto entre dos trovadores se le llama *valona de flores o valona floreada*. El acompañamiento tradicional es con arpa, guitarra sexta y *jarana*.

Hace unos momentos hemos mencionado los "bailes de tarima" y ello nos remite a una importantísima región mexicana: la Huasteca, que es la tierra del *huapango*, y justamente el vocablo "huapango" deriva del nahuatl CUAUPANCO, que significa "baile sobre una tarima o plataforma".

La región llamada "huasteca" –o Las Huastecas"– comprende parte de los Estados de Hidalgo, San Luis Potosí y Veracruz –estas son las tres huastecas más importantes por su tradición–, además de los Estados de Tamaulipas y Querétaro. Se localiza en las estribaciones de la Sierra Madre y hacia el litoral del Golfo de México.

Vamos a finalizar este capítulo dedicado a Los Trovadores Aztecas acercándonos al son jalisciense, más conocido por el nombre de sus intérpretes: el *mariachi*.

Como es sabido, el término "mariachi" es corruptela del vocablo francés *mariaj*, que significa "casamiento" o "boda" y se aplicaba a los conjuntos típicos mexicanos que eran contratados para amenizar las bodas en tiempo de la intervención francesa (1861-1867). Cayó Maximiliano en el Cerro de las Campanas pero el galicismo quedó en pie, y hasta se afianzó, llamándose *mariacheros* a los músicos intérpretes del *mariachi*. La tradición oral afirma que en sus orígenes el *mariachi* estaba integrado por cuatro instrumentos de cuerda: 2 violines de tipo común, un arpa y una guitarra quinta, también llamada *de golpe o mariachera*. A este tipo de conjunto se le llamaba *planeco*.

Parece ser que al mismo tiempo que se consolidara este tipo de cuarteto de cuerdas como característico para la interpretación del *son* jalisciense, se fue delineando en toda la región la tradición del arpero solista. Lógicamente su repertorio tenía que incluir algún tema dedicado a los contrayentes. Y había una "Canción de felicitación al matrimonio" cuyos versos decían:

> Amigo, amigo, llegó el dichoso día
> en este día tomarás el matrimonio.
> Pídele a Dios que no se te meta el demonio,
> para que pases tu vida muy feliz.

En este género de son jaliciense llamado *maiachi* han venido ocurriendo notables cambios desde las primeras décadas del presente siglo hasta nuestros días. En el aspecto orquestal de un conjunto característico de cuerdas ya citado, en términos generales se puede decir que han desaparecido el arpa y la guitarra quinta. Que en su defecto, la vihuela, el guitarrón y las estridentes trompetas ya forman parte inamovible de los modernos mariachis. Y en el aspecto vocal, donde tradicionalmente eran algunos de los mismos músicos quienes interpretaban las canciones, repartiéndose las vocesa alternativamente; pues ahora los mariachis están incluyendo un *vocalista* específico, que además de cantar como solista no ejecuta instrumento alguno –fenómeno derivado claramente de la influencia comercial discográfica y cinematográfica en su explotación de la "canción ranchera".

10. Los trovadores de los llanos

Este es el protagonista del capítulo: el trovador de los llanos. Tiene una patria que ayudó a forjar, lanza en ristre, siguiendo el galope corajudo del insigne caraqueño Simón Bolívar, esa gran patria es Venezuela. Y por ella vertió nuestro hombre su preciosa sangre, mestiza de arawako-caribe, africano y español, cuantas veces lo demandara la patria, para luego retornar cantando a su ámbito natural, la *sabana:*

> La sabana arranca del pie de la cordillera andina, se extiende anchurosa, en silencio acompaña el curso pausado de los grandes ríos solitarios que se deslizan hacia el Orinoco, salta al otro lado de éste y en tristes planicies sembradas de rocas erráticas languidece y se entrega a la selva...

En la novela *Cantaclaro*, de Rómulo Gallegos, publicada en España en el año de 1933, este gran escritor, pedagogo y político venezolano erige un monumento literario a este trashumante trovador de los llanos, personificado en Florentino "Cantaclaro"; nacido en Arauca:

> Desde el llano adentro vengo
> tramoliando este cantar.
> Cantaclaro me han llamado.
> ¿Quién se atreve a replicar...

Y tras esta desafiante presentación del personaje, Gallegos nos introduce en su ámbito geográfico: "Desde las galeras del Cuánrico hasta el fondo del Apure, desde el pie de los Andes hasta el Orinoco ¡y más allá!, por todos esos llanos de bancos y palmares, mesas y morichales, cuando se oye cantar una copla que exprese bien los sentimientos llaneros, inmediatamente se afirma: "¡Esa es de Cantaclaro...!".

¡Y cómo se llama esta canto de todos los Cantaclaro que en Venezuela han sido...? Una respuesta tópica sería: "El Joropo". Pero lo que acabamos de escuchar es un *pasaje;* y hay varias formas de *pasaje* y muchas más de *joropo*. Por ello trataremos de aproximarnos a la expresión lírico-musical del trovador de los llanos de Venezuela.

> Pero son tantas las coplas que se entonan por allí, todas con el alma llanera extendida entre los cuatro versos, como el cuero estacado por las cuatro puntas... Si en oyendo estas

trovas, alguien preguntase: "¿Dónde nació Cantaclaro?" "Sin vacilar le responderían: 'Aquí en el llano' Pero el llano es ancho, inmenso... y de los Cantaclaro ya se ha perdido la cuenta.

Hemos vuelto a citar a Rómulo Gallegos, esta vez como advertencia del arduo trabajo que supone investigar la trova llanera, por la misma facilidad con que al trovador le brotan las coplas; tal como afirmaba Cantaclaro:

>   Las cosas de la sabana
>   tienen los versos adentro:
>   tú te la quedas mirando
>   y ella te los va diciendo...

Confiando en que nos ocurra así, comenzaremos por los instrumentos típicos con que acompaña sus cantos el llanero: arpa, cuatro y maracas.

Una de las formas musicales del joropo llanero: el *zumba que zumba*, es interpretada por Ignacio Figueredo al arpa, su hijo Marcelo al cuatro y su otro hijo Elix en las maracas. El "Indio" Figuredo –que así se le conoce– nació el 31 de julio de 1900, en el Estado de Apure, llano adentro en el Cajón de Arauca. Autodidacta en su gran saber, toca el arpa desde los once años, motivado por el virtuosismo del gran Ruperto Sánchez. Cuenta el Indio Figueredo que "antiguamente el cajón –o caja de resonancia– del arpa se obtenía quemando o escarbando el centro de un tronco, para luego colocarle una tapa de madera, que completaba el cuerpo acústico. Las cuerdas del arpa –cuyo número oscila entre 30 a 36– se confeccionaban con tripas de puercoespín, simples o entorchadas a fin de obtener los *tiples, tenoretes y bordonas*. Las clavijas se fabricaban en hierro o cuerno de vaca, según fuera el caso". Tan rústica fabricación, confiere el arpa llanera un sonido recio, como su propio ejecutante.

El arpa llanera y el arpa aragüeña de la región central de Venezuela no sólo se diferencian en su sonido: recio el primero, dulce y metálico el segundo; sino también en que el arpa aragüeña tiene un mayor número de cuerdas distribuidas de esta manera: 5 cuerdas de tripa de venado para los graves, 16 cuerdas de nylon para las notas del registro medio y 12 cuerdas de metal para las notas de registro agudo. En el valle que riega el río Tuy, en el estado de Aragua –al oeste de Caracas– impera el *golpe tuyero,* variedad del joropo en estructura libre, conformando una suite folklórica por la que desfilan el Pasaje, la Guabina, el Yaguaso, la Marisela y la Revuelta.

Y pasemos ahora a otro instrumento musical: el *cuatro;* recordando que si el *joropo* es la expresión musical y danzaria de Venezuela, el *cuatro* es el instrumento nacional. El *cuatro* venezolano es uan derivación de primitivos tipos de guitarra de cuatro órdenes de cuerdas simples –de ahí su nombre– que ya eran muy conocidos desde fines de la Edad Media y todavía usados en la España del siglo XVI. Tenemos noticias que atribuyen al poeta rondeño Vicente Martínez Espinel (1551-1624) la inclusión de una quinta cuerda a la guitarra de su tiempo. Al tocador de cuatro se le llama *cuatrista* en Venezuela. Y en manos de *cuatristas* avezados y mediante variadas técnicas de rasgueo, esta pequeña guitarra brinda toda una gama de efectos melódico-percusivos.

A lo largo y ancho de toda la geografía venezolana su sonido se ha vuelto familiar y de acuerdo al mapa folklórico, el *cuatro* se encuentra al lado del arpa, bandola, violín, guitarra o simplemente del cantante. Esto no quiere decir que no pueda ser instrumento solista. Ha adquirido dimensión internacional con Fredy Reyna, estudioso y célebre concertista del *cuatro* que, utilizando afinaciones no tradicionales, ha logrado desentrañarle recursos expresivos insospechados y ponerlo a cantar con voz propia de instrumento solista.

Ya hemos dicho que el acompañamiento del trovador llanero lo componen arpa, cuatro y maracas. Las maracas son instrumentos idiófonos sacuditivos de procedencia indígena y empleadas por los chamanes, que pierden su sentido mágico en manos de los criollos que las utilizan por pares, con fines musicales. Consisten en una tapara o totumo seco, en cuyo interior se colocan semillas de capacho. Aunque en Venezuela están ampliamente difundidas, es en el joropo donde adquieren verdadera jerarquía, por las posibilidades que se le brindan al maraquero para demostrar sus habilidades al sincopar tonos y chasquidos, lo cual requiere gran coordinación y soltura de brazos y muñecas.

Quedan otros instrumentos de cuerda que ya iremos presentando. Ahora pasaremos al canto del llanero. Sobre sus formas estróficas y metro silábico diremos que el llanero de preferencia al romance en versos octosílabos en la misma estructura tradicional del Romancero Español, es decir, asonantando los versos pares en un mismo tipo de rima del comienzo al final; y dejando libres los versos impares.

Al igual que lo que es el *pajarillo* en tono menor, el *seis por derecho* es el joropo más representativo en el modo mayor. Dentro de su esquema armónico –muy simple– que se repite tantas veces se desee, cada músico o cantor puede desarrollar su propia interpretación.

Otro instrumento de cuerda tan difundido en Venezuela como el *cuatro* o el arpa, es la *bandola*, cuyo máximo exponente hoy por hoy es Anselmo López, quien se ha ganado el apelativo de "Bandola".

Otra forma del joropo es el *pasaje llanero*. Intentaremos explicarnos con claridad para no perdernos en la intrincada terminología del folklore venezolano: Las variantes del joropo reciben el nombre de *golpe*. Entre los golpes llaneros está el pasaje, y una de las formas del pasaje se llama *San Rafael*. ¿A qué se debe esta multiplicidad de estilos derivados de un mismo género? Nos parece que al virtuosismo de sus ejecutantes. Algo similar ocurre en el cante flamenco, donde hay tantos *palos* con nombre propio: "Malagueñas de Chacón", "Siguiriya de El Planeta", "Soleares de Tomás Pavón", "Fandangos de Cepero"... Y cuenta el Indio Figueredo que en la Venezuela de su infancia ya su padre le hablaba de un famoso arpista, Clímaco Herrera, de San Rafael de Atamaica, el cual compuso muchos *golpes* que hoy son considerados anónimos; entre ellos: *La Quirpa, El Gavilán y San Rafael*. Los versos del "San Rafael" también son romanceados, pero la frase musical los divide en estrofas, y al comienzo de cada estrofa repite el primer verso.

Clasificaciones como la del musicólogo venezolano Rafael Salazar, arrojan más de treinta formas de joropo, repartidos entre los llamados "seis", los de "estructura fija", "estructura libre" y "pasajes". Pensamos que tan sofisticada nomenclatura podría reducirse considerablemente si discrimináramos entre los joropos de dimensión nacional y los de limitado ámbito local. Toda Venezuela participa del "Zumba que zumba", del "Pajarillo" y del "Seis por derecho"; lo mismo que hay "Carnaval" apureño, barinés, guariqueño. En cambio los "pasajes" son sones locales que casi no trascienden la pequeña alegría o la tremenda pena que motivó su nacimiento. A este género pertenece el llamado *privarresuello,* pasaje llanero que debe su nombre al ligado de sus estrofas sin tomar aliento, hecho que en realidad "priva el resuello" al cantador.

A diferencia de lo anecdótico del "pasaje", el joropo es épico y tiene espíritu conquistador de mundos. Además es en el joropo donde se da oportunidad a los repentistas para que luzcan su pronta inspiración en esa suerte de canto alterno en controversia como hemos visto en los guajiros de Cuba, los jíbaros de Puerto Rico, en los charros mexicanos y en los mejoraneros panameños, cual es el contrapunto o *contrapunteo:* máxima expresión, el "no va más" del canto llanero. Pero que no siempre se termina con los abrazos de los contendientes y los aplausos de los circunstantes. Por lo menos sabemos de un caso trágico en que un cantador llanero pagara con su vida el virtuosismo de su voz y el prodigio de su mente improvisadora. Nos referimos a "Quirpa", perpetuado en la leyenda e inmortalizado en un joropo:

> Yo no sé por qué en Biripa
> no quieren a los llaneros,
> porque mataron a Quirpa
> e hirieron al guitarrero

Este personaje "Quirpa" –cuyo nombre unos escriben con "Q" y otros con "K"–, hombre del Hato Apureño", debió haber existido. Y su nombre lo ha heredado una forma de joropo llanero: la *Quirpa,* que emplea compases ternarios y binarios, a veces combinados y que los musicólogos se ven en apuros para llevarla al pentagrama por el desplazamiento de los ritmos y acentos y por sus complicados figurajes. Sin embargo es obra de músicos populares que afinan y tocan "de oído".

11. Los trovadores brasileros: gauchos y violeiros

Los trovadores brasileros destacan en dos regiones "antípodas" de este gigantesco país-continental que es el Brasil, y ellas son Río Grande do Sul y el Nordeste. Separadas por miles de kilómetros, con muy diferentes recursos naturales y diferenciada economía, han desarrollado sendas culturas enmarcadas en el más auténtico brasileñismo, y que en el campo que nos ocupa, el arte trovadoresco, tienen como representate al *gaúcho* sulriograndense y al *violero* nordestino, respectivamente. Esto, sin perjuicio que encontremos excelentes trovadores en la región central brasilera. Así pues, vamos primero con el *gaúcho*, y lo presentaremos con sus propios versos:

> Soy gaúcho y buen amigo,
> y del Dios que me dio el ser
> dos cosas llevo conmigo:
> caballo bueno y mujer...

En esencia, el *gaúcho* viene a ser la versión brasileña del *gaucho* argentino, del cual toma el nombre, acentuando la "ú" y rompiendo el diptongo en esta prosodia brasileña riograndense. El estado fronterizo de Rio Grande do Sul limita al Oeste con Argentina y al Sur con Uruguay, extendiéndose en una inmensa campiña otrora disputada tenazmente por España y Portugal en larga lucha. Y así como el gaucho argentino nace de un mestizaje racial y cultural entre el español y el indio *pampa*, el *gaúcho* brasilero es producto mestizo de portugués e indio *charrúa, guaraní o minuano*. Además de designar una étnica aborigen, *minuano* también se le llama al viento que sopla del sudoeste, viento seco y frío que por venir de la Pampa el gaucho argentino denomina "pampero".

> Caballo bueno y mujer
> fue lo que siempre he querido;
> buen caballo siempre tuve,
> mujer buena, no he podido...

Desheredado de la vida, marginado por la sociedad, perseguido por la ley y calumniado por la historia, nuestro *gaúcho* –al igual que su extinto vecino gaucho– sólo es feliz en contacto con la naturaleza, galopándola a todo pulmón. Por eso es que no le aflige domar un potro salvaje para que lo monte el hijo del patrón. Ni le importa mucho que en su oficio de arriero sea siempre ganado ajeno el que conduzca a través de los campos, con rumbo al embarcadero, las charqueadas o el matadero. ¡Qué va! Una copla lo arregla todo, y hasta en su canto alterna su grito de resero que se pierde en un horizonte de espejismos: "¡Eh, buey...! ¡Yá-já, yá-ja, yá-ja...! ¡je-ña...!

> Como adiós en despedida
> cae la tarde lentamente.
> Por las bandas del poniente
> un yermo sol desfallece.
> Hay como un rumor de preces
> de gargantas emplumadas...
> Ya no hay vida en las cañadas
> ni en las grutas ni en las villas,
> y las últimas tropillas
> campean su parador.

Esta décima pertenece al poema "Carreta" y su autor es José Leal, quien ha popularizado el seudónimo "Juca Ruivo" en su pueblo de Alegrete. Difiere la rima de la décima gaúcha de la clásica décima hispánica, y por estas y otras singularidades es que hemos dedicado un capítulo a los *trovadores brasileros*.

Y ahora, vayamos al encuentro del otro anunciado trovador brasileño: *el violeiro nordestino*. Antes y por ser larga la distancia que separa Rio Grande do Sul de Rio Grande do Norte, Paraíba, Ceará, Pernambuco, Halagaos, Sergipe, Bahía, Piauí y Maranhao, vale decir el Nordeste, detengámonos en el romance brasilero de procedencia ibérica, que cuando lleguemos al romancero oriundo del Brasil habremos arribado a nuestro destino.

Los romances viejos portugueses datan, en su mayoría, de los siglos XVI y XVII, y algunos —según estudios de Oneyda Alvarenga— son de origen español. El Romancero Brasileño fue recogido por los folkloristas del siglo pasado y principios del presente. De esta colección literaria sólo permanece vivo en los años cuarenta el romance de la "Nau Catarineta" por haber sido ligado a una danza dramática. Y entre los que aún conservan su melodía original, figura el del "Bernal Francés", que comienza así:

> Francisquilla, Francisquilla
> la del cuerpo tan gentil
> ábreme ya esa puerta
> que me acostumbras abrir.
> —¿Quién ha tocado mi puerta?
> ¿Quién toca, quién está allí?
> —Es don Bernal Francés
> y su puerta venga a abrir...

Nosotros hemos traducido este texto del portugués, pero existe una versión española muy conocida del "Bernal Francés". Entre los romances de creación brasileña tienen particular importancia los inspirados en los animales y en bandidos célebres. Entre los del primer grupo, los romances que tratan del buey constituyen por sí solos un ciclo notable, cuyo foco mayor es el Nordeste. El ciclo principal del segundo grupo es el de los romances del bandolerismo en el que se narran la vida y hazañas de los bandoleros nordestinos, los *cangaceiros*.

La importancia que reviste el buey para el pueblo brasileño se centra en el Nordeste, donde el pastoreo tuvo un primer núcleo económico y socialmente importante. Todos los romances del buey, así como algunos de otros animales que se asimilan a ellos por su fondo y por su desenvolvimiento poético, cantan invariablemente al animal valiente que lucha por su libertad y que es aniquilado a causa de su rebeldía. No son otras las ideas centrales en las cuales se basan los romances del bandolerismo *(cangaço)* del *sertón*. Pero he aquí un romance moderno titulado "O menino da porteira" (Teddy Vieira y Luizinho), en el que el buey queda mal librado por "desalmado asesino". Se trata de un arriero de bueyes o *boiadeiro* que en un tramo de su largo recorrido solía atravesar una tranquera con su tropa de reses. Allí lo esperaba siempre un niño que le abría la tranquera, a cambio de que el bueyero hiciera sonar su cuerno o trompa, llamada "berrante", para deleite del niño.

> Cuando los bueyes pasaban
> y el polvo se iba asentando,
> le tiraba una moneda
> y él la cogía saltando:
> –¡Muchas gracias, mi bueyero,
> Dios le siga acompañando...!
> Y por el sertón afuera
> mi barrante iba tocando...

Pero en una ocasión, al regresar de su viaje el arriero, no halló al niño en la tranquera. Desmontó del caballo y se acercó a una mujer que lloraba a la puerta de su rancho, quien sollozando le dijo:

> ¡Oh, bueyero, llegas tarde;
> ve esa cruz tras el horcón:
> quien mató a mi niñito
> fue el buey sin corazón...!

El romance prosigue con un soliloquio del bueyero, que ahora ve la imagen del niño en la tranquera, y hasta el lúgubre sonido de su "berrante" se le antoja un mensaje del niñito que, desde el más allá, le sigue deseando buen viaje...

> Y aquella cruz del camino
> que en mi pensamiento está
> me hizo hacer un juramento
> que no olvidaré jamás:
> ¡Aunque el ganado desbande
> y yo tenga que ir atrás,
> en ese trozo de suelo
> berrante no toco más...

¡Y ya estamos en el Nordeste brasilero! Tierra del *sertao*, según escribieran Joao de Barros, Damiao de Gòis, Fernâo Mendes Pinto, el Padre Antonio Vieira y el escritor Pero Vas de Camina. Tierra bravía y salvaje, apartada de la civilización, habitat del *sertanejo* criador de un ganado tan arisco como los matorrales del propio *sertón*.

Sin embargo, Marcus Pereira a través de sus trabajos antropológicos, pretende demostrar que "la región más rica del Brasil es el Nordeste" –aunque agrega– "es verdad que eso depende del concepto que cada uno tenga de la riqueza".

La poesía popular del Nordeste se puede clasificar en dos grupos bien caracterizados: la literatura de cordel (en pliegos impresos de cuadernillos u hojas sueltas) y la poesía improvisada de los cantadores. Las estrofas más usadas por los violeiros son la Sextilla, la Décima de siete sílabas y el "Martelo Agalopado" que es una décima de diez sílabas con el juego de rimas que se alcanza en el Siglo de Oro español.

Conviene aquí hacer una aclaración. En la poética lusitana y luso-brasilera, el conteo silábico tiene por pauta la rima aguda, mientras en la poética española se contabiliza hasta la sílaba átona de palabra grave o llana.

Así pues, esa "Décima de siete sílabas" de que nos habla Marcus Pereira es nuestra décima-espinela de ocho sílabas u octosílaba, tan utilizada en el Siglo de Oro. En tanto que el brasilero "Martelo Agalopado", según el conteo hispano, viene a ser una décima en endecasílabos, estrofa rarísima en la literatura española de cualquier época. Finalmente diremos que el nombre de "violeiro" que se da al poeta popular nordestino, deviene del instrumento cordófono que siempre lo acompaña: la *viola*, instrumento de cuerdas pulsadas con los dedos, semejante por su forma al *violón*. Por lo general la viola tiene de cinco a seis cuerdas metálicas, de órdenes dobles. La afinación es muy variable, siendo las más comunes *la-re-sol-si-mi* en la pentacorde, y *mi-la-re-sol-si-mi* en la viola hexacorde.

Herdedada de Portugal, la viola se ha esparcido por todo el Brasil rural, fabricándose en madera de pino, al igual que el *violón,* su hermano mayor, con caja acústica en forma de "ocho" –como la guitarra española–, y encordada con las tres primas de metal y las tres bordonas de tripa.

La *canturía o desafío* es la forma expresiva de esta improvisada poesía polémica. Viola en mano, dos cantadores improvisan alternativamente durante toda la noche, al antiguo modo de la *tensón* provenzal. Según Marcus Pereira: "lo mejor de estos desafíos es el tono jocoso, satírico" agregando "que ese mismo humor sarcástico reaparece también en la literatura de cordel, en los romances compuestos, impresos en folletos y vendidos en las ferias nordestinas. En el ciclo cómico, satírico y picaresco subyace el tono jocoso, aunque a veces lindando peligrosamente con obscenidad, como siempre acontece en estas formas de literatura popular".

Particularmente, nos parece que este cabalgar entre lo jocoso y lo obsceno no es exclusividad de la literatura popular, como pretende el buen amigo Marcus, pues bien sabemos todos cómo se las gastaban nuestros clásicos renacentistas y los del Siglo de Oro. Sí nos parece interesante la diferenciación que hace Marcus entre literatura de cordel y literatura oral. Esta es rural, y se da ante un público iletrado, donde campea el bardo semianalfabeto. En tanto que la literatura de cordel, con su letra de molde burdamente impresa, exige un poeta-editor que reúna un mínimo de conocimientos para alguien dispuesto a pagar por leer; y lo hallará en los pueblos.

La literatura de cordel nace en la Península Ibérica y en ella se recogían antiguamente los "romances de ciego" que los mismos juglares invidentes expedían. Una forma de esta literatura y que todavía subsiste en España, son las "Aleluyas": esos pliegos con estampitas, al pie de las cuales hay un pareado con los versos que cuentan la historia de famosos bandoleros, como Diego Corrientes o el famoso Luis Candelas. La literatura de cordel casi ha desaparecido en Iberoamérica, exceptuando el nordeste brasileño, donde es posible hallarla en la ferias en forma de hojas sueltas o cuadernillos prendidos de un cordel, de ahí su curioso nombre.

La importancia del romancero popular del nordeste brasileño es inmensa y crece día a día. Cundo no es su forma, es su espíritu el que está presenta en toda la mejor literatura nordestina, como ratificando ese adagio que dice: "Donde lo popular no existe, lo erudito es falso". Desde estas raíces populares se elevan los nombres de José Lina do Rego, Guimaâes Rosa, Jaquim Cardozo y Joao Cabral de Melo Neto. Otro tanto ocurre con la cultura de la zona meridional, Río Grande do Sul, tierra natal de Simôes Lopes Neto, Ramiro Bracéelos, Amaro Juvenal, Augusto Mayer y Athos Damasceno Herreira, por citar sólo unos nombres en la mejor literatura gaúcha que se renueva en el joven Oliveira Silveira, autor de la "Décima del Negro Peón....".

12. El 'canto a lo pueta' de Chile

Este es el "canto a lo pueta", es decir a lo poeta, como lo ha bautizado el propio payador chileno, al que dedicamos este capítulo. Comenzaremos por ubicar a nuestro protagonista: centauro entre los mejores jinetes de América, su atuendo es calco del andaluz vestido cordobés, salvo un cortísimo poncho de colores que lleva sobre los hombros y unas descomunales espuelas de plata, llamadas "roncadoras" por la cantarina sonoridad que producen sus estrelladas rodajas. Este es el *huaso* chileno, emparentado por su actividad laboral y por su cultura tradicional, con el charro mexicano, el llanero venezolano y el gaucho argentino. Pero sólo el *huaso* campea por las tierras más meridionales del planeta: lo encontraremos a los 45º de latitud sur, en Puerto Aisén, y aún en estas australes regiones, el *huaso* chileno arreará las reses cantando alegremente, allí, donde hasta los pensamientos se congelan.

El ámbito natural del payador chileno se extiende desde la región central hasta Temuco y Valdivia. Situado en el extremo sudoccidental de América; encerrado entre los Andes y el mar, Chile, con sus 10.000 Kms. de costas –incluyendo los fiordos y las ensenadas australes– fue llamado hasta el siglo pasado "¡El Fin del Mundo...". "Es Chile norte sur de gran longura", dijo Alonso de Ercilla en su famosa epopeya "La Araucana"; primera crónica en verso de la historia de América y el más grandioso monumento a la heroica resistencia araucana.

La primera forma tradicional que encontramos en el folklore criollo de Chile son los romances, que aparecen en el período heroico del siglo XVI. Pasan directamente de España en boca de soldados y parece que cada conquistador hubiera encarnado un coplero. En tiempos de don Pedro de Valdivia –el fundador de Santiago y de La Serena– estaba en boga aquel romance que dice "Cata do va el lobo Juanica", que don Miguel de Cervantes define como "no acordaba ni compuesta", es decir, netamente tradicional.

Sin duda alguna, las huestes españolas de Chile repetían aquel romance compuesto en tierra peruana que canta las desdichas y la trágica muerte del descubridor de Chile y su primer Gobernador, Diego de Almagro, ajusticiado en Cuzco por Hernando Pizarro el 8 de julio de 1538, y que dice:

> Llegados a la gran plaza
> do le habían de ajusticiar,
> le cortan en la picota
> su cabeza con crueldad.
> Los indios hacen endechas,
> comienzan a lamentar,
> dicen: "Muerto es nuestro padre,
> ¿Quién nos ha de reparar...?".

Desentrañada la incuestionable raíz hispana de su cultura, Chile se preguntará: ¿Existe una canción genuinamente tradicional y folklórica, es decir: valores musicales de raigambre popular, nacidos fuera de toda sistematización de conocimientos? La respuesta es positiva y su testimonio se halla en el pueblo, vivo, así como en la obra escrita por estudiosos de la talla de Rodolfo Lenz, Julio Vicuña Cifuentes, Ismael Parraguez, Carlos Ismitt, Carlos Lavin, Jorge Urrutia Blondel, Pablo Garrido, Ramón A. Laval, Eugenio Pereira Salas y un largo etcétera de sabios y estudiosos que se han dedicado con ahínco a estas tareas monográficas, entre cuyos beneficiarios nos contamos. Justamente, citando a Eugenio Pereira Salas, leemos que en Chile: "La forma más usual fue la décima glosada, de versos octosílabos, compuesta de cuatro estrofas que glosan una cuarteta, más de una décima de *despedida*".

Para apreciar lo que es una glosa en décimas con despedida final, recurrimos al escritor chileno Julio Vicuña Cifuentes, que da un buen ejemplo en sus "Romances Populares y Vulgares" bajo el título "Desafío de Oliveros y Fierabrás". Dice la planta:

>Al gigante Fierabrás
>lo venció el conde Oliveros,
>y quiso hacerse cristiano
>el pagano caballero.

> ... y dice así la GLOSA:

>Los doce pares de Francia
>con Carlomagno, ese rey,
>fueron a vengar la ley
>con gran valor y constancia.
>Vencieron con arrogancia
>a los turcos además;
>no los dejaron en paz

hasta que los redotaron,
entonces ellos mandaron
al gigante Fierabrás.

Salió contra el enemigo
Oliveros prontamente,
y cuando vio lo presente,
Fierabrás le dijo: "Amigo,
.... si yo he de pelear contigo
dime tu nombre primero,
y si no eres caballero
retírate en el instante".
Pero dicen que al gigante
lo venció el conde Oliveros.

Oliveros, de primera,
le dijo que era Guarín,
pero tuvieron al fin
una batalla muy fiera.
Encima de la mollera
le pegó un golpe al pagano;
entonces el inhumano
cayó en tierra muy herido,
pero le volvió el sentido
y quiso hacerse cristiano.

Oliveros lo terció
en su silla pa llevarlo,
pero tuvo que dejarlo,
porque un turco le salió.
Después de que lo venció
lo hicieron prisionero,
pero Carlomagno, infiero,
se lo quitó al enemigo
y se juntó con su amigo
el pagano caballero.

... acabada la glosa, sigue aquí la "despedida final":

> Al fin, con fervor y celo
> al obispo dieron cuenta,
> al que mucho le contenta
> ganar un alma pal cielo.
> El mismo le dio el consuelo
> con gran cuidado y afán
> en la iglesia de San Juan,
> donde los padrinos fueron
> el buen padre de Oliveros
> y el valeroso Roldán.

Hay varias notas al margen en las que Vicuña Cifuentes compara los versos de esta glosa anónima chilena con los del Romance I de Juan José López sobre "Carlomagno y los doce pares de Francia", recogido en el Romancero Durán. Y esta folklorización del ciclo de Carlomagno se da en toda la Hispanoamérica a donde llegaron los evangelizadores españoles con su "Cancionero a lo divino"; pero el canto trovadoresco criollo lo incorpora en el canto "a lo humano" y en el género "Saber y Porfía".

No dudamos que en muchos puntos del continente la mujer alterne con el hombre en este arte trovadoresco, pero sólo en Chile aparece la mujer cantando y tañendo desde época tan temprana como la primera mitad del siglo XIX. Quizás esto obedezca a ecos ancestrales. Recordemos que en el Imperio de los Incas –cuya parte meridional llegaba hasta el río Maule (en Chile)–, la recolección del maíz la efectuaban las mujeres, improvisando canciones. En la lengua inca, el quechua, *palla* se llama a la acción de recoger o recolectar. En otra de sus acepciones, *palla* es cierta composición poética, que a manera de controversia se hace en las danzas y en el trabajo comunitario.

Este canto de *palla* o "canto de cosecha" fue convertido en villancico navideño por los evangelizadores de la colonia, y el pueblo andino terminó por folklorizarlo en danza de carnaval. Siempre como canto coral al ritmo de la caja de doble parche, llamada "tinya" en el Cuzco y "caja chayera" en el Cono Sur.

Dentro de esta cronología –y ya en un ámbito urbano de profundo mestizaje racial y cultural– sitúa el doctor Rodolfo Lens la época de Chile en que aparecen con toda claridad las dos ramas características de la poesía popular cantada: La rama femenina, a cargo de cantoras que pulsan el arpa y la guitarra. La rama masculina del *payador,* que se acompaña con el rabel o el guitarrón. La primera cultiva el baile y la tonada.

En las licenciosas *remoliendas* del siglo pasado parece que la ejecución de música danzaria era casi un privilegio femenino, pero en la actualidad, y sobre todo en la *cueca,* que es el Baile Nacional de Chile, el hombre ha ido desplazando a la mujer, aunque no superándola.

Hemos dicho que los instrumentos con que se acompañaba el chileno payador eran el rabel y el guitarrón. Actualmente ambos casi han desaparecido y los pocos payadores del Valle Central emplean la guitarra hexacorde. Pero hasta los años sesenta aún se encontraba algún *guitarrón* en Puente Alto, departamento de la provincia de Santiago de Chile, tañido no sólo por veteranos agricultores sino por jóvenes obreros. El género preferido por sus cultores es el *"verso a lo pueta":* cuartetas glosadas en décimas; pero no desdeñan si se ofrece tocar una cueca, una tonada, un vals o una polca.

El guitarrón es un cordófono que parece derivar de la renacentista familia del archilaúd. Tiene 25 cuerdas, 21 de las cuales están distribuidas en 5 órdenes. Las cuatro cuerdas restantes están fuera del mástil en dos pequeños clavijeros sobre los hombros de la guitarra; están afinadas para reforzar los acordes de tónica y dominante y no se pulsan sino que suenan por simpatía.

En la actualidad el canto payadoresco de Chile está muy venido a menos; casi podríamos decir que su estado es agónico. De sus gloriosas jornadas subsisten unas pocas melopeas que formaron el canto "a lo humano" y "a lo divino", que en lenguaje folklórico se les llama *entonación*. De ellas señalamos la *comuna,* la *del zurdo,* la *del diablo* y otras bautizadas por los académicos a partir de sus estribillos y glosolalias, como la *del ay en sí*. En su invalorable y personal labor de rescate, Violeta Parra salvó del olvido un estilo de entonación llamada *sirilla-canción* en la que difundió sus inspiradas décimas. Y en esta misma labor de rescate, el Instituto de Investigaciones Musicales de la Universidad de Chile publicó en los años sesenta una Antología del Folklore Musical Chileno, cuyo 5º Volumen recogió una grabación fonomecánica, con fascículo adjunto, el famoso "Contrapunto de Taguada con don Javier de la Rosa, en palla de cuatro líneas de preguntas con respuestas" publicado en Santiago de Chile en 1969. Entre los muchos méritos de este documento, consignamos en primer lugar que tal *contrapunte* o desafío ocurrió realmente en la localidad de Curicó a fines del siglo XVIII. Que sus protagonistas fueron reales y que los versos de la payada han sido conservados en la memoria colectiva por casi tres siglos, aunque en honor a la verdad, esta reconstrucción etnomusicológica contó con un completo informe que sobre la payada famosa publicara don Santiago del Campo en la "Revista Católica" nº 296, en Santiago de Chile el año de 1913. Comienza la paya cuando don Javier de la Rosa se ha llegado a Copequén, antigua provincia de Colchagua, para ajustar la compra de unas reses. Hasta allí lo ha seguido el mulato Taguada, cuya obsesión es medirse con La Rosa en el canto "a dos razones". Esto ocurría el 23 de junio de 1790. El informe de Santiago del Campo dice que Taguada era oriundo del, en ese entonces, Corregimiento de Maule, e hijo de un soldado español –quizás Sebastián Taguada– y de una "india araucana". Esto último nos sorprende porque a

Taguada le llaman "mulato", el *Mulato* Taguada. Entonces el soldado español y padre de Taguada era mulato, o la madre de Taguada no era india araucana sino negra o mulata.

El citado Del Campo incluye en su relato el nombramiento de tres jueces amanuenses, identificando a uno de ellos, apellidado Arratia y natural de San Vicente de Tagua Tagua, que se hallaba de paso en Curicó. La propagación de este certamen ha originado diversas versiones: unas dicen que el evento duró un día y una noche, otras, que tres días completos. En cuanto a la conclusión y efectos del *contrapunte* todas las versiones coinciden en dar como triunfador a Don Javier de la Rosa; en cambio no demuestran consenso respecto a la actitud del vencido Taguada, que habría abandonado para siempre la zona o decidido suicidarse, bien colgándose del cuello hasta ahorcarse o por medio de su propio cuchillo. Por lo que toca a don Javier –al parecer señorito terrateniente– se sabe menos aún. Lo que sí parece estar claro es que en aquellos tiempos de finales del siglo XVIII no acostumbraba el payador chileno a utilizar la décima estrófica ni la glosa en décimas, como sí ocurría en el Perú, donde las décimas se cantaban en *yaraví* y en *socabón*. Es a partir del siglo XIX que Chile vive su época de oro del canto payadoresco, prolongándose hasta las primeras décadas del siglo XX. Ahí quedan los nombres de Daniel Meneses, Nicasio García, José Hipólito Casas-Cordero, Patricio Miranda y esa gloria consagrada como "El Homero del Canto", nos estamos refiriendo a Don Bernardino Guajardo. De ellos heredó Violeta Parra su *toquío* en la guitarra y las *entonaciones* para el canto "a lo humano" y "a lo divino".

Hoy en día se hace cada vez más difícil escuchar en Chile quien cante " a lo pueta", como era habitual en Manuel Ulloa, Isaías Angulo o Santos Rubio. Ya no hay quien toque el *guitarrón* como *El Zurdo Ortega* y se van perdiendo las *entonaciones* tradicionales: la *comuna*, la del *zurdo*, la del *diablo*.

13. El arte de los payadores

El arte payadoresco nace con el gaucho, y esto nos remite cuando menos, a los tiempos coloniales del siglo XVIII. Por otra parte, "gaucho" y "payador" son vocablos derivados de la incaica lengua quechua: "gaucho" es metátesis de *guacho*, que significa huérfano, pobre, desvalido; solo y abandonado. "Payador" se le llamó nicialmente al poeta popular improvisador de "pallas" o estrofas cantadas, como las trovas. Y en esos tiempos "palla" se escribía con "ll" y no con "y"; lo que fonéticamente se acercaba más a su vocablo original, porque *palla* es palabra quechua que designa "cierta composición poética, que a manera de controversia, improvisaban las mujeres recolectoras del maíz en el imperio incaico". Literalmente *palla* significa recoger o reunir alguna cosa.

Todo concuerda, porque aunque el gaucho étnicamente esté más cerca de andaluces y castellanos, y aunque geográficamente sea un hijo de la Pampa y no de los Andes, su nomadismo pampeano de trashumante tropero, sin más techumbre que el cielo abierto ni más lecho que los yuyos del campo; y su innata vocación para el canto y la guitarra, le han valido para ganarse los nombres de *gaucho* cantor de *pallas*, o *gaucho payador*; mentor de sus propias soledades y tristezas.

El general San Martín, conocedor profundo del soldado, estimuló en su ejército la melodiosa labor de los payadores y cultivo de las danzas preferidas de su pueblo. De esta manera suavizaba los rigores de la fatiga cotidiana y animaba los corazones en las treguas de las batallas y en las ansiosas esperas del vivac. El payador-soldado raso –y alguna vez oficial– improvisaba a la luz de los fogones, sobre los temas del momento: las mil y una alternativas de la campaña hazañosa de los Andes. El mismo Libertador José de San Martín, dueño de una magnífica voz de bajo y de celebrada chispa mental, solía compartir esas veladas en los contados momentos de reposo que la durísima empresa le concedía: ocasión que aprovechaban los gauchos para manifestarle su gran aprecio.

Los payadores eran una lírica realidad americana desde mediados del siglo XVIII. A este respecto, el mérito que cabe a Bartolomé Hidalgo es el de ahondar el surco de la poesía payadoresca; pero decir —como repiten las enciclopedias— que fue el creador del género es negar un siglo de tradición a esta especie literario-musical. Hidalgo fue el payador de la gesta de la independencia, y lo hizo con fervor y lealtad verdaderamente gauchos. Este auténtico payador nació en Montevideo el 24 de agosto de 1788. Su primera acción de armas ocurre en la acción de "El Cardal" el 20 de enero de 1807, resistiendo con el pueblo de la Banda Oriental el avance del invasor inglés. Y es seguro que sus primeros impulsos literarios nazcan de ese bautismo de fuego en "El Cardal".

En 1818 Hidalgo, que a la sazón tenía treinta años, deja su Montevideo natal y se traslada a Buenos Aires, trabaja como segundo oficial de Aduana y en 1820 se casa con una porteña. Es en Buenos Aires donde Bartolomé Hidalgo compone sus "cielitos patrióticos" y los *diálogos* memorables; además de hacer crítica social en una poesía clasista.

En aquellos días decisivos para la nacionalidad, mientras en el norte los gauchos patriotas de Salta iban tras el general Martín Güemes, procer de la independencia; y mientras en Buenos Aires el pueblo se enardecía con el grupo de payadores que tenían en Bartolomé Hidalgo su figura de mayor prestigio; allá en la campaña del Sur, junto a los legendarios montes del Tordillo y de la naciente Villa de Nuestra Señora de los Dolores, recorriendo la comarca de Chascomús o deteniéndose en las estancias delos Camarones, un gaucho, anciano ya, pero de viril presencia, ha olvidado los estilos de amor y de ausencia, para cantar al paisanaje conmovido las cifras guerreras que solivianten los espíritus como una mágica diana, o como marcial clarinada llamando a la pelea y a la gloria...

Ese gaucho de lengua armoniosa es Santos Vega, el payador, "aquel de larga fama...".

> ¡Los que tengan corazón,
> los que el alma libre tengan,
> los valientes, esos vengan
> a escuchar esta canción!
> Nuestro dueño es la nación
> que en el mar vence la ola,
> que en los montes reina sola,
> que en los campos nos domina,
> y que en la tierra argentina
> clavó la enseña española...

Don Ismael Moya en su socorrido tratado "El arte de los payadores", dedica el segundo capítulo a "El payador de la Independencia y la verdad histórica"; para empezar con una cita de Domingo Faustino Sarmiento, que dice:

> El cantor está haciendo candorosamente el mismo trabajo de crónica, costumbres, historia, biógrafa, que el bardo de la edad media; i sus versos serían recogidos más tarde como los documentos i datos en que habrían de apoyarse el historiador futuro, si a su lado no estuviese otra sociedad culta con superior inteligencia de los acontecimientos en la que el infeliz despliega en sus rapsodias ingenuas.

Está claro que Sarmiento es un producto de la "Ilustración" y dentro de tal corriente político-social es que escribe en 1845 y durante su exilio en Chile el "Facundo", del que procede el párrafo citado por Moya, mutilado, porque comienza así:

> El cantor. Aquí tenéis la idealización de aquella vida de revueltas, de civilizalación, de barbarie y de peligros...

Veintisiete años más tarde, en diciembre de 1872, el escritor y político argentino José Hernández publica un libro que reivindica al gaucho de los prejuicios de Sarmiento: "Martín Fierro".

El primer hombre ilustrado que reconoció el genio de "Martín Fierro" fue un joven profesor y poeta español que residía en Buenos Aires desde 1884. Se llamaba Juan José García Velloso, padre del después famoso comediógrafo. Varias semanas después del fallecimiento de José Hernández, el 22 de octubre de 1886, el joven maestro hispano publicaba en "La Prensa Española" un bello y noble artículo como no publicó entonces ningún periódico argentino. Luego de reconocer el talento creador y predecir la gloria vendiera del poeta nacional, escribía D. Juan José García Velloso:

> ¡Dichoso tú, Martín Fierro, que ajeno a las grandes luchas de la vida, en cuya arena recoge mayor cosecha de ingratitudes el que más vale, has muerto coronado por la admiración del pueblo...! Tu musa, José Hernández, personifica y sintetiza la más alta y esplendorosa gloria literaria de los pasados, presentes y futuros siglos: la gloria dela poesía popular.

Paradójicamente y a partir de entonces, este personaje literario, Martín Fierro, que sólo existió en la mente genial de su creador, José Hernández, empieza a cobrar vida real; en tanto que el payador Santos Vega, nacido en Dolores allá por 1760 y muerto en 1827 tras el supuesto contrapunto con "Juan sin Ropa", ha pasado a convertirse en personaje de la ficción literaria en las poéticas plumas de Bartolomé Mitre, Hilario Ascasubi y Rafael Obligado; bien sea que todos ellos se basaron en informaciones fidedignas: Mitre, de primera mano ya que escribe su "Elegía" en 1836.

Pero en el poema de Rafael Obligado (1851-1920) se advierte en el cuarto y último canto, "La muerte del payador", la influencia de Sarmiento y su pugna entre civilización y barbarie. Con todo desparpajo hace que Juan sin Ropa encarne la "civilización" y Santos Vega la "barbarie", que cae derrotada de esta forma:

"Como en mágico espejismo,
al compás de ese concierto,
mil ciudades el desierto
levantaba de sí mismo.
Y a la par que en el abismo
una edad se desmorona,
al conjuro, en la ancha zona
derramábase la Europa,
que sin duda Juan Sin Ropa
era la Ciencia en Persona.

Oyó Vega embebecido
aquel himno prodigioso,
e inclinando el rostro hermoso,
dijo: "Sé que me has vencido".
El semblante humedecido
por nobles gotas de llanto
volvió a la joven su encanto,
y en los ojos de su amada
clavó una larga mirada,
y entonó su postrer canto:

Ni aun cenizas en el suelo
de Santos Vega quedaron,
Y a los años dispersaron
los testigos de aquel duelo.
Pero un viejo y noble abuelo
así el cuento terminó:
"Y si cantando murió
aquel que vivió cantando,
fue –decía suspirando–
porque el Diablo lo venció..."

Dicen que los cercos y las alambradas de púas con que cercaron la pampa acabaron con el gaucho libre, bagual y baqueano. También hay quien piensa que el gaucho lo acabaron al servicio militar forzoso, aquel *servicio de fronteras* que destrubía los hogares gauchos; la "guerra civil" entre Buenos Aires y la Confederación, cuyas masacres sólo terminaron en 1861; la guerra de la Triple Alianza contra el Paraguay, que devoraba hombres o los devolvía inútiles. También han sido nefastas ya en este siglo cierta literatura gauchesca y la comercialización editorial y cinematográfica del "gaucho malo". Finalmente, la agresión cultural que desde fuera y desde dentro ha sufrido sistemáticamente el Cono Sur, ensañándose con la tradición y desvalorizando lo folklórico, ha contribuido a que las *cifras*, los *estilos*, las *vidalitas* y los *cielitos* del canto payadoresco desaparecieran tras un corto esplendor milonguero entre fines del siglo XIX y comienzos del XX, cuyo más alto exponente fue el invicto moreno de San Telmo, Gabino Ezeiza, payador del Partido Radical que muriera el mismo 12 de octubre de 1916, día en que asumía la presidencia de la República Argentina don Hipólito Irigoyen.

14. El canto del Altiplano

Entre las Cordilleras Oriental y Occidental o Litoral, desde la Región del "Nudo de Vilcanota", en el Sur del Perú, hasta el "Nudo" o Región de Lipes, en el centro de Bolivia, se extiende el *Altiplano*, a una altura que varía de los 3.500 a los 4.100 metros sobre el nivel del mar, en pendiente algo pronunciada hacia el Sur.

El Altiplano, mejor denominado *Corredor Internandino*, es puna de horizonte bastante amplio, recortada, sin embargo, por pequeños relieves que enmarcan las diferentes zonas. Tiahuanaco, La Paz, el Lago Titicaca y el Desaguadero se hallan separados por "serranías".

El lago Titicaca ocupa la parte Norte de este Corredor, mientras al Sur se encuentran el Lago Poopó y los Salares de

Uyumi. El lago Titicaca, que se extiende entre las repúblicas de Perú y Bolivia, es el lago navegable más alto del mundo (a 3.815 metros de altura sobre el nivel del mar) y el mayor de Iberoamérica, con 8.300 km2. de extensión. El Titicaca es "El Lago" por antonomasia; los indios lo nombran así, simplemente "khot´a": El Lago.

Parece ser que los españoles lo denominaron Titicaca por confusión. La hoy conocida como Isla Titicaca e Isla del Sol habríase llamado "Inti-Kaka", del quechua Inti: Sol; y del aymara Kaka: cerro, montón de piedras. Y por corrupción de Inti-Kaka nació "Titi-caca".

En total son 36 islas dispersas en el lago, siendo las mayores la ya mencionada isla del sol o Titicaca, y la de la Luna o Coati; siguiendo las de Amantan, Anapia, Apato, Suana, Taquila y Yaquara. Sin contar las innumerables isletas o islotes artificiales que construyen los habitantes del Lago, empleando para ello la totora como suelo, a más de ser totora sus balsas y el velamen de las mismas, y ser de totora sus viviendas y aún el alimento. Estos balseros del Titicaca, son en verdad "Los Hombres de la Totora."

El Lago Titicaca, además de ser el cnetro de una cuenca hidrográfica, ha sido núcleo de la gran cultura aymara nacida en el Altiplano del Qollao en tiempos pretéritos, cuando, según relata la tradición, el dios Khon-Tiki / Huirajocha creó a los hombres en piedra a semejanza suya.

Estos hombres formaron la cultura primitiva de los Uros ("hombres luz del día") que vivían de la pesa lacustre; la de los Lupaqas ("gentes del Sol") y de los Huancanis ("pétreos"), agricultores cuyas técnicas obtuvieron la gran mayoría de los productos autóctonos hoy conocidos; y los Chóquelas ("hombre de oro") cazadores y pastores, domesticadores de la llama y la alpaca. Todos estos pueblos formaron el Tiahuanaco, dejando hasta hoy valiosos testimonios dela sobresaliente civilización que desarrollaron en la meseta del Qollao, cuya capital se ubicó al sur-este del Lago Titicaca, donde aún quedan las ruinas de la pirámide Akapana, del templo Kalassaya y de la famosa "Portada del Sol".

Posteriormente y tras la misteriosa destrucción del Tiahuanaco, Manco Cápac y Mama Ocllo salieron del Lago Titicaca por mandato divino del dios-sol, y con toda la herencia cultural del antiguo Tiahuanaco fundaron el Cuzco, de donde nace la cultura quechua del Imperio de los Inkas.

Para juzgar la importancia del Altiplano, debemos evaluarlo en sus diferentes aspectos: lingüístico, antropológico-físico y antropológico-cultural. La región central del Altiplano forma lingüísticamente una isla aimara, mucho más reducida que su antigua área. El idioma ha sido más sensible al mestizaje, influenciado fuertemente por el quechua, sobre todo al norte, en La Paz (Bolivia) y Puno (Perú).

Esta influencia quechua se manifiesta igualmente en los bailes. Las danzas Qollas del Altiplano aimara van quechuizándose hacia el Norte, mestizándose poco a poco. Rasgo característico de los más antiguos bailes parece ser el acompañamiento de instrumentos de viento, como la quena.

Y ese otro, llamado "siku" en aimara, "antara" en quechua y "zampoña" en español: insuflativo de tubos múltiples de la categoría de la europea flauta de Pan. El siku es el más extraordinario instrumento musical prehispánico de la zona andina. Su característica principal estriba en que se toca por pares, es decir, que son dos o más los intérpretes que se reparten las notas de acuerdo con la tesitura del instrumento, concertando la línea melódica. El conjunto de sikus se llama sicuriada y en los sicuris que ejecutan intervienen hasta cuatro categorías en lo que a armonización se refiere.

Con menos antigüedad que la quena y el siku tenemos al *pincullo* y la *tarka*, que son instrumentos muy posteriores a aquellos. El pincullo o pito pertenece a las llamadas flautas de pico pues la embocadura de estos instrumentos está cortada en bisel, como la *tokana* o pinquillo, el *awilcuchi*, el *wiswillo*, etc.

La *tarka* es una faluta de pico de tubo abierto, fabricada de una pieza de madera sólida, alargada. Desde aproximadamente la mitad de la cara anterior hacia abajo, en fila, se encuentran 6 orificios de digitación. Se construye fundamentalmente en tres registros, teniendo unas longitudes de 60, 50 y 30 centímetros de largo de grave a agudo, respectivamente. Estas tarkas se tocan, comúnmente, en grupos de diferentes registros en las llamadas tarqueadas o "tarkadas".

Tras la conquista española, el Altiplano Qolla recibió el nombre de Alto Perú, como parte del extenso Virreinato del Perú cuya capital era Lima. La transculturación hispánica influyó decididamente en la formación de nuevos tipos de danza, con el traspaso directo de expresiones coreográficas. Los sojuzgados pueblos quechua y aimara también debieron abrazar la doctrina cristiana que impartían los evangelizadores. Pero el cambio más brusco fue pasar de una economía agropecuaria de sistema comunitario a una economía minera bajo regímenes semi-esclavistas, como la mita y la encomienda.

Fue un día aciago para el pueblo qolla cuando el indio Diego Huallpa descubrió el primer hilo de plata en el Potosí. Inmediatamente el Sumaj Orko (Cerro Magnífico) se vio horadado por los buscadores. Hasta sus pies y luego a sus entrañas llegaron los mitayos por cientos de miles, y de su agónico sufrimiento se desprendía una catarata de plata que regaba con su magnificencia los suelos de España y de toda Europa. El Cerro Rico de Potosí quedó cribado por cinco mil bocaminas que se internaban por intrincados socavones y hasta el oscuro vientre de la Pacha Mama (Madre Tierra).

Y a finales de este mismo siglo XVI, el cura Francisco de Medrano descubrió otro rico yacimiento de plata en el cerro San Miguel o Ururu, tierra que fuera de los legendarios Urus y que por corruptela llamaron Oruro, como a su famosa *Diablada*. Esta es la Diablada tradicional en la altiplanicie andina y que según opinión de Julia Elena Fortún tiene origen en la síntesis de dos antiguas danzas catalanas: "El Balls des diables" (Baile de los diablos) y "Els sets pecats capitals" (Los siete pecados capitales); representaciones medievales que, trasladadas al Nuevo Mundo –según la citada Elena Fortún– entraron en fusión con otros autos de las teogonías andinas, como el famoso "Supay" (genio del mal) o "Supaypa wachascan" (El Maldito), dueño y señor del interior de la montaña y de los ricos metales; mora en el interior de las minas y a su capricho puede ofrecer las ricas vetas o los mortales derrumbes. La Danza de los Diablos o "Diablada" tuvo en la zona de Potosí y luego en la ciudad minera de Oruro su punto de arranque, a pesar de que en la actualidad pasan de 250 las localidades de Bolivia y Perú donde se la interpreta.

De la poca estudiada presencia del negro esclavo importado al Alto Perú, se sabe que elaboraban representaciones coreográficas de la vida virreinal, parodiando sus danzas cortesanas con buena dosis de sátira. Así surge en estos grupos la danza de los "Morenos", muy extendida en la zona andina y que rememora en el traje la época de Felipe III. Esta danza, en su origen negroide e imitativa, pasa luego al elemento mestizo bajo el nombre de "Morenada" –como una evocación de su primitivo origen en la danza de los "Morenos" conserva el idiófono afro de la matraca, y los bailarines se cubren el rostro con unas grotescas máscaras de negros. Cada vez resulta más frecuente que se introduzcan "Diabladas" en el baile de "Morenos" o que las "Morenadas" alternen con los Diablos.

Desde el sureste del Perú hasta regiones cercanas a Santa Cruz de la Sierra (en Bolivia) el altiplano desciende hacia los llanos tropicales del norte, zona sub-andina entre los 2.800 y 2.000 metros sobre el nivel del mar, conocida con el nombre de *yungas,* con un paisaje de montañas cercenadas por hondas quebradas con densa vegetación. La zona yunqueña –de alta densidad demográfica– es la única en Bolivia que tiene considerable población de origen africano.

Los negros afro-yungas (negros criollos) de la "saya" (vocablo quechua que se aplica al labrador indígena que trabaja en la hacienda donde ha nacido y donde también trabajaron sus padres "sayac-runa") o "tundikes", aparecen en festividades como el Dia de Reyes o el primer domingo de octubre en Nuestra Señora del Rosario; pero su fiesta por excelencia tenía lugar cada 21 de marzo: festividad de San Benito, Patrono de los Negros de América.

Si bien el "wayño" es la canción-danzaria representativa de quechuas y aymaras, el mestizaje de sangres y culturas que se da a partir del siglo XVI produce en la actual Bolivia dos importantes cancioneros: el "Criollo Occidental", en la zona andina, y el "Criollo Oriental" en la región este.

Sintetizando, diremos que "cuecas", "bailecitos" y "tristes" pertenecen al criollo occidental; "shovenas", "takiraris" y "carnavalitos" al criollo oriental. Probablemente el "bailecito" o *bailecito de la tierra* es el producto criollo o mestizo más antiguo entre las danzas sociales cultivadas actualmente en la zona andina boliviana, cuyas raíces hay que buscarlas en el cancionero ternario colonial, de las especies de la "Gallarda", el "Currante" y –sobre todo– el "Canario".

En Bolivia "Los Jairas" son considerados pioneros de la Nueva Canción, y aunque algunos creen que el hecho gravita en la participación del quenista suizo Gilbert Favre, introducido en el folklore sudamericano por la matriarca chilena Violeta Parra durante su estadía en Suiza, nosotros opinamos que el aporte más importante está en el charango de Ernesto Cavour, quien revoluciona la técnica interpretativa y amplía los recursos de esta pequeña guitarrita andina cuya caja de resonancia se hace de la caparazón de un armadillo llamado quirquincho.

Pero los antecedentes más remotos de la Nueva Canción Bolivariana habría que buscarlos en aquellos patriotas del Alto Perú que se pliegan a la insurrección de los hermanos Catari en Chayanta, o en los que años más tarde, el 25 de mayo de 1809, se sublevan contra el colonialismo en la villa de Chuquisaca.

A estos últimos perteneció el famoso y legendario improvisador altoperuano "Cañoto", que además de patriótico juglar fue guerrillero y siempre estuvo al lado de su guitarra en su lucha contra el colonialismo peninsular. Se narra la siguiente anécdota de Cañoto y sus prodigios de coplero: En una fiesta realista, donde se hallaba el feroz brigadier español Aguilera, se introdujo *Cañoto* y en un momento del baile tomó su guitarra y cantó varias coplas sobre el valor y el miedo, que hoy son clásicos del folklore boliviano:

> No tengo miedo al destierro
> porque desterrado vivo,
> sin hogar y sin familia,
> desterrado y fugitivo.
>
> No tengo miedo a la horca
> ni al que vil precio me pone;
> porque si Aguilera manda,
> otra cosa Dios dispone...

Como guerrillero el *Cañoto* debe haber participado en las luchas contra el coronel realista Aguilera, quien vence a Padilla y a Warnes en 1816. No menos desafortunadas son las campañas guerrilleras en que participa el cantautor Benjo Cruz siglo y medio más tarde y casi en los mismos escenarios. Pero tales derrotas no mellan el espíritu revolucionario que se reserva la victoria final, como dijo el patriota boliviano Pedro Domingo Murillo junto al cadalso en 1810: "La tea que dejo encendida, nadie la podrá apagar..."

15. Los trovadores ecuatorianos

Tal vez muy pocos países posean música tan bellamente refinada como Ecuador. Son innumerables los ejemplos instrumentales que conocemos. El paisaje geográfico y el sentimiento humano se reflejan profundamente en su música.

El "rondador" es una variedad antara o zampoña, insuflativos emparentados con la flauta de pan europea, y su nombre deviene del tiempo en que lo usaban los "serenos" que rondaban vigilando el vecindario y en su nocturna ronda tañían esta flauta de tubos múltiples anunciando su presencia. Son ya pocos los ejecutantes del "rondador" y uno de los grandes virtuosos de este instrumento fue don Arturo Aguirre.

Unos cien años antes de la conquista española, vivían en el territorio que hoy es el Ecuador numerosos grupos humanos con fuertes vínculos entre sí. En la región andina predominaban los ya mencionados *shyris* con los *puruháes* y los *cañaris*, al norte, centro y sur, respectivamente. En la costa se ubicaban los huancavilcas y punáes (de la Isla Puná) además de los *tumbes*. Finalmente, en la selva oriental estaban los *bracamoros*, los *jíbaros*, los *záparos*, etc. Afinidades de idioma y de costumbres, así como similar organización socioeconómica, indican el origen común de los pueblos andinos del Ecuador y el Perú.

Las agrupaciones de familias tenían el nombre quechua de *ayllu* y se organizaban bajo el mando de un *curaca*. La tierra, los pastos, el agua eran propiedad común y los ayllus cultivaban la tierra colectivamente. Con el transcurso del tiempo los grupos más importantes establecieron alianzas y surgieron las confederaciones. Así era el antiguo Reino de Quito.

A mediados del siglo XV, el Inca Túpac Yupanqui inició la conquista del Reino de Quito. En tomebamba –reino de los Cañaris– nació el hijo mayor de Túpac Yupanqui: Huayna Cápac, quien a la muerte de su padre se convertiría en el más celebre de todos los emperadores incas. Huayna Cápac casó con la Bella Pacha con la que tuvo un hijo: Atahualpa; sin embargo Huayna Cápac había tenido anteriormente otro hijo en el Cuzco, llamado Huácar. Ochenta años duró la dominación incaica en el Ecuador.

Enfermo y preocupado por las noticias de unos hombres blancos y barbudos por las costas de Puná, Huayna Cápac dividió el Imperio del Tawantinsuyu entre sus dos hijos. Huáscar, nacido en el Cuzco, gobernaría todo lo que actualmente es el Perú, Bolivia, norte de Chile y noroeste argentino; en tanto que Atahualpa reinaría en Quito. Apenas vivieron en paz unos cinco años. Luego Huáscar, considerándose legítimo heredero, exigió vasallaje a su hermano, quien, no obstante, lo atacó y derrotó.

Muy poco tiempo pudo saborear su victoria el inca Atahualpa, pues hallándose en Cajamarca, disfrutando de las aguas termales del lugar, fue sorprendido por Francisco Pizarro y sus castellanos compañeros, quienes lo apresaron y pronto le dieron muerte tras un juicio sumario en el que se le acusó de fratricida.

Indudablemente son muchas las tradiciones que los incaicos Hijos del Sol trasladaron a la altiplanicie ecuatoriana, comenzando por la lengua quechua o *runa simi*, pero entre las leyendas vamos a evocar el origen de la quena que junto al rondador, define el carácter de la música andina ecuatoriana.

El origen de este instrumento de viento a la manera de la flauta, únicamente tañido por hombres y de un sonido lúgubre y lastimero, que ahora se construye de caña pero que antiguamente era fabricado en hueso, fue, según la tradición de los quechuas, el dolor desesperado de un joven, que habiendo perdido a su amada exhumó su cadáver; y cuando desecado, tomó el hueso de la pierna llamado tibia e hizo de él un instrumento denominado "quena"

> de esta tibia entregada
> al amador poeta,
> se fabricó el suspiro
> de la primera quena,
> en los labios del mozo
> que los recuerdos besa
> al son del instrumento
> que su amada le diera
> para entonar pesares
> y diluir las penas,
> al conjuro del viento
> y al calor de las venas...

Otra leyenda, ésta ya muy reciente, nos cuenta cómo nació la más pura canción ecuatoriana de raigambre indígena: "Vasija de Barro". La historia de cómo se hizo esta pieza, habla de una reunión de amigos, poetas unos, pintores y músicos otros. Tres de los más afamados poetas del Ecuador –entre los que suponemos no podría faltar el insigne bardo quiteño Jorge Carrera Andrade– y un celebrado pintor, componen cuatro estrofas, y dice la primera:

> Yo quiero que a mí me entierren
> como a mis antepasados:
> en el vientre oscuro y fresco
> de una vasija de barro...

Tema éste que se identifica con la tradición funeraria de los pueblos más antiguos. Habla de la costumbre incásica de enterrar a los muertos en grandes vasijas de barro y en "tolas" (primitivos túmulos funerarios), y de la filosofía del nacer y del morir:

> De ti nací y a ti vuelvo,
> arcilla, vaso de barro.
> Con mi muerte vuelvo a ti,
> a tu polvo enamorado...

Uno de los grandes problemas que afectan a nuestra América es el monopolio de la tierra o latifundismo bajo un régimen de explotación anacrónico (gamonalismo) ya que la gran propiedad feudal mantiene al margen de la producción enormes superficies cultivables. El latifundio determina condiciones de vida y trabajo miserables para el pueblo, especialmente para el pueblo indígena. En el agro ecuatoriano, las relaciones de producción, particularmente en la región interandina, permanecen intangibles desde la colonia.

El indígena ecuatoriano está sometido al sistema del *huasipungo*, institución proveniente de la antigua encomienda española y cuyas características fueron agravadas entrada la República por el terrateniente criollo. El *huasipungo* es una pequeña parcela –dos hectáreas por término medio– de la peor tierra de la hacienda que el latifundista concede a cambio de que el indio y sus familiares trabajen cuatro días por semana en sus latifundios a cambio de jornales miserables. Tanto la tierra como el agua, los pastos naturales, la choza que habita y hasta los senderos y caminos pertenecen al señor feudal. ¿Cómo no va a ser triste el canto de estos explotados...?

Lógicamente, la mujer indígena no escapa a las múltiples formas de explotación imperantes en la región que nos ocupa. Una de ellas es la *huasicamía*, por la que la india debe prestar servicios domésticos en la casa del patrón durante un mes al año; dándose por descontado el *derecho de pernada* por el cual la *huasicama* se compromete a brindar al patrón su primera noche nupcial el día en que se case, porque en este despotismo el indio no puede ser dueño ni de su virginidad.

Etimológicamente, *huasicama* es la fusión de dos vocablos quechua: *wassi* que significa "casa" o "vivienda" y *cama* que es un adverbio que expresa temporalidad y significa "mientras", "hasta que ..."; pues ya está dicho que la huasicamía es una especie de "ama de llaves" o mayordomía.

Y así como el novelista y diplomático ecuatoriano Jorge Icaza denuncia al gamonal, al militar, al cura y al gringo en su universal novela "Huasipungo", escrita en 1934; Julio Cañar y Leonardo Páez componen "cachullapi" para el indio que debe prestar servicios en la casa del patrón: "El Huasicama".

Los versos de Julio Cañar cantan el orgullo del indio huasicama, al mantener la casa de sus amos limpia y ordenada. Pero finalizan pícaramente, cuando de unos amos que "tienen ojos azules y cabellos rubios" nace un niño de pelo negro y ojos capulí. ¿Será que el indio huasicama también se ha cobrado su derecho de pernada con la "Mama-Señora"...?

Hablar de las hermanas Mercedes y Laura Suasti es referirse a toda una época de la musica popular ecuatoriana, a una manera de cantar que se impone y domina, porque las Hermanas Mendoza Suasti, al interpretar los más lindos y evocadores pasillos, sanjuanitos, danzantes, albazos, tonadas y aires típicos también lo hacen con un nervio y personalidad, que han sentado cátedra en lo que respecta al cantar bien, con lirismo y hondura.

Pero la canción nacional ecuatoriana es el "pasillo", cuyos orígenes están en el mismo vals europeo, sólo que se trata de un "valse" al estilo del país, como lo calificara el presbítero José Ignacio Perdomo en sus estudios de 1843. El mismo nombre de "pasillo" parece ser una deformación de "paseíllo": ritmo festivo muy asociacdo a las jaranas del siglo XVIII, y proveniente de España. Según el investigador colombiano, Octavio Marulanda, estos ritmos tienen su fuente primaria en los valses aclimatados, que, heredados del Viejo Continente, adquirieron carta de naturaleza en el trópico con los nombres de "valencianas", "capuchinadas", "strauss", etc., marcando el estilo de una época musical, de fisonomía romántica, que invadió el mundo. El más famoso pasillo ecuatoriano y el que primero alcanzara dimensión internacional, se titula "Sombras" y pertenece a Carlos Brito.

La ciudad de Guayaquil está situada en las orillas del Rio Guayas, esta ciudad fue fundada por Francisco de Orellana (el descubridor del Río Amazonas) el 25 de julio de 1538 bajo el nombre de Santiago de Guayaquil, en el golfo del mismo nombre se encuentra la Isla de Puná y entre sus actuales monumentos hay uno que recuerda el encuentro de Bolívar y San Martín en Gauayaquil el 26 de julio de 1822. Al norte de la Povincia del Guayas (cuya capital es Guayaquil), se encuentra la Provincia de Manabí, cuya capital es Portoviejo. En estas costas ecuatorianas que baña el Océano Pacífico nació la *alfareada*: la más alta epopeya popular en la historia del Ecuador, protagonizada por las montoneras de Eloy Alfaro, a quien sus enemigos llamaban "El General de las Derrotas".

Eloy Alfaro desembarcó en las costas de Esmeraldas por tercera vez en tres años consecutivos. Liberó muchos pueblos del litoral que le proclamaron Jefe Supremo, desconociendo al tirano dictador García Moreno. En 1884 Alfaro protagonizó una heroica batalla naval en las costas de Manabí, con fuerzas inferiores. Ante el inminente fracaso prendió fuego a su barco y arremetió contra el enemigo, cayendo al agua dentro de un barril que las olas arrojaron a una playa porque en el destino del Viejo Luchador no serían los mares sino las altas nieves del Chimborazo, cerca de Riobamba, las que le verían triunfar definitivamente en 1895.

Al norte de Manabí se encuentra la Provincia de Esmeraldas. Aquí, la música mestiza indoespañola desaparece para dar paso a las marimbas y tambores afroecuatorianos. Gracias a la información de Cabello de Balboa se sabe que los primeros negros que llegaron a Esmeraldas procedían de un barco negrero que había zarpado de Panamá quizás con rumbo a Lima, y que naufragara al anclar en una ensenada del Cabo de San Francisco con el propósito de aprovisionarse de agua y alimentos. Esto ocurría en la segunda mitad del siglo XVI.

Por el año 1600, un nuevo naufragio de otro navío español trajo a Esmeraldas el segundo contingente de negros, los que al igual que sus predecesores se mezclaron con los nativos de la selvícola región, aumentando con ello la población que ha llegado hasta nuestros días con una mayoría de negros y mestizos de negro muy notable.

16. Colombia canta

Aunque no hay pueblo del planeta insensible a la música, algunos por temperamento y vocación hacen entrañablemente suyo este arte. Tal es el caso de Colombia, cuyo pueblo vive bajo el imperio de la buena voz y el buen oído. La intuición y la reacción sentimental ante los estímulos de la música, así como la facilidad para captar y recrear melodías y ritmos son características estéticas y virtudes innatas del pueblo colombiano. En las más diversas agrupaciones humanas y en las más contrastadas regiones antropogeográficas del país, se advierte esa canora predisposición, esa notable extraversión musical por la que Colombia canta a la vida y al amor, segura de que cada corazón es una flor.

Sobre un fondo musical se proyectan los principales acontecimientos familiares, sociales y religiosos de la vida del país, y no solamente los señalados por el júbilo sino también los nublados por la tristeza. En Boyacá, los promeseros de la Virgen de Chiquinquirá alivian las fatigas de su larga caminata con canciones. Para venerar a la Virgen del Rosario, Patrona de Colombia, cada diciembre llegan hasta su santuario miles de promeseros venidos de todas partes del país a través de Condinamarca –vía laguna de Fúquene– o saliendo por Tunja –vía Ráquira–. La romería es constante. La Virgen del Rosario, a la cual se atribuyen muchos milagros, está coronada con una de las joyas más ricas y hermosas de la orfebrería colonial. Uno de los encantos que tiene la visita a Chiquinquirá durante las fiestas patronales es la posibilidad de escuchar los mejores conjuntos típicos. A estas romerías confluyen centenares de músicos con tiples, bandolas, requintos, gaitas, guitarras, flautas y hasta chirimías. En muy pocos lugares de Colombia es posible escuchar como allí, en Chiquinquirá, la más pura música de la zona central colombiana.

Y ya que hemos mencionado algunos instrumentos típicos de Colombia, acerquémonos al más importante de ellos: *el tiple,* cordófono derivado de la guitarra española que actualmente consta de cuatro órdenes de cuerdas y se templa por requintillas, y sobre su antigüedad ya en 1876, el músico caucano José Viteri publicaba en un texto de enseñanza musical detalles del antiguo tiple de ocho cuerdas. Destinado al acompañamiento, el tiple generalmente se rasguea para producir con sutiles golpes de ritmo el fondo adecuado de los aires andinos, como el torbellino, la guabina y el bambuco. Algunos virtuosos, como ayer Libardo Parra Toro, Gonzalo Hernández y Alvaro Dalmar; u hoy, Mario Martínez y Rodrigo Becerra, ejecutan el tiple en forma punteada, semejante a la guitarra, con efectos sonoros que recuerdan unas veces a la viola y otras a el clavicémbalo.

El nombre de Alejandro Wills está íntimamente ligado a la historia moderna de la Canción Colombiana, a partir de 1885, cuando Morales Pino funda la "Lira Colombiana" integrada por las bandolas del propio Pedro Morales Pino y la de Temístocles Vargas, el tiple de Ricardo Acevedo Bernal y la guitarra de Domingo Reaño. Bandola, tiple y guitarra consolidaron el trío popular de cuerdas como el conjunto por excelencia para la ejecución de la música andina y conformaron el llamado "Grupo Nacionalista" que enlazara compositores de toda Colombia, bajo la figura precursora de Pedro Morales Pino.

> Cuando ensillo mi caballo
> y para fiestas me voy,
> por todo equipaje llevo
> mi tiple y mi corazón...

De indudable procedencia española, la copla popular colombiana se halla difundida por todo el mestizo país; empero, su cultivo es más esmerado en las regiones andinas y llaneras que en las costas de Atlántico y el Pacífico. El *joropo* y el *galerón* son característicos de las grandes llanuras orientales y están emparentados con los aires venezolanos de las mismas latitudes.

> República de Colombia
> Reino de Nueva Granada;
> para todos hay mujeres,
> sólo para mí no hay nada...

El *joropo*, el *galerón* y el sanjuanero son aires característicos de las grandes llanuras. Joropo y galerón se cultivan en los Llanos orientales de Colombia y están emparentados con los aires venezolanos vecinos. El sanjuanero es típico de los Llanos de Tolima y toma su nombre de las fiestas tradicionales de San Juan, el 24 de junio. Voces tan autorizadas como las de Guillermo Abadía u Octavio Marulanda, opinan que, en realidad, el *sanjuanero* o "joropo sanjuanero" debe considerarse como bambuco con influencia rítmica de los Llanos Orientales, aunque presenta diferencias muy marcadas con el joropo clásico.

> Oye, Río Magdalena,
> no te pongas tan ufano,
> que lo que te da el invierno
> te lo quitará el verano...

Hay géneros folklóricos que migran, fieles al espíritu nómada de sus cultores. Tal es el caso de la "guabina", que a mediados del siglo pasado tenía sus reales sentadas en Antioquia, asociada al tiple como máximo instrumento para acompañar las coplas.

> La guabina se baila
> con dos parejas;
> donde bailan muchachas
> no bailan viejas...

La desaparición de la guabina de Antioquia y su inmediata reaparición a la otra orilla del río Magdalena y el Tolima Grande, es un fenómeno cultural que está esperando su estudio antropológico, toda vez que hoy Santander, Boyacá, Cundinamarca, Tolima y Huila dan asiento geográfico a esta canción danzaria.

> El que sepa torbellino
> que no lo vaya a olvidar,
> puede que al subir al cielo
> ya tenga algo que enseñar...

Torbellino y guabina tienen la forma de sones de carácter musical lírico-popular. Más agil y rico en matices y modulaciones, el torbellino acusa claro influjo indígena. Al igual que la guabina, el joropo y el bambuco, el torbellino se llenó de coplas como sustento emotivo y ambiental, y tomó un rumbo festivo inconfundible, que se identifica en la zona central de Colombia (Tolima, Valle del Cauca, Huila, Cundinamarca, Boyacá, Santander...).

> De todos los animales
> cuatro son los testarudos:
> los marranos, las gallinas,
> los borrachos y los burros...

En la copla colombiana existen las más promisorias posibilidades para una exploración a fondo del sentimiento popular colombiano. Hay quienes creen que el cultivo de la copla es más esmerado en las regiones andinas de Colombia, pero nosotros –que hemos recorrido Costa, Sierra y Llanos–, pensamos que en todas partes "cuecen habas".

>Los mejores ojos son
>–por más que todos se alaben–
>los que mejor decir saben
>lo que siente el corazón...

En la copla, el lírico anónimo ha logrado verdaderas cumbres de poesía, lo que se presta a toda suerte de polémicas y arbitrariedades cuando los eruditos niegan al pueblo su originalidad para endosarla a los clásicos del Siglo de Oro español. Pero todo queda zanjado en trabajos antológicos como el de los sacerdotes Medina y Vargas que recogen casi 4.500 coplas en el departamento de Boyacá.

Abandonando ya el canto monódico del coplero, nos acercaremos ahora a los duetos colombianos de estos últimos tiempos, mencionando sólo a los más representativos.

Promediando la década de los cuarenta, surgió uno de los binomios señeros dados por la canción colombiana: Eladio Espinosa (de Antioquia) y Francisco Bedoya (de Caldas). El antioqueño Espinosa y el caldense Bedoya se juntaron en Medellín allá por 1945. Venían de una larga carrera banbuqueril, y gustaron sus voces de espléndida medida en bien escogido repertorio.

Julio Flórez (nacido en Chiquinquirá en 1867 y fallecido en 1923) fue autor del tema más caro a Colombia: el pasillo "Mis flores negras", himno de los serenateros bogotanos que llegara a ser grabado por Carlos Gardel. Julio Flórez, poeta bohemio y tercer hijo de un educador y político colombiano, estuvo en la Legación de Colombia en Madrid hasta 1910, regresando a su tierra totalmente maduro y centrado.

La gloriosa historia de los duetos colombianos comienza en 1915 con el dúo Wills-Escobar y enlaza con el dueto Obdulio y Julián, que impera desde 1930 hasta 1960, alternando en sus últimos años con el "Dueto de Antaño" integrado por Carrasquilla y García. Pero el único dueto que igualara la enorme popularidad del histórico binomio Wills-Escobar, fue el conformado por Darío Garzón, nacido en Cundinamarca en 1916, y Eduardo Collazos, que viera la primera luz en Ibagué, también en 1916. Garzón y Collazos demostraron ser el "dueto esperado" desde que grabaran sus primeros discos en el año 1949. Las afiatadas voces de Garzón y Collazos le dieron al bambuco, a la guabina, al bunde, al pasillo, un tono susurrante y confidencial.

Hay un tema que canta al mestizaje hispano-colombiano y que al ser interpretado por Garzón y Collazos alcanza dimensión antológica. Su ritmo es de bambuco, lo firman González y Macías, y se titula "La Ruana". La *ruana* es una prenda de abrigo típicamente colombiana, especie de "poncho" abierto de la parte delantera, con que se cubren los hombres de la región interandina. Los orígenes de la *ruana* parecen estar en la fusión de estas culturas colombo-españolas o castellano-quimbaya, y así lo dicen sus versos:

> La capa del viejo hidalgo
> se rompe para ser ruana,
> y cuatro rayas confunden
> el castillo y la sabana.

Finalizando con esta rotunda reafirmación de mestizaje.

> Porque tengo noble ancestro
> de Don Quijote y Quimbaya,

> me hice una ruana antioqueña
> de una capa castellana...

Hace unos años nos enteramos de la desaparición de Eduardo Collazos, y parece que ya lo había precedido su compañero Darío Garzón, pues en una canción elegíaca compuesta por Rodrigo Silva en póstumo homenaje, bajo el título "Dos Voces y un Corazón", dicen los versos: "Aunque ya se fueron / su folklore dejaron / de aquella semilla / que los dos sembraron..."

VII. El negro en Iberoamérica (1988)

[Uno de sus trabajos más importantes. Recibió el elogio unánime de cuantos tuvieron la oportunidad de leerlo. Nicomedes se mostraba especialmente orgulloso de él].

1. El negro en la Península Ibérica

El año 1442 –medio siglo antes de que Colón arribara al Nuevo Mundo– eran introducidos en la Península Ibérica diez esclavos negros, capturados en las costas de Guinea (Río del Oro) por el explorador portugués Antón Gonçalves. Historiadores como Ingram y Scelle o antropólogos como Arthur Ramos coinciden en afirmar que "fue éste el inicio del comercio de esclavos en Portugal y España" (A. Ramos, 1956; 19).

En la jerarquizada sociedad del medioevo africano devenían esclavos los rechazados por sanciones de su propia etnia, así también los muchos prisioneros de guerra, producto de las frecuentes luchas tribales y del expansionismo de los florecientes Estados de la época. A los esclavos de este ciclo, Robert y Marianne Cornevin (1969; 269) los llaman "verdaderos esclavos", ello, quizás para diferenciarlos del posterior ciclo negrero que se inicia a partir del siglo XVI, cuando los traficantes de Europa entera vuelcan en América la población de África negra, marcándola a fuego con la "S" y el "CLAVO" (de ESCLAVO).

Hay, pues, una diferencia cualitativa y cuantitativa en el comercio de esclavos con la Península Ibérica del ciclo precolombino. Hasta la misma fecha aducida por Ramos parece retroceder en los trabajos del cubano José Antonio Saco (1797-1879), pionero en la historiografía de la esclavitud africana.

Desde 1415 en que hicieron los portugueses su primera expedición al año 1447 solamente habían introducido en Portugal 927 africanos esclavizados; mas este número creció con la erección de la Compañía de Lagos, pues ésta, antes de 1460 ya importaba anualmente en aquella nación 700 ú 800 negros (...) Pero estos esclavos no quedaron siempre confinados a Portugal, porque muchas veces eran vendidos a España, no existiendo todavía el cauce fatal que después los arrojó a las tierras del Nuevo Mundo (Saco, 1982; 434-5).

Desde que los navegantes portugueses iniciaron su periplo por las costas del continente africano, llevaron de regreso a Lisboa sus bodegas repletas de mercancías y esclavos, cuya venta en la Península compensaba en parte los gastos realizados en estas progresivas incursiones al decurso de toda la segunda mitad del siglo XV. Y así lo consignan los cronistas de la época:

Un día que era el 8 de agosto (1444) desde muy temprano por la mañana, a causa del calor, empezaron los mareantes a reunir sus bateles y desembarcar los cautivos, según se les había mandado: los cuales reunidos en un campo, y era cosa maravillosa de ver, porque entre ellos había algunos de rosada blancura, hermosos y apuestos; otros menos blancos que tiraban a pardos; otros mozos y apuestos; otros tan negros como topos, tan variados entre sí en los rostros como en los cuerpos, que casi parecía, a los que miraban, que veían imágenes del hemisferio inferior (África). Mas como su dolor fuese siempre en aumento, llegaron los encargados de hacer el repartimiento, y empezaron a separar los unos de los otros, a fin de hacer cinco partes iguales... (Gomes Eaunes Azurara, Crónica de Guinea. lib. VIII, cap. XXV, Lisboa, siglo XV).

En medio de la compasión que muestra el portugués Azurara por aquellos esclavos infelices, se consuela con la idea de que van a ser cristianos, pues en su concepto era "mejor que fuesen esclavos bautizados que no libres infieles".

Pero tal parece ser que España antecedió a Portugal en el tráfico esclavista, y entre los muchos testimonios [26] transcribimos éste, de Ortiz de Zúñiga, quien establece que la esclavitud de negros se conocía en España desde el siglo XV, detectando un tráfico directo Guinea-Sevilla:

> Había años que desde los puertos de Andalucía se frecuentaba navegación a las costas de África y Guinea, de donde se traían esclavos negros de que ya abundaba la ciudad, y que á la Real Hacienda proveían de los quintos considerables útiles: pero desde los últimos del rey don Enrique (1391-1407), el rey don Alfonso de Portugal se había entrometido en esta navegación, y cuanto en ella se contrataba era por portugueses. (Ortiz de Zúñiga, Anales eclesiásticos y seculares de Sevilla, 1628).

Sobre el número de esclavos habidos en España desde el siglo XV al XVII es difícil pronunciarse ya que los registros y padrones de la época no incluían a los esclavos infieles, situación ésta que tampoco era irreversible. Ortiz de Zúñiga, en sus *Anales de Sevilla* dice que los esclavos negros "ya abundaban esta ciudad". Las contradicciones acerca del número de esclavos en la península se comprueban con los siguientes datos:

Alvarez Nazario dice que de 1513 á 1516 entraron en Lisboa 2.966 negros y 378 en Andalucía; mientras que Beneyto, en las

---

[26] Cortés Alonso, Vicenta: La esclavitud en Valencia durante el reinado de los Reyes Católicos (1479-1515), Valencia, 1964.

propias fechas, quizás por dar números redondos, afirma que fueron 4.000 y 4.000 respectivamente. Otros datos indican que en Lisboa en 1552 había 10.000 esclavos y que en Sevilla, en 1565, su número era de 6.327, aunque la cifra máxima es de Beneyto que dice que en la última fecha eran 15.000 en Sevilla, 50.000 en toda Andalucía Y otros 50.000 en el resto de España. (Masó, 1973; 13).

¿Cuál era la situación del esclavo en la España renacentista? Antonio Domínguez Ortiz dice que sobre estos "auténticos marginados" pesaba una triple marginación: legal, porque carecían de libertad y personalidad jurídica; racial. porque eran norteafricanos, turcos o negros; y religiosa, ya que su credo de origen (a menos que nacieran en casa de sus amos) eran el mahometismo o la idolatría, incluyéndose en tales apreciaciones a los esclavos canarios (1984; 178 y ss.). Según el historiador citado,

> en Sevilla los esclavos formaban un personal de servicio dócil, barato y cuya posesión confería gran prestigio social. Particularmente eran muy apreciadas las negras, que con frecuencia eran concubinas de sus amos o confidentes de sus amas. Quizás por eso los jurados pidieron en 1584 que las negras, mulatas y moriscas, no fueran criadas. Petición desestimada, por supuesto. Tan útiles se las consideraba, que ningún convento de monjas carecía de ellas. (Ibíd.).

Al fusionarse las coronas de España y Portugal (1580-1640), Sevilla entra al siglo XVII –de esta llamada Unión Ibérica– con un número muy elevado de esclavos, más que ninguna otra ciudad europea, excepto Lisboa, obviamente. De esta época data una notable tesis, aún inédita, de autor posiblemente negro, como que firma A.M. Ndamba, quien, basándose sólo en los registros parroquiales del Sagrario y de San Ildefonso, durante el reinado de Felipe II (1598-1621) halló 1.398 esclavos, número que no incluye, por supuesto, los que no eran cristianos. En las conclusiones de este trabajo, escrito en las primeras décadas de la Sevilla del siglo XVII, Ndamba hace constar que, a pesar de su situación inferior, el esclavo (por lo menos el esclavo bautizado) tenía derecho a contraer libremente matrimonio, y al morir, sus dueños le aseguraban, casi sin excepción, un oficio fúnebre y una sepultura en las mismas condiciones que a sus criados libres. La actitud de los amos en conjunto parece que era susceptible de "asegurar a los esclavos una vida soportable y humana". Este juicio –con las lógicas excepciones– está corroborado por otras fuentes: "De ordinario, el señor, en su testamento, liberaba a todos o parte de sus esclavos".

La mayoría de los negros sevillanos tropezaron con el exclusivismo de los gremios:

> Con más energías eran repelidos en estratos más elevados. Los negros podían ser fieles cristianos, pero no sacerdotes. Un moreno que puso una modestísima escuela de niños en La Laguna, fue requerido a que mostrase la carta de examen expedida por los veedores, y el susodicho responsable no la tenía, por cuya razón, el señor Teniente Mayor le notificó cierre de la escuela y no enseñase muchachos, pena de que será castigado. (A.M. Bernal).

Alfonso Franco Silva, profesor de la Universidad de Córdoba, en su trabajo *Esclavitud en las ciudades andaluzas*[27] señala en la Sevilla de comienzos del siglo XVI:

> Negros que arriendan asnos para colocarse como aguadores... Los esclavos negros, por lo general, eran recaderos de un dueño y trabajaban en todos aquellos oficios a que les destinaban. Así, por ejemplo, los hallamos como grumetes al lado de su patrón, que suele ser un maestro o piloto.

Mientras Domínguez Ortiz afirma:

---

[27] En "Estudios sobre la abolición de la esclavitud". Consejo Superior de Investigaciones Científicas, Madrid 1986, p. 23.

> los hombres de color confrontaron dificultades para trabajar, pues no se les permitía ser miembros de los gremios y, exceptuando a los que poseían alguna capacidad especial, por lo general, en el siglo XVII, tenían que aceptar los trabajos peor remunerados o que estaban mal vistos, como herreros, carniceros, mesoneros, etc., muchos de los cuales eran mulatos y gitanos. (1984; 182).

Así, de 1442 a 1695, transcurren dos y media centurias de una presencia negra en la Península Ibérica que en algún momento se aproxima a las cien mil almas, ganadas a la causa de la cristiandad en un proceso de aculturación hispana y lusitana que convierte al *negro bozal* en *negro ladino*, es decir, asimilado a la cultura de la metrópoli. Estos negros ladinos serán de los primeros en pisar el Nuevo Mundo como 'auxiliares' de los conquistadores castellanos que los introducen bajo licencias en las islas del Caribe y más tarde bajo capitulaciones, que previamente suscriben con la Corona, en la conquista de los imperios azteca e inca.

Apenas durará unas décadas la no siempre feliz aventura del negro auxiliar del conquistador. Los privilegios del negro ladino nacieron con los descubrimientos y conquistas y desaparecieron al consolidarse el colonialismo e instaurarse la economía de plantación en base al trabajo esclavo a partir del siglo XVII. También desaparecerá el negro en España; pero sin detenernos en este ciclo previo del negro en la Península Ibérica será imposible comprender luego muchos aspectos culturales y sociales en la historia de América, empezando por el mestizaje racial en ese crisol de sangres que surte la pigmentocracia:

> Para los negros, la única vía de integración total eran las uniones sucesivas que iban emblanqueciendo su piel, y sin duda éste fue el camino que recorrieron muchos. (D. Ortiz, 1984; 182).

La cita que hacemos de Antonio Domínguez Ortiz corresponde a la "La Sevilla del Siglo XVII" de su *Historia de Sevi-*

lla. Ella nos confirma la oriundez hispana del mulaterío, cuyo camino emblanquecedor sigue en su escalada una rigurosa graduación, que es la siguiente:
1. Negra y Español producen Mulato.
2. Mulata y Español producen Terceron-de-Mulato.
3. Tercerona-de-Mulato y Español producen Cuarteron-de-Mulato.
4. Cuarterona-de-Mulato y Español producen Quinteron-de-Mulato.
5. Quinterona-de-Mulato y Español producen Requinteron-de-Mulato.
6. Requinterona-de-Mulato y Español producen "Gente-Blanca".
7. "Gente-Blanca" y Español producen "Casi-limpios-de-su-origen.

Esta curiosa tabla se complica mucho más en América, cuando en el mestizaje entra a tallar la etnia nativa en combinación con la indoeuropea y la negroafricana, dando toda la gama de "indoblanquinegros, blanquinegrindios y negrindoblancos" que conforman nuestro mestizaje.[28]

---

[28] El mestizaje de indio y español se da desde los primeros instantes de la conquista, al punto que Hernán Cortés tiene un hijo en la india Malinali o Malinche, que le regaló el cacique de Tabasco; nos referimos al mestizo Martín Cortés. Por su parte, Francisco Pizarro tuvo un niño en una hija del Inca Atahualpa; al que bautizó con el nombre de Francisco, el que murió antes de cumplir 15 años de edad. En la ñusta Inés Huaylas tuvo Pizarro una hija, a la que llamó Francisca. Pues bien, el hijo del conquistador de México, Martín Cortés, aunque mestizo, recibió del rey de España el hábito de los Caballeros de Santiago, como consta en expediente del 19 de julio de 1529. En tanto que los dos hijos del conquistador del Perú, la habida en una hija de Atahualpa como el habido en la hermana de este mismo Inca, ambos fueron declarados por cédula real "hijos legítimos de Pizarro" sin que hubiera mediado matrimonio con doña Angelina ni con doña Inés. Por cuestiones de clase social e intereses políticos, buen cuidado

La palabra castellana mestizo no expresa en sí más que la mezcla de cosas diferentes; lo mismo que la voz "mesto" (de "mixtura") y otras empleadas por los labriegos y campesinos; por ejemplo, "mestura". Hay que reconocer que en la mezcla se considera, con frecuencia, que algo en ella no es bueno. Así encontramos infinidad de diccionarios en los que mestizar es sinónimo de "adulterar" o "corromper"; mientras que mestizo significa "bastardo" o "degenerado". Sin embargo, y pese a ello, el Inca Garcilaso de la Vega (Cuzco, 1539; Córdoba, 1616), como hijo del capitán español Garcilaso de la Vega y de la ñusta Isabel Chimpu Oclllo –nieta del Inca Túpac Yupanqui–, tuvo a orgullo llamarse a sí mismo mestizo; [29]

---

tuvieron los conquistadores en amancebarse con las princesas nativas, cuyo producto bastardo fueron "hombres de bien que no conviene llamarlos mestizos", e indios tampoco. Entonces, y si en la tabla genética peninsular arriba citada, tras siete generaciones de mestizaje se llegaba -en el mejor de los casos- a "gente blanca" o "casi limpios" de su origen"; ahora y en el Nuevo Mundo, bastarán apenas dos o tres generaciones para que un vástago torne a la "blancura" paterna original. El escritor peruano Manuel Atanasio Fuentes, en el capítulo sexto (Brochazos y Pinceladas) de su obra "Lima, apuntes históricos...", bajo el subtítulo "¿Cuántos colores?" también se plantea el problema del mestizaje en tierra peruana, y lo hace en el tono irónico y satírico que caracteriza sus agudas críticas periodísticas que firmara con su seudónimo de "El Murciélago":
"Sabido es que la raza de los habitantes del Perú., ántes de que le hicieran el favor de conquistarlo, era única, la india ó amarilla, como la llaman los sabios. Los conquistadores eran blancos y lo amarillo y lo blanco, es decir, el producto de la mezcla de conquistador y conquistado recibió el nombre de mestizo."
Y a continuación ofrece Fuentes las siguientes combinaciones:
1. -Blanco con amarillo producen mestizo.
2. -Mestizo con amarillo producen blanco,
(M.A. Fuentes 1967: pp. 77 Y sigts.)
[29] He aquí la genealogía del mestizaje indoespañol que propone en su obra cumbre el Inca Garcilaso:
1.- Español e India producen mestizo (También montañés).

admitiendo que el adjetivo fue impuesto por los primeros españoles que tuvieron hijos en indias, y por ser nombre impuesto por nuestros padres y por su significación, me lo llamo yo a boca llena, y me honro de él. Aunque en Indias, si a uno dellos le dicen "sois un mestizo" o "es un mestizo" lo toman por menosprecio (Garcilaso, 1960; lib. 9.°, cap. XXXI, p. 247).

Una colección de cuadros al óleo en dos series procedentes del Perú –pintados en el siglo XVIII– representando todos ellos diferentes clases de mestizos, a partir del siglo XIX engalanó el Museo Antropológico de Madrid, motivando estudios antropológicos y etnográficos de don Telesforo de Aranzandi. Otra serie similar realizada en México, [30] compuesta de diez

---

2.- Español y mestiza producen cuatralvo (3 cuartos de español + 1 cuarto de indio).
3.- Mestizo e india producen tresalvo (3 cuartos de indio + 1 de español). Cabe añadir aquí la graduación de mestizaje triétnico (indio + blanco + negro) que establece Atanasio Fuentes en su obra ya citada:
1.- Negro con amarillo producen chino-cholo.
2.- Chino-cholo con negro producen chino-prieto.
3.- Chino-prieto con blanco producen chino-claro.
Añadiendo nosotros que el "chino-cholo" peruano nada tiene que ver con el chino asiático, y que Fuentes llama "amarillo" al indio. Simplificando, esta sería la denominación contemporánea:
1.- Negro con indio producen zambo.
2.- Zambo con negro producen recocho.
3.- Recocho con blanco producen chinocholo (trigueño, amarcigado, pichón, manila, capulí, zambito-claro, etc.).

[30] De tal serie de cuadros deriva esta nomenclatura:
1.- Español con negra producen mulato.
2.- Mulata con español producen morisco.
3.- Morisca con español producen chino.
4.- Chino con india producen salto-atrás.
5.- Salto-atrás con mulata producen lobo.
6.- Lobo con china producen jíbaro.
7.- Jíbaro con mulata producen albarazado.

óleos debidos al pincel de Ignacio de Castro, se encuentra repartida entre pinacotecas de París, Viena y el propio México; habiendo merecido estudios de Hamy, Blanchard, Heger, Virey, Herrera y Cícero, además del ya citado Aranzandi. De este último dice su discípulo Julio Caro Baroja que, don Telesforo de Aranzandi fue "uno de los primeros que, en España, escribieron acerca del mestizaje, desde un punto de vista científico" (Caro Baroja, 1967; 2). Añadiendo que no siempre el rótulo puesto al pie de cada cuadro, a manera ilustrativa, era coincidente con el tipo de mestizaje representado en la obra pictórica. Finaliza Caro Baroja diciendo que su admirado maestro redactó artículos y notas para una enciclopedia, "respecto al mestizaje desde el punto de vista antropológico y sus efectos desde el punto de vista mental o psicológico".[31]

Pero será el propio historiador y antropólogo, Julio Caro Baroja, el que en la madurez de su fecunda obra y asombrosa vida nos haga ver que la discriminación racial y el etnocentrismo afloran ya desde tiempos precristianos, con el "pueblo elegido" del Antiguo Testamento; para entronizarse con el cristianismo, dividiendo a los seres humanos por "castas" bajo un criterio moral-biológico que cayó sobre los grupos étnicos religiosos de modo brutal e inexorable, un concepto, según el cual existen estrechos nexos entre lo religioso y lo biológico, de suerte que las ideas de pureza o limpieza, impureza e infec-

---

8.- Albarazado con negra producen cambujo.
9.- Cambujo con india producen zambaigo.
10.- Zambaigo con loba producen calpamulato.
11.- Calpamulato con cambuja producen tente-en-el-aire.
12.- Tente-en-el-aire con mulata producen no-te-entiendo.
13.- No-te-entiendo con india producen torna-atrás (salto-atrás).
[31] Telesforo de Aranzandi: Etnología, Antropología filosófica y Sociología comparadas, Madrid 1899, pp, 112-131.

ción de sangre, se funden en criterios religiosos relacionados con la antigüedad o modernidad en el bautismo y la proximidad mayor o menor de antepasados fieles (Caro Baroja, 1985; 507).

Resultando así que la hidalguía y nobleza se heredan de padres a hijos. Pero la falta de limpieza, la impureza que inhabilita para muchos cargos y no menos privilegios, se hereda por los cuatro costados. Basta tener una abuela materna de origen converso, un bisabuelo paterno de morisco, de judío, o de otra "mala raza" o "casta", para pagar una culpa hereditariamente. Para sentir la llamada de la religión del antepasado "en cuarto" (Ibíd.). En América se llegará a decir que "las creencias religiosas se maman con la leche de madres o nodrizas".

[Ver Libro 1. Décimas "Hay negra y negra retinta" (03 de agosto de 1959) y "Desde la negra retinta" (03 de agosto de 1959)]

2. Negros 'ladinos' en el Nuevo Mundo

El sociólogo peruano Roberto Mac-Lean y Estenós en su ensayo titulado Negros en el Nuevo Mundo, cita alguna de las inconsistentes hipótesis por las que, en base a unos pocos vocablos y mitos caribeños precolombinos, se supone que "los negros procedentes de Guinea habrían cruzado el Atlántico mucho antes de que lo hicieran las tres carabelas del inmortal navegante" (1948: 12-13). Añadiendo al final del mismo párrafo:

> Se asegura también que Pietro Alonso, el piloto de "La Niña", era un negro.[32]

Esta última suposición nos parece a nosotros la más veraz y menos sorprendente. Primero, porque entre los miles de

---

[32] Vid.: Negro Year Book, 1925-26.- Tuskogee Institute, 1925, p. 189.

negros que residían en la Andalucía occidental en aquellos años de la empresa colombina, los había expertos en todas las artes y oficios de la época. Segundo, porque tras el descubrimiento de América figurarán negros en casi todas las empresas de conquista y nuevos descubrimientos, como enseguida veremos. En cuanto a la supuesta africanía del citado piloto Pietro Alonso, los textos que hemos consultado consignan entre la tripulación de "La Niña" a Vicente Yáñez Pinzón como su Capitán; a Juan Niño como Maestre; y a Pedro Alonso Niño, Juan de Umbría y Sancho Ruiz como Pilotos[33], pero no dicen que el tal Pero (o Pietro) Alonso fuese negro. De serlo, en todo caso, se trataría de un negro *ladino*.

La palabra *ladino* es una transformación que equivale a *latino*, voz ésta que se aplicó originalmente en España a cuantos aprendían a hablar en latín con elegancia y propiedad. De ahí su posterior extensión a los que mostraban habilidad en cualquier oficio o asunto, así como los moros y extranjeros que podían comunicarse con desenvoltura en castellano (C. Esteban Deive 1980: cit., p. 35). Esclavos ladinos eran los importados de los mercados de Sevilla y Lisboa, los nacidos en Castilla o Portugal, o los residentes en esos reinos el tiempo necesario para aprender la lengua de sus amos (Ibid.).

La inmediata aparición del negro al lado de los europeos descubridores y conquistadores del Nuevo Mundo, ha sido causa de desconcierto en no pocos historiadores y ensayistas contemporáneos; al punto que los designan con un contradictorio nombre de esclavos-conquistadores[34], que peca de paradojal en su misma antinomía. Estos negros no son otros que los llamados "ladinos", que ya existían en la España precolombina (como ya dejáramos constancia en el capítulo anterior) y que

---

[33] P. de F.
[34] Mellafe 1964: 26.

al momento del Descubrimiento y conquista devinieron "aliados" o "auxiliares" de los castellanos que incursionaron en el Nuevo Mundo. En nuestra opinión, la relación de los negros *auxiliares* con los conquistadores hay que mirarla a través de los negros ladinos que en la España del siglo XV pasaban de 50.000 en un cálculo bastante conservador si consideramos la afirmación que Boxer da para Portugal, estimando que "alrededor de 150.000 esclavos negros fueron probablemente capturados por los portugueses entre 1450 y 1500".[35] De estos negros eran considerados ladinos los que, además de dominar la lengua española o portuguesa, abrazaban la religión católica y eran asimilados a la cultura peninsular. Adiestrados en la milicia, devienen aliados o auxiliares de los conquistadores al ser solicitados por estos en las capitulaciones que previamente subscriben con la Corona española.

A partir de entonces resulta muy difícil seguir el rastro de los negros ladinos en América. Los cronistas de la conquista prefirieron concentrarse en las hazañas de los castellanos, y por lo tanto es escasa o nula –si no anecdótica– la información que proporcionan sobre los negros. Los historiadores del siglo XIX, con el bostoniano William Hickling Prescott a la cabeza, son hispanófilos que no ocultan sus prejuicios antinegristas. Y en cuanto a los contemporáneos, su recalcitrante indigenismo les lleva a ver en el negro al más gratuito e incondicional sirviente de los castellanos, sin distinguir entre ladinos y esclavos o, lo que es peor, dilatando la presencia de los "negros aliados" mucho más allá de su corta historia, que en ningún caso pasó del siglo XVI.

Sabido es que la conquista del Perú se proyecta desde Panamá por los conquistadores Francisco Pizarro, Diego de

---

[35] C.R. Boxer: The Portuguese Seaborne Empire, 1415-1825, N.Y. 1969.

Almagro y el cura Hernando de Luque, el 10 de marzo de 1526. Pero un año antes, en el primer viaje de exploración en que los hombres de Pizarro son repelidos por los indios en las costas del Darién, "fue un negro el que le salvó la vida a Diego de Almagro en la aventura de Pueblo Quemado, duramente atacado por los indios que se defendían con bravura contra los invasores. (Mac-Lean y Estenós 1948: 17). Una flecha o un lanzazo le había vaciado un ojo a don Diego de Almagro en esa lucha con los indios.

A renglón seguido, dice el mismo autor:

> Uno de los trece inmortales de la Isla del Gallo fue también un negro, llevado posteriormente a Tumbes. (Ibid.)

Este pasaje previo a la conquista del Perú, por el que algunos ven en Pizarro a un nuevo Julio César atravesando el Rubicón, ha sido relatado por cronistas como Cieza –que consigna los nombres de trece conquistadores– y Jerez –quien dice que fueron dieciséis. Si hubo un negro entre ellos no debe haber sido tomado como protagonista; tal como en otros hechos memorables se ha ignorado la presencia de guías e intérpretes indios. Pero el hecho de que este mismo negro que estuviera con "los trece inmortales" fuera "llevado posteriormente a Tumbes., nos lo identifica con el ayudante del artillero Pedro de Candia, quien no sólo estuvo entre los trece de la Isla del Gallo (IX-1527) sino que fue uno de los tres primeros en pisar tierra de los Incas (1528):

> A la bahía de Tumbes llegó Pizarro en su segunda expedición y a su floreciente ciudad bajaron Alonso de Molina y un negro, primero, y el griego Pedro de Candia, después (J. Bromley 1935: 23).

Este negro que desembarca en Tumbes debe ser el mismo "africano asistente del maestro artillero (¿Pedro de Candia?) en la expedición de conquista de 1531, hombre tan respetado que mereció llevar el título de capitán, hasta que el amargo partidismo de las guerras civiles causó su muerte a manos de la facción de los Pizarro[36]. Luego tenemos el caso de Juan Valiente, uno de los aproximadamente 150 negros que acompañaron a Diego de Almagro en su expedición a Chile en 1535. Valiente, un esclavo fugitivo de México, sobrevivió a la aventura chilena de Almagro y posteriormente se unió a la expedición de Pedro de Valdivia, yendo a Chile como soldado libre, con armas y caballos propios, y por sus servicios en la nueva colonia recibió una concesión de tierras y el privilegio de emplear trabajo de los indios[37].

Caso notable este de los negros en la vida y obra del Adelantado Diego de Almagro. Al margen de los muchos que siempre figuraron bajo las tropas a su mando, cabe citar a la negra Margarita, que sirvió fielmente a Almagro en Panamá, lo acompañó durante la conquista del Perú y permaneció a su lado durante su encarcelamiento y hasta su ejecución. Lapso que bien podría abarcar desde 1520 a 1538. Agradecido, Almagro le concedió la libertad al morir. Como es sabido, Almagro fue vencido por Hernando Pizarro en la batalla de Las Salinas (26-IV-1538) y luego conducido a la ciudad del Cuzco, donde Hernando Pizarro, tras un proceso sumario, le hizo dar garrote vil (8-VII-1538), y el verdugo que ajustició a don Diego de Almagro, ¡fue un negro...!

La llamada "guerra de los encomenderos" prosiguió cuando el hijo de Almagro se alzó contra los Pizarro para vengar la muerte de su padre. y en todo este ciclo de las llamadas "guerras civiles" hubo negros en ambos bandos. En la decisiva batalla de Chupas, por ejemplo, el derrotado ejército de

---

[36] Roberto Levillier: Documentos del Archivo de Indias, Madrid, 1921-26. 2: 404-5.

[37] Rolando Mellafe: La introducción de la esclavitud negra en Chile: tráfico y rutas, Stgo. de Chile, 1959. pp. 42-50.

Almagro el Mozo incluía alrededor de 1.000 negros; y en la batalla de Añaquito, contra el virrey Blasco Núñez de Vela (1546), el victorioso ejército de Gonzalo Pizarro contaba con no menos de 600 auxiliares negros (Bowser 1977: 28). La última revuelta que atormentó al Perú durante ese período fue la encabezada por Francisco Hernández Girón (1553-1554), quien alzó bandera contra la Corona española. Desesperado por aumentar sus fuerzas facciosas, Girón hizo lo que hasta entonces nunca se había atrevido intentar comandante español alguno: ofreció la libertad a todos los esclavos que se le unieran y armó a sus seguidores negros para participar en la batalla:

> Despues adelante, siguiendo su tiranía, tuvo Francisco Hernández más de trescientos soldados etíopes, y, para más honrarlos y darles ánimo y atrevimiento, hizo dellos ejército formado. Dioles un Capitán general que yo conocí, que se decía maese Juan; era lindísimo oficial de carpintería; fue esclavo de Antonio Altamirano... Sin los oficiales mayores, les nombró capitanes, y les mandó que nombrasen alfereces y sargentos y cabos de escuadra, pífanos y atambores, y que hiciesen banderas, todo lo cual hicieron los negros muy cumplidamente; y de los (negros) del campo del Rey se huyeron muchos al tirano, viendo a sus parientes tan honrados como los traía Francisco Hernández, y fueron contra sus amos en toda la guerra (Garcilaso 1962: 1015-6).

Los negros se portaron muy bien en la batalla. La Corona, por su parte, empleó a africanos en los preparativos militares para suprimir la rebelión, y muchos de sus partidarios llevaron sus negros como ayudantes a lo que fue una victoria: la de Pucará, en 8 de octubre de 1554.

Terminada la conquista de América y consolidados los virreinatos de Nueva España (México) y Nueva Castilla (Perú), el negro ladino participará al lado de los navegantes españoles en el descubrimiento de Oceanía. Los debe haber llevado el

Adelantado Alvaro de Mendaña en su primera expedición que partiera del Callao (Perú) en 1568, explorando las Islas Salomón, bautizando algunas islas del archipiélago con nombres españoles, como es el caso de Guadalcanal. De vuelta a Madrid, Mendaña celebra capitulaciones con el Rey, comprometiéndose a conquistar y poblar las islas del Mar del Sur, recibiendo en cambio títulos, privilegios y autorización para llevar consigo:

> ochenta esclavos negros, la tercera parte hembras... (Townsend Ezcurra 1963: 2).

Pero de vuelta a Lima la administración virreinal le pondrá trabas y recién, en abril de 1595 podrá zarpar del Callao en cuatro navíos bien aparejados, haciendo escala al mes siguiente en la costa norte del Perú para reclutar expedicionarios en ese emporio negrero que era la entonces Villa de Santiago de Miraflores de Saña. Sañeros y trujillanos, sumados a los españoles y limeños que venían de la Ciudad de los Reyes (Lima) completaron la expedición de Mendaña con un total de 368 personas.

Otro tanto ocurriría diez años más tarde con la expedición del portugués navegante Fernández de Quiróz, que, con mayor fortuna que el Adelantado Mendaña, emprendió viaje el 21 de diciembre de 1605, partiendo al mando de dos galeones y un patache, cargados de frutas y animales del Perú a la colonización de la *Terra Australis Incognita*. A 1.700 leguas de Lima, cuando encontró una isla grande y fértil, decidió fundar, el 14 de mayo de 1606, la capital de su Australia; la llamó Nueva Jerusalén y, rodilla en tierra, tomó posesión de "Australia del Espíritu Santo" en nombre del Rey, del Papa y de los Franciscanos del Perú.

Tanto en la expedición de Mendaña como en la que luego comandara Quiroz, en todas ellas "el aporte peruano fue decisivo y no faltaron en sus barcos representantes de la naciente heterogeneidad racial típica del país: indios, negros y, desde luego, peninsulares y criollos" (A. Townsend Ezcutra 1963: 2). Como expresión de una patria incipiente, la crónica de estos viajes los llama a todos "la brava gente peruana". Gente del Perú, hija de la tierra o hecha a su suelo, será la primera que aviste las costas de Australia o llegue a Polinesia en época histórica.

Pero si alguien por antojo pretendiera buscar al negro ladino ya no como asimilado a la cultura hispana sino en su acepción originaria de latino, como heredero de esa cultura mediterránea, creadora de artes y dominadora de ciencias, que se distinguía por "hablar el latín con elegancia y propiedad"; grandes sorpresas se llevaría el antojadizo pesquizador por los numerosos negros que alcanzaron ese alto nivel académico a lo largo y ancho de América. Caro ejemplo de lo antedicho fue el notable galeno y fecundo polígrafo, José Manuel Valdés; penúltimo protomédico[38].

Aunque José Manuel Valdés (Lima 1767-1843) sobresalía en su época como médico de alta ciencia, investigador, ensayista y poeta místico, su mérito científico no bastó, sin embargo, para que la Universidad Mayor de San Marcos de Lima lo acogiese en su seno. Preciso le fue recurrir a Madrid solicitando al Rey de España la licencia que en su patria, el Perú, se le negaba por ser hombre de color. El Rey, después de serias investigaciones, concedióle en justicia la apetecida licencia. "El Dr, Valdés fue pues el primer hombre de color; graduado en Lima. Algo más tarde, alcanzaron igual honor hombres de

---

[38] El antiguo protomedicato peruano, que experimentó diversas modificaciones desde el año de 1570, en que se mandó erigir, fue convertido por Supremo Decreto de 9 septiembre de 1856 en Facultad de Medicina (de la Universidad de Lima), presidida por un decano y por los profesores de la Escuela de Medicina... "El último protomédico y primer decano de la facultad fue el eminente ciudadano Don Gayetano Heredia, jamás hombre alguno se entregó con más abnegación al cultivo y adelantamiento de su profesión" (M.A. Fuentes 1867: 47).

más oscuros mérito y color" (Fuentes 1867: 47). Incorporado a la docencia, regentó la cátedra de Clínica Externa (1811) y fungió como examinador de Cirugía; y luego, catedrático de Vísperas de Medicina (1827) y de Patología (hasta 1835). Miembro de la Real Academia de Medicina de Madrid (1816), y de la Sociedad Patriótica (1822), condecorado con la Orden del Sol (1822); protomédico general de la República (1836); y director del Colegio de Medicina (1840). Entre los principales estudios de su especialidad, Valdés nos ha dejado: *Disertación quirúrgica sobre el chancro uterino* (1801), *Elogio de la cirugía* (1806) *desatrollado en su tesis; Memoria sobre las enfermedades que se padecieron en Lima en el año 1821* (1827); *Memoria sobre la disentería* (1835); *Relación del estado actual del arte obstétrico* (1836.) Y *Memoria sobre el cólera morbo* (1838).

Y entre las obras literarias del polifacético José Manuel Valdés citaremos: *Poesías sagradas* (1818); *Salterio peruano o paráfrasis de los 150 salmos de David* (1833), y *Vida admirable del bienaventurado fray Martín de Porres* (1840). (A. Tauro 1967: t. III, 320-1).

3. El tráfico negrero

De África llegó mi agüela
vestida con caracole;
la trajeron lo'epañole
en un barco carabela.
La marcaron con candela:
la carimba fue su cruz.
y en América del Sur,
al golpe de sus dolores,
dieron los negros tambores
ritmos de la esclavitud...

Nicomedes Santa Cruz

En el año de 1505 se producen azúcares en La Española. Sobre el tema de la introducción sacarífera en el Nuevo Mundo ha habido larga controversia en cuanto a nombre y fechas. Por ello recurrimos a don Fernando Ortiz, que en su socorrida obra "Contrapunto cubano del tabaco y el azúcar" ofrece como probable una cronología de los primeros azúcares en América, que es la que sigue:

> 1493 (en diciembre): Introducción y siembras de raíces de caña de azúcar en La Española. Por Cristóbal Colón.
>
> 1501 (aproximadamente): Se da el primer cañaveral. Por Pedro de Atienza.
>
> 1506 (o el año antes): Se producen los primeros azúcares. Por Miguel Ballester o por Aguilón o Aguiló.
>
> 1515 (o antes): La primera zafra del primer trapiche. Por Gonzalo de Velosa.
>
> 1516: La implantación del primer ingenio. Por Gonzalo de Velosa y los hermanos Franciso y Cristóbal Tapia.

Finalmente, en 1518, el Rey Carlos I otorga licencia gratuita en Zaragoza a su paisano flamenco, el gobernador de Brea, para introducir 4.000 negros en las Indias Occidentales. Diez años más tarde, en 1528, el emperador concederá el primer asiento de negros a los alemanes Enrique Ehinger y Jerónimo Sayller.

Hasta aquí, aunque en forma embrionaria, tenemos ya los tres elementos fundamentales del proceso que nos ocupa, a saber: *la licencia y el asiento, la factoría y la plantación.* Vale decir: el negro como base de transacciones monopólicas tricontinentales de la trata; la "cargazón" del barco negrero como mercancía humana transatlántica; y la "negrada" como fuerza de trabajo esclavo en la dotación del ingenio y en las plantaciones de caña, cacao, café, tabaco y algodón del Nuevo

Mundo. (Ya para 1516, fray Tomás Berlanga había introducido en la Española, desde las Canarias, el llamado plátano guineo o de Guinea).

Licencia era la autorización real o contrato entre el Rey y los particulares. Simple permiso concedido por el soberano –a veces por capitulaciones– para la introducción de uno o más esclavos en el Nuevo Mundo. Por Real Cédula de 22 de julio de 1513 se hace necesaria la obtención de licencia, medida fiscal que grava en dos ducados por cabeza y siete reales por derecho de exportación o almojarifazgo. Estas nuevas licencias –como las gratuitas de años anteriores– permitían embarcar en Sevilla esclavos blancos y negros, cristianos.

Asiento era un contrato de derecho público para un particular o Compañía, que substituía al gobierno de la metrópoli en el tráfico negrero a sus colonias, con monopolio en lugares determinados para la carga y descarga, adquisición, transporte y venta de las "piezas de ébano".

Asiento y Licencia constituyen la historia de la Trata, del siglo XVI al XVIII. *Grosso modo*, se establece la siguiente clasificación del tráfico negrero en general:

a. Período de las Licencias: 1493-1595.
b. Período de los Asientos: 1595-1789.
c. Período de la Libertad de Tráfico: 1789-1812 (Carvalho Neto 1965: 257.

Símbolo del inicial monopolio comercial entre España y las Indias Occidentales fue la Casa de Contratación de Sevilla, instaurada por orden de los Reyes Católicos en 20 de enero de 1503 por el incremento comercial, para

> que se estableciese en Sevilla una casa para la contratación de Indias, de las costas de Berbería y de las islas Canarias (...) por la cual habían de pasar cuantas mercaderías se enviasen a los países mencionados, y recibir todo lo que de ellos viniese a Castilla, interviniendo en la venta de lo que era de ven-

derse. Correspondíale también el despacho de las naves para traficar o descubrir, y el reconocimiento de los pasajeros y descubridores. (Saco 1982: 462-3).

Todavía el Gobierno no había concedido a particulares ni a compañías el privilegio exclusivo de hacer el comercio de negros. Permitida era a los castellanos su introducción en América, previa licencia real, pero es que entre los extranjeros se consideraba a los mismos españoles que no eran súbditos de Castilla, dominio de la Reina Isabel mas no de su esposo Fernando de Aragón, pues cada monarca era soberano exclusivo en sus Estados respectivos. (Conviene aquí recordar que en la España del descubrimiento, el Reino de Aragón también involucraba la Provincia de Cataluña, el reino insular de Mallorca y el reino de Valencia. Todo el resto –con excepción de los reinos de Navarra y Granada– lo constituía el Reino de Castilla y León.) Así pues, realizado el descubrimiento del Nuevo Mundo con el Tesoro de Castilla, sólo los castellanos tuvieron derecho a traficar con él. Aunque, en realidad, los atributos y privilegios conferidos a la Casa de Contratación de Sevilla hicieron que este fuera un "monopolio jurídicamente castellano, pero físicamente andaluz" (García-González 1980: 139).

Estas prohibiciones empezaron a modificarse desde 1539, pues la Real Provisión de don Carlos y doña Juana su madre, en 28 de julio de aquel año, permitieron a todos sus súbditos del imperio español, además de los castellanos, el pasar a las Indias, pudiendo permanecer y comerciar en ellas. Puede decirse que el monopolio de la Casa de Contratación de Sevilla, así como el de la Universidad de Mercaderes de Sevilla, termina abriéndose a todos los súbditos del imperio español por Ley de Felipe II dictada en 1595, la cual dice:

> Declaramos por extranjeros de los Reinos de las Indias y de sus costas, á los que no fueren naturales de estos nues-

tros Reinos de Castilla, León, Aragón, Valencia, Cataluña y Navarra, y los de las islas de Mallorca, y Menorca, por ser de la corona de Aragón. (Saco 1982: 478).

En realidad, la Corona de Castilla no disponía del capital ni de la experiencia para acometer semejante empresa. El comercio de Indias se dejó, pues, en manos de las empresas privadas y la Casa se constituyó en un organismo de control y no en una organización dedicada al comercio. (García-González 1980: 149).

En 1580 Felipe II une las coronas de España y Portugal, y comienza el período de los asientos portugueses a la vez que se limitan las licencias. El Portugal negrero empieza a decaer desde 1599 hasta 1640, fecha en que termina la Unión Ibérica, coincidente al cese de la concesión de Angel y Souza, otorgada por Carlos V. Pero aún los portugueses retendrán hasta 1701 aquella primera licencia de 1518 del Emperador a sus paisanos flamencos –y que tras sucesivas reventas termina en manos de Portugal–. En 1649 finaliza el monopolio de las compañías holandesas y Portugal vuelve al dominio de la trata entre 1696-1703.

Los holandeses tenían hegemonía en la trata durante 1640-1692, aunque desde mucho antes venían contrabandeando esclavos. En 1682 fundan la Compañía de las Indias Occidentales de Amsterdarn, descargando sus "cargazones" en los puertos de Cartagena de Indias, Portobelo, La Habana, Veracruz y Campeche. Al finalizar el siglo XVII los holandeses estaban instalados en todas partes como tratantes de esclavos; estableciendo su centro de operaciones en San Jorge de Mina. No siempre traían su cargamento humano de África, pues solían extraer las "piezas" de Curaçao y Jamaica.

Francia entra a tallar en la trata negrera con su *Real Compañía Francesa de Guinea* (1701), pero por no poseer factorías en la llamada *"Costa de los Esclavos"* debe recurrir a las de Inglaterra y Holanda.

El tráfico de los negreros ingleses no empieza a prosperar hasta 1672, año en que se constituye la *Royal African Company*, creada bajo la protección de la corona. Pero es a partir del Tratado de Utrech (1713) entre España, Inglaterra, Francia y Holanda, cuando por cláusula secreta y previa al mismo, España e Inglaterra firman el *"Tratado de Asiento de Negros"*, eliminando a Francia de la competencia. Inglaterra monopoliza el tráfico negrero con la *South Sea Company* (Compañía del Mar del Sur) unida luego a la *Royal African Company*, obteniendo un control efectivo sobre las costas africanas, desde Gambia hasta el Congo. El citado asiento concedió a los ingleses el Privilegio para introducir en 30 años 144.000 *piezas de india* a razón de 4.800 anuales y utilizando todos los puertos hispanos, desde Veracruz a Buenos Aires y aun los del Pacífico, desde Acapulco a Valparaíso. El asiento monopólico se rompe en 1750, año en que empieza el declive de la Real Compañía Africana londinense y surgen los armadores de Liverpool, que ya para 1764 tienen setenta y cuatro buques negreros navegando hacia África.

La implantación del libre comercio de esclavos (1789) tiene que ver con los efectos desastrosos que para España supuso el Tratado de Utrech, conduciéndola a una serie de conflictos con Inglaterra, en 1740 y 1762. Esta última guerra, durante la cual los ingleses invaden La Habana (1763), convence a España de los beneficios del libre comercio. Por otra parte los hacendados cubanos se quejaban, protestando contra el sistema monopolista que les traía esclavos malos, enfermos, defectuosos y muy caros y escasos; instando al gobierno de Madrid en pro de la libertad de la trata. Sus gestiones triunfaron, pues por Real Cédula de 28 de febrero de 1789 se permitió a españoles y extranjeros introducir negros en las Indias por los puertos de Santo Domingo, Puerto Cabello, San Juan de Puerto Rico y La Habana. Los negros habían de ser de razas dóciles y una tercera parte de cada cargamento la conformarían mujeres, esto último con la idea de fomentar la reproducción de los esclavos, sin necesidad de la trata de importación. (Ortiz 1975: 98-99).

Ya en 1778 España había adquirido algunos puertos africanos para el comercio negrero. Así, en 1792, procedente de la costa de Guinea llega a La Habana el bergantín español "Cometa" con 227 negros en sus bodegas, siendo su capitán Antonio de la Porte en este primer buque español que usara de la Real Gracia, o sea de la libertad de Trata.

Hacia fines del siglo XVIII, la suma de esclavos exportados del África occidental en buques de todas las naciones involucradas en el tráfico negrero, alcanzó una cifra media de 100.000 por año, y de esta sangría en la población indígena correspondía la mitad a Inglaterra, principalmente a Liverpool. No se sabrá nunca con exactitud el número de negros esclavizados en el Nuevo Mundo. La Enciclopedia católica evalúa ese número en doce millones (J.L. Franco 1975: 82). Algunos africanistas estiman que durante los tres siglos que duró la trata, 16 millones de seres fueron vendidos a las Indias Occidentales y otros 14 millones de negros tuvieron como destino las Indias Orientales. Este total de 30 millones bien podría ser duplicado y hasta triplicado si consideramos que los cazadores de africanos primero incendiaban la aldea para capturar a los jóvenes aptos, muriendo incinerada la mitad de la población, compuesta por niños y ancianos o enfermos y lisiados. Luego venía la larga marcha hacia las factorías de la costa, con la cuerda de negros atados por parejas en una especie de yugo, y a golpe de látigo, el que cayera extenuado en el camino arrastraba al compañero a una segura muerte en plena selva, devorados por las fieras.

Al llegar a las factorías de la costa, se les amontonaba en los barracones donde los corredores venían a examinarlos. Día y noche millares de seres humanos permanecían apretujados en esos *agujeros de pobredumbre* (J.L. Franco 1975: 94), donde la pestilencia desvanecía a los europeos al cabo de un cuarto de hora. En cuanto a los africanos, caían aniquilados por las plagas y enfermedades. En esos barracones, la mortalidad superaba el 20%. En la costa, en espera de completar la "cargazón" del navío negrero tras sesenta u ochenta días de penosa caminata, continuaban los castigos por intentos de sublevaciones, por no hablar de los casos de suicidio que seguían diezmando la negrada sobreviviente.

Finalmente y ya embarcados en los navíos negreros, se encerraba a los esclavos en la cala, en galeras, uno encima de otro. Especialmente construidos por los armadores de Liverpool –con financiación de los banqueros de Bristol– el barco negro tenía cuatro o cinco cubiertas, en cuyos entrepuentes se hacía la estiva del cargamento humano: cada cual ocupaba un espacio de 4 ó 5 pies de largo por 2 ó 3 de ancho, de manera que no podían ni estirar las piernas ni sentarse. En tal posición permanecían durante todo el viaje, y se levantaban sólo una vez al día para hacer algún ejercicio sobre la cubierta, donde se les obligaba a bailar; ocasión que algunos aprovechaban para saltar por la borda, lanzando gritos de triunfo en el momento de fugaz libertad que mediaba entre abandonar el navío para desaparecer entre las olas; los demás continuaban su tarea de ayudar a los marinos a vaciar las inmundicias acumuladas. La proximidad de tan numerosos seres humanos desnudos, sus carnes ulceradas, el aire fétido, la disentería, la acumulación de inmundicias, hacían de estos lugares un infierno. Algún escritor de la época describió al barco negro como "el mas reducido espacio donde se comete la mayor cantidad de crímenes en todo nuestro planeta".

4. La interlingua de los negreros

Siendo el tráfico negrero una actividad comercial que involucró a tres continentes (europeos los negreros, africanos los negros y americano el mercado esclavista), fue necesario desde su inicio crear una "interlingua" que permitiera la comunicación entre los capitanes esclavistas, los cazadores de negros y los reyezuelos africanos que en las continuas luchas intertribales trocaban sus prisioneros por los "paquetes" de mercancías (armas, aguardiente, baratijas, telas y barras de hierro) en las "factorías" portuguesas, holandesas, inglesas y francesas que jalonaban las costas del África occidental y meridional. Y siendo Portugal el primer país en bordear las costas africanas desde el Atlántico al Indico (1444-1488), obviamente, al iniciarse la trata, monopolizaría el comercio de seres humanos durante los primeros cien años. Al margen de tan triste privilegio, cupo a los portugueses haber sentado las bases de la teminología negrera, desarrollando luego el *pidgin* lusoafricano, matriz de las lenguas criollas en el Nuevo Mundo. Pero en la breve relación que nos ofrecen Mannix & Cowley (1970: 38) y que ellos dan como jerga esclavista lusitana, se advierten ya angloafricanismos.

Algunos de los términos comunes eran: *palaver* (para cualquier tipo de discusión, negociación o disputa), *cabocer* (un cabecilla u oficial, del portugués cabociero), *pickaninny* (de *pequenino*, muy pequeño), *fetish* (de *feitiço*, encanto o brujería), *barracoon* (posiblemente del español), *customs* (ritos nativos), *panyaring* (secuestro o rapto), *dash* (dádiva o soborno), y *bozal* (adjetivo aplicado a los esclavos recién llegados de África: negros bozales). Al final del siglo XVI, sin embargo, los portugueses no tenían ya el poderío militar necesario para defender sus palabras.

Resulta interesante en el breve listado de Mannix & Cowley constatar algunos giros semánticos, como el caso del vocablo portugués *pequenino* (muy pequeño), al dar origen al angloafricanismo *pickaninny* (negrito).

Según el citado trabajo de Mannix... (1970:43), los capitanes esclavistas no deseaban permanecer en la costa africana más tiempo que el absolutamente necesario. Sus ganancias dependían de la rapidez con la que consiguiesen cargar sus barcos y zarpar a toda vela hacia las Indias occidentales, antes que su apretujado cargamento humano pereciese. Además, y como apunta José Luciano Franco (1975: 90), las negociaciones para adquirir esclavos no se hacían directamente entre el comprador blanco y el propietario indígena. Entre ambos se interponían los corredores de esclavos. Los había de dos categorías: negros ("mafucos") como intermediarios por los cazadores y reyezuelos del país; y blancos o mulatos, como agentes de las grandes compañías negreras; de ahí que a éstos se les llamase *factores*, siguiendo la costumbre europea de llamar "factores" a los representantes de las grandes empresas. y con este intermediario se inicia la interlingua negrera, porque en vez de "factor" se le rebautiza *mongo*.

Mongos, tal el nombre genérico de los blancos negreros que dominaban las factorías permanentes de la costa africana, ocupándose además del trueque de todos los productos indígenas, tales lomo pieles, aceite de coco, cera, marfil, oro, etc., por tejidos, armas, alcohol, pólvora –procedentes de Europa– y cuanto era posible cambiar con los naturales mediante grandes utilidades. Procuraban los mongos acumular en los sitios donde habitaban todo aquello que les hiciera agradable y fácil la vida, para ellos y sus invitados (Franco 1975: 92). Entre los *mongos* de triste celebridad se cuentan el legendario Pedro Blanco –español, nacido en Málaga– y su compinche Félix de Souza, alias "Mongo Cha-Chá"; ambos fueron rivales del francés Teodoro Canot.

Quibanda era la vivienda fortificada que los *mongos* construían en el punto más elevado y mejor situado del lugar escogido para la trata, a manera de castillo destinado a residencia del amo y sus auxiliares; y que servía además para las desvergonzadas orgías de las que eran forzadas protagonistas las esclavas más bellas, reservadas para disfrute de los negreros lascivos, borrachos y ladrones (Franco 1975: 92). Con las reservas sobre la veracidad histórica que merece una obra literaria, transcribimos la descripción que Novas Calvo da sobre la *quibanda* y el serrallo del mongo Pedro Blanco en su africano reducto de Gallinas:

> un amplio edificio chato, formado por una herradura de veinte habitaciones, apretadas en torno a un patio central. En el centro estaba la habitación de la guardiana… Los eunucos tenían una casa al fondo y dependían de la guardiana… Pedro selló un tratado de amistad con cada uno de los grandes jefes de la región del Vey, con la admisión de sus hijas en el harén. Pedro dio a las hijas de los reyes enemigos la categoría de favoritas. Los eunucos los compró a una goleta de Mozambique, que los compraba a los árabes de Zanzíbar, donde tenían grandes depósitos de ellos, cazados en la selva y castrados. (1973: 217-8)

En rededor de la *quibanda* se encontraban los inmundos barracones donde se encerraba a los cautivos en espera de los barcos que habrían de conducirlos a su esclavitud en América. Y al lado de los barracones había un reducto fortificado, donde se almacenaban las reservas de agua, arroz y otros víveres, municiones y leña en cantidades suficiente para sostener un sitio de varios días, si fuera necesario. Parte de este almacén lo ocupaba la *malanga* ("Okoku. Ikoko. Ewe Kokó. Marabado"). Malanga blanca (*Xanthosoma sagittifolium*) y malanga amarilla fueron el alimento básico de la cargazón durante la penosa travesía del Atlántico en el barco negrero. Este producto africano, parecido al "ñame" y también llamado *guagüí* además de ser un buen alimento nutritivo, sano y agradable, "tiene la ventaja de poderse conservar por largo tiempo" (Díaz

Fabelo 1960: 109-110). Alguien ha dicho con certeza que "sin la malanga no habría sido posible la travesía de 40 millones de africanos hacia América en los barcos negreros".

Mafucos, en la interlingua negrera, era el nombre que recibían los *corredores de esclavos* en las factorías de las costas africanas. Ya hemos dicho líneas atrás que estos intermediarios, de ser blancos, eran llamados "factores" y más comúnmente "mongos". Pero siendo negros se les llamaba *mafucos*. Los mafucos debían dominar las lenguas de las diferentes etnias cazadoras de negros, como los *susu* (Guinea), los *vais* (Sierra Leona), los *ashanti* (Ghana) y los *dahomeyanos*. Los *vais* se negaron durante mucho tiempo al tráfico esclavista. Los *mandingo* llevaban cautivos desde el Níger a las costas del Golfo de Guinea. Pero además de dominar las lenguas nativas, los *mafucos* conocían lo suficiente de lenguas europeas para poder hablar con un inglés, portugués, francés y español. Su orgullo de políglotas les llevaba a cambiar sus nombres nativos y adoptar fantásticos apodos en lengua inglesa, llamándose "Chelin", "Foque", "Tom Bartman", etc.

No se puede imputar a mongos y mafucos la implantación de la esclavitud en una África negra que ya tenía imperios y ejércitos, clases sociales y legislación. La esclavitud no era, ciertamente, ni nueva ni rara en los pueblos africanos. Los prisioneros de guerra, los reos de homicidio, robo, hechicería, adulterio o deudas, caían generalmente en servidumbre. El hambre, provocado por las sequías, obligaba a tribus enteras a venderse como esclavos. Tales pueden haber sido las causas primeras de la esclavitud negroafricana. Pero esta esclavitud era casi nominal; con excepción de los reinos Dahomey y Ashanti. La diferencia social y económica entre el esclavo y el libre era muy tenue; como puede advertirse en las relaciones de todos los viajeros de épocas anteriores a la trata. Precisamente, fue la trata lo que convirtió en temible y monstruosa a la esclavitud.

La guerra en busca de un botín viviente de prisioneros para los tratantes de esclavos se hizo normal en África, y no pocas veces llegaron a los mercados del Nuevo Mundo personajes africanos, atados por unas mismas cadenas a sus antiguos servidores. Las 'razzias' o cacerías de hombres surtían los barracones de los negreros en la costa, y los reyezuelos del litoral, por sus propias fuerzas o ayudados por los mismos mercaderes de carne humana, se hicieron intermediarios de la mercancía abominable entre los buques de la trata y los pueblos del interior. (Ortiz 1975: 118)

La obra genocida de los cazadores de esclavos es descrita por viajeros y escritores con abundancia de detalles, pero todos coinciden en la crueldad de los métodos empleados y en la gratuita crueldad de estos sádicos cazadores de seres humanos. "Se ataca una aldea pacífica durante la noche y, si es necesario, para aumentar la confusión y facilitar el éxito, se la incendia; los desdichados habitantes así sorprendidos, huyen desnudos para librarse del fuego... Capturados y reducidos selectivamente a muchas leguas de la costa, se les forma en largas caravanas para emprender la dura marcha hacia las factorías costeras. Generalmente se procura impedir la fuga de los cautivos uniendo por un mismo cepo la pierna derecha de uno con la izquierda de otro. Durante la noche todavía se refuerza la seguridad por unos grilletes en las manos y otra cadena de hierro por el cuello". Con frecuencia el modo de asegurar precautoriamente a los esclavos, era el siguiente: a cada uno se le ataba por el cuello a una horquilla de palo, cuyo extremo se ata a su vez a la horquilla del que va detrás, y así sucesivamente. La fuga en masa resulta imposible. Igualmente penoso era el transporte de esclavos por los ríos africanos: tendidos al fondo de las canoas, atados de pies y manos bajo lluvias torrenciales que llenaban de agua las frágiles embarcaciones. En marcha bajo el sol ecuatorial cubrían centenares de millas bajo sufrimientos indecibles. Los esqueletos insepultos jalonaban las rutas de esas caravanas del dolor hacia la costa. Faltos de agua y alimentos, la mortalidad de los esclavos en esta marcha forzada ascendía a cinco dozavos de la totalidad (Ortiz 1975: 121). Llegados a las factorías costeras, aquí entraban a tallar los capitanes negreros y los *forbantes*.

Forbantes (del francés *forban*: pirata), se les llamaba a los capitanes esclavistas que traficaban clandestinamente por no tener trato ni contrato con las compañías negreras que operaban en la zona bajo licencia a asiento otorgado por la metrópoli colonial. El más célebre de los *forbantes* fue el francés Jacobo Sores, del siglo XVI.

John Hawkins, hijo de un rico armador de Plymouth, inicia el comercio negrero inglés entre 1562 y 1569. En 1562, con su navío "Jesús", roba en las costas de África un lote de esclavos que cambia a los colonos españoles de Santo Domingo por oro, azúcar y cueros (Franco 1980: 15). De esta piratesca manera y a espaldas de la Casa de Contratación de Sevilla, Hawkins también inicia el comercio *intérlope* inglés en el Caribe.

Francis Drake inicia su vida aventurera en 1567 corno traficante de esclavos en el comercio clandestino, asociado a su tío John Hawkins con quien navegó a lo largo de las costas del Caribe en busca de mercado para su cargamento humano. Las autoridades de Río Hacha le negaron la entrada al puerto, pero Hawkins se impuso con sus cañones y vendió allí –a sus propios enemigos– las últimas *piezas* de su stock.

Es difícil trazar una línea divisoria entre el comercio legal y el comercio clandestino de esclavos; o lo que es igual, entre capitanes negreros y forbantes. El más famoso capitán negrero del siglo XVIII parece haber sido John Newton, y también el más lujurioso y maledicente; ello hasta 1764, en que renunció a la mar y se hizo pastor, convirtiéndose en el Reverendo John Newton. Tampoco resulta fácil una sociología de los traficantes europeos;

En una época hasta los reyes y reinas y los grandes marinos fueron negreros. Después fue ocupación de grandes mercaderes. Más tarde fue negocio de piratas y contrabandistas. El negrero, como el filibustero, el bucanero y el raquero, son tipos aún no estudiados, que dan temas muy curiosos para la incipiente criminología tropical. (Ortiz 1975: 159, cit. 13)

Así pues, la interlingua (o "nuevo código") creada por los negreros cuando toda Europa vendía carne humana, fue desarrollada en las Américas por las mismas víctimas de la Trata, pero como una forma de organizarse en su lucha por la libertad y alzarse: de la plantación al *palenque*, del ingenio al monte, del *barracón* al cumbe, de la *senzala* al *quilombo*. Así nacieron las lenguas criollas: el *creole*, el *papiamento*, el *patois*, el *saramaccan* (que engloba los "bush dialects" o dialectos del monte).

El lingüista guyanés Richard Allsopp (1977: 131) afirma que fue Navarro Tomás quien, estudiando el papiamento curozaleño, llegó a la feliz y razonable conclusión de que "este idioma tuvo su origen en el *pidgin* portugués de la costa de África occidental en los tiempos de la trata de negros". Y aunque la primogenitura de los idiomas criollos del Nuevo Mundo aún es terna de controversias, en opinión de Richard Allsopp:

ningún teórico digno de crédito niega hoy en día un grado notable de influencia de África occidental en tales idiomas criollos negroamericanos. (1977: 133-4)

Pero así como el *pidgin*, surgido en las costas africanas, fue la lengua vehicular que permitió la comunicación mercantil entre el factor (mongo) y los cazadores de negros (mafucos), por un lado; y de ese mismo intermediario y los capitanes negreros (forbantes), para finiquitar la venta de esclavos en la factoría; ya en las plantaciones del Nuevo Mundo tuvo que surgir forzosamente una nueva *interlingua* negrera que permitiera al *mayoral* impartir las órdenes de trabajo a una *dotación* de esclavos, además de bozal, plurilingüe y pluricultural, por provenir de los más disímiles puntos del África negra.

Si en la relación mercantil (con el Negro corno producto), el intermediario fue el ya citado mango; en esta relación laboral (con el Negro corno fuerza de trabajo), el intermediario fue el *mayoral*: Don Fernando Ortiz ha hecho un buen retrato de la figura del mayoral; "Entre el amo, interesado en la conservación del esclavo a la par que en la producción de la mayor cantidad de trabajo, se interponía en las plantaciones la repugnante figura del *mayoral* flagelando con su látigo los bronceados dorsos de las dotaciones, ya para exigirles jornadas de trabajo que duraban dieciséis horas, ya para dirimir disputas y apagar rencillas con argumentos contundentes, y en uno u otro caso para satisfacer las exigencias de sus brutales impulsos.

5. El negro bozal

> Yoruba soy,
> cantando voy,
> llorando estoy,
> y cuando no soy yoruba,
> soy congo, mandinga, carabalí...
>
> (Nicolás Guillén)

El término *bozal* –por oposición al de "ladino" en lo idiomático y al de "criollo" en la autoctonía– nace con el tráfico negrero, porque el inicuo negocio precisaba clasificar la mercadería humana para su expeditiva comercialización.

Bozal era el negro arrancado de su África natal y llevado a América sin haber aprendido la lengua del colono esclavista; como ocurrió a partir del siglo XVII, cuando el auge del tráfico, potenciado por la elevada demanda del mercado, eliminó el obligado trámite de cristianizar y "landinizar" a los bozales en la metrópoli antes de ser vendidos en el Nuevo Mundo. Ahora, en las mismas "factorías" de la costa africana, un sacerdote "bautizará" colectivamente la "cargazón" de la flota negrera a punto de zarpar hacia la otra orilla del Atlántico. Ya en su nuevo destino, será menester enseñarlos a entender las órdenes que normarán su trabajo en la ciudad. Pero si el destino de los bozales es el campo, pasarán a la tutela del temible mayoral cuyo lenguaje cotidiano es la voz del látigo.

En su forma de aumentativo, el término "bozal" se convertía en *bozalón* y se aplicaba al esclavo muy torpe o desmañado. A todos los negros nacidos en África –bozales o ladinos– se les llamaba genéricamente negros *de nación* por provenir de una *nación* africana específica (nación yorubá, nación congo, nación achanti) en contraposición a los negros criollos, nacidos en el Nuevo Mundo.

La terminología del tráfico negrero daba el nombre genérico de "pieza" a cada unidad de la "cargazón". Eufemísticamente se decía también "pieza de ébano". Pero llegado a su destino el barco negrero y desembarcado el cargamento humano, se hacía una selección del stock atendiendo a la edad, salud y contextura de cada pieza con ajuste al baremo siguiente:

Muleque.- Bozal de 6 a 14 años de edad.

Mulecón.- Bozal de 14 a 18 años de edad.

Pieza de Indias.- Bozal sano, fuerte y alto; de 18 a 35 años de edad.

Matungo.- Negro anciano, de 60 ó más años.

La venta de un negro matungo en el mercado de esclavos, era cosa más que improbable por su bajo rendimiento laboral. Pero si un *mulecón* llegaba a *matungo* trabajando en la plantación o en el ingenio azucarero (cosa más improbable aún, pues el promedio de vida en la negrada era inferior a los siete años, mejor dicho: siete zafras), entonces se le destinaba a "guardiero" (guardián) los años que le restaban hasta la llegada de esa muerte liberadora, que –según la filosofía africana– lo devolvería a su África natal.

Estigma de todo bozal era la *carimba*, marca de esclavitud hecha con hierro candente sobre el cuerpo del esclavo, El negro podía ser herrado en la misma factoría de la costa africana con la marca de la Compañía negrera; pero lo usual era que se le *carimbara* en América, tras ser vendido en el mercado de esclavos; entonces se le aplicaba el hierro distintivo de la propiedad de su flamante amo. Por último, se daban casos en que la marca se aplicaba en el propio ingenio azucarero.

Según don Fernando Ortiz (1975: 164-5), la carimba consistía en una planchuela de hierro retorcido de modo que formara una cifra, letra o signo, a la cual se unía un mango con el extremo para la empuñadura hecho de madera. Para marcar a un negro se calentaba el hierro sin dejarlo enrojecer, se frotaba la parte del cuerpo donde se debía estampar la señal, generalmente el hombro izquierdo, con un poco de sebo o de grasa, se ponía encima un papel aceitado y se aplicaba el hierro lo más ligeramente posible. La carne se hinchaba enseguida y cuando los efectos de la quemadura pasaban, quedaba una cicatriz impresa en la piel que nada podía ya borrar. Comúnmente la atroz marca consistía en una "S" y un "clavo" que colocaban en el centro de dicha letra verticalmente. La ese y el clavo en un carrillo, y el cuyo (nombre del amo) en la otra mejilla, era la divisa del esclavo. La costumbre de herrar a brujas y esclavos fue practicada en España y resto de Europa hasta bien entrado el siglo XVI. Ya en el Nuevo Mundo, los primeros en ser herrados por los conquistadores fueron los indios antillanos. Ortiz emplea indistintamente los vocablos *carimba y calimba*: "Al herrar o calimbar al esclavo se le ponía un nombre cristiano" (1975: 165).

Una suerte de *carimba patronímica* completaba el "bautizo" del negro con el apellido del amo, transferido a todo su negrada como refrendando la marca de propiedad. Hasta el presente subsisten en la costa central del Perú comunidades negras donde proliferan sólo unos pocos apellidos, y, coincidentemente, están asentadas en tierras que originalmente fueran de encomenderos coloniales o esclavistas criollos. En el censo de 1613 figuraba en Lima un acaudalado canario llamado Antonio Boza y Solís, marqués de Casa-Boza, con solar limeño en la calle de "Boza" y tierras labrantías en la norteña Provincia de Chancay ("Baños de Boza"). Quien recorra ese fértil valle, desde Chancayllo hasta Aucallama, encontrará infinidad de negros apellidados Vázquez, Muñoz y Aparicio; y en la ciudad de Lima, los Porras, Reyes y Elías; y hacia el sur, desde Cañete a Chincha, los negros apellidan Joya, Corona, Coronado, Castillo, Heredia, Reyna...

Otra fórmula *carimbante* –ésta a modo de gentilicio– también podía escoltar el nombre cristiano del esclavo en el supuesto caso que el amo prescindiera de endosar al negro su linajudo apellido. Entonces se recurría al probable origen tribal, factoría de procedencia, puerto de embarque o desembarque; resultando así un Ignacio *Mina*, Josepf *Congo*, Juan *Chala*, Antonio *Lucumí* o una Juana *Carabalí*. Hibridación nominal tan frecuente en los documentos coloniales sobre casos represivos de cimarronaje, entradas a palenques y alzamientos en las plantaciones. O singulares personajes, como el peruano Taita Briche, el Maestro Bañón, profesor de baile, y el genial músico Manuel Bañón, autor de la marcha "La Salaverrina" o "El ataque de Uchumayo".

La campana mayor del Cuzco es la famosa "Mariangola", Según la tradición, debe su nombre a una acaudalada negra liberta, llamada *María Angola*, la cual donó la cuota de oro precisa en la fundición de dicha campana, por lo que en reciprocidad se le bautizó con el nombre de la generosa donante. Muchos de estos apellidos derivados de etnias africanas han corrompido su grafía con los años. Así, suponemos que las familias negras de Lima que apellidan Anchante bien podrían tener su árbol genealógico con un troncal *Achanti* (Ashante y mejor Ashantehene: estado confederado del siglo XVIII en la actual República de Ghana, antiguo "país del oro"). Alguien también ha sugerido que el apellido Bambarén –de prestigiosas familias limeñas– deviene de *bambara* (o *bambará*: grupo étnico sudanés, extendido desde la Alta Guinea hasta Tombuctú).

Pero volviendo al *habla bozal*, así corno los negreros de las costas africanas tuvieron que inventarse una *interlingua* para comunicarse entre *mongos, mafucos y forbantes*; también en la plantación del Nuevo Mundo nació un pequeño universo vocabular –ya no mercantil sino laboral– para la comunicación entre el bozal y su mayoral. Ortiz explica:

> La ignorancia del idioma castellano por parte de los esclavos recién llegados a Cuba, y las dificultades de aprenderlo corno de enseñárselo, dieron origen a una jerigonza especial para comunicarse con los bozales de las negradas en las plantaciones. Se componía de pocas palabras, formadas generalmente por la duplicación de la raíz tornada de idioma inglés, que fue durante mucho tiempo el de las factorías y el de la trata; o bien tomando el vocablo de la acción realizada, en un sentido onomatopéyico.
>
> *Brucu.-* Malo, mal hecho; desaprobación.
>
> *Capiango* (Voz africana, probablemente conga).- Ladrón.
>
> *Cucha-cucha* (del castellano escucha).- Escuchar, oir.
>
> *Chapi-chapi* (del verbo chapear: limpiar la tierra de yerba con el machete).- Chapear.
>
> *Chenche por chenche.-* Trueque. Expresión anglo-negrera referente al intercambio de mercaderias. (Chenche por chenche. En inglés decían los africanos del oeste con los tratantes; *Changey f*or changey, y de ahí se deriva nuestra popular expresión, denotando cambio de una cosa por otra. En la forma

primitiva del comercio, sin monedas y al contado, cosa por cosa, cambio por cambio. Equivale al *guáfete por guáfete*, que nos da el diccionario de la Academia, y el chuque-chuque que según el padre De las Casas decían los indios antillanos).

Finofino (del castellano).- Bueno, bien hecho, muy bien; aprobación.

Fon-fon (expresión onomatopéyica –o del mandinga *fong*: "espada"). Castigo de azotes, azotar (dar planzos).

Guari-guari (¿del inglés *to ward*?).- Hablar o charlar.

Guasi-guasi (¿del inglés *to wash*?).- Lavar, limpiar.

Luku-luku (del inglés *to look*).- Ver o mirar. Aún se usa en el habla vulgar.

Llari-llari (del fanti, *yari*, "enfermedad").- Llorar, tener melancolía o tristeza, padecer algún dolor, enfermar.

Meri-meri,- Estar borracho,

¡Musenga-musenga! (/Incitación/ al trabajo del cone de caña de azúcar. De las voces congas *Munse* (caña de azúcar) + *senga* (cortar)

Napi-napi del inglés *to nap*).- Dormir.

Ñami-ñami (onomatopéyica),- Comer, comida.

Piquinini (aunque Ortiz se remite al diminutivo castellano pequeñín o pequeñito, nosotros creemos que deriva del portugués pequenino (muy pequeño). Y cuando Ortiz agrega que puede originarse en el inglés, recordemos que *pickninny* fue un anglicismo *pidgin*, citado por Manis & Cowley al comienzo de este capítulo).- Cosa o persona pequeña.

Pisi-pisi (del inglés *to piss*).- Orinar.

Puru-puru.- Evacuar el vientre.

> *Quiquiribú* (voz africana, probablemente *mandinga*).- Morir.
>
> *Sángara.-* Caminar; aguadiente.
>
> *Soqui-soqui:-* Fornicar.
>
> *Tifi-tifi* (del inglés *to thieve*).- Hurtar, robar. (Hoy tenemos en el hampa la voz *tifiar*).
>
> Este procedimiento primitivo de la reduplicación de la raíz para designar la acción del verbo fue el mismo usado con los indios aborígenes. Bartolomé de las Casas dice que *chuque-chuque* era la palabra que se usaba con los indios para expresar deseo de cambiar una cosa por otra; de comerciar, algo así como el *chenche por chenche* de la trata. (1975: 220-1)

Finalmente diremos que la condición de bozal no era necesariamente irreversible, ya que la palabreja sólo estaba definiendo un fenómeno de aculturación; ésto, sobre todo, en el esclavo urbano. Tratándose del esclavo rural, el proceso era de total deculturación por la alienante zombificación en el trabajo de las plantaciones más la política carcelaria del *barracón*. El más ilustre europeo que fuera trasladado al corazón de África para ser sometido a similar régimen esclavista, inmediatamente se convertiría en un miserable blanco bozal.

6. Cabildos y cofradías

> Y de Sevilla vinieron los cabildos y cofradías negras a las Indias, reproduciéndose la organización metropolitana donde hubo gran núcleo de africanos.

En el ensayo sobre "Los cabildos afrocubanos", Ortiz (1973: 127-8) dice: "El cabildo, vocablo usado ya en la traducción al romance del Fuero Jugo, tanto quiere decir como 'ayuntamiento de hombres que viven en un ordenamiento' La voz *cabildo* se usaba en España, en la época de la colonización, aplicada a las reuniones o juntas de cofradías religiosas." Y allí en Sevilla hubo cabildos de negros, porque hubo cofradías de negros, muy notables y desde antiguo.[39]

Desde luego, *cabildos y cofradías* son instituciones urbanas. Los negros procedentes de una misma nación africana constituyeron en cada ciudad importante de los virreinatos americanos, una asociación así llamada. Aparte de reciclar la cultura ancestral de cada grupo étnico, los *cabildos de nación* eran verdaderas "sociedades de socorros y auxilios mutuos" donde periódicamente eran ventilados los más graves problemas socioeconómicos, siendo lo más destacable las colectas voluntarias que organizaban los negros horros entre los miembros del cabildo para comprar la libertad de algún rey coterráneo que de pronto descubrieran entre la negrada de alguna plantación o en el cepo de tortura o bien en el último "stock" subastado en el mercado de esclavos.

Este trámite fraterno y solidario de manumitir un negro al otro, abonando de su peculio la suma prefijada por el amo, recibió el nombre de *coartación*. Porque, en efecto, restringía y coartaba la potestad omnímoda del amo sobre el esclavo.

Don Fernando Ortiz, al hacer un estudio del negro afrocubano desde el aspecto etnográfico, comienza ordenando alfabéticamente los apelativos usados por los afrocubanos (1975: 41 y sgts.). Entre los datos allí proporcionados consigna buen número de *cabildos de nación*, dando en muchos casos el nombre de la sociedad benéfica con que algunos fueron jurídicamente registrados:

"Sociedad de Socorros Mutuos de San Diego de Alcalá", formada por el cabildo carabatí acocuá, inscripta en el Regis-

---

[39] Matute y Gavina, Justino: Noticias relativas a la Historia de Sevilla, Sevilla 1886, p. 76.

tro de Sociedades del Gobierno de la Provincia de La Habana. "Cabildo mina-ashanté", de La Habana. "Cabildo arará agicón", de La Habana. "Asociación Benéfica Unión de los hijos de la nación arará cuévano", de La Habana. "La Evolución: Sociedad de Socorros Mutuos de la nación arará sabalú africana", bajo la advocación del Espíritu Santo. "Cabildo de nación "gangá-arriero"[40]. "Cabildo congo-bungame", de La Habana. "Cabildo carabalí ibó", de La Habana. "Cabildo carabalí ingré", de La Habana. "Sociedad-Cabildo Africano Lucumí de Nuestra Patrona Santa Bárbara", de La Habana. "Cabildo mina popó de Costa de Oro". "La Caridad", sociedad de congos mobangue consagrada a la Virgen de la Caridad del Cobre. Cabildo congo-mondongo", de La Habana. "Cabildo congo-mumbuna", bajo la advocación de Nuestra Señora de Regla. "Cabildo congo-musabela", de La Habana. "Cabildo carabalí sicuato", de La Habana. "Cabildo isuama isieque".

En la ciudad de Lima también proliferaron estas instituciones, desde que se instaura el Virreinato del Perú –mediados del siglo XVI– hasta la era republicana, en que es abolida la esclavitud (1845-1860). Sin embargo no tenemos noticia de que en Lima se les llamara cabildos, pues en todos los documentos consultados se habla de cofradías, tanto para negros de nación como para negros criollos. Luis Antoni Eguiguren (1945, t. 11: 21, 37-39), en un ciclo que abarca desde las postrimerías del siglo XVIII a las primeras décadas del XIX, da cuenta de las siguientes cofradías, que al parecer agrupaban, exclusivamente, negros de una misma *nación*:

---

[40] En una alocución dirigida por el secretario del cabildo gangá-arriero a sus afiliados –1877- se citan otras especies de negros gangas, a saber: gangá-fray, gangá-bombalit, gangá-ñadejuna, gangá-taveforú. gangá-gombujuá o mandinga, gangá-gorá, gangá-bucheg, gangá-bromú. gangá-conó, gangá cramo. (1975: 49).

Cofradía de los Congos Mondongos de Pití, ubicada Abajo el Puente.[41]
Cofradía de los Congos Mondongos, de San Marcelo.
Cofradía de los Minas.
(También cita Eguren en estos apuntes, una "tienda de los Negros Carabalíes, ubicada en la calle de Las Cabezas"; otra "calle de los mandingas, que se distinguía en 1803 por la propiedad de la cofradía de los negros minas, en la esquina". También da noticia de un sonado litigio ocurrido en 1813 en la limeña Cofradía de los Congos Mondongos).[42]

La analogía entre *cabildo y cofradía* se extiende a la misma estructura de su organización y cargos jerárquicos. Don Fernando Ortiz nos da el organigrama de un típica *cabildos de nación* habanero: Capataz, Mayordomo, Rey, Reina, etc.

> Cada cabildo lo formaban los compatriotas africanos de una misma nación. El cabildo era algo así como el capítulo, consejo o cámara que ostentaba la representación de todos los negros de un mismo origen. Un magnate esclavizado, cuando no el mismo jefe de la tribu, pero generalmente el más anciano, era el rey del cabildo, quien allá en su país reci-

---

[41] "Abajo el Puente (Rímac)", antiguo barrio limeño en la margen derecha del Río Rímac. Eran numerosos sus negros en el barrio de Malambo.

[42] Al morir la conga Victoria Pasa, reina de los Congos Mondongos de Lima, su heredera legítima era María Santos Puente, que hacía 25 años que venía sirviendo a la Cofradía de Congos Mondongos como Capitana y Ayudante Mayor de la difunta reina Pasa, que así se lo prometió delante de testigos y de su esposo Juan Fajardo. Pero el hermano veinticuatro de la Cofradía, Miguel Valdivieso, armó una revuelta para que accediera al trono Manuela Quirigallo; alegando que la legítima pretendiente, María Santos Puente, era "conga, vieja y esclava", y que estando en vísperas de proclamarse la Constitución (¿de Cádiz?) lo natural era que la nueva reina fuese hermosa y conga libre. El caso llegó al Virrey, quien delegó como árbitro al Marqués de Torre Tagle, en su calidad de Alcalde ordinario y perito en cuestiones de negros (1945, t. 11: 21-22).
El fallo fue en favor de María Santos Puente.

bía otro nombre y a quien en castellano se le daba el de capataz o capitán; nombre el primero tomado del jefe del trabajo a que estaban sometidos los negros, y el segundo, prestado por la jerarquía militar a que tan aficionados eran aquellos, y en uno y otro caso derivados, como también cabildo, de caput, cabeza. El rey disfrutaba de considerable poder dentro del corto radio de acción que le dejaba libre el poder social de los blancos. Durante el año era el que custodiaba los fondos de la sociedad y el que imponía multas a sus súbditos. La reina ocupaba el inmediato rango. Algunos otros cargos existían, no todos bien definidos, de carácter ceremonial, de los cuales eran muy codiciado el de abanderado, cargo creado cuando fue admitida la bandera como símbolo del cabildo. Al segundo jefe solía llamársele mayor de plaza, título tomado del ejército. (1973: 122)

Contrastaremos ahora esta información que nos da Ortiz sobre los cubanos *cabildos de nación,* con la que ofrece Fuentes (op. cit) sobre organización y cargos jerárquicos en las limeñas cofradías de negros de nación:

Cuando llegaban los negros á Lima y eran sacados de la partida, el primer cuidado de los amos era bautizarlos y hacerlos católicos; todos ellos se volvían devotos de la virgen del Carmen ó de la del Rosario[43], Y se reunían después, por castas, en cofradías[44] para ocuparse de los asuntos del culto y de otros no ménos graves. Por ser harto curiosa la relación de las sesio-

---

[43] El Convento Grande de Nuestra Señora del Rosario fue fundado por los dominicos en 1549, ocupando el mismo solar que les asignara Pizarro al fundar Lima en 1535. El Convento de la Virgen del Carmen data de 1643.

[44] En las iglesias y capillas de la Lima colonial, paralelamente a las cofradías de nación que estamos tratando, había establecidas varias hermandades y cofradías, entre las cuales eran principales la Congregación de Nuestra Señora de la O, la Archicofradía de Nuestra Señora de la Purísima y la Archicofradía de Nuestra Señora del Rosario, fundada en 1562.

nes de los negros, reimprimimos en seguida la descripción que en otra obra hemos publicado[45].

Las castas principales de los negros que nos sirven son diez: la de los Terranovo, Lucumés, Mandingas, Cabundas, Carabalíes, Cangaes, Chalas, Huarochiries, Congos y Misangas. Sus nombres no son todos derivados precisamente del país originario de cada casta; hay arbitrarios, como el de Huarochiríes, y otros que les vienen por el paraje de sus primeros desembarques, como el de Terranovos.

Todas estas castas están sujetas á dos caporales mayores que ellos mismos elijen, los cuales se mantienen en el goce del empleo hasta que mueren. La elección se hace en la capilla de Nuestra Señora del Rosario, fundada y costeada por las naciones en el convento grande de Santo Domingo. Los vocales que entran á la votación son los negros *capataces y veinticuatros* (los llamaríamos 'Senadores', si no temiésemos profanar este nombre) de cada nación: quienes á presencia del padre capellan de su cofradia hacen la elección, y siempre procuran nombrar aquellos sujetos mas antiguos y descendientes de los fundadores. El nombre del electo se sienta en el libro que á este fin tienen, sin que á este acto concurra ni influya la real justicia.

Las mismas formalidades se observan cuando se nombra un *caporal* subalterno para cada nación parcialmente, ó alguno de los hermanos veinticuatros; pero estos para ser admitidos contribuyen, el caporal con diez pesos y el hermano con doce. Este dinero se invierte por mitad entre el culto de Nuestra Señora, y el refresco que se sirve al comun de los electores, cuyas determinaciones se asientan en el libro insinuado.

Estas dignidades acarrean al que las posee mucha consideración por parte de los de su tribu; pero en lo demas de su

---

[45] Estadística de Lima, 1858.

esclavitud y servicios son absolutamente inútiles, no proporcionándoles alivio alguno (1867: 81-82).

Entre tanta semejanza que arroja esta comparación de los *cabildos* habaneros con las *cofradías* limeñas, surge un elemento diferenciador que, aunque externo, denota poderosa influencia en la marcha de estas instituciones. Nos estamos refiriendo al laicismo de los *cabildos* y al eclesiasticismo de las *cofradías*. Obsérvese que cuando Ortiz se refiere al "considerable poder" que disfrutaba entre los suyos el rey de un cabildo de negros de nación, le pone como techo el "corto radio de acción que le dejaba libre el poder social de los blancos"; vale decir: el Gobernador, el Alcalde, el Jefe Militar o policial y la misma esclavocracia urbana. Los blancos laicos, en suma; pues ni el mismo Fernando Ortiz hubiera usado esta expresión con el clero de por medio.

Los datos de Fuentes, en cambio, catequizan al negro inmediatamente de ser adquirido en el mercado de esclavos ("sacados de la partida"). Las cofradías nacen bajo la advocación de un santo católico y viven bajo el tutelaje de su parroquia. Y si el negro quiere postular a un cargo o sufragar el ajeno, "la elección se hace en la capilla de Nuestra Señora del Rosario, fundada y costeada por las naciones... sin que á este acto concurra ni influya la real justicia". Lo laico del cabildo cubano y lo eclesiástico de la cofradía peruana, se advierte también en el trato íntimo que se dé entre unos y otros miembros. Los negros cofrades limeños se daban el trato de *hermanos*. Mientras que los de Cuba se llamaron *carabelas*. Este curioso término nace con el tráfico negrero, cuando africanos de muy diferentes tribus, hacinados en los entrepuentes del barco negrero, hacían la penosa travesía del Atlántico que duraba hasta dos meses. Ya en el Nuevo Mundo y en su fatal destino, si por azar coincidieran dos negros que hubiesen hecho juntos la travesía, éste decía al otro: "Mi carabela"; como quien dice "mi compañero de viaje" (el vocablo africano que designaba al compañero de travesía fue *malungo*). El coloquial término hizo fortuna y pronto lo usaron negros que no habían viajado en la misma nave negrera que los sacó de su África natal. Finalmente, el trato de "mi carabela" pasó al habla popular cubana, quedando entre las capas marginales junto con esa rica sinonimia negroide, en sus equivalentes de *asere, cúmbila, mi sangre y mi socio*; pero descontando los de *monina* y *ecobio* por ser exclusivamente de los *ñáñigos*, miembros de la Sociedad Secreta Abakuá. De ellos ha escrito el literato cubano Ramón Meza:

> En los barrio extremos y calles menos concurridas, campaban por sus respetos los ñáñigos, cubiertos de un capuchón de burdo género, algo parecido al de los sayones del Santo Oficio, pero tan grande y abultado que a su lado las piernas y brazos sólo parecían simples apéndices. En el ñáñigo se extremó toda la grosera y bárbara imaginación de las tribus africanas. Institución, signos, trajes...[46]

Durante el siglo XIX cubano, la gran festividad que convocaban todos los cabildos de nación era el *Día de Reyes*. Por supuesto ahí también estaban los náñigos que al margen de su juramentada sociedad secreta, se agrupaban en los cabildos carabalís, por ser oriundos del Calabar; aunque no prescindían de la vestimenta antedicha, la que –en lengua ñáñiga– lucían los *íremes*, pero que el vulgo llamó *diablitos*.

Un autor anglosajón (Wurdiman) nos habla de estos diablitos en la celebración del *Día de Reyes* en la localidad de Güines (Prov. de La Habana) el año de 1844:

> Tres naciones concurrían en Güines a la parada que parecía presidida por un negro atlético en traje fantástico, ejecutando una danza salvaje y todo género de contorsiones, es decir, el diablito.

---

[46] R. Meza: Artículo "El Día de Reyes", en La Habana Elegante, 1891.

Es interesante señalar la presencia de *diablitos, diablicos, diabladas* y además elementos demoníacos en el folklore de toda Latinoamérica. Siempre representados por negros, o con máscaras negroides si se trata de comunidades indígenas. Sus orígenes los podríamos encontrar en las antiguas celebraciones del Corpus Christi, que en la España de los siglos XVI y XVII alcanzara su máximo esplendor, con las solemnes procesiones presididas por la custodia y seguidas por las autoridades civiles y militares, el clero, los gremios artesanales, las parroquias y, cerrando el cortejo, "los enemigos de Dios y de la Iglesia (demonios, herejes) representados por figuras grotescas, como dragones, gigantes y cabezudos... y ¡moros!" (S. Rodríguez Becerra 1980: 486).

Y si en España se utilizaron moros (auténticos o disfrazados) para encarnar a "los enemigos de Dios y de la Iglesia", en el Nuevo Mundo se encomendó ese triste papel a los negros de nación. Peytraud encuentra esas mojigangas negras en la Martinica ya al mediar del siglo XVIII, con vestimentas lujosas, reyes y cortesanos; acompañando la procesión católica del Corpus Christi.[47]

Cierto es que –desde antiguo– en el Día de Reyes les era permitido a todos los cabildos de nación elegir rey y reina[48], acto que suponía una gran asamblea que terminaba en pública

---

[47] L. Peytraud: "L' esclavage aux Ancilles francaises avant 1789" París, 1897, p. 182 (Cit. p. Ortiz 1960: 23).

[48] Buen ejemplo de tal política se dio en esos autos populares brasileros, llamados congadas, congados o congos: "Autos de motivación africana, representados al norte, centro y sur del país. Los elementos de su formación, fueron: a) coronación de los Reyes del Congo; b) desfiles, cortejos y embajadas: c) reminiscencias de danzas guerreras, documentadas en luchas históricas; y la especial evocación de la Reina Njinga Bandi; soberana de Angola, fallecida el 17 de diciembre de 1663. Esta famosísima Reina Njinga (o Ginga) fue defensora de la autonomía de su reino contra los invasores portugueses; enfrentándose, además, con los feudos vecinos, inclusive el de

algarabía en la que no podían faltar baile y tambor. Pero esta fecha del 6 de enero parece haber sido designada a los negros por tener lugar en ella un acto oficial, de origen europeo y de corte protocolar, en el que la tropa pedía el *aguinaldo*.
Bachiller y Morales lo describe así:

> A los días de los Santos Reyes desde tiempo inmemorial, ofrecían en las colonias de España en Indias la ocasión de que se tributaran a los virreyes y jefes españoles los respetos y consideraciones atribuidas a la majestad que representaban en Indias.[49]

Este mismo autor, en otro artículo[50], dice: "los esclavos del rey, que eran muchos en toda América, acudían a pedir el aguinaldo al representante de su amo". Para Fernando Ortiz este último párrafo es suficiente para explicar el origen de la fiesta afrocubana de los cabildos de nación en el "Día de Reyes". Pero para nosotros no justifica el genérico nombre de *diablitos* para todos los *tangos* africanos de cabildos y cofradías sudaneses, guineanos y bantú que, irremisiblemente, nos remiten a las procesiones del antiguo Corpus Christi. Andando el tiempo, dichos *tangos* pasaron a potenciar el Día de Reyes por las razones ya expuestas.

Este desplazamiento de los diablitos y diabladas en el calendario festivo y su reubicación en los Carnavales, no debió tener mayor importancia para los negros cofrades y carabelas

---

Cariongo, en la circunscripción de Luanda. La coronación de estos "reyes del congo" (denominación afroamericana que abarcaba sudaneses y bantú por igual) ya era realizada en la Iglesia de Nuestra Señora del Rosario de los Hombres Negros, en Recife del año 1674. Nuestra Señora del Rosario, Patrona de los negros esclavos en el Nuevo Mundo, sufrió posteriormente la competencia de San Benito, así como la de Santa Ifigenia, ambos santos negros. (Cámara Cascudo 1962: 230).

[49] "Los Negros". Barcelona, . 114 (cit. Por Ortiz 160:22).
[50] "Tipos y costumbres...", p. 31 (cit. por Ortiz 1960: 22).

porque, después de todo, el Corpus era sólo un día de libertad para el esclavo de todo el año, de toda la vida. Por ello suponemos que les debió ser indiferente el que sus amos convocaran a los cabildos para el Día de los Santos Reyes, Carnavales o la Candelaria...

Finalmente, creemos que lo más importante de los cabildos y cofradías ocurrió puertas adentro de sus exclusivos recintos, donde celebraban sus periódicas asambleas con verdadera autonomía. Nosotros sólo sabemos de las asambleas públicas (electorales, cívicas o religiosas) y éstas, a más de esporádicas, no tuvieron para las naciones mayor trascendencia que el lucimiento callejero, la dádiva generosa y la ocasión de saldar viejas cuentas entre los miembros de cabildos rivales. De todo ello dieron cumplida relación sus ocasionales testigos: oculares (viajeros, pintores, poetas y cronistas), casi siempre desde una óptica prejuiciosa o paternalista, muy propia de la época.

7. Cimarrones y apalencados

La historia de la esclavitud en América, con toda su monstruosa barbarie genocida, tiene paralelamente una contrapartida heroica en los indios y negros *cimarrones*, cuyas sistemáticas fugas hacia la libertad –o hacia la muerte– se dan desde los años inmediatos al descubrimiento del Nuevo Mundo, para continuar ininterrumpidamente hasta las postrimerías del siglo XIX.

Los colonizadores peninsulares llamaron *cimarrón* a los esclavos rurales que huían de la plantación hacia el monte (al esclavo urbano que huía de uno a otro poblado, le llamaban simplemente *"huído": negro huído*). Según el historiador cubano José Luciano Franco, el término cimarrón se empleó originalmente para referirse al ganado doméstico que se había escapado a las montañas en la isla Española. Esto lo corroboramos en los escritos del Padre Labat (París, 1663-1738), cuando en sus viajes por las Antillas Menores, consigna al estudiar los cerdos mordidos por serpientes ponzoñosas:

> Es lo que he visto en varios cerdos cimarrones o salvajes que habían sido muertos en los bosques y hasta en cerdos domésticos. (1919: 53)

Pero volviendo a la antillana isla Quisqueya ("Madre de todas las tierras") que Colón rebautizara "Española", dice Franco que el término cimarrón pronto se hizo extensivo a los indios taínos que habían escapado de los encomenderos españoles (1975: 326). Al finalizar la década de 1530 ya se había empezado a llamar así principalmente a los negros africanos huidizos.

Palenque fue el nombre que la sociedad esclavista de Hispanoamérica aplicó a la ciudadela fortificada, erigida por los cimarrones para su refugio y defensa. Es vocablo europeo que en la Edad Media traducía la voz *vallum* (valla o estacada, empalizada o trinchera). y que cómo vallado, estacada o empalizada defensiva llegó a América, identificándose pronto como los reductos de *cimarrones*, bajo el nombre genérico de *palenque*. Al conjunto de cimarrones en palenques, se les llamó negros apalencados. La toponimia americana registra en la actualidad muchas localidades bajo el nombre de "Palenque": en México, Guatemala, Panamá, Colombia, Perú, y todas ellas deben su nombre a los antiguos *palenques de cimarrones*.

El equivalente brasilero del palenque fue el *quilombo*, particularmente en los Estados de Minas Gerais, Mato Grosso, Goias, Alagoas, Bahía, Maranháo y Sergipe. Las autoridades coloniales del Brasil (s. XVIII) entendían por *quilombo* "toda habitación de negros fugitivos que pasen de cinco, en parte desabastecida y aunque no tenga ranchos levantados ni se halle empalizadas en ellas" (Respuesta al Rey de Portugal de la consulta del Consejo Ultramarino, fechada a 2 de diciembre de 1740)[51]. Al habitante del quilombo se le llamó *quilombola*, y al conjunto de quilombolas se le dijo *aquilombados*. Ahora, la confederación de quilombos en una extensa zona, recibió el nombre de "república de negros". Los reductos de cimarrones en Ceará y Pernambuco se llamaron *mocambos*. Y *amocambados* se le llamó al conjunto de cimarrones en el *mocambo*. Finalmente diremos que en Río de Janeiro, el reducto de cimarrones tomó el nombre de *bastilha* ("bastilla").

Esta variada sinonimia para calificar al cimarrón y su hábitat, debió haber sido creada por la misma maquinaria esclavista a través de su organización represiva. Ya en la interlingua negrera de las costas africanas encontramos el vocablo *nobunda* aplicado al cautivo fugado de las factorías. En Venezuela, además de los famosos *cumbes* de cimarrones, el antropólogo Acosta Saignes habla de *rochelas, patudos y palenques* del siglo XVIII (1978: 189). El único caso en que el pueblo reivindica para sí uno de estos vocablos, es el de los *mambises* cubanos por su heroica participación en la Guerra de los Diez Años (1868-1878) con sus cargas al machete, donde la "Caballería Mambisa" tras la bandera de Carlos Manuel de Céspedes, Ignacio Agramonte y Máximo Gómez alcanzara gloria inmortal. La palabra *mambí* parece derivar de la voz africana *m 'bí*, raíz conga que alude a lo "cruel, salvaje, dañino" como a lo poderoso y divino: *Nsa-mbí*: "dios".

La palabra inglesa *maroon*, como la francesa *marron*, provienen de la española cimarrón. Fuera del ámbito luso-hispano, el cimarronaje americano recibió los nombres de *kromantis* para los cimarrones, jamaicanos y *free villages* para sus palenques. *Bush negroes* para los de Surinam, que, según Richard Price "han sido la población cimarrona más grande del hemisferio, ostentando (con la posible excepción de Haití) las sociedades

---

[51] (Citado por Clovis Moura, 1972: 87).

y culturas independientes más altamente desarrolladas en la historia de Afro-América" (1981: 231). El mismo autor señala que en la actualidad "hay seis tribus de cimarrones en Surinam: los Djuka y Saramaka (cada uno con quince mil o veinte mil personas), los Matawai, Aluku y Paramaka (cercanos a los mil cada uno), y los Kwinti (con sólo unos cientos" (Ibid.). Estos pueblos surinameses tienen por vecinos occidentales a otras comunidades de negros cimarrones en las *bush societies*, de Guyana.

El citado antropólogo Richard Price, es autor de numerosos estudios sobre los *saramaka* de Surinam, además de compilador del primer estudio sistemático de las comunidades formadas clandestinamente por los africanos en América: Sociedades cimarronas; Comunidades esclavas rebeldes en las Américas, en cuya Introducción dice Price:

Por más de cuatro siglos, las comunidades formadas por tales fugitivos bordearon las fronteras de las plantaciones americanas: desde el Brasil al sudeste de Norteamérica, y de Perú a las costas californianas. Conocidas de varias maneras, como palenques, quilombos, mocambos. cumbes, ladeiras, etc., estas nuevas sociedades alcanzaron desde menudas partidas que sobrevivieron menos de un año, hasta poderosos estados que incluyeron miles de miembros y que sobrevivieron durante generaciones o incluso siglos (1981: 11).

Mucho se ha escrito sobre la forma en que el cimarrón domeñó la naturaleza hostil para edificar su palenque, a la vez que supo aprovechar al máximo la abrupta topografía montañosa, la impenetrable manigua o los traicioneros pantanos, para hacer inexpugnable su clandestina ranchería. Pero poco se sabe de lo que su renuncia a la esclavitud intentó en condiciones totalmente adversas, como la semidesértica costa peruana. El famoso *diario* que el Padre Juan Antonio Suardo, obedeciendo órdenes del Virrey Fernández de Cabrera, conde de Chinchón, llevó de 1629 a 1639 sobre todo lo ocurrido en Lima, consigna infinidad de estos casos; casi siempre con desastrosos resultados para los huídos:

> A 11 (de diciembre de 1631)... Este dicho día la Santa Hermandad traxo pressos a diez (y) siete negros cimarrones y a los 16 mandó azotar y al uno asaetear.
>
> A 19 (enero de 1632)... el nuevo alcalde de la Santa Hermandad traxo a esta ciudad 3 cavezas de negros cimarrones que hacian muy grandes robos en los rededores della.
>
> A 5 (marzo), un extraordinario, despachado por el Corregidor de la Villa de Cañete a Su Excelencia (el Virrey) avissa como entre Mala y Calango, en una quebrada avía descubierto una ranchería grande de negros cimarrones. (1936 t. 1: 198 y sgts.)

Esta "Santa Hermandad" –que hemos subrayado en la cita– no era otra cosa que los propios amos esclavistas armados en partida para la cacería humana, con anuencia y participación de la autoridad local. Pero la "Santa Hermandad" –cuyos antecedentes institucionales hay que buscarlos en la Reconquista española, ya que aún existía en tiempos de la reina Isabel de Castilla– no era la que comúnmente se encargaba de recapturar a los esclavos huidizos. Para eso contaban con los servicios de expertos "profesionales" en la cacería de negros cimarrones, los mismos que en el Perú tomaban el nombre de *cimarroneros*. El *cimarronero*, mercenario especializado en rastrear esclavos fugitivos, también podía integrar las cuadrillas de la "Santa Hermandad" como guía de las batidas. Se daba una recompensa de 50 pesos al blanco o negro que capturara un cimarrón con 4 meses de huído. Estos negros adscritos a la cacería humana, solían ser los llamados *mogollones*; negros serviles y afectos a los amos, que fungían de delatores y policía contra los negros alzados.

En el Caribe y las Antillas, los buscadores y captores de negros cimarrones fueron los *ranchadores, rancheadores o arranchadores* (llamados inicialmente "recogedores de indios y negros"). Los *rancheadores* existieron en Cuba desde 1540, y para cobrar su botín mostraban a su esclavista cliente las dos orejas de cada negro muerto. Algunos *ranchadores* sacaban delincuentes de las cárceles para conformar sus cuadrillas. Perros adiestrados eran los mejores auxiliares de los *ranchadores* (mastines, lebreles, etc.). Estos eran llamados "perros de presa" y podían liquidar un negro en contados segundos, clavando sus afilados colmillos en la garganta del cimarrón, que expiraba entre sus fauces. Desde el siglo XV España utilizó perros de presa en la conquista de las Antillas y Centroamérica, y los siguió utilizando en los siglos XVI y XVII. Tales perros también fueron en la trata: tanto en la captura como en la travesía, donde los mastines permanecían en la cubierta del barco negrero, con las fauces entreabiertas y el ojo avizor. Cuarenta ranchadores cubanos y sus cien perros, acabaron con los irreductibles cimarrones de Cudjoe, en Jamaica. Doscientos perros y sus rancheadores fueron enviados contra los cimarrones de *Ti Noel*, en Haití.

En la Cuba del siglo XVIII, cuando se produjo la expansión de las plantaciones de caña de azúcar, los rancheadores recibieron órdenes de atacar a los negros en los tabacales. Así fue como la plantación cañera invadió las vegas tabacaleras. Para frenar estos abusos, que no debieron ser pocos ni limitados a los negros, pues los rancheadores también castraban a los indios capturados; el emperador Carlos V expidió una Real Cédula el 15 de abril de 1540, por Ley del Libro VII, Título V, de las Leyes de Indias:

> Mandamos, que en ningún caso se ejecute en los Negros Cimarrones la pena dé cortarles las partes que honestamente no se pueden nombrar, y sean castigados conforme a derecho y leyes de este libro.

Pero ni los más duros castigos ni las crueles torturas y mutilaciones, nada, ni la misma muerte en la horca e inmediato descuartizamiento pudieron impedir el cimarronaje o doblegar al negro hasta apartarlo de su terco empeño en buscar la libertad apalencándose hasta las últimas consecuencias. El desaparecido profesor brasilero Edison Carneiro, clasifica esta lucha de los esclavos en su país bajo tres instancias:

a. *Fuga al monte (mato)*, de la que resultaron los quilombos.
b. *Revuelta organizada*, teniendo como objetivo la toma del poder.
c. *Insurreccion armada*, que se inscribe en la lucha independentista.

Intentar simplemente una cronología de estos tres tipos de lucha en el continente sería dura tarea, sin que ni por asomo llegásemos a agotar nombres, fechas y lugares. Sólo a manera de ejemplo, citaremos entre los negros "alzados" o cimarrones famosos, en la Isla Española al "Capitan Lemba" y a Diego de Campo (1548); en Tierra Firme al negro "Felipillo" en el Palenque San Miguel (1549); en Barquisimeto –Nueva Granada– al famoso Negro Miguel (1555); en Castilla del Oro a Antón Mandinga (1582) y a Pedro Cazanga, Juan Angola y Antón Sosa (1595); en Martinica a Francisco Fabule (1665); Michel en Bahoruco, Santo Domingo (1719); y en Venezuela a Andresote, campeando por Puerto Cabello y Tucacas (1732); Miguel Luengo, en el Tutú (1747); en Coro a José Leonardo Chirinos (1795) Y a Francisco José Pirela en Maracaibo (1779).

Ya hemos dicho que los primeros seres humanos motejados con el apelativo de *cimarrón* fueron los indios aborígenes de las Antillas. Pues bien, el más exitoso alzamiento taíno tuvo lugar en la Española entre 1518 y 1519 –tres años antes de la insurrección de los negros gelofes– y su gestor fue el cacique *Enriquillo*, quien vivía encomendado al español y vecino de

San Juan de la Maguana, don Andrés de Valenzuela, junto con varias docenas de sus propios súbditos. Tras quince años de guerra declarada, Enriquillo triunfa sobre los conquistadores (1533) y el cacique dominicano logra obtener la libertad de su gente por la firma del convenio que subscribe con el capitán Barrionuevo. Esta epopeya es analizada por Arturo Peña Batle en su obra *La rebelión del Baoruco*, y el mismo cacique ha pasado a la literatura, alcanzando su más alta cuota en el Enriquillo, que su autor, Manuel de Jesús Galván, publica entre 1879-1882.

También los indios figuran en la arriba citada rebelión del Negro Miguel (1555). Rebelión de los mineros de Buría (Barquisimeto) con fuga de Miguel, que forma palenque de indios y negros, que lo nombran su rey, reconociendo por reina a su mujer, Guiomar, y por príncipe real al hijo de ambos.

Otro caso histórico es el de Bayano, cimarrón que forma un gran palenque entre las montañas de Chepo y Terable (Panamá), fracasando, uno tras otro, todos los intentos que hace la Audiencia por derrotarle. Erigido en "Rey de los Negros" (1553), durante cinco años imperó en la región, hasta que el Gobernador logró llegar a un convenio con Bayano, reconociendo la libertad de su palenque a cambio de no aceptar nuevos cimarrones.

Casi un siglo (1630-1695) resiste invicto el complejo quilombola de Palmares, en Pernambuco (Brasil). En el año de 1646 ya tenía cerca de 6.000 cimarrones. Más tarde se convirtió en una confederación de quilombos, sobre una extensión de 60 leguas se esparcían los mocambos que albergaban más de 20.000 almas. Esta verdadera República Negra de Palmares, estuvo gobernada por una dinastía de reyes, fundada por Ganga-Zumba. En 1694, cuando Palmares fue aplastado por las fuerzas combinadas de Domingo Jorge Velho, Sebastián Díaz y Bernardo Vieira de Melo, gobernaba el rey Ganga-Zumbí –sobrino de Ganga-Zumba–, quien tras ser derrotado fue decapitado y su cabeza entregada al gobernador de Recife, Cayetano de Melo y Castro, el que ordenó colocarla en un poste, "en el lugar más público" de Recife, para atemorizar a los negros que consideraban inmortal al jefe quilombola. No por eso cesaron los negros esclavos en su lucha por alcanzar la ansiada libertad.

El caso de Haití, que culmina triunfalmente, instaurando la primera República Negra del globo y la segunda colonia americana en lograr su independencia, merece capítulo aparte.

El cimarronaje, como contrapartida de la esclavitud y su política deshumanizante, desarrolló una cultura contestataria, potenciando las cosas más simples y dando a todo un sentido revlucionario; y bien sabemos que en ese aspecto hasta la dulce poesía o la alegre canción pueden devenir armas poderosísimas.

Para el negro haitiano lo fue el vudú, religión de la costa de guinea que consta de un riquísimo Olimpo, un cuerpo sacerdotal jerarquizado, una sociedad de fieles, templos, altares, ceremonias y en fin, toda una tradición oral, con su cosmovisión y su teología.

Entre los hougans que desde el siglo XVIII apelaron a sus dioses vuoduicos para derrotar a los blancos esclavistas, convirtiéndose en jefes rebeldes, ninguno alcanzó más prestigio y merecida fama que François Macandal. Decía ser un iluminado, inspirado por las divinidades superiores de África, y cuya misión sagrada era la de expulsar a los blancos de la colonia y hacer de Saint Domingue un reino independiente de negros. Con una orden suya el veneno corría de casa en casa, la tea incendiaba plantaciones y el ganado era diezmado. Durante cuatro años, los colonos del llano del norte trataron de apoderarse del incontrolable jefe cimarrón, hasta que al fin lo consiguieron ante una imprudencia de Macandal una noche de diciembre de 1757. Conducido al Cabo bajo una fuerte escolta, lo condenaron a ser quemado vivo el 20 de enero de 1758. Siempre había repetido Macandal que los blancos no podían matarlo y que para escapar de sus manos podía transformarse en insecto. El día del suplicio, después de ser encendida la hoguera, se produjo un incidente que causó profunda impresión entre los espectadores. Sea porque el poste cediera, sea por las violentas sacudidas de su cuerpo lamido por las llamas, lo cierto es que de pronto Macandal saltó fuera de la hoguera pronunciando palabras cabalísticas. Se creó un pánico indescriptible. ¡Macandal salvado! ¡Macandal salvado! gritaban los asistentes. Pese a que el condenado fue lanzado nuevamente a las llamas los negros quedaron persuadidos de que el heroico cimarrón no había muerto y reaparecería tarde o temprano para vengar su raza. Tal era la fuerza del vudú como vehículo de la rebeldía de los negros esclavos de Saint Domingue.

La lucha la continuó el rebelde Boukman, un negro esclavo originario de Jamaica muerto heroicamente en 1791. A este le siguió Jean François, quien se hizo llamar generalísimo; y a él se sumo como médico-general y secretario Toussaint-Louverture, aunque poco antes lo había hecho Henri Christophe.

La terrible epopeya de esclavos para fundar un pueblo libre duró trece años. El 1º de enero de 1804, en la Plaza de Armas de Gonaïves, sobre el altar de la patria, rodeado de sus generales, del ejército vencedor de las tropas napoleónicas y del pueblo, Jean-Jacques Dessalines, el esclavo negro, proclamaba la independencia de Haití. En la Constitución de 1805 Dessalines, el *Fundador*, hizo insertar el siguiente precepto:

> Ningún blanco, cualquiera que sea su nación, podrá pisar este territorio a título de amo o de propietario y no podrá en el porvenir adquirir ninguna propiedad.

En Cuba, durante varios siglos, según, afirma el historiador José Luciano Franco, fueron los palenques los únicos signos de la inconformidad con el régimen colonial, la protesta viril contra las infamias de la esclavitud. En 1812 tuvo lugar en Cuba la histórica Conspiración de Aponte –iniciada y dirigida por negros y mulatos libres–, la cual tuvo repercusiones no sólo en el Caribe sino también entre los esclavos del Sur de los Estados Unidos, principalmente en Nueva Orleans, con la participación de blancos progresistas. José Antonio Aponte, negro libre, quería conseguir para Cuba lo que Toussaint-Louverture logró para Santo Domingo. Aponte y ocho de sus principales camaradas fueron condenados a la última pena, siendo descuartizados y expuestos en el puente de Chávez para escarmiento de los esclavos.

Ya en esta época los temores de que en Cuba se reprodujeran las escenas de Haití, iban en aumento, por el crecimiento de la población negra, al punto que estos temores fueron una de las razones en que se apoyó el ya citado padre Félix Valera para redactar un proyecto de Ley al Congreso Español –del cual fue diputado por Cuba– aboliendo la esclavitud.

Las rebeliones se suceden en toda la Isla de Cuba casi sin solución de continuidad, hasta que llega la de 1844, en la jurisdicción de Cárdenas y Matanzas y con ramificaciones en casi toda la isla, que había programado un levantamiento simultáneo en todos los ingenios, que debía estallar en marzo de 1844. Abonó el plan y una comisión militar instruyó un proceso en que fueron implicadas unas 4.000 personas de todo tipo; 98 fueron condenadas a muerte, cerca de 600 a presidio y 400 a destierro. El general O'Donell, con sus torturas, dio a este frustrado intento el nombre de "Conspiración de la Escalera" porque las confesiones de los complicados en ella se obtenían amarrándoles a una escalera para aplicarles la tortura del látigo. Varios centenares de esclavos murieron atados a la escalera; y es interesante destacar que de las 4.000 personas detenidas sólo unas 70 eran blancas y más de 2.000 eran negros libres. La víctima más conocida de la represión fue el poeta mulato Gabriel de la Concención Valdés, que firmaba sus poemas con el seudónimo de *Plácido*. Plácido cayó ante el pelotón de fusilamiento en la ciudad de Matanzas.

La conspiración de La Escalera, como bien lo apunta Juan Bosch (1970: 555), fue hábil y profusamente utilizada para diseminar entre los cubanos el miedo a que en Cuba se repitiera la revolución de Haití, y eso ayudó a desviar la idea de la independencia que tenían algunos círculos azucareros hacia el propósito de anexionar la isla a los Estados Unidos de América. No le faltaban razones a la sacarocracia cubana para ver en Haití el ejemplo más espantoso de lo que podía sucederles a ellos. En efecto, la revolución de Haití había aniquilado la industria azucarera de aquel país, a tal punto que de una producción de más de 141.000.000 libras del dulce en 1789 se había bajado a menos de 19.000.000 en 1801 y a sólo 2.000.000 en 1820. Este vacío en la producción de azúcar lo llenó Cuba, que ya en 1840 era el más grande productor mundial de azúcar, siempre en base a una mano de obra esclava que ahora y clandestinamente le proporcionaban traficantes norteamericanos, burlando la vigilancia británica que ya había abolido la esclavitud en sus islas del Caribe.

8. ¿POR QUÉ TUVIMOS QUE ESPERAR?

El tráfico negrero, legalizado, se inició en 1518 y fue proscrito en 1818; aunque el comercio clandestino de esclavos proseguiría con más fuerza que nunca, porque debemos advertir que no es lo mismo proscripción o supresión de la trata que abolición de la esclavitud, pues la manipulación interesada de los hechos ha tergiversado siempre estos dos aspectos del proceso esclavista en América.

La Convención Nacional Francesa, reunida el 4 de febrero de 1794 (19 *pluvioso* del año 11), declaraba "abolida la esclavitud de negros en todas las colonias" y en consecuencia, decretaba que "todos los hombres, sin distinción de color, domiciliados en las colonias, son ciudadanos franceses y gozarán de todos los derechos consignados en la Constitución".

Pero en la realidad, se abría un abismo entre los deseos de la burguesía revolucionaria en la metrópoli y los intereses de la esclavocracia colonial en la gran isla de Santo Domingo: la abolición de la esclavitud, es decir, del único sistema de trabajo en grande conocido desde varios siglos en las colonias, ¿no arruinaría a los plantadores, a los grandes propietarios coloniales? ¿No arruinaría a las familias ricas de la metrópoli, que tenían grandes intereses en las colonias? ¿No era un desastre para los magnates de ese comercio triangular y tricontinental que comenzaba y terminaba en los puertos de Burdeos, de Nantes, de Marsella, y que ganaban millones transportando negros por decenas de miles desde las costas de Guinea a las Antillas? La burguesía revolucionaria retrocedió ante el clamor de los grandes intereses amenazados, ante el linchamiento de los notarios y escribanos que osaron redactar peticiones de igualdad civil y política para las gentes de color, y no solamente no decretó la abolición de la esclavitud sino que ni estudió siquiera las medidas de transición que hubieran podido facilitarla.

Hemos hablado del comercio triangular Europa-África-América, cuyo mayor beneficiario sería Gran Bretaña a partir del Tratado de Utrech, que le confirió la hegemonía del tráfico esclavista a partir de su firma en 1713. Pues bien, el 5 de febrero de 1807 Inglaterra declaró ilegal el tráfico esclavista y su poderosa armada salió a perseguir los barcos negreros. No tanto por los insistentes clamores de abolicionistas como Wilberforce y compañía sino por dos factores extra humanitarios: la competencia cubana en la producción y productividad azucarera, desarrollada desde 1790 por el economista Francisco de Arango y Parreño, considerado el padre de la sacarocracia cubana, quien consiguió que la isla de Cuba compitiera con la producción azucarera de Jamaica, que en aquel entonces era cien veces superior. Arrango y Parreño, quien tuvo el raro privilegio de ser siempre escuchado en la Península, llegó a Madrid y consiguió como un gran favor de la Corona para los esclavistas de Cuba que los barcos negreros pudiesen tocar sus puertos dos meses consecutivos y no tres días, como estaba autorizado. Obviamente, la producción cubana barrió con la de Jamaica ante el estupor de Inglaterra. Es por ello que los ingleses de aquel momento se declararon enemigos de la Trata, no de la esclavitud sino de la Trata; pretendiendo que no se vendiesen ni comprasen más esclavos para Cuba. El otro factor fue de carácter tecnológico. En 1781, el inventor escocés James Watt concibe el movimiento rotatorio que convierte la máquina de vapor en una fuente de energía motriz y, según frase de Matthew Boulton, volvió "loca por las máquinas de vapor" a Inglaterra, a una Inglaterra industrial que ya no necesitaría esclavos sino obreros para seguir explotando.

Y vino el ataque, que se desarrolló en tres fases: el ataque a la trata de esclavos; el ataque a la esclavitud; y el ataque a los derechos preferenciales sobre el azúcar. La trata de esclavos en Inglaterra –como hemos dicho– fue abolida en 1807, la esclavitud en 1833, la preferencia del azúcar en 1846. Los tres acontecimientos son inseparables. Los mismos intereses creados que surgieron gracias al sistema esclavista, cambiaron ahora de posición y destruyeron ese sistema.

Si a todo esto sumamos la gesta emancipatoria librada por los patriotas durante todo el siglo XIX hasta alcanzar la independencia de los pueblos latinoamericanos, gesta en la que el negro tuvo también un papel protagónico decisivo, entonces nos encontramos con un complejo proceso que cada sector interpretará según su verdad histórica. Tomemos como ejemplo una reciente efemérides, ideologizada.

En octubre de 1986 se cumplió el primer Centenario de la abolición de la esclavitud en Cuba. Aquel 7 de octubre de 1886, la Reina Regente rubricó el Decreto que puso fin al dilatado proceso abolicionista en una Cuba que –junto a Puerto Rico y Filipinas– era una de las últimas colonias ultramarinas del otrora planetario imperio español. Tanto España como Cuba conmemoraron, independientemente, este Centenario de la Abolición de la Esclavitud[52] con sendos coloquios, artículos periodísticos y espacios radiofónicos. Pero mientras para los cubanos la abolición de la esclavitud negra tiene lugar y fecha claves en La Demajagua el 10 de octubre de 1868, haciéndola indesligable de la lucha independentista en la Guerra Grande iniciada por Carlos Manuel de Céspedes, para los historiadores europeos el proceso abolicionista debe estudiarse a partir del humanitarismo que desde finales del siglo XVIII (con Clarkson, los Stephen y Wilberforce) condena la trata hasta ponerla al margen de la ley desde comienzos del siglo XIX.

El último país americano en abolir la esclavitud sería Brasil, el 13 de mayo de 1888. Pero Brasil había conquistado su independencia del dominio portugués el 7 de septiembre de 1822. ¿Por qué las libertades proclamadas con el grito de Ipiranga no alcanzaron al negro brasilero? ¿Por qué tuvieron que transcurrir 66 años entre la independencia del Brasil y la abolición de la esclavitud negra? ¿Por qué tuvimos que esperar?

El caso más clamoroso en este aspecto se da en los Estados Unidos de América. Como es sabido, las trece colonias sublevadas proclaman su independencia del yugo británico el 4 de julio de 1776, pero ni en la Declaración de Independencia redactada por Thomas Jefferson ni en la mente del propio líder de los rebeldes, George Washington, figura nada sobre la abolición de los innumerables negros esclavos. Esta se proclamaría recién en 1863 por el presidente Lincoln, tras la victoria

---

[52] Ver: "Estudios sobre la abolición de la esclavitud", GSIC. Madrid 1986, y también: "La abolición de la esclavitud en la legislación española", ICI, Madrid 1987,

de la Unión en Gettysburg, pues fue necesaria una guerra civil ante la negativa de la esclavocracia sureña de Norteamérica (13.IV.1861), que prefería la secesión a la abolición. Esta, finalmente, es promulgada por el presidente Abraham Lincoln el primero de enero de 1863, ¡ochenta y siete años después de la independencia norteamericana! ¿Por qué tuvimos que esperar?

El quid de la cuestión (como bien apunta Roberto Mesa en *El Colonialismo en la crisis del XIX español*) hay que buscarlo en el enfrentamiento producido en la metrópoli y en la colonia entre propietarios agrícolas, partidarios de un proteccionismo y de un dirigismo económico, y propietarios industriales, defensores de la libre competencia y "sobre todo, inmersos en su situación histórica progresista liberal, de la libre contratación entre patrono y obrero, expulsando el término esclavitud de su sistema mercantil".

El 4 de julio de 1870 quedaba promulgada la Ley sobre emancipación de los esclavos en España, que declaraba libres a:

a. los nacidos de madres esclavas, después de la publicación de la Ley.
b. los esclavos nacido entre el 17 de septiembre de 1868 hasta la publicación de la Ley (que serían adquiridos por el Estado, al precio de 125 pesetas, que se entregarían a título de indemnización al antiguo propietario).
c. los que hayan servido bajo la bandera española[53] o hayan auxiliado a las tropas durante la actual insurrección de Cuba.
d. los que haya declarado libres el Gobierno Superior de la Isla de Cuba en uso de sus atribuciones.

---

[53] Entre las Milicias realistas del siglo XVIII en sus colonIas del Nuello Continente habían Batallones de Blancos y Batallones de Pardos y Morenos (o sea mulatos y negros) libres. Fueron famosos los batallones de Cuba, Perú, Nueva España, Nueva Granada, Río de la Plata, Montevideo, etc.

e. los que hayan cumplido sesenta años a la publicación de la ley y los que en adelante llegar en a esa edad (pero sin mediar indemnización).
f. Todos los pertenecientes al Estado.
g. Todos los que estuvieron bajo la protección del Estado a título de emancipados.

Por su lado, Inglaterra siempre en su política de extirpar el tráfico y contrabando de esclavos negros, entró en conversaciones diplomáticas, por separado, con la mayoría de países iberoamericanos recién independizados, y a través del Brasil envió en 1835 una circular con instrucciones a sus agentes consulares en México, (donde ya era abolida la esclavitud desde 1829), Venezuela, Colombia, Perú, Argentina, Uruguay y Chile, instando a sus respectivos gobiernos a la firma de tratados antiesclavistas.

De estas gestiones se logró la ratificación con Argentina en 1840 y con Uruguay en 1842. Este mismo año fue firmado el tratado de colaboración entre México e Inglaterra. Y en el seno de la Gran Colombia, donde Bolívar había contraído una deuda de gratitud con el presidente haitiano Alexander Petión, cuando luego de asilarlo y aprovisionarlo de armas, hombres, dinero y moral vencedora por tres veces consecutivas (1815-1816), a cambio de todo Petión sólo pide a Bolívar que liberte a los negros en los países que independice; fiel a su palabra, don Simón había ordenado la manumisión y libertad en Venezuela el año 1821, pero los esclavócratas mantuanos hicieron caso omiso de la tal manumisión cuidadosamente reglamentada, al punto que en 1837 habían más de cuarenta mil esclavos en el país. Ecuador firmó en 1847 y Colombia en 1851. Todos estos países han proclamado su independencia entre 1810/1821 y para conquistarla han contado con la decisiva participación de los negros, pero éstos no alcanzarán la libertad inmediata. En muchos casos, como en el Perú, se exigió a estos heroicos negros que se habían batido valerosamente por la Independencia, acreditaran con documentos de autoridad competente su participación en las patriadas. Es claro: una vez que pasó el susto y el peligro realista quedó atrás, muchos criollos hacendados volvieron a reclamar a sus esclavos, para lo cual inventaron la martingala jurídica de que el montonero ejercitaba sólo un acto cívico relativo a la obligación general, los esclavos solían perder la vida; los amos los perdían a ellos.

Y es que la incapacidad de ciertos latifundistas criollos para adaptarse a la era capitalista y su nueva división del trabajo, era total. Su estrecha mentalidad esclavócrata sólo admitía reemplazar un esclavo por otro. Así, cuando la esclavitud negra fue insostenible porque la armada británica bloqueaba el tráfico africano por el Atlántico, se abrieron nuevas rutas esclavistas por el Pacífico.

> Entre los años 1849 á 1874, llegaron al Perú cerca de cien mil trabajadores de origen chino, a los que se denominó "culíes", "emigrantes asiáticos". etc. El mayor número trabajó en las haciendas azucareras y algodoneras de la costa; también lo hicieron en un principio en las islas guaneras (...) Su condición era la de semi-esclavitud transitoria (contrato obligatorio de 8 años, pago de un peso semanal más alimento y vestido... y un "recontrato" con tercera persona en caso de endeudamiento.). (Rodríguez P. 1977:1)

La emancipación del negro o la prohibición de la trata también afectó a la esclavocracia británica y francesa en sus colonias antillanas, tornándola a la misma situación en que ya había estado en el siglo XVII, en que pasó del indio al blanco, y de éste al negro. Carente ahora de negro, pasó nuevamente al blanco y después volvió al indio, pero esta vez al indio de Oriente:

> La India reemplazó a África; entre 1833 y 1917, Trinidad importó 145.000 indios orientales, y la Guayana Británica 238.000. La pauta fue la misma para las demás colonias del

Caribe. Entre 1854 y 1883, se introdujeron 39.000 indios (hindúes) en Guadalupe; entre 1853 y 1924, más de 22.000 trabajadores de las Indias Orientales holandesas y 34.000 de la India británica fueron llevados a la Guayana Holandesa. (Williams 1975: 24)

Lo hasta aquí expuesto no deja ninguna duda sobre los móviles económicos que entraña todo proceso esclavista, desde su instauración a su caducidad. Como bien puntualiza Moreno Fraginals[54], la esclavitud es una y persigue un fin común de explotación del trabajo, al margen de la nacionalidad del explotador –que ello nada quita o agrega–, sin que haya diferencia alguna porque el esclavista profese la religión católica o protestante; como que tampoco hay esclavitud "benigna" y "maligna". Finalmente, debe rechazarse todo tipo de connotación racial que determina una preferencia de los esclavistas por los africanos. Se les esclavizó porque África era el mercado de mano de obra disponible, barato y cercano. Cuando las condiciones variaron en el siglo XIX, se importaron chinos, indios orientales y hasta cochinchinos.

9. Bibliografía

Acosta Saignes, Miguel. 1978. *Vida de los esclavos negros en Venezuela*. Casa de las Américas, La Habana.

Allsopp, Richard. 1970. "La influencia africana sobre el idioma del Caribe". En *África en América Latina*. UNESCO-Siglo XXI editores, S.A., México, pp. 129-151.

Bosch, Juan. 1970. *De Cristóbal Colón a Fidel Castro. El Caribe, frontera imperial*. Alfaguara, Madrid -Barcelona.

---

[54] Manuel Moreno Fraginals: Casa de las Américas. Nº 118, La Habana, 1980, pág. 43.

Bowser, Frederick. 1977. *El esclavo africano en el Perú, 1524-16.50*. Siglo XXI editores, S.A., México.

Bromley, Juan. 1935. *La fundación de la Ciudad de los Reyes*. Empresa Editora Excelsior, Lima.

Caro Baroja, Julio. 1967. "El mestizaje en el Perú". En *Fanal*. Vol. XXII, N.º 82, Lima, pp. 2-8.

----1985. *Las formas complejas de la vida religiosa* (ss. XVI-XVII). Sarpe, Madrid.

Carvalho-Neto, PauIo. 1965. *El negro uruguayo*. Editorial Universitaria, Quito.

Comevin, Robert y Marianne. 1969. *Historia de África*. Ediciones Moreton, S.A., Bilbao.

Díaz Fabelo, Teodoro. 1960. *Olorun*. Ediciones del Departamento de Folklore del Teatro Nacional de Cuba, La Habana.

Domínguez Ortiz, Antonio. 1984. *Historia de Sevilla: La Sevilla del siglo XVII*. Universidad de Sevilla, Vol. 93, Sevilla. 2ª edito

Eguiguren, Luis Antonio. 1945. *Leyendas y curiosidades de la historia nacional*. s.p.i., t. 2. °, Lima.

Estean Deive, Carlos. 1980. *La esclavitud del negro en Santo Domingo*. (1492-1844). Museo del Hombre Dominicano, 2 t., Santo Domingo.

Franco, José Luciano. 1966. *Historia de la Revoluclon de Haití*. Academia de Ciencias de Cuba, La Habana.

----1975. *La diáspora africana en el Nuevo Mundo*. Editorial de Ciencias Sociales, La Habana.

----1980. *Comercio clandestino de esclavos*. Editorial de Ciencias Sociales, La Habana.

Frutos, Pedro de. 1980. *El enigma de Colón*. Libroexpres, Barcelona.

Fuentes, Manuel Atanasio. 1867. *Lima, apuntes históricos, descriptivos, estadísticos y de costumbres*. Lib. de Firmin Didot hermanos, hijos y Cº, París.

García, Antonio / González, Baquero. 1980. "Andalucía Occidental y la aventura americana", En *Los Andaluces*. Ediciones Istmo, Madrid, pp. 136-164.

Garcilaso de la Vega, Inca. 1960. *Comentarios Reales de los lncas*. Univ. Nac. Mayor de San Marcos, Lima.

Labat, R.P.. (1722). 1979. *Viajes a las Islas de la América*. Casa de las Américas, La Habana.

Mac-Lean y Estenos, Roberto. 1948. *Negros en el Nuevo Mundo*, Editorial P.T.C.M., Lima.

Mannix & Cowley. 1970. *Historia de la Trata de Negros*. Alianza Editorial, Madrid.

Maso, Calixto C. 1973. *Juan Latino: gloria de España y de su raza*. Nonheastern lllinois University, Chicago.

Maríñez, Pablo Arturo. 1978. "Los esclavos africanos en las haciendas azucareras del Perú (siglo XVIII)". En *Negritude et Amérique Latine*. Université de Dakar, Abidjan.

Mellafe, Rolando. 1964. *La esclavitud en Hispanoaménca*. Eudeba, Buenos Aires.

Morales Padrón, Francisco. 1981. *Historia del Descubrimiento y Conquista de América*. Editora Nacional, Madrid, 4ª edic.

Moura, Clovis. 1972. *Rebeliôes da Senzala*. Temas brasileiros, Río de Janeiro (GB).

Novas Calvo, Lino. 1973. *Pedro Blanco, el Negrero*. Espasa-Calpe, S.A., Madrid. 5." edic.

Oliver, Roland -Fage, J.D. 1972. *Breve Historia de África*. Alianza Editorial, Madrid.

Ortiz, Fernando. 1960. *La antigua fiesta afrocubana del.Día de*

Reyes. Ministerio de RR.EE., La Habana.

----1963. *Contrapunteo cubano del Tabaco y el Azúcar*. Consejo Nacional de Cultura, La Habana.

----1973. *Orbita de Fernando Ortiz*. U.N.E.A.C., La Habana.

----1975. *Los Negros Esclavos*. Editorial de Ciencias Sociales, La Habana.

Pérez de la Riva, Juan. 1975. *El barracón y otros ensayos*. Editorial de Ciencias Sociales, La Habana.

Price, Richard. 1981. (Compilador) *Sociedades Cimarronas. Comunidades rebeldes en las Américas*. Siglo XXI, México.

Ramos, Arthur. 1937. *As Anltlhas Negras no Novo Mundo*. Civilizaçâo Brasileira, S.A., Río de Janeiro.

----1956. *O negro na civilizaçâo brasileira*. Livraria-Editora da Casa do Estudante do Brasil, Río de Janeiro.

Rodríguez P., Humberto. 1977. *Los trabajadores chinos culíes en el Perú, Artículos históricos*. A mimeógrafo, Lima.

Saco, José Antonio. (1875). 1982. *José Antonio Saco, Acerca de la esclavitud y su historia*. Editorial de Ciencias Sociales, La Habana.

Santa Cruz G., Nicomedes. 1982. *La décima en el Perú*, Instituto de Estudios Peruanos. Lima.

Suardo, Juan Antonio. 1936. *Diario de Lima (1629-1639)*. Universidad Católica del Perú, Lima.

Tauro, Alberto. 1966. *Diccionario Enciclopédico del Perú*. Librería-Editorial Juan Mejía Baca, Lima. 3 vols.

Townsend Ezcurra, Andrés. 1963. "El Perú y los peruanos en el descubrimiento de Oceanía". En *Fanal*. I.P .C., vol. XVIII, N° 68, Lima pp. 2-7.

Williams, Eric. 1975. *Capitalismo y Esclavitud*. Editorial de Ciencias Sociales, La Habana.

10. Bayano, 'Rey de los negros' en Panamá

[Originalmente este trabajo no forma parte del conjunto "El Negro en Iberoamérica". Ha sido añadido por nosotros dada su temática].

> Bayano, aquel negro fiel
> del palenque, cimarrón,
> que reventó la opresión
> del esclavo yugo cruel.
> Que bebió amargura y hiel
> de la hacienda colonial,
> y en la lucha terrenal
> pintó en sangre su bandera...
> Hoy tu nombre reverbera
> en la lucha nacional.
>
> Changmarin

Según afirmaciones del académico peruano Fernando Romero, en su *Historia del Negro en Tierra Firme,* la introducción de negros en la conquista de Castilla del Oro (1509-1515), la inició Veas Núñez de Balboa:

> Nuflo de Olano, uno de los descubridores del Mar del Sur era negro. Balboa también importó luego de la Española, una veintena de hombres de color para que le ayudasen en la terrible faena de transportar desde Acla los materiales para la construcción de las carabelas que necesitó armar en el Pacífico.[55]

En las capitulaciones suscritas entre la Corona española y Diego Gutiérrez para la conquista de Veragua, el Rey expedía licencia para que "lleváis a la dicha tierra e no á otra parte alguna, cien esclavos, la tercera parte de ellos hembras"[56]

---

[55] Citado por R.D. Carles, 1969: 73.
[56] R.D. Carles 1969:74.

Por los mismos medios Pascual de Andagoya obtuvo permiso de introducir cincuenta esclavos –libres de todo gravamen– para construir el camino de herradura que uniría el Chagres con el Río Grande. Y al Obispo de Panamá se le concedió licencia por veinte negros que trabajaran en la construcción de la Iglesia Catedral.

Entre las múltiples actividades que tuvo que desempeñar el negro esclavo panameño, estuvo la de buceador para extraer las perlas entre las múltiples islas del recién descubierto Mar del Sur, cuyo fondo era inmenso banco perlífero. Al punto que se destinó una de aquellas múltiples islas específicamente para el conteo y selección de las perlas extraídas. Pronto el conglomerado insular tomó el nombre de "Archipiélago de las Perlas" y la isla del conteo se llamó "Contadora". Si en condiciones normales la vida del buceador es bastante arriesgada, ya puede imaginar el lector los riesgos que debería afrontar un esclavo obligado a sumergirse a profundidades peligrosas y por tantas veces diarias como apeteciera la codicia de su amo. Cuando a un negro le reventaban los pulmones en el fondo del mar, ya había producido cien veces más de lo que él costo en el mercado de esclavos. Así era de rentable el negocio de las perlas.

En 1549 –dice el citado Fernando Romero– la venganza del hombre de color asomó en Tierra Firme:

> El esclavo Felipillo huye del Archipiélago de las Perlas y con varios negros de las pesquerías establece su palenque en San Miguel. A este acuden cimarrones de Panamá y haciendas del interior. Y todos juntos empiezan a robar e incendiar. El gobernador envía contra ellos al Capitán Francisco Carreño. Este atácalos, quema sus sementeras y bohíos y hace treinta prisioneros, de los cuales uno es descuartizado en la ciudad de Panamá para escarmiento de los otros esclavos. A este primero caso de sublevación siguen muchos otros y se hace imposible la vida en las haciendas aledañas a Panamá e inse-

guro el tránsito por el Camino Real, en donde los cimarrones asesinaban a los viajeros, robaban las mercaderías y para ganar simpatías y adeptos dejaban en libertad a los negros esclavos.

A tal punto llegan las cosas que el Gobernador Álvaro de Sosa decide acabar en 1553 con los cimarrones enviando varias expediciones. Pero no es fácil terminar con ellos porque están dirigidos por un fuerte brazo y ágil cerebro: *Bayano*, a quien sus compañeros reconocen como 'Rey de los Negros'. Gil Sánchez de Morcillo sale contra él por la región de Chepo. A los pocos días regresan a Panamá solamente cuatro soldados que han sobrevivido a la derrota de las tropas de la Audiencia. "Conocido en Panamá lo ocurrido y enterados de la gran cantidad de negros cimarrones que seguían a Bayano hubo gran alboroto y escándalo en este Reyno pues todos los negros se quisieron alzar y no querían a sus amos, antes huían y se iban a juntar con la gente de Bayano, de tal manera que ni se pudieron tener haciendas en el campo ni andar por los caminos sin peligro de muerte", según informa un comentarista de la época.

Alvaro de Sosa ordena dos entradas más, pero resultan infructuosas –según él mismo lo expresa[57]–, razón por la que el Capitán Cerreño, vencedor del antes citado *Felipillo*, se hace cargo de la campaña contra *Bayano* con feliz éxito, pues logra apresar al 'Rey de los Negros'. Pero el Gobernador, queriendo agotar los medios conciliatorios con los demás sublevados, pacta un convenio con Bayano, cuyo cumplimiento supone su libertad. El rebelde, burlando lo acordado, vuelve a las andadas y continúan los robos y asesinatos. Es tran grave la situación que no se puede caminar por aquellas tierras, sino en partidas de más de veinte hombres armados. En estas circuns-

---

[57] Álvaro de Sosa: Colección del Archivo Nacional de Panamá.

tancias llegó a Panamá, en 1554 y en viaje a Lima, don Andrés Hurtado de Mendoza, Marqués de Cañete y tercer virrey del Perú, quien enterado de los sucesos, decide terminar con los cimarrones y "a tal propósito crea un impuesto especial del 1% sobre el valor de toda mercancía que entra por el puerto, para sostener la guerra y pacificación de los negros alzados que impiden el tráfico delas recuas de mulas que atraviesan el Istmo entre Nombre de Dios y Panamá"[58].

Por entonces –1553– se halla en Istmo el capitán don Pedro de Ursúa, afamado guerrero del Nuevo Reino de Granada. El virrey le encarga la campaña y Ursúa acepta. "Armó doscientos hombres y penetró con ellos en las montañas de Chepo y Terable, cabecera del Río Bayano, que nace en las montañas del Darién, a las que se retiró el reyezuelo negro. Dos años duró la persecución de los sublevados, cuya táctica consistía en rehuír los encuentros, refugiándose en lo más intrincado de la selva", dice un cronista de la época[59].

La existencia de más de diez mil negros en el Istmo y sus repetidos actos de rebeldía, en una zona de tránsito de tanto cuidado como era el 'Camino del Oro (oro del diezmo dela Corona, que los galeones procedentes del Perú desembarcaban en Panamá para ser transportado a lomo de mula hasta Nombre de Dios, y ser reembarcado con rumbo a España), movieron a las autoridades españolas en 1556 a prohibir la introducción de esclavos en Tierra Firme; razón por la que el valor de los esclavos subió en los puertos de Nombre de Dios y Portobelo a ciento treinta ducados.

Según fray Pedro de Aguado, a don Pedro de Ursúa se le encomendaron varias expediciones para pacificar a las tribus belicosas de Santa Marta (caribe colombiano), y luego capi-

---

[58] Álvaro de Sosa: Archivos Nacionales de Panamá.
[59] Álvaro de Sosa: Colección del Archivo Nacional de Panamá.

taneó las fuerzas organizadas para someter a los negros cimarrones en Tierra Firme. Por último, como compensación a sus servicios, se le encargó el mando de la expedición que el virrey del Perú alistó para la conquista de El Dorado, en cuya empresa pereció a manos del tirano Lope de Aguirre.

Iniciada la campaña contra los cimarrones en 1556, Ursúa se embarcó en Nombre de Dios para acercarse al campamento de Bayano "el que está situado en la costa adelante, quince leguas apartado de la mar, y viendo y considerando don Pedro cuán en vano le sería pretender sujetar por guerra a los negros, buscó la manera de tener tratos y comercio con su rey. Convencido Bayano de las buenas intenciones de Ursúa, quien le prometió un arreglo amistoso, aceptó un convenio en el que estipulaba que todos los esclavos idos de sus amos hacía mucho tiempo se tuvieran como libres, que los que en adelante se escaparan serían devueltos por los cimarrones, y que todo negro que fuera maltratado por su dueño podía adquirir su libertad pagando su valor como rescate".

Aunque los demás historiadores no comentan sobre este hecho en particular, fray Pedro de Aguado expresa en su obra *Historia de Venezuela* que Ursúa guardaba en secreto un propósito desdoroso y censurable. Olvidándose de su condición de representante del Rey y tomando en menos los tratos que celebrara con los cimarrones, "esos esclavos fugitivos y traidores", dio órdenes para que le transportaran a Nombre de Dios (junto con mercaderías y baratijas españolas, que debían ser obsequiadas a los jefes cimarrones) grandes cantidades de vino y una poción venenosa para hacer una mezcla con la cual brindaría a sus invitados, los cimarrones, en ocasión propicia. Celebrado el banquete en el campamento español, los negros fueron obsequiados con repetidas libaciones de vino y, al final, los invitados, uno a uno, pasaron a la residencia de Ursúa en donde recibieron, como muestra de la mejor amistad, mercaderías españolas y una buena taza de vino, bien cargada con tósigo ponzoñoso, que los emborrachaba terriblemente. Despedidos de tal forma los más de los invitados, quedaron con Bayano unos pocos capitanes y otros negros más, los cuales fueron reducidos a la fuerza y hechos prisioneros. Dos meses después, cuando ya habían reposado de sus faenas, tomaron el camino a Nombre de Dios llevando como prisionero al rey Bayano y a algunos de sus capitanes. "De Panamá, Bayano fue remitido a la ciudad de Lima, donde estaba el Virrey, para que lo viese e hiciese con él lo que quisiese. El Virrey recibió alegremente a Bayano y lo honró, dándole algunas dádivas y buen trato a su persona. Desde allí lo envió a España. Todos los demás negros fueron así mismo presos y dados por esclavos del Rey y enviados a vender fuera de aquella tierra a diversas partes para que allí no hubieran nuevas juntas ni quedasen rastros de tan mala semilla".

En España se pierde el rastro del 'Rey de los Negros', pero en Panamá queda para siempre su nombre, perennizado en tres aspectos: el *Río Bayano*, nombre con que se rebautizó al río Chepo por ser testigo de su lucha de liberación; el *palenque Bayano*, población de cimarrones que él fundara a treinta leguas de Nombre de Dios y que la Audiencia de Panamá trató de convertir en ciudad española, mandando al capitán Esteban de Trejos con doscientos hombres en 1571; y finalmente, su mismo nombre *Bayano*, convertido en símbolo de libertad y anticolonialismo para los panameños de todos los tiempos.

> Hay negros que negros son:
> negro el Maceo cubano,
> titán que rompió cadenas,
> cual nuestro negro Bayano.
>
> (Mano Juan)

VIII. De la "Bellísima Peruana" a "La Borinqueña" (1989)

El 14 de marzo de 1892, ve la luz el primer número de "Patria", periódico que surge "de voluntad y con los recursos de todos los revolucionarios cubanos y puertorriqueños conocidos en Nueva York"[60]. Allí, desde el primer momento, publica José Martí, que ha llegado a Cayo Hueso tres meses antes, con el fin de difundir el ideario del Partido Revolucionario Cubano. Así, en la sección fraterna del periódico "Patria", "En Casa", José Martí demostró su lealtad sin límites a las patrias dolientes, Cuba y Puerto Rico. Desde aquí llamó a cubanos y puertorriqueños a combatir bajo los pliegues de las banderas gloriosas de Lares y de Yara, a "montar en Mambí"...

"Patria" fue también el primer periódico que publicó, con gran entusiasmo antillano, y como algo muy propio, la danza "La Borinqueña", considerada como el himno nacional de los boricuas, con fecha 3 de septiembre de 1892, cuya primera y significativa estrofa dice:

> "Bellísima Borinqueña
> A Cuba has de seguir,
> Tú tienes bravos hijos
> Que quieren combatir..."[61]

---

[60] En "Revolución y Cultura", n 57, La Habana 1977, p. 24.
[61] Ibíd.., p. 31.

Bajo el logotipo del periódico "Patria" puede leerse: *"LA BORINQUEÑA", por Félix Astol. Arreglada para piano por Ana Otero.* De la autora del arreglo para piano, Ana Otero, según consta en la partitura, diremos que esta pianista puertorriqueña era persona muy ligada a la causa de la patria, además de destacada artista. Martí comentó y celebró cada uno de sus conciertos, porque Ana Otero representó para él una artista "leal" a la tierra que la vio nacer, ya que en la música de su país natal reflejó su alma de patriota.

Vayamos ahora a quien en la misma partitura figura como único autor: Félix Astol.

Tenemos en nuestras manos un periódico limeño fechado el 14 de octubre de 1962[62], donde don Martín Gaudíer hace sensacionales declaraciones, revelando que "un peruano es el autor del Himno de Puerto Rico". El reportaje al historiador y escritor puertorriqueño Martín Gaudíer, que en esa época residía en la urbanización Hyde Park, de Río Piedras, lo realiza el periodista Luis Figueroa, quien comienza por decir:

> La Borinqueña –adoptada como himno oficial de Puerto Rico en 1952– es una canción escrita en 1793 por el peruano Federico Brandariz con el nombre de "Bellísima Peruana".

Don Martín Gaudíer relata que Félix Astol Artes nace –según documentos auténticos que mostró y obran en su poder– el 9 de octubre de 1813, es decir, veinte años después de que Federico Brandariz escribiera y diera vida en el Puerto del Callao, en Perú, a la *Bellísima Peruana.*

La melodía –que siempre arranca lágrimas al puertorriqueño donde quiera que se encuentre– vino a Puerto Rico luego que don Félix Astol recorriera varios países de Centro y Sudamérica con una compañía española, adoptándola como parte de su

---

[62] "DOMINICAL". Suplemento dominical del diario "LA CRÓNICA", Lima, Domingo 14 de octubre de 1962, página 10.

repertorio personal, ya que para entonces don Félix era un consumado guitarrista, tenor y bohemio. Señala don Martín que "Astol se aprendió de memoria la *Bellísima Peruana* retuvo en su mente la música y los versos", que en su origen decían así:

> Bellísima Peruana, imagen del candor
> de este jardín ameno, pura y fragante flor.
> Por ti se queda estático todo mortal que te ve
> tu aire gentil, simpático, tu lindo y breve pie.
>
> Cuando te asomas a tu balcón,
> la luz eclipsas del mismo sol.
> ¡Ah! Porque tus lindos ojos dos rayos son,
> que al mirar abrasan el corazón.
>
> ¡Peruana encantadora! Tu porte tan gentil,
> tu gracia seductora, tu cutis de marfil.
> Tus pies chirriquititos, tu mirar seductor
> hacen perder el tino al más fuerte en el amor
>
> Cuando tú sales a pasear
> toda una corte llevas detrás;
> porque tus lindos ojos dos rayos son
> que al mirar abrasan, abrasan el corazón.

Astol retornó a su Puerto Rico natal contando casi 48 años de edad, allá por el año de 1860. En Mayagüez se enamoró de una muchacha llamada Rosalía Martínez Ramírez, a la que cautivó con su virtuosismo en el canto y la guitarra. Cuando le daba serenatas a su novia, se le ocurrió adaptar la *Bellísima Peruana* a la realidad que vivía, ya que la dueña de sus amores era trigueña y bonita. Así las cosas, Félix Astol pidió a su amigo Manuel María Sama, uno de los mejores poetas líricos que ha tenido Puerto Rico, que le hiciera una nueva letra a la canción. Suma cambió básicamente la parte de "bellísima peruana" por "bellísima trigueña", y el verso siguiente "de este jardín ameno", fue transformado en "del jardín de Borinquen", dejando el resto de la letra de Brandariz casi igual. Sin embargo, la titularon "Bellísima Trigueña", con arreglos del propio Astol, que dicho sea de paso, se casó con su Rosalía en julio de 1861. Ella fue la causante del primer cambio en la letra.

Mostrando un dominio completo del tema, don Martín Gaudíer refiere que Félix Astol dio tal difusión a su "Bellísima Trigueña" que la melodía se llegó a tocar en todos los centros españoles de Puerto Rico. En marzo de 1868, cuando el "Grito de Lares", Astol acudió a una fiesta que daban en el hogar de don Manuel Badrena en dicha población, e interpretó la "Bellísima Trigueña" para que la escuchara doña Lola Rodríguez de Tió.

Continuando su relación pormenorizada de estos hechos ya históricos, el señor Gaudíer dice que, tras la velada de Lares, doña Lola Rodríguez de Tió se fue a su hogar paterno en San Germán y compuso allí unos versos patrióticos que adaptó a la melodía de la *Bellísima Peruana,* de Brandariz, o sea la *Bellísima Trigueña,* de Astol. En posterior velada que se dio en Mayagüez, la poetisa sangermeña cantó su nueva versión, acompañada al piano por don Carlos Casanova.

Los versos de doña Lola Rodríguez de Tió dan la tercera versión de la *Bellísima Peruana* y primera para *La Borinqueña,* y dicen así:

> Despierta borinqueña, que han dado la señal
> Despierta de ese sueño, que es hora de luchar.
> ¡Ven! Nos será simpático el ruido del cañón.
> ¿A ese llamar patriótico, no arde tu corazón...?
>
> ¡Mira! Ya el cubano libre será,
> le dará el machete la libertad. (BIS)

Y el tambor guerrero dice que su son
que es la manigua el sitio, el sitio de la reunión.
Bellísima Borinquen, a Cuba hay que seguir
tú tienes bravos hijos que quieren combatir

Ya más tiempo impávidos no queremos estar
ya no queremos tímidos dejarnos subyugar.
Nosotros queremos ser libres ya
y nuestro machete afilado está...

Al creer las autoridades coloniales que la poetisa estaba preparando con sus versos una propaganda en contra del gobierno español, doña Lola fue expatriada a Caracas, donde le sirvió de madrina de boda a don Eugenio María de Hostos en su matrimonio con doña Belinda Ayala.

Los documentos autentificados que según Gaudíer existen aún en la Isla, revelan que "La Borinqueña", en su versión prístina como la *Bellísma Peruana,* fue editada por vez primera en Hamburgo, ya que en América, para 1793, no había imprenta con tipografía para música. Martín Gaudíer afirma que Ricardo Palma (1833-1919), el autor de las famosas "Tradiciones Peruanas", fue la persona que más se interesó porque en Puerto Rico se conociera la *Bellísima Peruana*. Don Ricardo Palma envió a la Isla dos copias auténticas de la canción allá por 1892, y "las mismas constituyeron la primera música impresa que llegó a nuestra tierra de dicha melodía" –comenta Gaudíer.

El Casino de Mayagüez –a sugerencia del propio Félix Astol– pidió dichas copias cuando celebró el Cuarto Centenario del Descubrimiento de América, siendo presidente del Casino el ya citado poeta Manuel María Sama. La segunda copia fue enviada por Ricardo Palma a don Juan Zacarías Rodríguez de Arecibo.

La cuarta versión de la Bellísima Peruana, que viene a ser la segunda versión de "La Borinqueña", es la que publica por primera vez el periódico "Patria" en 1892 –como anotáramos al principio de este capítulo–. En ella se intercalan versos de don Manuel Fernández Junco, cuya letra de "La Borinqueña" es la que se conoce hasta ahora como versión definitiva, aunque el poeta Fernández Junco muriera sin saberlo. Aquí, al parecer, desde la primera estrofa se ordenan los versos como heptasílabos y no como alejandrinos, dando al poema su verdadera rima de romancillo:

1

Bellísima Borinqueña
A Cuba has de seguir,
Tú tienes bravos hijos
Que quieren combatir.

2

Tu aire gentil, patriótico
Vibra en el corazón,
Y te sería simpático
El ruido del cañón.

3

No más esclavos
Queremos ser,
Nuestras cadenas
Se han de romper.

4

El tambor guerrero
Nos dice con su son,
Que es la montaña agreste
El sitio de reunión.

Cuantos intentos posteriores se han realizado por cambiar la letra del Himno de Puerto Rico, han fracasado. Habiendo quienes aseguran que la historia romántica y violenta que vivieron muchos personajes puertorriqueños, españoles y cubanos alrededor de *La Borinqueña*, ha influido en el hecho de que nadie se atreviera a ponerle letra nueva a la misma canción cuando en 1952, el Gobierno del naciente Estado Libre Asociado de Puerto Rico, al adoptarla como Himno, convocara a un certamen con dicho propósito, certamen que fue declarado desierto.

No falta, asimismo, quien opina que a la larga, aquellos versos que doña Lola Rodríguez de Tió intercaló con su patriótico llamado ("¡Despierta borinqueña, que han dado la señal...!"), serán los que imperen por siempre en la mente y en el corazón de todos los puertorriqueños.

Pero volviendo a doña Lola, sus problemas no terminaron con el destierro a Caracas ni tampoco amainaron sus ánimos patrióticos; y volvió a Cuba donde compuso, en 1891, las décimas "A Cuba", esas tan famosas, que dicen:

> Cuba y Puerto Rico son
> De un pájaro las dos alas;
> Reciben flores o balas
> Sobre el mismo corazón...[63]

---

[63] **A Cuba**
(Fragmentos)

Cuba, Cuba, a tu ribera
llego triste y desolada,
pues dejé la patria amada
donde vi la luz primera.
Sacude el ala ligera
la radiante inspiración,
responde mi corazón

En 1895 fue expatriada a Nueva York, con Martí y otros patriotas. En 1899 –agrega Gaudíer– regresó a Cuba, donde residió en la zona habanera de 'El Vedado'. En 1905 vino a Puerto Rico, al matrimonio de su sobrina Laura Nazario con don Juan Ángel Tió; estuvo de vuelta a sus Lomas de San

---

    en nobles afectos rico,
    la hija de Puerto-Rico
    lanza al viento su canción
    … …
    Yo no me siento extranjera
    bajo este cielo cubano
    cada ser es un hermano
    que en mi corazón impera.
    Si el cariño por doquiera
    voy encontrando a mi paso,
    ¿puedo imaginar acaso
    que el Sol no me dé en ofrenda
    un rayo de luz que encienda
    los celajes de mi ocaso?

    Vuestros dioses tutelares
    han de ser también los míos.

    Vuestras palmas, vuestros ríos,
    repetirán mis cantares...
    Culto rindo a estos hogares
    donde mi ni estorba ni aterra
    el duro brazo que cierra
    del hombre los horizontes...
    ¡Yo cantaré en estos montes
    como cantaba en mi tierra!

    Cuba y Puerto Rico son
    de un pájaro las dos alas;
    reciben flores o balas
    sobre el mismo corazón...
    ¿Qué mucho sin en la ilusión
    que mil tintes arrebola

Germán en 1912 y en 1919. En 1924 fue a Madrid, donde conoció a don Ricardo Palma[64]. El 10 de noviembre de 1924 murió en La Habana en su residencia de la calle Teadillo.

Como colofón de esta crónica, diremos que la "Bellísima Peruana" sigue siendo conocida por todo el Perú tradicionalista, pero en forma de *Resbalosa,* canción-danzaria que figura como segundo movimiento o transición previa a la *Fuga* de nuestro Baile Nacional, *La Marinera.*

[Ver capítulo dedicado a "La Marinera" dentro de este mismo libro]

Los versos de esta resbalosa son los cuatro que forman la primera estrofa de la "Bellísma Peruana" en su versión prístina, creada en 1793 por el compositor chalaco Federico Brandariz. Pero así como el pueblo peruano en su gran mayoría ignora la aventura que llevó este tema a ser todo un himno nacional de una nación hermana, asimismo, supongo, los puertorriqueños desconocen esta resbalosa limeña y se han de quedar sorprendidos cuando llegando a Lima la escuchen cantar y la vean bailar con toda la fuerza de su ancestro africano, donde el hombre trata de darse frente a frente con su esquiva pareja.

---

    sueña la musa de Lola
    con ferviente fantasía
    de esta tierra y de la mía
    hacer una patria sola.

[64] Debe de haber algún error en esta fecha, puesto que don Ricardo Palma falleció cinco años antes, el 6 de octubre de 1919. Don Ricardo sí conoció a doña Lola Rodríguez de Tió, y por lo que consigna en sus Tradiciones Peruanas, fue en La Habana el año de 1892 el encuentro. En sus Notas de Viaje, dice don Ricardo: "Lola no es cubana, sino puertorriqueña. La oleada revolucionaria la llevó en un tiempo a Venezuela, y vivió con su esposo, su espiritual hija Patria y su simpática sobrina Laura, por dos o tres años en Caracas... Gratas, inolvidables noches para mí, las que pasé en la tertulia de Lola, donde todo era amenidad y cultura". (R. Palma, 1957, pág. 1340).

Reconocemos que la 'resbalosa' limeña es una especie de 'cajón de sastre', a la que se adaptan todos los versos y melodías imaginables –algo así como las *bulerías* flamencas–. Pero, de haber sido así, ¿desde cuándo se incorporó la "Bellísima Peruana", con sus tan poco populares palabras esdrújulas…? Ahí queda el reto para los investigadores.

IX. Africanía de la canción danzaria en nuestra América (1991)

[Ponencia presentada en el "Primer Congreso de Estudios Africanos en el Mundo Ibérico." 27-29 de noviembre de 1991. (Última conferencia pronunciada por Nicomedes). Aunque la base del texto la forma esta ponencia, este trabajo ha sido completado con diversos estudios del autor].

Presentación

La presente comunicación pretende recordar la existencia de una cultura negra que impactó en la Europa del siglo XV como resultado de la más temprana presencia negro africana en la Península Ibérica, la misma que fue asimilada rápidamente y en muy diferentes formas por todos los estratos sociales de la época. Que existió otra cultura negra paralela a la anterior; ésta, surgida en la América colonial como producto del proceso esclavista en sus dos ámbitos laborales: rural y urbano.

Que durante el siglo XIX, con la independencia de Nuestra América y su gradual proceso abolicionista, las culturas negras dieron su perfil definitivo a las naciones americanas, ello, en amalgama con las raíces culturales indígenas y las culturas de procedencia europea.

Y, por último, que esta cultura negra, omnipresente aún tras la desaparición física del negro en algunas regiones, encuentra fuerte resistencia desde algunos sectores de las clases dominantes para ser reconocida y admitida como parte fundamental de nuestra americanidad, o bien es tratada como algo ajeno, yuxtapuesto e inasimilable al mestizaje indoeuropeo, donde no se quieren aceptar herencias africanas ni aportaciones históricas que tengan que ver con el negro. Todo ello en desmedro de la identidad cultural de un Continente.

Introducción

Desde Cristóbal Colón –y quién sabe si desde aún antes– las corrientes culturales en América han ingresado por el Caribe, continuando su rumbo Este-Oeste, para luego y haciendo un viraje de noventa grados desplazarse bien al Norte o al Sur del Continente.

Este itinerario también puede aplicarse a las culturas negroafricanas aunque sólo en los primeros tiempos, porque luego sus derroteros se hacen tan intrincados, reversibles y complejos, que el tratar de reconstruirlos desbordaría nuestras limitadas posibilidades, demandando esfuerzos titánicos. ¿Cómo rastrear la diáspora africana de 100 millones de seres, esclavizados en el Nuevo Mundo desde 1518 hasta 1888? ¿Cómo detectar sus aportaciones culturales bajo regímenes de bestialización, ejercidos a rajatabla en las plantaciones y en las minas? ¿Por dónde empezar a contar nuestra verdadera historia...?

Bien pudiéramos empezar por la masiva presencia negroafricana en la Península Ibérica con anterioridad al descubrimiento de América. Recordar que en la propia Península surgieron entonces danzas de origen africano que el pueblo ibérico hizo suyas tras adaptarlas a su propio sentir, exportándolas luego a Francia e Italia. Nos estamos refiriendo a la s*arabanda*, el *lundú*, la *chula*, la *chacona*, el *chuchumbé*, la *gayumba*, el *zarambeque*, etc.

Luego, cuando comienza la colonización de América, ocurre un fenómeno bastante complejo, pues convergen en los mismos puntos del Caribe la moringerada *zarabanda* que porta la aristocracia metropolitana y la *sarabanda* original congolesa, llevada por algún Tata Nganga mayombero entre la cargazón del barco negrero. La migración trasatlántica de estas dos versiones antípodas, dialécticamente, producirá en América una tercera versión, ya no española ni africana sino *criolla*. La versión criolla de la sarabanda es la *chacona* y la versión criolla del lundú la *calenda*. Habiendo casos como el *tango congo* que conservó su mismo nombre africano en sus vertientes andaluza, caribeña, rioplatense, etc. (con excepción de Haití, donde 'tango' fue sinónimo de *tumba* en su acepción de danza colectiva con gran poder de convocatoria).

Y por si todo esto fuera poco, al iniciar su andadura las nacientes repúblicas iberoamericanas proliferaron por sus principales capitales los negros *maestros de baile,* que reinventaban las danzas surgidas entre la población marginal, adaptándolas a la necesidad de la sociedad patricia, que en esos momentos de fervor independentista precisaba bailar cosas con mucho sabor nacional. Y esto, que ocurrió tras la euforia bolivariana, no había desaparecido cien años más tarde, cuando el fervor martiano iluminaba los cielos antillanos. Pero también hubo quien pensara que el humilde origen de esta canción danzaria estaba en abierta oposición con lo que debiera ser la 'música nacional'. Por lo menos así pensaba Eduardo Sánchez de Fuentes cuando dictara su primera conferencia de la Academia Nacional de Artes y Letras en el Teatro Prado, de La Habana, el 13 de marzo de 1927, diciendo entre otras cosas:

> Es preciso huir de falsas mixtificaciones que empequeñecen nuestros cantos populares. Aunque el vulgo guste de escuchar los cantos africanos, creo, firmemente, que es censurable caer en el error de hacerlos figurar en programas de conciertos llamados de música nacional (...) Debemos impedir que musicógrafos –como hizo Friedenthal, al ocuparse

de la música cubana– digan que la Habanera y el Tango Africano constituyen nuestros aires representativos. La obra nacional de engrandecer nuestra música no debe, por otra parte, sacrificarse a las exigencias de la moda ni a intereses bastardos. (Sánchez, 1927: 57-58).

[Nicomedes también cita parte de esta conferencia en 'Nueva Canción en el Perú']

Afortunadamente, la misma Cuba que viera nacer a Eduardo Sánchez de Fuentes, el inspirado autor de la famosísima habanera 'Tú' y autor de los infortunados conceptos arriba expuestos, es también la Cuba que ha dado al mundo geniales y desprejuiciados investigadores como don Fernando Ortiz, José Luciano Franco o Manuel Moreno Fraginals, por sólo citar unos pocos. A ellos nuestro reconocimiento.

Vaya también nuestro homenaje a esos músicos negroamericanos anónimos, tanto a los herederos de los ritos litúrgicos de la vertiente sudanesa (yoruba, dajomé, arará, fantiashanti, carabalí, etc.) como a los del ámbito bantú (kimbisa y mayombe), así como a los músicos populares, folklóricos y profesionales. Pensamos que estos últimos tienen contraída una deuda con el ancestro bantú congo, de donde se nutre la mayor parte de nuestro folklore negroamericano.

Mucho de congo hay en los tambores *yuká*, llamados 'caja', 'mula' y 'cachimbo', o en el 'mulero' que percute sus baquetas sobre el tronco del tambor *yuká*, baquetas que reciben el nombre de 'laures' cuando golpean sobre la caja del 'cumaco' venezolano, también llamado 'burro negro'. Y qué decir del tambor *makuta* o del esotérico *kinfuiti*.

La comercializada 'tumba' o 'tumbadora' fue originalmente la conga mambisa en la 'regla de palo' cubana. Al igual que los tambores de los 'nguleros', el tambor *bocú* y el palo *mumbona*. Y el laminófono cajón que integra ciertos conjuntos típicos cubanos (haciendo de contrabajo el tañido manual de sus láminas aceradas) es de origen tan africano como la *sansa*, la *kimbilia* y la *marimba*.

Finalmente, también queremos rendir tributo a la inventiva criolla, uno de cuyos más logrados frutos es el *bongó* o 'gemelos', siguiéndole muy de cerca –pese a su modesto origen– el *cajón*, ese paralelepípedo que don Fernando Ortiz llamara 'tambor xilofónico' y que se da por partida triple en la llamada *rumba de cajón* (bambú) o de manera solitaria en la *marinera* limeña y el tondero norteño, pasando del Perú a España gracias a que el virtuoso guitarrista flamenco, Paco de Lucía, lo incorpora a su conjunto orquestal, siendo imitado por sus múltiples colegas del arte andaluz.

1. Orígenes de la bomba

Al igual que muchas otras danzas afroantillanas, la *Bomba* toma su nombre del instrumento principal que la acompaña: la bomba, tambor hecho de un barril de madera acoplada en forma de duelas aseguradas con aros metálicos llamados flejes y reforzados con varias vueltas de soga que sirven para asegurar con firmeza la piel de chivo que cubre una de sus bocas, este cuero es templado a la manera africana, con cuñas de madera, hasta conseguir el timbre y la sonoridad deseados.

Dos de estos tambores acompañan el baile de la bomba, además se utilizan güiros, maracas, echéquere o chácara (maraca gigante), claves, cuá (palitos de la bomba) y el coro, que a la vez palmotea.

Hubo unos cuántos pueblos de Puerto Rico que se distinguieron por la práctica de esta tradición: San Juan, Guayama, Salinas, Ponce, Arroyo, Carolina, Barrio 'El Coquí' en Puente de Jobos (Guayama), y Loíza Aldea. En esos lugares se conocieron los mejores bailadores de bomba: Doña Modesta Amaro,

Isabelina Navarro, Pablo Lind, Bruno Cora y otros. Según relata la folklorista borinqueña María Esther Ranos, San Juan tuvo el mejor bailador de bomba en el mentado Dominguito; cargador del muelle que convirtió el solar de su casa en un lugar de bailar bomba.

Existen diferentes tipos de bomba: Siká, Leró, Coembé, Kalinda, Holandés, Yubá, Cocobalé, Belén, Babú, Cuembé, Danué y Gracimás. Leró viene del galicismo *Le rose* ("la rosa"). Otros son topónimos y Cocobalé significa guerra, pues se trata de un canto guerrero.

1.1. La bomba puertorriqueña

El baile de la *bomba* de Puerto Rico utiliza dos tambores: el *burlador* y el *requinto*. Un tercer hombre en cuclillas, delante del *burlador*, repica con unos palillos sobre el costado de la caja (John Storm Roberts dice haber visto un tambor congoleño tocado por dos hombres de ese mismo modo). En la *bomba* de Puerto Rico es el *requinto* el tambor que florea e improvisa.

Los tambores de la bomba puertorriqueña recibían con frecuencia atributos sexuales (como en Ghana), y se los llama *macho y hembra*, un vestigio de la personalidad africana de los instrumentos.

La hija de un bailarín de *bomba* decía que su padre celebraba bailes los domingos, y que en ellos (como en África) los concurrentes formaban el coro de canciones de 'llamada y respuesta'. La música la proporcionaban dos tambores, maracas y dos palillos, estos golpeteaban a modo de baquetas sobre un banco de madera.

El ritmo no lo marcaba el tamborilero sino el primer bailarín. La forma de la *bomba* era como la de muchas danzas africanas, donde primero atacan las voces, sin acompañamiento, y luego intervienen los tambores para el efecto dramático. En la bomba, el bailarín integraba aún más su accionar con la música, llegando con su baile hasta el tambor principal y percutiendo ante él un ritmo improvisado con los pies. El tamborilero le contestaba, y se entablaba una competencia entre bailarín y tamborilero.

La más antigua relación escrita de un baile de *bomba* en Puerto Rico, es la publicada en 1798 por un naturalista francés, André Pierre Ledru. Según Store Roberts, Ledru se refiere a *"un tambor llamado popularmente bomba por los trabajadores de una propiedad –blancos, mulatos y negros– como acompañamiento de sus bailes"*. En otro lugar, describiendo un baile dado en una casa de campo con ocasión del nacimiento de un niño, comenta: *"La amalgama de blancos, mulatos y negros formaba un grupo agradable... Bailaron por turno danzas negras y criollas* (criollas significa aquí hispano-caribes), *acompañados por una guitarra y un tambor llamado comúnmente el bambula"*. Así, Ledru menciona dos de las danzas afro-caribes más difundidas (más precisamente, los tambores de donde tomaron el nombre), y las dos en relación con fiestas multirraciales (Store Roberts cree que puede tratarse de danzas re-africanizadas más tarde.

Desde luego, las danzas bomba tuvieron una gran influencia haitiana por medio de los esclavos llevados por los colonos franceses que huyeron de la revolución haitiana. Su origen mezclado es particularmente significativo de su historia en Puerto Rico, donde la bomba no reconvirtió en baile nacional sino que siguió siendo parte de la herencia negra, principalmente en el área de las plantaciones de azúcar. Algunas letras de bomba conservan muchas voces africanas:

>Aya, bombé, quinombó!
>Ohé, ohé mano Migué!
>Ayayá, sahú, carú!
>Che, Che, quinombó!

1.2. La bomba y su canto

Los cantos y bailes de bomba constituyen un distintivo africano de las fiestas de Santiago Apóstol en la ciudad de Loíza, ubicada al Este de San Juan de Puerto Rico.

Quizás, musicalmente, el equivalente más cercano de la bomba borinqueña podamos encontrarlo en la rumba cubana, con sus variantes columbia, guaguancó y bambú, que son cultivadas en toda Cuba. Sin embargo, desde el punto de vista de su función social y colectiva, la bomba desempeña un papel aglutinador especial en las Fiestas de Santiago Apóstol y en este sentido se equipara al papel que desempeñan los cabildos y congas en el carnaval de Santiago de Cuba, como expresiones festivas colectivas de fuerte tradicionalidad y acento africano. Los tambores de origen africano, al igual que otros elementos como el canto de llamada y respuesta así como los pasos de la danza, son semejantes por su origen en ambas fiestas antillanas.

Los cantos de los cabildos, de las rumbas y de las bombas puertorriqueñas guardan un parentesco evidente. Las letras de estos cantos poseen frases que pronto devienen en fonemas que se funden con la polirritmia percusiva. Igualmente, el ritmo de los tambores deviene música viva y sirve de contexto sonoro a los cantos. También es frecuente hallar en estos cantos de solista y coro alusiones sensuales que se corresponden con los movimientos de los danzantes.

> ¡Vejigante a la boya,
> pan y cebolla...!
>
> (Diablos Vejigantes)

1.3. Bomba vs. liberación

En su artículo ensayístico titulado "La bomba: baile de la cultura popular puertorriqueña; elemento de liberación", dice su autora Marie Ramos Rosado que la *bomba* representó y representa un modo de liberación de los esclavos rebeldes ante la explotación en las haciendas cañeras; y cita al Dr. Guillermo Baralt que en su libro "Esclavos rebeldes" narra una serie de levantamientos de negros ocurridos en borinquen en años sucesivos, a partir de 1821 en que Bayamón fue escenario de una gran rebelión. Más tarde, en 1822 ocurre otra en Naguabo, en 1823 hay un levantamiento de negros en Toa Baja, y siguen ocurriendo muchos más, hasta llegar a la Abolición de la Esclavitud en Puerto Rico el 22 de marzo de 1873.

El 10 de julio de 1826 ocurrió uno de los más importantes levantamientos, en la Hacienda de Overman, en Ponce. Los esclavos pidieron a su amo la oportunidad de celebrar un *baile de bomba*. La costumbre era realizarlos en días domingo y festivos. A través del baile y el tambor se creaba un sentido de solidaridad dentro de la población esclava. Mas era el baile *"un modo de disfraz para encubrir los fines subversivos de los esclavos"*. Según narra Baralt, el baile se celebró, pero la sublevación tuvo que ser pospuesta hasta la próxima noche porque muy pocos esclavos asistieron a la fiesta. Finalmente, la noche siguiente tampoco pudo llevarse a cabo la revuelta porque cuatro esclavos delataron a los conspiradores ante su amo.

Fueron fusilados el cabecilla, de nombre Antonio, en unión de los demás rebeldes. Estos fusilamientos se ejecutaron en presencia de una partida de esclavos de cada hacienda aledaña, con el propósito de sentar un escarmiento.

El gobernador de Puerto Rico en ese entonces, Miguel de la Torre, se trasladó a Ponce y también presenció la ejecución. A los delatores se les recompensó con veinticinco pesos. Pero a pesar de la sublevación frustrada continuaron los levantamientos con tal intensidad que el gobernador solicitó a la Corona hispana un nuevo reglamento para regir la vida de los esclavos en Puerto Rico. El título del mismo se leía como sigue: *La Real Cédula de su Majestad sobre la Educación, Trato y Ocupaciones de los Esclavos en Todos sus Dominios e Islas Filipinas* (1826).

Algunos artículos decían lo siguiente:

Cap. VII. Art. I

Permitirán los amos que sus esclavos se diviertan y recreen honestamente en los días festivos (después de haber oído misa y asistido a la explicación de la doctrina cristiana) dentro de la hacienda, sin juntarse con los de otras y en lugar abierto a la vista de sus mismos amos, mayordomos y capataces.

Art. II

Estas diversiones y recreaciones las tendrán los varones solos en juegos de fuerzas, como el canto, la barra, la pelota, las bochas; y las hembras separadas en juegos de prendas, meriendas u otros semejantes, y todos, esto es, hombres y mujeres, pero con la misma separación, sus bailes de bombas de pellejo y otras sonajas de que usan los bozales, o de guitarras y vihuela que suelen tocar los criollos.

Art. III

Durarán estas diversiones desde las tres de la tarde hasta ponerse el sol o toque de oración nada más.

Art. IV

Se encarga muy particularmente a los dueños y mayordomos la más exacta vigilancia para que no se permita la reunión de los sexos, el exceso en la bebida, ni la introducción de los esclavos de fuera ni de negros libres.

Es posible que desde aquellos lejanos tiempos de comienzos del siglo XIX y por estas mismas prohibiciones de danzar juntos hombres y mujeres en sus BAILES DE BOMBAS DE PELLEJO —como se les llama en el artículo II de la antedicha Real Cédula–, surja en Puerto Rico una suerte de bomba para solista, alternándose el hombre y la mujer siempre individualmente, pero nunca en pareja o grupos mixtos, como bien se recomienda nuevamente en el artículo IV, que haya "la más exacta vigilancia para que no se permita la reunión de los sexos".

Esta *bomba* en que alternan los bailarines solistas la hemos visto ejecutar en San Juan hace unos meses a los integrantes de la "Escuela de Bomba y Plena" que dirige don Modesto Cepeda y su grupo familiar.

En tanto que cuando se hace referencia a la bomba de Santo Domingo se habla de "una forma de danza colectiva que incluye instrumentos, bailarines y espectadores, y donde nadie es pasivo; y una letrilla sencilla y repetitiva sobre frases melódicas cortas y ritmos complicados". Exceptuando lo de "danza colectiva" todos los demás elementos africanos se dan también en la bomba de Puerto Rico.

2. La plena de Puerto Rico

En muchas islas del Caribe aparecen formas de canto improvisado en 'llamada y respuesta'. Podemos mencionar el *mento* de Jamaica, el *calypso* de Trinidad o el *merengue* dominicano; perteneciendo todos ellos al singular proceso afrohispano o afroeuropeo en suelo caribeño. Pero a diferencia de lo establecido, donde el solista inspira para que el coro le responda, es sólo en La Plena donde estos roles se invierten, y el coro rompe a cantar planteando tema en un estribillo al que el solista deberá responder improvisando. En realidad no se trata de un coro sino de dos voces que cantan en terceras o sextas paralelas o al unísono, con octavas ocasionales.

Aparentemente la Plena adviene casi siempre desprovista de nostalgias, lloros o pesares; pero la cualidad general de las Plenas es ligeramente melancólica, aunque suelen tener un *tempo* vivo. Ese toque de tristeza permanece hasta en las

Plenas muy 'cubanizadas', como las que tocaba Rafael Cortijo y cantaba 'Maelo' Rivera.

En los versos de su letrilla la Plena nos cuenta tiernas historias de amor, violentos crímenes pasionales, acontecimientos de la vida diaria y toda la problemática sociopolítica que vive el puertorriqueño de a pie. En líneas generales la plena se distingue por su sencillez, tanto en la letra como en la música. Luego del canto dialogado, las secciones se interrumpen para dar paso a largos interludios, donde cada instrumento musical improvisa variaciones melódicas sobre el ritmo corrido de la percusión.

La Plena se baila con una sencilla coreografía de parejas. Tiene un paso básico de intercambio de flexiones entre el tobillo y rodilla de ambas piernas. Como en su música, la Plena recoge préstamos de otro bailes puertorriqueños: tiene pasos del 'seis amarrao' y otros del 'baile del garabato'. En la agrupación de doble pareja recuerda a las contradanzas y bailes de salón. En los movimientos de tobillo y rodilla, aflora la africanía de la B*omba* y la algarabía común a las fiestas mulatas del borinquen.

Según la socióloga Mildred Canetti Lozano, "los orígenes de La Plena son muy antiguos, aunque se cree que el engendro se desarrolló a principios del siglo XX en las barriadas de Ponce".

Son muchos los que señalan a Ponce como la cuna de La Plena. Y la mayor parte funda su afirmación en la cuarteta de una plena que dice:

> La Plena que yo conozco
> no es de la China ni del Japón,
> porque la Plena viene de Ponce,
> viene del Barrio de San Antón.

San Antón, barrio de Ponce y en donde por muchos años se celebrarían los populares bailes de Bomba y Plena.

Ponce es el recinto donde primeramente –alrededor de los años veinte– se hace popular la Plena como baile. De otra suerte, es posible que de Ponce haya salido un estilo de Plena verdaderamente ponceño.

La antes citada socióloga Mildred Canetti, en su estudio sobre La Plena se remonta al siglo pasado –cuando Puerto Rico era colonia española– y exhuma algunos cantos de negros esclavos escuchados por el norte de la isla, en Bayamón, Naranjito y otros pueblos.

> Entonces –añade– no se llamaba Plena, pero a la luz de los estudios del musicólogo puertorriqueño, Francisco López Cruz, nos parece tratarse de una Plena auténtica:
>
> > Ta güeno, mayorá
> > ta güeno,
> > ta güeno, mayorá
> > ta güeno...
>
> Así como ésta, se pueden recoger por toda Borinquen canciones que fueron populares en el siglo XIX:
>
> > A ti na má, te quiero
> > a ti na má,
> > a ti na má, te quiero
> > a ti na má...
>
> Canciones que no son otra cosa que ritmos de plenas, auténticas plenas aunque entonces no se conociesen bajo ese nombre:
>
> > María la Chiquita,
> > la cheverona,
> > tenía siete maridos
> > y ahora se queda sola...

No sólo en Puerto Rico se cultivó la Plena, pues parece que también se dieron en la isla de Santo Domingo. Así lo afirma la notable folklorista dominicana, Flérida de Nolasco, que las recoge en su libro "Cantos de Plenas".

Y es que "donde quiera que hubo mulatos bailando y cantando, se originó una forma parecida a La Plena".

> Cortaron a Elena
> cortaron a Elena
> cortaron a Elena
> y se la llevaron al hospital...

En conclusión, se puede afirmar que la Plena es la más auténtica representación musical del pueblo puertorriqueño. Por tanto es mulata, ya que integra armoniosamente la fusión de lo africano con lo español.

> La Plena es el retrato del alma puertorriqueña. Canta y sabe llorar cantando, y sus personajes se insertan en la herencia cultural como cuentas de colores que brillan en la historia con luz propia. (M. Canetti)

3. EL MERENGUE DOMINICANO

Antes de que el merengue se hiciera popular en República Dominicana, estuvo de moda un baile llamado *upa,* introducido por las bandas de los regimientos cubanos estacionados en Puerto Rico. Y donde, por resultar ofensivo a las autoridades coloniales españolas, fue prohibido por los grupos moralistas en 1848. En consecuencia se le adaptaron nuevos pasos, tomándolos de la *contradanza* criolla, conociéndoselo a veces con el nombre de *merengue*. No está claro si el baile fue a Santo Domingo desde Puerto Rico o si el nombre fue dado a dos bailes diferentes, aunque con algunas similitudes.

Un relato del primer baile del merengue lo sitúa en 1844, durante la guerra entre Santo Domingo y Haití. Según el escritor dominicano Rafael Videla, cierto portaestandarte llamado Tomás abandonó su puesto en plena lucha debido a un contratiempo temporal. Y los dominicanos, que ganaron finalmente la batalla, cantaron y bailaron una nueva canción, satirizando al desertor:

> Tomá juyó con la bandera
> Tomá juyó con la bandera:
> Si juera yo, yo no juyera,
> Tomá juyó con la bandera...

Si la historia merece o no crédito, lo cierto es que la palabra merengue en estas canciones danzarias de la fórmula merengue, a partir de 1850.

Según algunos, el merengue es el prototipo del baile cibaeño, pero otros sostienen que no es del Cibao sino de 'la línea'.

Los merengues eran todos atrevidos, y algunos graciosos y satíricos. La parte vocal era de llamada y respuesta o solista, aunque alguno de los solos vocales tienen una forma que sugiere que en otros tiempos pudo haber sido canto alterno, dialogado. Los solos vocales, en la sección final – cuando la hay– suelen ser muy a menudo del tipo ya citado de llamada y respuesta.

La propagación comercial del merengue y su enorme influencia internacional (ocurrida de modo indirecto a través de Cuba) han sido causa de un sinnúmero de adulteraciones que, inclusive, han atentado contra su ritmo básico, derivado de los tangos africanos; pero afortunadamente el merengue ha sabido conservar su identidad dominicana a partir de un movimiento de rescate iniciado al promediar los años cuarenta. En lo coreográfico, el Ballet Folklórico Dominicano –bajo la dirección del Profesor Fradique Lizardo– incorpora a su repertorio el 'Merengue de Figuras' tal como fue recogido por Edna Garrido en 1946, en Jacagua, y enseñado por 'Papito' Vallejo. Mientras, en lo musical, nos remitimos al musicólogo John Storm Roberts, para quien la forma del merengue moderno se estableció a finales de la Primera Guerra Mundial. Este merengue consta de tres partes: una corta introducción (abandonada con frecuencia en la práctica) y dos secciones principales, una de dieciséis compases, que puede haber sido la forma original y cuya extensión puede ser muy bien una influencia europea, y otra de un tipo más derivado de África, que consiste en dos frases de dos compases repetidas muchas veces con variaciones. El efecto recuerda un poco a lo que ocurre con muchos números afrocubanos, como el guaguancó, que tiene una primera parte bastante *melódica*, en el sentido europeo, y una segunda con un fraseo mucho más cortado, donde impera la percusión. La última sección suele ser instrumental, pero cuando es vocal el canto se hace más fragmentado y orientado al ritmo, reinando la improvisación.

La instrumentación del merengue varía, pero en su forma campesina la integran, normalmente, el melodeón[65] (que virtualmente desplazó a la guitarra en el siglo XIX), *güiro*, y un tambor llamado *tambora*; a este formato orquestal y al tipo de merengue ejecutado, en que el canto suele alternar con la narración breve, se le llama *perico ripiao,* popularmente. Aunque el principal instrumento del merengue es el melodeón, hay también un estilo urbano de saxofón.

Los merengues tocados por los grupos cubanos en la época en que eran populares, usaban el mismo formato, pero cubanizado: más 'afro' y menos campesino. A su vez, la popularidad de la música cubana ha inspirado muchos estilos de

---

[65] *Melodeón*: tipo de acordeón en el que la melodía se toca con la mano derecha sobre unos botones adaptados para tocar escalas diatónicas en una o dos tonalidades. En algunos instrumentos las alteraciones se producen mediante botones separados. La mano izquierda tiene un juego de acordes y notas acompañantes, con 4 botones para cada tonalidad. Cada botón produce una nota diferente al abrir o cerrarse el fuelle. El melodeón es popular en Alemania y Europa central.

merengue dominicano y de plena puertorriqueña. El efecto de Cuba sobre las otras islas antillanas de habla española es sólo el más penetrante de un abanico de influencias entre las islas.

3.1. Origen del merengue 'pambiche'

René Carrasco, celoso guardián de las tradiciones dominicanas, es autor de un estudio sobre "La evolución de nuestro merengue en pambiche" en el que da cuenta pormenorizada del origen de esta modalidad que tanto han ponderado los versos de 'El negrito del batey':

> ... bailar de medio lao
> merengue apambichao...

La historia comienza en mayo de 1916, cuando los marines norteamericanos desembarcan en Santo Domingo y ocupan militarmente toda la isla (en 1915 habían invadido la República de Haití). A los pocos meses de esta ocupación, que duraría ocho años, los mejores bailadores del baile 'redondo' se alarmaron con la variante coreográfica que se veía venir, y criticaban que los grupos criollos se dieran a la ingrata tarea de imitar el estilo de baile impuesto por los marines norteamericanos desde 1916.

Por esos años, en la región del Cibao, imperaban las composiciones del popular acordeonista Toño Abreu, contemporáneo de Nico Lora, y autor de innumerables merengues tipo "Cibao adentro". Se afirma que Nico Lora es el autor del primer 'pambiche' y que lo improvisó en una de las fiestas sabatinas que amenizaba en Santiago de los Caballeros, cuando un tamborero llamado Flenche inventó un nuevo golpe de tambora al estilo Quintillas, efecto rítmico que motivó en Nico Lora la primera inflexión melódica que delineó un nuevo estilo de merengue.

La desvirtuación del baile impuesta en ciertas esferas dominicanas por los marines yanquis, que bailaban el merengue con pasos de 'one-step', sumadas al nuevo estilo de merengue creado por Nico Lora, provocaron la reacción de los defensores del merengue tradicional, como Martina Vargas, gran bailadora de aquellos tiempos, quien decía que todo eso era un atentado contra el verdadero merengue dominicano, porque ya no se bailaba el 'redondo de empalizada' ni la 'empalizada cruzada' y que aquello ya no era merengue sino que más parecía un *sancocho* (plato que es versión dominicana del 'cocido' español). Pese a todo, el nuevo merengue no demoró mucho en popularizarse entre las clases humildes del Cibao.

En tanto, la ocupación militar de República Dominicana continuaba y entre las influencias procedentes de los Estados Unidos de América llegó a Santo Domingo una tela que constituyó toda una novedad, le llamaban *palm beach* y la 'empleocracia' dominicana o la clase media en general encontró que el referido género de tejido era de aceptable presentación, que era cómodo y liviano para el trabajo en el clima tropical antillano y al mismo tiempo lucía para vestir elegante en cualquier gala; así, por un lado reemplazaba con creces a los mejores driles y por el otro se equiparaba al más fino casimir, y aunque no era ni lo uno ni lo otro, el *palm beach* servía para ambas cosas.

Esto equiparaba al palm beach con el nuevo estilo de merengue, pues si aquella era una tela 'todo terreno', este era un baile para todas las clases sociales, inclusive para que lo bailaran los marines norteamericanos. Así lo pensó Nico Lora y sin más dilación compuso un tema titulado "Palm-beach es mejor que dril", cuando corrían los años 1917-1918, pieza que consagró el nuevo estilo de merengue de Lora y hasta le dio el nombre de "pambiche". Y así consignan los cronistas el origen del primer pambiche en la historia del merengue.

Para los críticos y musicólogos, el *pambiche* no es propiamente un género de merengue sino apenas una de las tantas variantes del merengue en 'golpe corrido' en cuanto al ritmo musical. Pero sí parece que implanta alguna variante notable en el baile denominado 'redondo' o 'picado' en su forma tradicional, derivada del estilo cibaeño original o sea el merengue 'conchoprimesco' (¿de Concho Primo?).

También ha llegado hasta nuestros días el ciclo clásico que imperaba en 1916: estilo de Quintilla y estilo de Flenche, dos de los más grandes tamboreros que aportaron lo suyo al merengue moderno y que puede detectarse en temas como "María Tomasa", cuya versión actual conserva el mismo golpe de tambora estilo Flenche que originara el ya histórico primer pambiche. La tambora en merengues como "María Tomasa" tiene el golpe que más se ajusta a la actualidad.

4. La marimba

La marimba es un instrumento musical, originario del África negra. Su mismo nombre, "marimba" proviene de *marimba*, nombre que recibe el gran Xilófono Bapendé, del Congo, compuesto de 17 láminas y con un registro de tres octavas.

La marimba iberoamericana se localiza al sureste de México y en países de Centroamérica (Guatemala, Honduras, Nicaragua, etc.); siendo esta una marimba mestiza muy difundida por el turismo y la discografía.

Pero existe otra marimba en las costas de Colombia y Ecuador que baña el Océano Pacífico. Es esta una marimba negra, afroamericana, que tienen en la Provincia de Esmeraldas (República del Ecuador) su irreductible baluarte, al punto que la vida comunal de los esmeraldeños gira en torno a la marimba, que ha devenido institución por sustentar la identidad cultural de estos orgullosos negros nunca esclavizados.

("El Fabriciano")

SOLO: Yo soy Frabriciano,
¡carajo!
En lo que hemos dado.
CORO: ¡Carajo!
SOLO: Me voy pa la Tola
CORO: ¡Carajo!
SOLO: Y me cañonearon
CORO: ¡Carajo!

SOLO: Me voy pa la Tola,
carajo,
en mi borriquito.
CORO: ¡Carajo!
SOLO: Porque las toleras
CORO: ¡Carajo!
SOLO: Lo tienen chiquito
CORO: ¡Carajo!

4.1. La marimba esmeraldeña (Ecuador)

La marimba esmeraldeña está constituida por un número de placas o teclas de madera de chonta que varía de 17 a 18 ó 19, etc., según las dimensiones del instrumento. Las láminas se acuestan ordenadamente –de mayor a menor y con los graves a izquierda y los agudos a la derecha– sobre dos tiras longitudinales de madera, pero dichas tiras van recubiertas de corteza de damajagua a manera de elemento aislante, para que las teclas conserven al máximo su sonoridad al ser percutidas. Completan esta 'cama' dos marcos transversales de madera, cuya misión es soportar las tiras longitudinales. Debajo de las láminas van los resonadores tubulares, de caña de guadúa, dispuestos verticalmente y cerrados en su extremo inferior. Cada tecla lleva por debajo su respectivo resonador de un tamaño proporcional a su longitud. Un alambre atraviesa los resonadores en sentido diametral por su extremo superior, centrándolos aisladamente por debajo de cada lámina. Igualmente, cada cordel entreteje y asegura las placas a la altura de las tiras longitudinales. Finalmente, se monta la marimba sobre dos 'burros' o caballetes de madera, uno a cada extremo, quedando el teclado a la altura idónea para los ejecutantes. Son dos los instrumentistas que tañen la marimba con unas baquetas de la misma chonta que están hechas las láminas, pero que tienen en sus extremos una protección de caucho vulcanizado. Cada ejecutante lleva una baqueta en cada mano, así pues, son cuatro las mencionadas macillas o tacas que percuten las placas simultáneamente. Uno de los ejecutantes tiene a su cargo el registro agudo, llamado *triple*, y el otro evoluciona sobre los registros graves o *bordón*.

BOMBOS. Todo conjunto de marimba debe tener dos bombos. En Esmeraldas se fabrican de palo de balsa ahuecado, y sus dos bocas se cubren con piel de tatabra. El tatabro es un mamífero paquidermo de América, parecido a un cerdo pequeño. El *bombo grande* lleva piel de tatabro macho, porque es más gruesa y da un sonido más profundo. El *bombo chico* lleva piel de tatabro hembra, por ser más delgada y producir un sonido más claro.

CUNUNOS. En un conjunto de marimba debe haber dos cununos. Se construyen de troncos ahuecados y son unimembranófonos, es decir, que llevan un solo parche que, al igual que los bombos, es de piel de venado macho para el sonido grave y de hembra para el agudo.

GUASÁS. Idiófono sacuditivo en forma tubular, de diámetro angosto y extensión aproximada de 40 centímetros. Se construye de un nudo de caña gadúa, al que se le atraviesan clavos para mejorar el sonido de las semillas de 'archira' que se han colocado en su interior. Es exactamente igual al guasá colombiano.

CARRASCA. Consiste en una media caña de chontilla fina, dentada en sus bordes, la cual se raspa con un hueso seco de la pata de un animal pequeño.

4.1.1. La marimba esmeraldeña del puerto de San Lorenzo

En junio de 1968 los etnomusicólogos Isabel Aretz y Luis Felipe Ramón y Rivera, matrimonio de larga trayectoria sobre el folklore en Latinoamérica, realizaron una visita a la República del Ecuador para estudiar el rico folklore negro de la Provincia de Esmeraldas; muy en especial la marimba del puerto de San Lorenzo.

El conjunto instrumental de San Lorenzo se guarda en la CASA DE LA MARIMBA. Lo componen, además de la *marimba* que constituye la base del conjunto, dos *bombos*, dos *cununos*, una *guacharaca* (o *alfandoque* o *guasá*) y una o más *maracas*. Estos ejecutantes –llamados *marimberos*– se sitúan en forma de semicírculo, frente a la marimba.

La *Marimba* sanlorenceña estudiada, constaba de veintidós planchas de madera de durísima chonta. Dos anchos listones horizontales y paralelos, apoyados sobre dos puentes o *cabeceras* de *chanul*, sirven de apoyo a las planchas. Estas están aseguradas con una larga y fina cuerda de bajía que rodea a cada plancha, partiendo de los lados donde están atadas a dos clavos que sobresalen por la parte exterior de las cabeceras.

Debajo de cada plancha aparece colgado un tubo de *guadua*, cortado de un nudo de este grueso bambú. Estas guaduas actúan como resonadores: *"dan la voz"*, dijo su fabricante, don Víctor Solís.

Esta marimba mide 1.60 metros de largo. Las teclas, medidas de mayor a menor, tienen estas medidas descendentes en centímetros: 73, 69, 68, 65, 60, 57, etc. Siendo las cuatro últimas de 31, 30, 27 y 25 centímetros. En cuanto a los tubos resonadores de guadua, cuyo largo mayor coincide con las teclas mayores, obviamente, el más largo mide 67 centímetros y tiene un diámetro de 7; el siguiente 57 centímetros de largo y así van disminuyendo progresivamente en su largo, hasta darnos los tubos resonadores más cortos medidas de 11; 10,5; 9 y 7 centímetros. Las guaduas van atravesadas por un bejuco cerca del borde superior, que se sostiene por seis pasadores atados a los listones.

Lo más característico de esta marimba sanlorenceña es que no se asienta sobre burros o caballetes ni tampoco tiene patas para ser apoyada en el suelo, sino que aparece suspendida de un travesaño del techo por medio de cabuyas que rodean a las cabeceras, y se sube o se baja la marimba de acuerdo con la estatura de los ejecutantes. La marimba se percute con cuatro palos de la misma madera de chonta (o eucalipto o de *amarillo*), los cuales terminan en tacos de caucho a manera de cabezales o macillos. Los ejecutantes son dos: el *bordonero* y el *tiplero*.

En unos casos, tocando la marimba a cuatro manos, situados los marimberos frente a la sala, uno al lado del otro, el bordonero cruza su brazo derecho con el izquierdo del tiplero porque sus registros del teclado se superponen.

En otra forma de ejecución, el tiplero, colocado de espaldas a la sala, percute las teclas del centro, mientras que el bordonero, de frente a la sala, percute las teclas graves y agudas situadas a los extremos de la marimba.

Una tercera técnica instrumental es la que, siempre manteniéndose los ejecutantes frente a frente, el tiplero se reserva las teclas de registro agudo, con las que produce la melodía, y el bordonero ejecuta la armonía en los registros graves.

La afinación de esta marimba no corresponde en modo alguno a nuestra escala temperada diatónica, pero tampoco demuestra tener el propósito de una afinación particular. Ramón y Rivera opina que los constructores de las marimbas no se proponen obtener una afinación determinada sino aproximada, y en escala descendente del agudo al grave.

5. Costa del Pacífico colombiano (Zona centro-sur)

MARIMBA. Xilófono con resonadores de cañutos de guadúa, compuesto de una 'cama' sobre la cual descansan 18, 24 ó 32 tablillas de chonta, graduadas de mayor a menor. Se ejecuta con dos *bordones* (baquetas con cabeza de caucho endurecido).

CUNUNOS. Tambores troncónicos de un solo parche, cerrados casi totalmente por la base. Se templan con cuñas de madera adosadas que sujeta una cuerda fuerte, que a la vez sirve para sostener las 'llaves' que tensionan el cuero. Se emplean dos cununos: *macho* (de altura aproximada de 80 centímetros) y *hembra* (de menor altura y diámetro).

GUASÁ. Idiófono sacuditivo de idénticas características que el ecuatoriano, descrito anteriormente.

BOMBOS. Membranófonos de dos parches. Hay *macho* (52cm de altura x 51 de diámetro) y *hembra* (50 de altura x 46 de diámetro).

FLAUTA. Insuflativo de carrizo, con seis agujeros. Comúnmente las flautas se fabrican de caña (carrizo o bambusa).

Esta región del Litoral Pacífico comprende desde las Bocas del río San Juan hacia el sur, hasta la frontera con el Ecuador (Provincia de Esmeraldas).

La mayor parte de los ritmos que han tomado carta de naturaleza en esta zona, extraen del *currualo* los elementos básicos de su estructura. Tal sucede con la 'Juga', el 'Berejú', el 'Patacoré' y el 'Pango', que presentan motivaciones de sentido religioso. Es frecuente también encontrar bailes en los cuales se advierten las nuevas variantes.

El CURRULAO hizo su entrada en la Nueva Granada por Cartagena de Indias, donde en el siglo XVII se le mencionaba como 'baile de esclavos' y se caracterizaba por el uso de antorchas, velas y aún pañuelos encendidos que llevaban los oficiantes. El currulao llegó luego a Antioquia y por las vías fluviales alcanzó el litoral Pacífico, asentándose entre mineros y pescadores.

El esquema rítmico del currulao se apoya en el repique de varios grupos de tambores, alternados con la marimba y los guasás. El canto corre a cargo de voces femeninas y masculinas armonizadas espontáneamente sobre la melodía de un estribillo que se repite indefinidamente hasta que los versos devienen rítmicos fonemas.

(Currulao)

SOLO: Eeeh... ooooOoh
CORO: Eeeh...
SOLO: Ay, Tolero. Ay, Tolero
      o o o ó ó
      o ó ó o
CORO: Eeeh...o.

SOLO: Cuando yo te juí a traé
      o ó
      Yo te juí a traé
CORO: E
SOLO: Yo vide ayayay tolero
      ayayay o o o o
CORO: Ay ayayay

6. Costa atlántica: la cumbia

La procedencia africana de esta música danzaria es indudable, y su autenticidad le permite conservar la pureza de su estructura básica (compás binario 2 x 4) como algunos de los instrumentos de percusión en su acompañamiento, compuesto por 'tambor llamador', 'tambor mayor', 'bombo', 'guacho', 'caña de millo' y 'gaitas': 'macho' y 'hembra'. La caña de millo y las gaitas son instrumentos indígenas de la zona caribe, y las melodías que se entonan con ellas evocan un ancestro aborigen sobre un fondo rítmico negroafricano.

La gestación de la cumbia en el largo proceso de mestizaje entre los negros e indios en la Costa Atlántica de la zona de Cartagena de Indias (y el 'zambaje' producido por dicho mestizaje) coincide con las festividades religiosas de la época colonial: las procesiones de la Candelaria, en que los oficiantes iban a paso lento, dejándose arrastrar por el eco de los tambores, estando a cargo de las mujeres la iluminación con las velas o hachones.

Folkloristas colombianos, como Guillermo Abadía, han abogado por la conjugación zamba de la cumbia, ya que algunos cronistas nombraron con la denominación de 'gaitas' a ciertos cantos de los indios Caribe, que se acompañaban con flautas rectas, caña de millo y de la maraca gigante o 'guacho'. Tales cantos, asociados al ritmo africano de los tambores negros, pudieron dar origen a la cumbia.

7. Tamborito

7.1. Africanía y tradición

Aunque Panamá surge como república a comienzos del presente siglo (1903), su historia nacional cuenta varios siglos de gestación.

Ya en el año de 1769 se describía el *tamborito*, indicándose que era una costumbre antiquísima. Los antropólogos coinciden en afirmar que el baile en rueda es un emplazamiento muy primitivo. Cuanto más antigua es una comunidad más propicia al baile en círculo. Esto aún se puede comprobar en la actualidad entre algunas comunidades indígenas panameñas, de las etnias guaymíes, kuna o chocoanas.

El tamborito es la prueba de que la cultura panameña es el producto decantado de las tres raíces que conforman la nacionalidad istmeña: la indígena prehispánica, la negroafricana y la española. Los gritos del 'arrucao' y las melismas de la 'saloma' funden en explosión de júbilo lo nativo del Darién con lo que llegó de Andalucía, y el uso de tambores de factura africana ha originado uno de los bailes folklóricos más interesantes del continente americano.

El tambor, como instrumento musical, acompaña la mayoría de los bailes folklóricos de Panamá, como el tamborito, la mejorana, los puntos, los bailes congos, los bullerengues, etc. Por ello, los panameños rinden un verdadero culto a los tambores, acudiendo presurosos a su parlante llamado.

> Panameña, panameña
> Panameña vida mía;
> yo quiero que tú me lleves
> al Tambor de la alegría...

7.2. Formas de los tambores

Entre los tambores panameños se distinguen dos tipos o mejor aún, prototipos: a) uno abierto, unimembranófono, que se toca con las manos y siempre recibe el nombre genérico de *tambor*; y b) otro bimembranófono, cerrado, que se percute con baquetas y recibe el nombre de *caja*. Difieren en tamaño los darienitas, santeños, congos y chorreranos. Hay dos tipos de caja: la una con ajuste de aro, especie de redoblante europeo; y la otra con ajuste directo, que no utiliza aro para engarzar las tensiones.

La *caja* que no usa aros para tensar sus cueros es de tipo bien africano. Se templa tirando directamente de los bordes de los parches. El cuerpo de la caja es cilíndrico. A estas cajas de tipo africano también se les llama *tambora*. A la que tiene aros se le llama simplemente *caja*. Los sonidos de ésta son menos graves.

En cuanto a los tambores, comúnmente se emplean dos o tres, son de cuerpo troncónico y llevan un solo parche, tensado con cuñas, al estilo del Congo. Se percuten a mano pelada, salvo en la festividad del Corpus para acompañar ciertas danzas, y aun en tales casos se utiliza una sola baqueta y nunca dos.

Aunque el tambor panameño conserva su estructura africana, los materiales de su fabricación son aborígenes. Para el tronco se emplea cedro indio, corotú, balso o palma de coco. Y para el parche se usa cuero de chivo, venado, zaíno o tigre.

7.3. Diferentes nombres de los tambores

Los nombres del juego de tambores del panameño tamborito son: *pujador, repicador, y llamador*. Pero hay variantes regionales de acuerdo al cambio de funciones que desempeñen los mismos de uno a otro lugar.

Al son de sonidos más agudos y requintados se le llama *repicador*. Sin embargo, en la Chorrera, le dan el nombre de *sequero*.

En Penonomé y en Antón, el *repicador* no repica sino da los golpes claros y secos. Ellos usan cuatro tambores; los otros dos son *pujadores* pero en realidad, entre ellos uno solo es el que puja; el otro alterna los golpes graves y simples con los repiques para inducir a los cambios en el baile. Por ello, en estos lugares, le dicen *llamador*.

Esta nomenclatura también se altera entre los congos. Ellos llaman *seco* al tambor más grave, y *hondo* al de sonido más agudo.

En Parita (Provincia de Herrera) usan un *pujador*, un *repicador* –con las funciones que son comunes a ellos– y dos *cajas*: una de tipo *tambora* y otra de tipo *redoblante*, que da mucha resonancia. Tal pareciera que en estas dos cajas pugnan las sobrevivencias africanas con la transculturación euroccidental, sin que el proceso se defina por alguna de las dos culturas.

El redoblante se percute con baquetas y la tambora con dos palos.

7.4. Cajero y tamboreros

A los que tocan los tambores se les llama 'tamboreros' y al que percute la caja se le dice 'cajero'.

Cuando la cantalante ataca con los primeros versos de su copla, entra inmediatamente la caja marcando el compás de la tonada. Enseguida entran los tambores llenando o 'redondeando' musicalmente la melodía. Así pues, el cajero comunica a los tamboreros, al coro, a los bailadores y al público asistente el ritmo elegido.

Y así como en África negra el papel del tamborilero principal incluye el dar indicaciones a los bailarines en ocasiones sagradas o profanas, en el tamborito de Panamá, el *repicador*, el tambor más pequeño, llama a los bailarines y dirige sus movimientos. El tambor repicador es el que comunica, mediante una llamada insistente, el momento en que se deben dar los 'tres golpes', fase del baile que consiste en que la pareja de bailadores debe acercarse a los tambores, y ya frente a ellos dar tres pasos reverenciales hacia atrás. Este pasaje de carácter ritual es un aspecto más de la africanidad subyacente en el tamborito panameño: en África negra el tambor era el medio empleado por el hombre para comunicarse con sus dioses, y por tanto se le rendía culto y respeto.

Hoy en día, los panameños hacen los 'tres golpes' sin percatarse de su trasfondo ritual. Los bailarines proceden mecánicamente al oír el llamado del tambor *repicador*.

7.5. El baile

El tamborito es un baile de galanteo, de enamoramiento. Alguien lo ha descrito como una danza amatoria.

La primera fase de su coreografía es un coqueteo de la mujer, que casi lleva prendido al varón de los vuelos de su pollera, pero cuando éste se le acerca ella da la vuelta y esquiva, desdeñosa, el acoso; para nuevamente insinuarse muy femenina y altiva, encendiendo de erótico ardor a su pareja.

Todo lo anteriormente expuesto constituye la primera parte del baile, llamada el PASEO.

Cuando el tambor repicador 'llama', la pareja, lado a lado, llega frente a los tambores, retrocede, avanza y luego da TRES GOLPES seguidos de una vuelta entera sobre sí misma. Se interpretan los tres golpes como la ofrenda de su simbólica unión carnal a los dioses convocados por sus tambores. Es como una solicitud de permiso que la pareja hace, buscando la bendición y protección divinas.

Hechos los tres golpes sucede entonces la última fase del tamborito, o sea la SEGUIDILLA. La mujer abre su amplia falda. El hombre, galante, abre los brazos en actitud anhelante. Hombre y mujer, frente a frente, giran entorno a un eje imaginario. Se interpreta esta parte última del tamborito como la entrega total, el amor consumado.

7.6. Matriarcado

El tamborito es baile de una sola pareja por vez, es decir, hay que esperar que la pareja anterior abandone el centro del ruedo para sustituirla. Significa que, a diferencia de la cumbia, el tamborito es un baile de pareja individual; no pudiendo bailar varias parejas al mismo tiempo.

La mujer es la dominante en el tamborito. Es ella la que canta, corea, palmotea, compone las coplas y tonadas; ella reina en los dominios de la rueda.

Verdad es que los gritadores son hombres y que el rito sirve de apoyo a las fiestas cuando su emisión gutural, hecha por buenos gritadores, aumenta la alegría del tamborito. Pero los gritadores están en la periferia de la rueda del tambor, de tal forma que no interfieren con la voz de la 'cantalante' ni con las voces del coro. Y esto no impide que el bailador, dentro de la rueda, grite animándose.

Pero será la mujer, cuando lo desea, la que rompa la entrega simulada en la seguidilla, ella es la que se retira del baile tras haber consumado la coreográfica entrega, dejando al hombre en el centro de la rueda, hasta que otra mujer decida sustituirla. Hay veces que ella sale sola al centro del ruedo, tomando la iniciativa. Y si desea bailar con un hombre determinado le bastará colocar su pañuelo sobre el hombro del escogido. El buen entendedor de la tradición entenderá el mensaje...

7.7. Ritmos musicales y danzarios

Doña Dora Pérez Viuda de Zárate, en uno de sus múltiples estudios, se preguntaba si son los tambores *"elementos acompañantes de canto en el baile del tamborito"*. Y ella misma decía no poder asegurarlo, pues había escuchado muchas veces la percusión del juego de tambores solos, sin los coros, resultando tan importantes por sí mismos como cuando los acompaña el canto. Lo ideal es que se logre una sinfonía.

Generalmente en una sesión de tamborito figuran la caja y dos o tres tambores, según la tradición lugareña. Tienen que ser entonces tres o cuatro tamboreros los ejecutantes que arrancan a sus instrumentos una gama de riquísimos timbres, tonos, efectos y ritmos, por no hablar de poliritmia.

Es tal la importancia del tambor en estas manifestaciones populares panameñas que los diferentes bailes llevan el nombre genérico de *tamborito* y los específicos de 'tambor'. Así tenemos 'tambor norte', 'tambor corrido' y 'tambor norte abierto' o 'tambor norteao'. Estos bailes también conocidos como ritmo norte llevan el compás de dos por cuatro y hay quien encuentra en esta división rítmica la más negra pureza que confiere al negro panameño la paternidad de estos bailes de tambor. Igualmente, el 'tambor corrido' – que lleva el compás de 6 x 8– les parece de ascendencia europea y para estos mismos estudiosos ello confirma la paternidad hispánica del mulato tamborito, hijo de África y España, nacido y criado en Panamá.

7.8. Los congos de Portobelo

La provincia de Colón, en la costa Atlántica de Panamá, posee una muy numerosa población negra, de ascendencia africana. Obviamente se trata de negros criollos y rellollos, ya que los últimos africanos 'de nación' desaparecieron a principios de este siglo.

Al igual que en las demás provincias de Panamá, en Colón también se da el *tamborito* pero, al decir de doña Dora P. de Zárate, este es "un tamborito tal vez más oscuro que el común, pero tamborito al fin, y quizás –agrega– si hilamos un poco fino podríamos aventurar la afirmación de que en estos tambores viva el origen de nuestro baile nacional".

El fuerte de su ejecución está en los llamados 'grupos congos' que forman una serie de comunidades que se extienden por toda la cuenca del río Chagres y por toda la costa Atlántica, desde lo que hoy se conoce por la Costa Arriba, que parte desde la ciudad de Colón hasta Santa Isabel, pasando por Portobelo y Nombre de Dios, hasta la Costa Abajo, que en dirección contraria va hacia el Oeste hasta los límites con Veraguas.

De nombradía es el tamborito portobeleño, pero lo esencial son los tambores congos que los coloneses señalan como la manifestación típica de su provincia; la más apreciada, la más gustada. Hablar con cualquiera de ellos es oírlos decir con orgullo "el congo es lo nuestro; lo propio de aquí" y por lo que se ve, la población entera es congo. Y en la representación de sus dramas, una *'Reina de Guinea'* es recibida con toda pompa por la Reina de los Congos.

7.9. LA 'CANTALANTE'

La solista o *cantalante* es guía del coro femenino, da el tono y dirige el canto alterno de llamada y respuesta en que se desarrolla la tonada del tamborito, complementada por el rítmico batir de palmas.

La *cantalante* es una mujer con características muy especiales: voz clara, metálica; personalidad y largo aliento además de buena memoria o gran sentido de la improvisación, he ahí los requisitos fundamentales en una *cantalante*. La capacidad de improvisación se pone a prueba sobre todo en el Carnaval, cuando en un 'topón de tunas' o sea en un encuentro de dos o más grupos que bailan por las calles al ritmo del tambor, la cantalante debe improvisar la copla que, por encima del repicar de tambores, gritería y fuegos ratifícales, llegue a ser escuchada por la tuna contraria, zahiriéndola y ridiculizándola:

> Llega, llega cantadora
> que aquí está tu topadero;
> yo soy la propia bigornia
> donde machacan acero...

> Pregúntale a Calle Arriba
> qué le pasó allá en Colón;
> que el famoso matrimonio
> quedó en amonestación.

> Si es cuestión de hacer preguntas,
> yo le voy a preguntar:

> ¿Qué le pasó a Calle Abajo
> por allá en el Pajonal...?

7.10. El carnaval

Tradicionalmente el tamborito se da en las grandes festividades del calendario panameño: Navidad, Año Nuevo y Carnaval. Es esta última ocasión la más propicia hasta en los pueblos más alejados de los grandes centros urbanos, habiendo hasta hoy algunos poblados donde el tamborito es el único baile permitido durante los cuatro días con sus cuatro noches de carnaval. Ya sea en la sala de una casa, desprovista de muebles para dar mayor amplitud, o en una enramada o en la plazoleta del lugar, la gente se reúne para participar del tamborito.

En algunos pueblos de la Provincia de Los Santos, el pueblo se divide en dos bandos contrarios, denominados 'Calle Arriba' y 'Calle Abajo', cada uno con sus respectivos tramboritos. A ciertas horas de la noche o de la madrugada, el tamborito se transforma en 'tuna' o comparsa que baila por las calles del pueblo y llega al barrio contrario, retándolo a parrandear y medir sus fuerzas que se tasan por la calidad de sus respectivas cantalantes, la maestría de sus tamboreros, la alegría de sus tonadas y la cantidad de tracas y cohetes quemados.

Un tope de tunas en el Martes de Carnaval –día destinado en esos pueblos a la pollera panameña– supone ver a decenas de mujeres empolleradas portando mazos de velas encendidas, acompañadas por los hombres simpatizantes de cada tuna, enfrascadas en un duelo de coplas improvisadas, competencia de tamboreros y flamear de banderas con los nombres y colores de cada tuna...

7.11. Textos de tamboritos congos[66]

SOLO: Congo está muriendo
por necesidá.
¿Quién tuvo la culpa?
Señor Baltasar.

CORO: Cogé y huelé, angüé.

SOLO: Por lo coco 'e playa
mangüé

CORO: Cogé y huelé, mangüé...

(Siguen así S. y C. indefinidamente)

8. Los tangos

Entrando el siglo XIX, el 27 de enero de 1816, el Cabildo de Montevideo lanza un bando sobre Orden Público, en cuyo artículo 14 establece:

> Se prohíben dentro de la Ciudad los bailes conocidos por el nombre de tangos, y sólo se permiten a extramuros en las tardes de los días de fiestas, hasta puesto el sol.

---

[66] Estos textos de tamboritos Congos pertenecen a un trabajo ensayístico de doña Dora P. Zárate (1970: 268-9) y confiesa con justo orgullo que han sido tomados en su propio ambiente panameño en días ñeque los Congos celebran sus fiestas. "Unos han sido tomados en la misma Ciudad de Colón entre los grupos de congos que regenta su Reina Lilia Ester Perea. Otros textos –añade- han sido tomados entre los grupos congos del pueblecito de Piñas en un día de carnaval de 1968". (En: FOLKLORE AMERICANO. Años XVII-XVIII, n 16, Lima – Perú).

El ritmo básico de la habanera cubana y de la danza puertorriqueña está presente en el tango argentino, en el merengue dominicano y hasta en algunos antiguos 'blues' de Nueva Orleáns, aunque con diferente acentuación. Y todo parece indicar que la clave está en esa frase rítmica del tango angola-conguense, que es común al tango andaluz y a los tangos caribeños, así como a la polirritmia negroamericana en general.

Dentro de esta familia tenemos en Puerto Rico el *seis milonga* y el *seis tango*. En Cuba, el *tango congo* es rescatado por los más representativos compositores de los años veinte y treinta, que lo incluyen en sus zarzuelas.

En su estudio sobre las danzas afro-uruguayas de corte ceremonial, dice el etnomusicólogo montevideano Lauro Ayestarán:

> Hasta ahora la danza negra venía cubierta con dos títulos: calenda y tangos. Después de 1830 comienza a aparecer el nombre de Candombe... la palabra candombe es genérica, en nuestro medio, de todo baile negro, como antiguamente se aplicó el término 'tango' y en sus postrimerías 'zamba'.

Igualmente, el poeta y costumbrista uruguayo Rubén Carámbula, tiene una definición ensayística para esta danza del folklore afro-rioplatense:

> El 'candombe' es supervivencia del acervo ancestral africano de raíz bantú, traído por los negros llegados al Río de la Plata. La palabra es genérica de todo baile de negros, sinónimo de danza negra, evocación del ritual de la raza.

Luego, Carámbula enfoca el candombe en el viejo Buenos Aires, y dice:

> Las fiestas de esclavos y libertos en Buenos Aires se dan más o menos en la misma época que en Montevideo y bajo las mismas festividades: Día de Reyes, San Benito de Palermo y San Baltasar.

El Candombe cobró notable auge en época del gobernador don Juan Manuel de Rosas, culminando con un colosal festejo candombero en la Plaza Victoria, en que participaron más de seis mil negros... En el Buenos Aires antiguo existieron típicos *barrios del tambor*, llamados así por el ruido infernal de sus redobles tamborileros. Famosos por su tradición negrista fueron Monserrat, San Telmo y el barrio de los Congos Mondongo.

"Canto congo de cabildo"

Para tres tambores
(Tambor 'mula', Tambor 'caja', Tambor 'llamador')

C. ¡Engó teramene!
S. Jabre cutu güiri mambo.
C. ¡Engó teramene!
S. Jabre cutu güiri diambo.
C. ¡Engó teramene!
S. Jabre cutu güiri dinga.
C. ¡Engó teramene!
S. Jabre cutu muana inquén diame.
C. ¡Engó teramene!

(Siglo XVIII)

9. La conga

Como necesaria introducción a la *conga* como baile de comparsa de Carnaval y a la *conga* como instrumento de percusión unimembranófono, tenemos que tratar algo de los *tambores congos*.

El ámbito musical congoleño coincide con la influencia cultural marcada por el gran Reino del Congo que alcanzó su máximo expansión territorial antes de la llegada de los portugueses. Al comienzo del siglo XV al soberano del Congo, o Manikongo, le rendían tributo desde los reinos de Kakongo y Loango hasta el Ngola del Ndongo (actual Angola). Se trataba pues de un Imperio negro que comprendía toda la cuenca del gran río congo hasta el Tanganyca en el Este; la región del Ogowe por el noroeste, incluyendo el actual Gabón, parte del Camerún, Calabrar y las tierras del Níger inferior y del Benué, marcando su frontera meridional el río Cunene. Dentro de esta 'provincia musical', obviamente, caben muy diversos tambores.

Los tambores congos han recibido varios nombres genéricos. Ya por el siglo XVII circula el vocablo *Ngomba* o *Ingomba*, para un gran tambor congo unimembranófono, hecho de un tronco ahuecado y que solía llevarse en los ejércitos. Y son todavía corrientes en Cuba las voces *ngoma y engombo*. En Brasil corren los vocablos *ingome, ingomo, engoma e ingombe*, para los tambores grandes de origen congo; y *zambé* para cierto ingome pequeño.

¡La Conga de Jaruco
ahí viene
arrollando...!
"¡Quítate de la acera,
quita, que te tumbo...!".

(Conga tradicional)

Los tambores de origen congo se extendieron mucho por toda Latinoamérica. Sería prolija la enumeración de los que pueden presumirse como de oriundez bantú. Particularmente los de caja cilíndrica, alta y estrecha, así 'clavados' o 'de candela' como atirantados con largos cordajes que van del parche a una membrana inferior, o a un fajón de cordel fijo a la caja.

Por citar algunos ejemplos, diremos que en Venezuela hay unos bimembranófonos y unipercusivos llamados *tambores redondos*, de Barlovento, o sea el *Pujao*, el *Corrido* y el *Cruzao* de la orquesta de Curiote; el *Chimbanguele*; los dos también bimembranófonos de Ocumare, el *Primero* y el *Segundeador*.

Los congos, aunque todos ellos bantú, tuvieron en Cuba muchos cabildos con denominaciones diversas, correspondientes a procedencias étnicas distintas. Así hubo cabildos llamados Congo Real, Entótela o Nsombo, Congo Banguela, Congo mumbala, Congo Musomba, Congo Mundamba, Congo Motembo, Congo Musindi, Congo Nasinga, Congo Mondongo, Congo Mucoso, congo Mayombe, Congo Munyaca, Congo Musalela, Congo Mumbaque, Congo Cabinda (¿cabinda?), Congo Luango, etc.

Los viejos cuenta cómo en La Habana, en cada cabildo de congos solían tocarse tambores especiales, distintos de los del resto de la conguería. Y aun en los mismos cabildos se tañían tambores de diversos tipos, según las ocasiones religiosas o profanas. Y aun en los mismos cabildos se tañían tambores de diversos tipos, según las ocasiones religiosas o profanas..

En Cuba generalmente son comprendidos todos los *tambores congos* en la genérica denominación bantú de NGOMA.

9.1. LA CONGA: GÉNERO BAILABLE

Conga es un tipo de agrupación que hace música en las comparsas carnavalescas. Tiene su origen siglos atrás, en las festividades celebradas en Cuba con participación de los esclavos negros.

La Conga es también un género bailable y cantable típico de las citadas comparsas carnavalescas. En su instrumental participan tambores de diversos tipos, abarrilados y de un solo parche de cuero de buey (conga, tumbador y quinto); bombo, cencerros, sartenes y otros objetos de metal.

El baile se reduce a marchar al compás del ritmo característico, en que alternativamente, en todos los compases pares, se destaca una síncopa que los bailadores subrayan flexionando y abriendo las rodillas o simplemente levantando una pierna ligeramente y marcando el golpe con un brusco movimiento de cuerpo. Esto hasta los años treinta. Luego se bailó de un modo más libre.

Las frases melódicas de la *conga* son breves, siendo cada una generalmente de dos o cuatro compases. El número de compases de toda la pieza fluctúa entre 28 y 36. A veces, la conga adopta la forma ternaria, otras la binaria y hay casos en que sólo consta de un tema que se repite tantas veces como lo requiera el texto.

Este género popular cubano ha sido llevado a los salones de baile por orquestas con elaboradas instrumentaciones, siendo asimilado por estilizadas formas danzarias, y empleándose tales sofisticaciones coreográficas en infinidad de películas musicales.

> Oiga colega no se asuste cuando vea
> al alacrán tumbando caña,
> al alacrán tumbando caña:
> costumbre de mi país, hermano…

Conga se le dice a un tambor afrocubano; pero también se aplica esa palabra a un baile, a un canto, a la música que se toca, baila o canta con ese percusivo y a las comparsas que usan tales instrumentos. Una *conga* quiere decir *"un 'tambor' de los que se usan para tocar 'conga' "* o la música de marcha o de baile así denominada. Don Fernando Ortiz en su *Glosario de Afronegrismos* define así la CONGA: "Música afrocubana, compuesta por ciertos tamborees propios de los negros, y el son de esa música".

Ma-ma-kongo significa "canto" en el Congo. *Kunga* entre los bantú significa, en esencia, "canto ceremonial". Y *"nkónga"* significa "ombligo", lo cual puede bien relacionarse conciertos bailes congos, como ocurre con las voces, también bantú, *samba y Kumba (cumbe)* que asimismo significan "ombligo"; pues la "ombligada", el "vacunao" y el "botao" son pasos típicos de algunos bailes afroides de carácter erótico y función ritual.

Las *congas* hoy son *tambores* casi siempre deduelas y flejes de hierro, largos como de un metro, algo abarrigados, abiertos con una sola membrana de buey y fija por clavazón. Son originariamente *tambores de candela*, que han de ser templados a la llama reiteradas veces. La voz *conga* se aplica también a un dúo de tambores: 1. La *conga mambisa* o caja y 2. El *salidor o tumbador*. Hay actualmente un tercer tambor adicional, de nombre *quinto* (de sonido 'agudo' o 'tiple') que es el que *requinta* porque 'canta muy finito'.

9.2. El carnaval santiaguero

En Santiago de Cuba y otras ciudades de la provincia de Oriente, en los días de su Carnaval (que tiene como fecha central el 25 de julio, festividad de su Patrono Santiago), entre otras comparsas, salen cada año la *carabalí* y la *conga*, con músicas, danzas y cantos que componen y ensayan desde varias semanas antes de la gran cita anual, amén de algunos toques tradicionales. Las comparsas santiagueras surgieron desde los años coloniales, "en tiempos de Ñaña Seré", según dicen.

Los toques de las comparsas congas son característicos por su ritmo y muy apropiados para 'arrollar' a paso danzario en la vía pública. La música de la conga santiaguera se difundió por toda la isla de Cuba y luego –en los años cuarenta– por todo el mundo al contagioso embrujo de su ritmo bailable.

Las carnavalescas *comparsas congas* de Santiago de Cuba tienen tambores especiales, tal como acontece con las *comparsas carablís*. Cada orquesta de *comparsa conga*, además de los *tambores bakú* y de otros implementos, lleva tres tambores llamados *congas*, los cuales a su vez reciben nombres específicos, como el de *La Galleta* para uno de ellos y de *La Pilonera* para cada uno de los otros dos.

Entre *congas* bimembranófonas y ambipercusivas, se tañen con la línea eje de sus cajas en posición horizontal, colgadas del cuello. Con la izquierda se toca el correspondiente cuero para 'variar', 'abrir' y 'tapar' el sonido; y con la mano derecha se da con un bolillo en el otro parche; con el cual se obtienen variantes tonos.

>Coro al unísono:
>
>Hay una comparsa de gente de arriba,
>hay otra comparsa de gente de abajo:
>cuando los de abajo se van para arriba
>entonces los de arriba se van para abajo.
>
>Camagüeyanos y habaneros
>formaron una comparsa (BIS)
>Óyela cómo suena ya...

Las comparsas empiezan a organizarse desde horas tempranas de la tarde. Se oyen los sonidos de los tambores, las cornetas chinas, los calderos de cocina... Ya los rumberos calientan sus *hierros*. En el aire hay olor a fiesta grande. Porque estos carnavales tienen su fama muy bien ganada. Al compás de la música, el ron y el contoneo de las santiagueras, desfilan las carrozas y evolucionan los comparseros. Después, un mar de gente se lanzará a la calle y arrollará Trocha abajo hasta que salga el sol...

Los carnavales de Santiago de Cuba se distinguen por la participación masiva del pueblo, arrollando detrás de las comparsas. (La comparsa es una danza callejera o una progresión en marcha colectiva, cuyo más remoto antecedente era el Cabildo negro de nación africana.)

Se conocen dos estilos de comparsa contemporánea: el *paseo* que lleva orquesta, bailadores uniformados, desarrolla una danza dramática con un argumento exótico casi siempre. Y el otro estilo es la conga que lleva sólo tambores, cencerros, hierros sonantes y utilizan la típica *corneta china*.

En el carnaval santiaguero tradicionalmente existió un momento culminante, de comunicación simbólica, que fue denominado el *día de la arrancada*, el cual, paradójicamente, se realizaba el último día de las fiestas carnavalescas, o sea el 26 de julio.

En esta fecha se reunían todas las agrupaciones en la Plaza de Marte en una comparsa multitudinaria, conocida como *montompolo*. Este 'día del arranque' (fiesta de San Joaquín y Santa Ana) bien debiera llamarse 'noche de arranque', pues era de noche que se reunían todas las comparsas en la Plaza de Armas de Santiago y cantaban juntas la nueva canción que más había gustado aquel año por su música o por la intención de sus palabras. Era como un premio popular a la mejor canción; pero con ello había también un acto de afirmación colectiva que se manifestaba por esa unanimidad cooperativa en el canto. Constituían un grandioso fin de fiesta en el que centenares de voces e instrumentos expresaban públicamente la existencia de una sólida comunidad de gente negra, mulata y cubana. Sobre todo eso, cubana.

El proceso generador de las comparsas fue en extremo complejo: más que brotar del cabildo o de las tumbas francesas, las tajonas y congas recibieron el influjo de estas sociedades y fueron configurándose a partir de estas entidades festivas integradoras.

Aun cuando las condiciones que rodean los fenómenos culturales fueron cambiando, ese influjo se mantuvo a lo largo de la colonia y perduró con la aparición de la mediatizada República de Cuba instituida en 1902.

9.2.1. Corneta china

Este instrumento es de procedencia asiática y transculturado en la música cubana. Introducido por los muchos grupos chinos llegados a Cuba en la segunda mitad del siglo XIX, para reemplazar a los esclavos negros en vísperas de la abolición en las colonias españolas.

Lugar originario de la *corneta china* fue la ciudad de La Habana, su barrio chino, donde las comparsas asiáticas (*Los chinos buenos*), dejaban oír sus notas en los desfiles carnavalescos.

Alrededor de 1910, se dice, fue llevada a las comparsas de Santiago de Cuba por los soldados del 'ejército permanente', y desde entonces ha quedado como elemento principal en las congas santiagueras.

La corneta o *cornetín chino* emite cinco notas de tono agudo, penetrante al punto de elevarse por sobre la batería de cueros y cencerros, pese a su timbre gangoso.

9.3. Congas de comparsas

La comparsa es un baile colectivo y de marcha, originado en las celebraciones profanas de los esclavos durante la Colonia, especialmente en Corpus-Christi y el Día de Reyes.

Los cantos de comparsas o congas mantienen la estructura solista –coro características de toda música cubana de antigua procedencia africana, o son simples estribillos repetidos hasta la saciedad–. El papel del solista era desempeñado antiguamente por una cantante de voz potente y aguda, llamada *clarina*; hoy, el cornetín o la trompeta la sustituyen.

El texto de los cantos y la misma música son compuestos por autores anónimos surgidos del pueblo, siendo su contenido de crítica social o temas poéticos, sin faltar la sátira política. En otros casos se limitan a frases de sentido incongruente pero altamente rítmicas, improvisadas sobre alguna melodía de moda.

La comparsa con sus farolas, sus trajes y el ritmo trepidante de sus tambores, ha devenido en danza nacional. Por su carácter de baile colectivo, por la sencillez de sus pasos y por haber logrado integrar –sin trabas económicas ni étnicas– a todo el pueblo cubano, simboliza perfectamente el gran crisol de la nacionalidad cubana.

9.4. Letrillas de congas famosas

" Las jardineras"

Del jardín cubano cogeremos flores
y con simprevivas formaremos ramos,
al público oyente se los dedicamos
como jardineras cogen lindas flores.

¡Flores, flores,
ahí vienen las jardineras,
vienen regando flores...!

"Los dandys"

Piensa un poco, la timba te está llamando.
Piensa un poco, la timba te está llamando:
¡Sí, sí, son 'Los Dandys'!
¡Sí, sí, son 'Los Dandys'...!

"El alacrán"

Oye colega no te asombres cuando veas
al Alacrán tumbando caña:
costumbres de mi país,
mi hermano.

Yo no tumbo caña
que la tumbe el viento,
que la tumbe Lola
con su movimiento...

10. LA RUMBA

La palabra 'rumba' se origina en España, pero no nace del baile sino del calificativo que se daba a las llamadas mujeres de 'vida alegre'. Y así, se les decía 'mujeres de *rumbo*', 'mulatas de *rumbo*'.

Con la palabra *rumba* se calificó a todo lo que se tenía por frívolo, incluso a las fiestas que organizaba el pueblo. La *rumba*, desde un principio, fue señalada y estigmatizada por el más absoluto prejuicio debido a su humilde origen.

Fueron los esclavos negros provenientes del Congo los que introdujeron en Cuba las manifestaciones danzarias que se pueden considerar como antecedentes de la rumba. Entre estas manifestaciones está la *yuka*, baile de parejas mixtas y antecedente del *Yambú*, que es la rumba más antigua que se conoce.

La *rumba-yambú* es una representación danzaria de la relación amorosa, en la que el hombre, con movimientos suaves que disimulan sus intenciones, trata de poseer simbólicamente a la mujer.

Toda rumba tiene una primera parte de canto, de carácter expresivo, una parte en la que entra el coro y, al mismo tiempo se *rompe la rumba* con la espontánea salida al ruedo de una pareja de bailarines.

SOLO: Lelé lelé lelelé lelelé
CORO: Aaaah... aaah.... aaah...
SOLO: Lelé lelé lelelé léle léle
CORO: Aaaah... aaah... aaah...!

SOLO: Lalere lalarere lalala-la
Larí larila lalarila lala
CORO: ¡Aaaaeeeh...!

(Rompe la rumba)

CORO: ¡Ave María, morena!
SOLO: Morena, morena, morena,
que se acaba el trago...
CORO: ¡Ave María, morena!

A las versiones más antiguas de *yambú* (a las que se les dice rumbas *del tiempo España*) se les da una coreografía altamente mimética en los bailes de pareja, es una rumba más lenta, donde los bailadores adoptan una actitud de ancianidad e imitan ciertas dificultades en los movimientos. Los bailadores, además, no hacen el gesto pélvico posesorio, llamado *vacunao*, por lo que en el canto se intercala la frase: "en el *yambú* no se vacuna".

La rumba, género cantable y bailable, nacido en Cuba de la vertiente afroespañola, con especial huella del primer elemento, tuvo su origen en el marco urbano donde abundaba la población negra humilde (cuarterías, solares) y en el semi-rural, alrededor de los ingenios azucareros. La *rumba* se interpreta percutiendo tambores (tumba, llamador y quito) o simplemente un trío de cajones de madera, acompañados por claves y a veces por cucharas. Por la percusión en estas cajas de bacalao y cajitas de velas, se alude a una "rumba de cajón".

Con el correr del tiempo, la rumba yambú dio paso al *guaguancó*. El *guaguancó* es la rumba más popular, donde se improvisa en la primera parte por uno o más cantadores, y en la segunda, llamada *montuno o capetillo*, sale una pareja a bailar.

> SOLO: Ebelebele bele ananana nama
> (¡Habla!)
> CORO: Alá lalalá alé lalalá...
> SOLO: Ererere erereré-ré...
> CORO: ¡Oír, espectadores la dulce combinación
> con que se da la clave,
> el golpe, el quinto y el tumbador!
>
> SOLO: Alarara ararára. ¡Oye, mujer!
> "Si ves la llama encendida,
> prendida la llama ardiendo
> verte en la calle corriendo
> mientras te dure la vida;
> que te veas abatida,
> nada ni nadie te quiera,
> aunque fueras donde fuera
> te alcance mi maldición
> y que te coma un león
> un lobo o una pantera..."

En el *guaguancó* el hombre posee a la mujer. Por eso se dice que en el guaguancó "sí se *vacuna*", hecho que se evidencia cuando el bailarín sorprende a la mujer, aplicándole el 'golpe de frente' al no haberse ello podido cubrir con el pañuelo o las puntas de la saya. Evitar la grosería sin eliminar la fuerza vital del hecho natural, es precisamente el verdadero valor de esta rumba.

Florencio Calle, más conocido como 'Catalino Mulenque', fundó en 1956 el grupo de *'Los Muñequitos de Matanzas'*, especialistas en la versión rumbera llamada *guaguancó*, y que hoy conforman el citado *Mulenque*, con *Saldiguera* y Virulilla en las voces.

> SOLO: Aninianini nianini
> nororororá rorara...
> Yo cantaré, yo cantaré,
> cantaré para ti, niña,
> cantaré..., ananininana nanana anana...
>
> DUO: Esto es lo último en los 'Muñequitos'
> a que tú no has leído en 'Los Muñequitos'
> del sábado...

Mulenque, que es todo un *Timbero Mayor*, sostiene que el *lalaleo* que a manera de 'inspiración' precede el canto del guaguancó, no es cosa cubana *"esa cosa sale de los negros curros andaluces, de toda esa gente de lo jondo"* –y agrega el director de 'Los Muñequitos' de Matanzas que *"no se puede cantar un guaguancó sin ese lalaleo de introducción"*.

> SOLO: Alabalabala é ebelabela
> elebelebele ah.
> Ebelebelebele,
> Aaaah...
>
> Pero birio, a la panapana
> birio-yaré.
>
> CORO: Birio, a la panapana
> birio yaré...

Y pasemos ahora a la rumba *columbia*, que es considerada de origen campesino. Bailada por un hombre solo, admite movimientos corporales de corte acrobático, en gran parte tomados en préstamo de los bailes *abakuá* de origen carabalí. Lo interesante de la *columbia* es el diálogo o controversia rítmica que se establece entre el bailador y el tocador del *quinto*.

Esta era la rumba que inmortalizó a 'Malanga', seudónimo de José Rosario Oviedo, rumbero de Unión de Reyes y Timbero Mayor, nacido el 5 de marzo de 1902 en Matanzas, provincia cubana donde se dice que naciera la rumba columbia, exactamente en la parte de Sabanilla, donde había un Cabildo Congo de nación.

La aureola de leyenda que rodeó la vida de *Malanga* sigue envolviéndolo como bailarín de talento excepcional. Por ello, en su suelo natal de Matanzas se realiza cada año el Festival Nacional de la Rumba, pero el mayor homenaje popular está en esa columbia que llora la muerte del Timbero Mayor, y que se titula precisamente 'Malanga murió'.

A Malanga

SOLO: Poporobo poporó poporó...
　　　　Siento una voz que me dice:
CORO: ¡Arerireooo...!
SOLO: Siento una voz que me llama
CORO: ¡Malanga murió!

SOLO: Unión de Reyes llora
　　　　ese Timbero Mayor,
　　　　Unión de Reyes llora
　　　　ese Timbero Mayor,
　　　　que vino regando flores
　　　　desde Matanza a Morón.

Boboró boboró boboró boboró...

¡Allá arriba yo no sé,

allá arriba yo no sé!

En casa de no sé dónde
he visto no sé que santo,
le rezan no sé qué cosa
le ofrecen no sé qué tanto...

SOLO: Siento una voz que me dice
CORO: ¡Arerireooo...!
SOLO: Siento una voz que me llama:
CORO: ¡Malanga murió!

SOLO: ¡Unión de Reyes llora
porque Malanga murió!
Malanga murió, Malanga murió.
CORO: ¡Unión de Reyes llora
porque Malanga murió!

ÍNDICE

Introducción — 7
  Primera etapa (1925-1958) — 9
  Segunda etapa (1958-1975) — 10
  Tercera etapa (1976-1980) — 11
  Cuarta etapa (1980-1992) — 11

Perú — 15

I. Folklore costeño (1958-1975) — 19
  Introducción — 19
  1. Instrumentos — 23
    1.1. El cajón — 23
      1.1.1. Aparición del cajón — 24
      1.1.2. El cajón: Rey de la Jarana — 27
      1.1.3. El cajón en América — 27
      1.1.4. Al pie del arpa y cajeando — 29
      1.1.5. Monserrate y Arciniega — 31
      1.1.6. Cajón vs. tumba — 32
      1.1.7. Cajoneros cantores — 33
      1.1.8. Blancos limeños y el cajón — 33
    1.2. La cajita — 34

1.3. La quijada	34
1.3.1. Pancho Fierro	35
1.3.2. La quijada actual	36
1.3.3. Ritmos con quijada	37
1.4. El güiro	38
1.5. La carrasca	38
1.6. La guitarra	38
1.6.1. Del 'tundete' al disonante	39
1.7. Las palmas	41
1.8. Las tablitas	42
2. Zapateo y agüenieve	43
2.1. El zapateo criollo	43
2.1.1. Zapateo en mayor	45
2.1.2. Zapateo en menor	46
2.2. Agüenieve	46
2.2.1. Pasada de agüenieve	46
2.2.2. Melopea de agüenieve	47
3. Bailes	48
3.1. Hatajo de negritos	48
3.2. Navidad negra en el 'Sur Chico' de Lima y Norte de Ica	52
3.2.1. Los padrinos	53
3.2.2. Las pallas	53
3.2.3. La ronda navideña	54
3.2.4. La Nochebuena	55
3.2.5. 'Negritos' negritos	57
3.2.6. 'Pallas' y 'negritos' en la Misa del Gallo	57
3.3. Festejo	59

3.4. Son de los diablos	63
3.5. Ingá: danza del muñeco	65
3.6. El alcatraz	66
4. Canto	66
4.1. La copla	66
4.2. El triste	67
4.3. Las verseadas	71
4.4. El yaraví	72
4.5. El panalivio	74
4.6. La danza o habanera	79
5. Cancionero peruano	84
5.1. La décima en el Perú	85
5.2. Compadres de carnaval	95
5.3. Pregones de Lima antigua	96
5.4. Cumananas	110
5.5. El socabón	111
6. Danzas negras	113
6.1. Batuque y samba	115
6.2. Danzas de ombligada	115
6.3. Danzas de parejas	116
6.4. Kizomba	116
6.5. Danza de rueda (Nación Junda)	117
6.6. Conclusiones	117
6.7. Lundú: abuela africana de la marinera	119
6.8. Los historiadores	120
6.9. Lundú	120
6.10 Yuka	121
6.11. Conclusiones	122

- 6.12. Lundú, zaña y tondero — 123
- 6.13. "Al lundero le da..." — 123
- 6.14. Zaña: madre del tondero — 124
- 6.15. Del landó a la zamacueca — 128
- 6.16. Origen de la zamacueca — 129
- 7. Tondero y marinera — 131
  - 7.1. Tondero — 132
    - 7.1.1. Glosa — 135
    - 7.1.2. Dulce o canto — 139
    - 7.1.3. Fuga — 142
    - 7.1.4. El hablado — 143
  - 7.2. La marinera — 146
    - 7.2.1. Partes de que consta la marinera — 148
    - 7.2.2. Primera de jarana — 148
    - 7.2.3. Segunda de jarana — 149
    - 7.2.4. Tercera de jarana — 150
    - 7.2.5. Resbalosa — 150
    - 7.2.6. Llamada — 150
    - 7.2.7. Fuga — 151
    - 7.2.8. Cómo se ejecuta la marinera — 151
    - 7.2.9. 'Marinera de término' y términos en la marinera — 155
    - 7.2.10. ¿Cuándo y por qué se 'quiebra' la marinera? — 162
    - 7.2.11. Cómo se baila marinera — 167
    - 7.2.12. Tres marineras — 168
    - 7.2.13. Marinera 'de chacra' y marinera 'de salón' — 174
    - 7.2.14. Don José Milagros Gamarra — 177

II. Mariátegui y su preconcepto del negro (1967)   181
   1. Mariátegui y su preconcepto del negro   181
   2. Mariátegui y su preconcepto del negro (II)   188
     2.1. ¿Es el negro un pésimo 'sucedáneo'?   192
     2.2. Causas del feudalismo   194
   3. Mariátegui y su preconcepto del negro (Parte III, final)   195

III. Nueva Canción en el Perú (1982)   203
   1. Introducción   203
   2. Los antecedentes   203
   3. Período germinal   204
   4. Festival de "Agua Dulce"   205
   5. El 'Ciclo de la Nueva Canción'   206
   6. Los 'Talleres de la Nueva Canción'   207
   7. Situación actual   210

IV. Religión   211
   1. Religión (1975)   211
   2. Aportes del negro al cristianismo (1985)   213
     2.1 Presentación   213
     2.2. Cabildos y cofradías   216
     2.3. El Cristo de Pachacamilla   216
     2.4. San Martín de Porres: nuestro santo negro   222
     2.5. Obras consultadas   226

Hispanoamérica   227

V. Nueva Canción (1982)   231

1. Identidad cultural latinoamericana y Nueva Canción   231
   1.1. Identidad cultural y descolonización   231
   1.2. Hispanoamérica - Iberoamérica - Latinoamérica   232
   1.3. Raza y cultura - Clase y raza   233
   1.4. El problema de la penetración cultural extranjera   234
     1.4.1. De lo nacional y lo extranjero   234
     1.4.2. Tradición o ruptura   236
     1.4.3. La penetración cultural extranjera   237
2. Forum Internacional sobre la Nueva Canción   238
   2.1. La Nueva Canción y la realidad social   238
   2.2. El creador y su contexto   241
   2.3. La Nueva Canción y las luchas sociales   243

VI. América y sus juglares (1985)   245
   1. Romances de España en América   245
   2. Nuevo mester andino: del harawi al yaraví   253
   3. Romances de España y de América   262
   4. El corrido mexicano   269
   5. Canto en controversia de repentistas   275
   6. El punto cubano   281
   7. Los trovadores borincanos   288
     7.1. Glosas y décimas boricuas   304
   8. Los mejoraneros panameños   316
     8.1. Introducción   316
     8.2. Los arrucaos   317

8.3. La saloma	318
8.4. Mejorana y socabón	318
8.5. Temples o afinaciones	319
8.6. Puntos o torrentes	320
8.7. Benjamín Domínguez y la ley de la mejorana	322
8.8. Cantos de la soberanía panameña	325
8.8.1. Textos	329
9. Los trovadores aztecas	334
10. Los trovadores de los llanos	340
11. Los trovadores brasileros: gauchos y violeiros	346
12. El 'canto a lo pueta' de Chile	353
13. El arte de los payadores	361
14. El canto del Altiplano	366
15. Los trovadores ecuatorianos	373
16. Colombia canta	379
VII. El negro en Iberoamérica (1988)	387
1. El negro en la Península Ibérica	387
2. Negros 'ladinos' en el Nuevo Mundo	397
3. El tráfico negrero	405
4. La interlingua de los negreros	413
5. El negro bozal	420
6. Cabildos y cofradías	426
7. Cimarrones y apalencados	436
8. ¿Por qué tuvimos que esperar?	447
9. Bibliografía	454

10. Bayano, 'Rey de los negros' en Panamá — 458

VIII. De la "Bellísima Peruana" a "La Borinqueña" (1989) — 465

IX. Africanía de la canción danzaria en nuestra América (1991) — 475

Presentación — 475

Introducción — 476

1. Orígenes de la bomba — 479
   1.1. La bomba puertorriqueña — 480
   1.2. La bomba y su canto — 482
   1.3. Bomba vs. liberación — 482
2. La plena de Puerto Rico — 485
3. El merengue dominicano — 488
   3.1. Origen del merengue 'pambiche' — 491
4. La marimba — 493
   4.1. La marimba esmeraldeña (Ecuador) — 494
      4.1.1. La marimba esmeraldeña del puerto de San Lorenzo — 496
5. Costa del Pacífico colombiano (Zona centro-sur) — 498
6. Costa atlántica: la cumbia — 499
7. Tamborito — 500
   7.1. Africanía y tradición — 500
   7.2. Formas de los tambores — 501
   7.3. Diferentes nombres de los tambores — 502
   7.4. Cajero y tamboreros — 503
   7.5. El baile — 504
   7.6. Matriarcado — 504

7.7. Ritmos musicales y danzarios	505
7.8. Los congos de Portobelo	506
7.9. La 'cantalante'	507
7.10. El carnaval	508
7.11. Textos de tamboritos congos	509
8. Los tangos	509
9. La conga	511
9.1. La conga: género bailable	513
9.2. El carnaval santiaguero	515
9.2.1. Corneta china	518
9.3. Congas de comparsas	518
9.4. Letrillas de congas famosas	519
10. La rumba	520

Editorial LibrosEnRed

LibrosEnRed es la Editorial Digital más completa en idioma español. Desde junio de 2000 trabajamos en la edición y venta de libros digitales e impresos bajo demanda.

Nuestra misión es facilitar a todos los autores la **edición** de sus obras y ofrecer a los lectores acceso rápido y económico a libros de todo tipo.

Editamos novelas, cuentos, poesías, tesis, investigaciones, manuales, monografías y toda variedad de contenidos. Brindamos la posibilidad de **comercializar** las obras desde Internet para millones de potenciales lectores. De este modo, intentamos fortalecer la difusión de los autores que escriben en español.

Nuestro sistema de atribución de regalías permite que los autores **obtengan una ganancia 300% o 400% mayor** a la que reciben en el circuito tradicional.

Ingrese a www.librosenred.com y conozca nuestro catálogo, compuesto por cientos de títulos clásicos y de autores contemporáneos.

Ingram Content Group UK Ltd.
Milton Keynes UK
UKHW010958110723
424927UK00001B/30